闲来笔潭

吴官正

人民出版社

闲来笔潭

宋人程颢有诗曰:“闲来无事不从容,睡觉东窗日已红。万物静观皆自得,四时佳兴与人同。”①我退休后,心情闲适,遇事从容以对,这与诗人的心境颇为相通。但我从不睡懒觉,从未等太阳照到东窗方才醒来。仰观宇宙,俯察万物,感到无不生机勃勃,自由自在。睹微知著、触景生情,倒是有的,却也不是皆有心得。

回想过去读过的古人的书,有的记不清了,又作了重温。《菜根谭》既有精华,也有糟粕,令读者在咀嚼菜根的过程中对人生有所体悟,对心智有所提升。《太平广记》是一部文言文小说总集,保存了浩繁丰富的珍贵资料。《小窗幽记》讲的是修身养德、为人处世的生活哲理。《阅微草堂笔记》当时颇为流行，今天仍有不少读者。《徐霞客游记》这部旅行笔录，堪称地理学巨著，其文学成就也值得肯定。《世说新语》是古代著名的笔记小说，描绘人物、事件客观生动，具有独特的艺术魅力。《闲情偶寄》这一精心构撰的寄情之作，在中国传统雅文化中享有盛誉。《梦溪笔谈》收录了著者一生的见闻和见解，有三分之一以上的篇幅阐发自然科学知识，被誉为"中国科技史上的坐标"。《容斋随笔》评论艺文，褒贬人物，指斥弊政，多有真知灼见，发人深省。

上面提到的《谭》、《记》、《语》、《寄》、《谈》、《笔》等，今天读来仍多有体味。我为小集取名"闲来笔潭"，没有与"大家"比肩的想法，只是说，闲时走走、看看、想想、议议，写的东西像一个潭。"潭"从字面来解，是水池，如清潭、古潭、虎穴龙潭。我写的都是一些短篇，不像小说，不像散文，不像游记，不像杂文，不像评论，不像X，也不像Y，又不能说什么都不像。潭一般不大，深浅也无标准。"桃花潭水深千尺，不及汪伦送我情"，李白喻情比潭水深。自己的感悟不深，但每每想到人民的养育之恩、党的教育培养、政府的关怀扶助，总觉得是寸草难报三春之晖。

笔潭分为五部分，《岁月难忘》是我的童年记忆和求学经历，还有一些工作回忆；《静思杂记》是近几年一些足迹的记录和对一些问题的看法；《读书随感》是看书时的一些思考；《春水煎茶》[2]是茶余饭后听说的一些人和事，虚实与否未作过考证；《少长闲集》是在济南住地与几位熟悉的同志，就十二个题目议论切磋的记录，不过是闲聊而已。

写这些东西，用来打发时光，咀嚼其中滋味，找些人生感悟。

二〇一二年六月三十日

---

① 见程颢《偶成》。

② “春水煎茶”见元代张可久散曲《人月圆·山中书事》。

岁 月 难 忘

目录

静思杂记

读书随感

春水煎茶

少长闲集

岁月难忘

童年记忆与求学之路

（一）

我的家乡是江西余干县，古称干越，秦朝时置县，迄今已有2200多年历史。余干在鄱阳湖的南岸，也算是个鱼米之乡。宋代诗人王十朋有一首诗："干越亭前晚风起，吹入鄱湖三百里。晚来一雨洗新秋，身在江东图画里。"写的就是余干的风光。我家在乌泥村，历史上归石口乡管。乌泥是个大村庄，有近千户人家，几千人口，村口有两棵几百年树龄的苍劲古樟，村前的互惠河蜿蜒穿行，古朴的民居坐落在树丛之中，是一个典型的江南村庄。

1938年农历八月二十五日约下午3点，我出生了。父母都不识字，我上边有两个姐姐。一个男孩的降生，给这个贫困之家带来了欣喜。

在我出生前，因村里一户恶霸家的人把脏水泼到我祖母身上，叔叔来水一气之下动了手。那家知道我叔是一个不要命的人，就恶人先告状，上县城打官司，告我叔打人。结果判我叔赔他家18担谷子，否则就坐牢。万般无奈，我叔就去卖壮丁，卖了18担谷子，顶人去当兵。我出生后，父母请来水叔叔给我取个名字，他想了一下不无感慨地说："本来是我有理，到头来却输了官司，我看就叫'官正'吧。"不久，叔叔随部队开往湖南衡阳，不到半月，不幸染上霍乱死了。消息传到家里，祖母悲痛欲绝，日夜哭泣，时间一长，眼睛也失明了。在“文革”中，有人攻击我，要我改名字。我说，你们不了解，这是我叔叔取的，“官”是家里吃“官司”输了，“正”是兄弟一辈的辈分，没有想当官的意思。又有谁知道，这个名字来源于一桩痛心疾首的往事！

当时爷爷奶奶、我们一家，还有大叔一家、细叔都挤在一幢很小的三间瓦房里。由于贫困拮据，三世同堂难以维持，终于分了家。这房由爷爷奶奶和细叔住，我家和大叔家搬了出去。大叔家到外村借人家的茅屋住，我家借了亲戚的一间半破屋住。后来妹妹又出生了，全家六口挤在一张旧床上。

当时，家里生活非常苦，常常吃了上顿难保下顿，一年到头常喝稀菜饭，最可怜的是父母和姐妹。因我是男孩，母亲对我特别关爱，每到晚上都给我一个红薯吃。夏季雷雨交加时，母亲怕房子倒塌，就把我往床底下塞：“你快进去，要是房子倒了砸了你，我们家就断根了。”那种特殊照顾令我终生难忘。有一次，在床底下趴着时，突然发现墙角盘着一条蛇，把我吓得要死，赶快往外跑，外面大雨倾盆，雷电交加，我成了惊呆的“落汤鸡”。至今一想到那条蛇，还有些毛骨悚然。

我大概 5 岁时，一有钱邻居家的儿子结婚，一个小孩端着饭碗，在草地上摔倒了，把饭和碗里的粉蒸肉撒在地上。母亲等人家走远后，把地上的肉捡起往我嘴里塞，那味道真好，感到从来没有吃过这么好吃的肉，接着母亲又把草上的饭也抓起来给我吃了。

更让我难忘的是，有一年倒了圩，家里全淹了，日子异常艰难。把谷打碎，与糠米一起加菜煮了吃，外加一碗没放油的咸菜，吃过饭后，胃里常常像刀割一样难受。后来米没有了，只能吃糠拌菜，两天拉不出大便。父母着急，让我蹲着，母亲用筷子从我屁眼掏大便，有时还要用水灌冲。后来，父亲买了一些麻油要我喝下，同时多喝水，才慢慢把糠屎拉掉。真是不堪回首啊！

江西的冬天阴冷阴冷的，鄱阳湖边更是常常寒风四起。家里穷得买不起衣服，整个冬天，只穿一条旧裤，没有袜子，几乎整天蜷在被窝里，特别是晚上起来小便，经常冻得牙齿咯咯响。

（二）

8 岁时，父母送我去读私塾，大概用了几个月，很快就把识字的三本书学完了。先生要我背《千家诗》，后来又要背《纲鉴》，我识字背书常受先生夸奖。对《千家诗》和《纲鉴》，那时虽会背诵，但不解其意。

9 岁那年，家里实在穷得没法，只好中止学业，直到解放。1950 年秋天，我常趁着拾猪粪的时候，到村里小学教室旁晒太阳。老师在里面教，我隔窗认真地听和记。放学时，为了显示一下，我故意大声背诵老师教的内容。一个胖老师，后来知道是詹洪钦老师，听到后问我："你叫什么名字？读过书吗？怎么不来上学啊？"我回答说："读过一年私塾，已经忘了一大半，家里穷，没钱上学。"他说："你家连几升米也没有？"我听后，默然离开学校回了家。

几天后我要求去上学。父母说，真供不起，你就种田吧！我不死心。又过了一天，我"偷"了家里几升米，用一条旧裤子扎着，背着父母，一溜烟跑到学校去报到。学校管事的人用秤称，问："还多出五两半，怎么办？"我说："那就给我几分钱吧。"第二天，我出门时母亲问："你到哪儿去？"我回答："上学去。"母亲说:“没有钱啊,你怎么读?”我小声说:“我有办法。”

到了学校,老师看我已过12岁,问上几年级,我想了一下,就说,“上四年级”。上课时,语文课本里许多字不认识,算术更没学过,跟不上老师讲课的进度。经过努力,勉强上了五年级。五年级开始要写作文,我不会,常抄同学的。算术学得还可以,历史、地理记不住。这种情况一直持续到五年级下学期,才慢慢地补过来,能跟上学习进度了,有的课学得也不差。

儿时我也有些调皮。有一次历史考试中有一个填空题:宋代哪个奸臣害死哪位民族英雄?我搜肠刮肚都想不起来,心想老师什么题目不出,偏出个我记不住的,那我就写你的名字。于是,我就填上“某某”害死了岳飞。老师非常生气,给我打了零分,说:“你太不像话了,我是奸臣秦桧?”我回答说:“我记错了。”他更生气了,说:“你诡辩,不老实。”我小声嘟囔:“就算这道题做错了,也应该给90分吧,其他都做对了啊!”老师一点儿也不让步:“你污辱我,不这样,你改不了。”现在想起这事真后悔。

记得在六年级,我与一个同学打架,受到谭校长的严厉批评,罚我们到井里提水并抬回来,还说什么时候我们和好了,就不用再去抬水。我们俩往井边走,我说:“今后我们莫打架,好吗?我们回去,不抬水给他们吃。”这位同学说:“好。”我们俩抬着空桶回来,谭校长一看很生气,说:“你们真坏,带一桶水总可以吧?”我说:“你不是说什么时间和好了,就不用抬吗?我们走到井边就和好了。”其他老师听了哈哈大笑,我还觉得很得意呢!

我7岁就开始放牛、锄草、犁地、耙地、割禾、车水,除扛禾斛、水车外,几乎所有农活都会干。上学后,星期天和寒暑假都要帮父亲干农活。9 岁那年,在殿嘴上耙田时,不小心摔倒了,脚被耙齿割得鲜血直流,痛得死去活来。有个好心人把烟丝往洗净的伤口上撒,用布包上。记得躺了好久,才忍住了痛,几乎是爬回家的。母亲看了,直流眼泪。

1952 年年底,我小学毕业。在家劳动了半年,1953 年夏,乌泥小学 18 人参加初中升学考试,我和村里另外两位同学考取了。为筹学费,我四处捡猪粪、拾瓜子,备钱上学,有时也到学校去看看书。

解放时,我家评的成分是贫农。土改时本来分给两间地主家的房子,父母考虑到我的五爷爷因参加革命在琵琶洲被国民党杀害了,担心变天遭报复,商量后要了祠堂的牛栏,把牛粪、杂物打扫干净就搬去住了。这个牛栏约十米长、三米宽,还有个小偏房,大概六七平方米。小偏房的南墙和东墙是用拆了的旧船板钉起来的板壁,很难看,板缝大小不一,大的可以伸进拳头。最别扭的是,我家偏房出口的东边不到一米,就是邻居家的厕所,而偏房是我家做饭和吃饭的地方。每当我们吃早饭时,他就来拉屎,实在臭不可闻。几经交涉,邻家就是不迁走厕所,找村干部,也不管。有一天,父亲忍无可忍,要拿砍柴刀去拼命。母亲拽着他,大声喊我进去。我拉着父亲,哭着说:“你怎么这样糊涂,杀了人要抵命的,家里就你这一个劳动力,以后我们怎么过? 你下决心送我读书,我们家总有出头的日子!”父亲软了下来,说:“旧社会受人欺侮,解放了还这样,日子怎么过?”这个臭厕所直到我上大学后,也不知什么原因,才迁到了离我家十多米远的南边。到我从清华大学研究生毕业参加工作后,用落实政策补发的六百多元钱,把这旧房拆除,在前面盖了三间平房,总算了却父母的心愿,弟弟找对象时才有了一幢砖瓦房。

住在牛栏里,被许多人瞧不起,使我最伤心的是一位亲戚对我母亲说:我的亲戚都住好房,就你家还住狗跳得过的破房。母亲说:我们没有本事,有什么办法?她接着说:那你儿子还读书呢!母亲默默承受着。我回来后,母亲哭着对我说:太欺负人了,人穷盐钵里都长蛆,你要好好读书,为妈争口气。我听后,也哭了。

(三)

1953 年夏,我考取了余干中学,很高兴。上学前去村里开介绍信,村会计写道:吴官正家贫农,生活比较困难。我说,你能不能写生活很困难。我家六口人,吃饭靠父亲一个劳力,还要供养爷爷奶奶,经常缺吃少穿,这还不能说生活很困难?这个会计却死活不肯,把我撵走了。

余干中学在县城,离我家有十多公里路。它的前身是 1923 年创立的“玉亭初级中学”,新中国成立后与其他两所学校合并,成为余干中学,当时只有初中。我带着一床破旧被子、一个木脸盆来到余干中学。学校看了村里的介绍信,给我评了丁等助学金,每个月 3.6 元。由于助学金少,不够缴伙食费,读了不到两个月,一个周末,学校公布停我的伙食。我饿着肚子与同村的同学吴振芳往家里走,深夜才到家。我对父母说:“学校停我的伙食了,你们能否给我一点儿钱?”母亲说:“哪有钱?明天我到李家渡集上去卖些红薯再说。”第二天,母亲提了一篮红薯,带着我去赶集,结果只卖了三角七分钱。我拿着钱往学校走,到了钟山岭脚下,饿得实在难受,用五分钱买了一碗米汤圆吃。到学校把剩下的三角钱交了伙食费。我想,这书看来是读不下去了，于是找到班主任张泗安老师说："张老师，我家没钱，实在读不下去了，我想过两天休学回家。"张老师说："你村里的介绍信说你家生活'比较困难'，所以给你丁等助学金。有的同学开的介绍信是'很困难'，就给甲等，'困难'给乙等或丙等。"我介绍家里的情况后，张老师说："啊，这么个情况！我向学校领导反映反映。"第三天，张老师找到我说："学校决定给你丙等助学金，一个月 5.4 元，每月伙食 6 元，不够的你家想办法吧！要不，星期六你就回家去，星期天晚上再赶回来，这样也能读下去。听同学说，你很穷，家里几乎什么都没有。现在快 12 月了，你还只穿一条单裤，袜子也没有，手像鸡爪子。你读书用功，坚持下去吧！"听了老师的话，我难过得掉了泪，真是既温暖又心酸啊！

1954 年发大水，家里的田地和房屋全都淹了，一无所有。这个学还能上吗？可我太想读书了，决心坚持读下去。母亲看我态度坚决，就说："你把我和你姐姐、妹妹的首饰拿去，到亲戚家抵押，请他们给 10 元钱让你去上学。"说着母亲、姐姐、妹妹都大哭起来，我很伤心。母亲实在不想把这些多年积存的宝贝拿走，但为了我上学，别无他法，只好硬着心拿到亲戚家去换钱。结果把情况说了，人家还是不同意，我只好哭着回家。不记得村里谁出了个主意，说村里开个介绍信，拿这些东西到县里可以换钱，于是我要父亲驾船送我到县城去。涨水时的鄱阳湖烟波浩淼，风急浪高，小船在洪水中挣扎。在湖边长大的我，虽然经常走水路，在颠簸的小船上仍然感到害怕，但盼着能继续上学的那一丝希望鼓励着我，恐惧已不算什么，只愿小船快快驶向岸边。皇天不负苦心人，那些首饰在县银行卖了十元四角钱，总算交上了学费。在亲戚家抵押不成这件事，深深印在了我的心里。世事沧桑，人情纸薄，一想起来就"别有一番滋味在心头"。

那一年学校也进了水，只好改在粮食仓库上课。水退后，又搬回学校。也许是差点儿失学的原因，我不知哪里来的那股劲，学习动力十足，学得也很轻松。不仅完成了当时的学习进度，还挤时间自学数理化，到初二下学期，初中的数理化全部学完。在老师的帮助下，这年我也评上了乙等助学金。

记得初二下学期的一天，聂琼老师上代数课，我在书上给她画像，不知什么时候她悄悄走到我身边："吴官正，你干什么？你画谁呀？"当她看到画像边上写的"聂老师"三个字，很气愤地说："我就长得这么难看？"我强辩道："老师，是你长得不像我画的。"聂老师更生气了，怒气冲冲地说："混蛋，到黑板前来，回答几个提问。"她出了几个题目，我都做出来了。看难不倒我，又出了一个初三的题目，同学在下面叫起来："老师，这个还没学。"但我也做对了。聂老师消了气，说："你懂也不要骄傲，你是班长，上课要认真听讲。"我说："对不起，我错了。"以后，有的同学乱画人头像，也在旁边写上"吴官正长得不像我画的"，我也从不计较。

读初中时，粮食很紧张，学校食堂早餐都是稀饭。一大桶稀饭，每人分三小碗，剩下的每天轮一个组吃。有时太稀，一个人吃五六碗，上课不到四十分钟，同学们提着裤子往外跑，边跑边叫："要爆炸了！要爆炸了！"有的同学还编了顺口溜：稀饭稀，照见眉毛照见须，三碗吃下去，个个成了饿死鬼。

到了初三，我学习更主动，成绩也更好了。1956 年 6 月 10 日，我还加入了共青团。快毕业时，张泗安老师三番五次给我做工作，要我报考高中，可我一直不同意，说："家里太困难了，上师范不要钱。"张老师说："你自学能力强，今后会有发展前途，还是上高中好。"先后谈了好多次，我都没松口。后来，刘周度副校长找我说:“吴官正同学,我们考虑你有很大潜力,国家需要人才,学校已报请上饶专区教育局同意,保送你到鄱阳中学上高中,你班上就保送你一人。”我说:“我家实在太困难了,如果已经定了,请学校给鄱阳中学说好,每年给甲等助学金,不然我确实不能去。”他沉默了一下说:“这个,你放心。”

这样,我就借来高中一年级的数理化和语文书,开始自学。有时遇到困难,放一放,跳过去往前学,再返回来又懂了,并把课本上的练习都做了。这年暑假两个月都在家自学。1956 年的暑天干旱炎热,田里禾苗半枯焦,父母去车水抗旱,我不去。爷爷骂道:“人家一个儿子都去抗旱,你们两个儿子,都这么大,还不去帮帮忙,看你父母都累成猴子精了。”我顶他:“你的父亲和你不是年年抗旱吗?怎么还这么穷?我不去,我要看书,我决不跟你们一样!”爷爷没办法,说:“懒东西,没良心。”我一方面感到爷爷说得对,父母可怜;另一方面我看到了自己的自学能力,看到了今后的希望。我努力学习,抓紧时间记,抓紧时间领会,抓紧时间做练习。到鄱阳中学上学时,高中一年级的全部课程我都自学完了。

(四)

鄱阳县离我家约 25 公里,当时就是个有近 60 万人口的大县。鄱阳中学创建于 1902 年,坐落在风景秀丽的饶河河畔。这个学校不仅在上饶专区是重点学校,在全省也有些名气。

1956 年 8 月底,我带着八角钱去鄱阳中学报到,注册登记的那位中年人说:“请交钱和证件。”我回答说:“我说不上高中,校长硬要保送我来。我只有八角钱,还要留下用。学校答应过,你去问问好吗?”这个中年人说:“还有这样的学生,真有意思!”他问后回来说:“你先报到吧。”

开学以后,学得轻松愉快,助学金也如愿得了个“甲等”,没有了生计的后顾之忧。我更潜心钻研,希望这一年抓紧自学完高中二、三年级的课程,争取第二年去考大学。我很刻苦,也很认真,把借的高二、高三的课本在一年内全部自学完,所有的练习都做了。到了1957年6月,我问学校领导:“高一学生能不能报考大学?”校领导回答:“不行,没有这个规定。”我顿时像泄了气的皮球。

从高二开始,我就自学大学的数学,用了两年时间,学完了极限、导数、微分、积分、概率论、复变函数和偏微分方程等课程。高二、高三每学期考试,各门功课都是五分。

在高二上学期的时候,父母得了伤寒,我请假回了趟家。回校后不久,自己也染上了副伤寒,高烧不止。学校很着急,把我抬到县医院,有一周左右高烧到39.5—40度不退。孙守谦校长请求县委书记批准用氯霉素。后来听说,孙校长是南下干部,找到县委书记说:“这个同学家里很苦,学习成绩门门课满分,请求县委救救他。”这位县委书记批准用18颗氯霉素,我吃了两天,烧就退了。住了近一个月的院,家里没钱,据说是学校报请上级教育局同意,用几个名字领甲等助学金报销了我的医药费。这件事我终生铭记在心,没有共产党,没有孙校长和县委书记的关怀,没有医务人员的努力,也许我早就不在人世了。

我的爱人张锦裳是我高中的同班同学,班主任薛番琛老师很喜欢她。我住院期间,薛老师常要她来看我。她有时还带几个包子给我吃,我很感动。我学习好,她很佩服。我家穷,没有什么衣服，一身衣服穿好多天，也没得替换。她同情我，有时接济我一两块钱用。出了院，我觉得她真好，就想同她谈对象，她没同意，也没拒绝。高三时的一天，她说：“人是会变的，你今天对我好，今后未必。”我说：“不会……”

快高中毕业了，要填报高考志愿，我对班主任说，我报北大数学力学系、南京大学天文系、哈尔滨工业大学数学力学系。薛老师却说：“建议你第一志愿填清华大学，学工科有些体力劳动，你体质弱，这对你有好处。”结果，我第一志愿报了清华大学。当时张锦裳和另一个同学张淑文劝我不要报考清华大学，担心考不取。我说：“就要报，清华大学总要招人，我一定能考取。考不上，就回家种田。”张锦裳对张淑文说：“没办法，他这人太倔，随他去。”

真是不幸，在高考的节骨眼上，我却发起烧来，考数学时高烧 39.7 度，学校请医生给我打安乃近退烧。监考老师很关心，看到我做完题正在检查，就说：“你都做对了，交卷吧，回去休息。”考物理和化学时我也发高烧，都是靠医生打针才坚持下来的。现在想起来，当时怎么就那么倒霉呢？

1959 年 8 月上旬，清华大学的录取通知书来了。我听说后，从家里跑了四公里路到石口乡政府去领。心里高兴，一路唱一路跑到家，后来又赶到县城告诉了张锦裳。她也很高兴，不过又有些担心。为了使她放心，我说：“我们结婚吧！”她点点头，同意了。没过几天，她妹妹送她到我家，吃了一桌饭，用的是旧床、旧被，我们就这样结合了。

（五）

清华大学是考上了，愁的是到北京去的路费。我找到村里，了解到我家秋季可以分得24元钱，要求提前给18元。村长说要向乡长汇报。我找到乡长，提了这个要求。他想了一下说："不行，你没钱可以不读呗。"当时我几乎气炸了，但没做声，回到家里默默地流泪。后来张锦裳的大哥给了20元、细叔给了18元、高家姐夫给了8元，总共46元，准备从鄱阳坐轮船到南昌，再乘火车上北京。

出发前，我同张锦裳到学校去辞行，在校门口遇到杨辉副校长。他说："你来得正好，你为学校争了光。你家困难，上饶专区教育局给学校50元钱做困难学生的路费，决定给你20元。"我高兴极了，天下竟有这样的好事！去会计那里领了钱，又去教务处领了毕业证书。发毕业证书的老师说："真是人不可貌相，你土里巴叽的还能考上清华大学，看不出来。"我笑了笑，想到还有那20元钱，点了点头出去了。

从南昌到北京怎么走，我也不知道，只能打听。到南昌火车站一问，才知道没有到北京的直达列车，坐慢车要两天两夜，票价是13.6元。慢车站站都停，到汉口转车时，已经坐得头昏脑涨。我走进一家餐馆吃饭，看到红烧鱼七角八分一盘，就要了一盘，还以为是最便宜的，哪知吃了一会儿，再往黑板上看，傻眼了，这是贵的，其实一角二分或二角钱的菜也有。当时心里真后悔，嘴里也没味了，鱼也吃不下去。坐了一会儿，就离开餐馆去排队等火车。

在火车上一直坐着实在太难受，就在一个长座位上躺了下来。有旅客来问，有人吗？我回答没有，并起身让出座位。那位想坐在我旁边的旅客把东西往行李架上放时，我抬头看了一眼，结果他拎起包就走了。我心想，他一定把我看成小偷了。我上穿一件土布衬衫，下穿一条毛士林短裤，没洗脸，没洗脚，身上有股酸臭味，也难怪别人这样看我。我倒觉得蛮好，来一个旅客问，我就看他的包，人家马上就提包走人，让我睡了个好觉。

9月8日，到了北京前门站，天气有些冷，接站的同学很热情，拿了一件旧大衣给我穿，说先报到，还问我带了多少钱和粮票，我说："80斤粮票，钱只有一点儿。"的确，我连过冬的衣服都没有，只有一件张锦裳给的旧棉袄，一条长裤，一双布鞋，一床父母床上的旧被子。同学们很好，说你是从农村来的，没关系，给你发10天的伙食票。

学校很棒，给了我甲等助学金。由于高等数学已自学到大学三四年级的水平，因此学习一直很主动，成绩也好。

入学不久，开始分班，我分在动力系热能动力装置专业二班。班上共21人，戴眼镜的不少，大多穿得像模像样，而我又黑又瘦，衣服又旧又不合身。当时辅导员吴荫芳老师要我当班长，我说："不当，能否当个团支部委员？"吴老师问："为什么？"我想到高中被整的痛苦经历，脱口而出："我不想整别人，也不想挨整，当个团支部委员挺好。"吴老师哈哈大笑。他很有涵养，真的提名我当团支部委员。心想今后自己不会再被整了，很是得意。大学三年级时，我被选为班上的团支部书记，与同学关系处得都很好。家庭出身不好的，思想"不太进步"的，都同我谈得来。在大学六年中，我没有整过一个同学。全班同学在"文革"中和后来，也没有犯错误的，半个世纪过去了，同学们还保持着良好的关系。

这年是国庆十周年，学校组织参加天安门广场的庆祝活动，我心情非常激动。9 月 30 日，全班同学每人发一斤八两干粮，下午六时出发，走到五道口车站，等了约一小时，再乘火车到西直门车站，又排队步行，走走停停，停停走走。到第二天早晨六点多钟才到王府井大街百货商场附近休息，此时干粮已吃掉了一斤，口渴就喝自来水。八点多钟，队伍又开始移动，在东长安街边第一次看到坦克、大炮、重机枪，十分兴奋。不到十点，林彪开始检阅部队。阅兵结束后，接着游行。当我们走过天安门城楼时，看到毛主席向我们挥手，我们大声喊："毛主席万岁！"毛主席喊："人民万岁！"那时的热情、激情，真是情不自禁。下午四点左右，我们走到西四停下来休息，吃干粮，喝自来水，只剩下两个包子留到晚上吃。下午六时左右，队伍又返回到天安门广场跳舞，看放烟花。我从来没跳过舞，女同学拉着手教，实在不好意思。大家都在跳，就数我跳得最蹩脚。晚上十点多，人群逐渐散去，我们又回到西直门，乘火车返校。到学校时，已是 10 月 2 日的凌晨。

北京的冬天来了，寒风刺骨。我上身穿张锦裳给的旧棉袄，下身穿一件绒裤，脚上还穿了袜子，尽管天很冷，却很满足。每天六点之前起床，洗漱后在食堂买两个窝窝头，里面塞上咸菜，一边吃一边走，去教室占位子。

给我们上课的老师，年长的大多戴着"右派"、"历史反革命"之类的帽子，有这样那样的所谓"政治问题"，年轻老师中也有右派，还有苏联老师。老师们上课都很认真负责，书教得实在太好了。有一年过春节，我约班上几位同学去看方先生和宗先生。宗先生说："你们来了，我是右派，你们知道吗？"我说："听说过。我们来给你拜年，你是先生，你的书教得很好。"师母很高兴，忙着拿糖果给我们吃。

生活困难的那几年，学生每天粮食定量一斤一两，早餐三两，中晚餐各四两，油和肉定量都很少，连蔬菜也是每天定量供应的。年轻人饭量大，肚子里又没油水，经常饿得难受，我脚脸都浮肿了。为改善学生的营养，学校从北大荒搞了些大豆，一个月分给我一斤。

大学二年级时，还是选我当了班长。这年春节，学校宴请留学生，我被指派作为中方学生代表之一参加宴请和联欢。这是我有生以来第一次吃得那么好，也是第一次喝红葡萄酒，十分开心。我没有尝试过自己的酒量，不知道葡萄酒也会醉人的，一口就喝了大半杯，不到几分钟，就觉得头昏脑涨，天旋地转。在回宿舍的路上，吐得精光，事后想起，后悔不迭。如此一顿美味，吃进去又吐了出来，确实可惜。

在经济生活困难时，同学们对食堂很有意见，换了几个人都没办好，系领导决定让我代表学生去参加食堂管理。我认真听取大家的意见，作了许多改进，伙食也有些好转。半年后因营养不良，身上浮肿，组织上要我回去休息，我没有同意，最后到底还是挺过来了。

1961年冬天，晚上常饿得肚子痛，有时爬起来喝自来水。在同学议论毕业后干什么时，我说："说心里话，只想到北京饭店端盘子，人家吃剩下的，我去扫盘饱吃一餐，就心满意足了！"同学中有人说："你还是团支部书记，讲这样的话？"我说："肚子比思想过硬，有什么办法？"大家都苦笑。大雪纷飞的时候，同学们都很高兴，盼来年农业丰收。我说："瑞雪兆丰年，粮食翻一番，八月十五大会餐。"同学们都乐了。

由于自己要求进步，积极申请入党，一年多之后，经组织审查，认为我品学兼优，符合入党条件。1962 年 3 月 21 日，由高成、米盈野作为入党介绍人，我加入了中国共产党，一年后按期转为正式党员。

在北京读书的几年间，家里生活很困难，主要靠张锦裳每月 26 元的工资来维持。我每两年暑假回去一次。弟弟上学、结婚的钱和我从北京到家乡的来回路费都是靠她解决的。她十分节俭，很不容易，又要教书，又要带孩子，还有沉重的经济负担。一次，她要我母亲给些布票，帮我买两件绒衣。母亲说："官正在毛主席身边，还会冷到他？如果是你要，我就给你。"母亲没文化，她的话也可以理解。

1964 年，奉上级要求，在指导老师带领下，我们七位同学去上海合成橡胶研究所，帮助 02 车间解决聚四氟乙烯生产过程的测量和控制问题，然后再写出毕业论文。同学们分了三个组：裂解、精馏、聚合工段。我和郭树清分在聚合工段。那时聚合常因测量滞后，反应迟钝，引起聚合釜爆炸，迫切需要解决快速温度测量和聚四氟乙烯单体储罐的液面测量问题。这单体沸点很低，找遍资料没有记载。我跑到上海图书馆查资料，在一本物理化学书中得到启发。又听说武汉化工研究所生产全氟三丁胺，我设法买来，设计了一种液面计，按物理化学方法进行校正，终于获得成功。郭树清研制出的小惯性热电偶也很成功。这两项技术用在聚合工段，不但不再发生爆炸，而且聚四氟乙烯的质量也得到大幅度提高。这时裂解、精馏工段的测量和控制问题也都解决了。对此，研究所评价很高，学校很重视，上海市化工局领导也很高兴。我们在上海待了八个多月，各自写出了毕业论文，作为绝密资料存档。后来还为四川晨光化工厂设计过测量和自动控制系统。

这年3月,我爷爷去世了,享年83岁。我很思念一生贫困可怜的爷爷。

还是3月,全国研究生考试,我没有报考。5月初,清华大学党委来电报,要我立即返校参加5月20日的研究生补考。我只好听组织的话,回去参加研究生考试,被录取了。我当时心里很矛盾:一方面考虑家里太穷,想早一天参加工作;另一方面又为考取研究生感到高兴。

1965年大学毕业前,校长蒋南翔和北京市委分管文教的领导接见了我。我作为优秀毕业生,获得蒋校长颁发的奖章和证书。北京市委机关刊物《前线》杂志当年第15期以"清华大学量五班上海毕业设计队"署名,发表了《用毛泽东思想指导毕业设计工作》一文。清华大学学报还发表了文章:《迈进在红专大道上——记动力系优秀毕业生吴官正》。

读研究生期间,指导老师是在英国留过学的方崇智教授。他开了五本书的单子,其中三本俄文、两本英文,给的题目是"氧气顶吹炼钢的测量和控制"。最难的是热电偶的保护套管不过关。我到卢沟桥附近的耐火材料厂去调研,从资料中得知氧化锆套管耐高温、耐腐蚀,我设计了套管,用上后,寿命提高了好几倍。

不久,学校决定让我去延庆参加"四清"运动。蹊跷的是,头一天发的一个月46元助学金,放在枕头下面,第二天一看只剩下6元。我心里又气又急,就叫工作队队员小连到商店给我买一斤饼干。给了他一元钱,他用了六角四分,还剩下三角六分交给我。正吃饼干的时候,蔡祖安队长看到了,说:"吴副队长,怎么一个人吃起饼干来了?"我说:"这个月学校发的46元助学金,40元不见了,心里不舒服,要小连买一斤饼干补补身体。"他

"啊"了一声走了。我想,全让人家拿去了还不是一样过?真是阿Q精神,自我安慰。

在延庆县古城村搞"四清",十分辛苦。按照规定,我们都在老乡家同吃同住。最难受的是吃饭。那时老百姓很穷,收入很低,伙食很差,常常吃不饱。塞北的冬天十分寒冷,一个冬天没有抹过澡,生了一身虱子。到1966年开春,把里面的衣服脱了,用开水泡,上面一层虱子。这时身上奇痒,才发现头上、眉毛上都长了虱子。真是债多不愁,虱多不痒啊!

有一次,蔡祖安队长回市里去了,县里通知开工作队领导会,我骑自行车去了。中午每人发三个大馒头,半碗红烧肉,半碗咸萝卜干,我又买了三个大馒头,全部吃下去了。过后不久,嘴里发干,就拼命喝水,胃胀得难受。下午开会时,我坐不下去了,频频往厕所跑,想吐又吐不出,想拉又拉不出,实在难受。到晚上未见好转,嘴里流涎水,整夜没睡好。第二天早上只喝了一碗稀饭,便骑自行车回到古城村。

没过几天,又发生了一件让我难忘的事。县里办公室通知我,第二天上午工作团领导要来古城视察。我问要不要在老乡家派饭,他说不用麻烦老乡。正午时分,来了三辆小车。一下车,县里来的领导说:"小吴,你去拿两瓶开水来。"我答应"好"。我提来开水,见桌子上摆满了茶蛋、油饼、包子,真希望也让我吃点儿,但没让跟着吃,很不是滋味,心想:要求我们与老乡同吃同住同劳动,我们和老乡过的什么日子,你们知道吗?还说不要麻烦老乡,全是鬼话,两面三刀!他们走后,我说:"同志们,我们也别麻烦老乡了,明天到养猪场搭伙去。"大家都同意,生活大有改善,后来每说到"不要麻烦老乡",就引得大家哈哈大笑。这件事几乎影响了我一辈子。当领导的一定要以身作则,言传身教。

不久,我返回学校,继续攻读研究生课程。后来“文革”开始,学校乱哄哄的。1968 年 4 月,我被分到武汉葛店化工厂工作。“文革”结束后,学校才补发了我的研究生毕业证。

(2007 年 12 月)

难忘那夜的秋雨

1950年深秋，我母亲到亲戚家赊了头小猪来养。大约过了不到十天，亲戚家的掌门人来到我家，对母亲说："我是来看弟弟的，顺便来收你赊的猪崽钱。"母亲说："现在确实没钱，等筹到钱一定给您送去。"这位掌门人没有说行还是不行。接着，她指着我家的破屋说："我的亲戚现在住的都不错，就是你还住牛栏，这么破，这么矮，狗都跳得过去。"晚上，父亲知道了，大发脾气。好像猪崽也听懂了似的，不停地叫。父亲骂母亲没骨气，怨亲戚无情，也恨自己没用，坚决要把小猪送还人家，宁愿饿死，也不低三下四。

母亲没办法，要我同她一起在小猪脖子上绑了根绳，牵着赶回亲戚家。

已是凌晨二时许，秋风瑟瑟，细雨绵绵。我在前面牵着小猪，母亲在后面吆喝。快走到村西两棵大樟树旁时，想到这里曾枪毙过一个恶霸、一个反革命，那个恶霸被步枪打穿了胸脯，血肉模糊；那个反革命被手枪打碎了脑壳，脑浆迸溢。因曾亲眼目睹，感觉十分恐怖。顿时我双腿发软，走不动了，吓得哭了起来。母亲也难过地哭了，安慰我说："不要怕，哪里有鬼？就是有鬼，也不会吓我们这样的穷人，我活了四十多岁，受过人的欺侮，没有受过鬼的欺侮！"我心里好像得到了一种从未有过的安慰，又好像吃了一颗壮胆药。再往前走了约一百米，又看见村里一个被邻村杀死的人放在棺材里,并用砖垒了一个小屋,说是报了仇才能下葬。我又害怕起来,但还是硬着头皮,牵拉着小猪往前走。这家伙不停地叫,好像是为我们壮胆,为我们叫苦,抑或是抨击人情太薄。

再往前,要翻过一座山,走二里多长的山路,这时雨下得更大了,身上也湿透了。走在山路上,忽然窜出一只动物,不知是狼是狗,吓得我胆战心惊。母亲说:“不要怕,你是个大孩子了,畜生不会伤害我们。”快到西北边山脚下时,看到一大片坟墓,大大小小的坟堆,好像大大小小的土馒头。母亲说:“再走一会儿就出山了,有我在,你不要怕。”我想到母亲可怜,又呜呜地哭起来。大约又过了半个多小时,终于把小猪送到亲戚家,这时天才蒙蒙亮。掌门人淡淡地说:“把猪关到栏里去,你们吃过早饭回去吧?”我们全身湿透了,像落汤鸡,一夜折腾得够呛,连水都没喝一口,肚子早饿了。但母亲只轻轻地说了句:“谢谢,我们还要赶回去。”在往回走的路上,天先是阴森森的,慢慢地亮了些,秋雨袭来,身上不时打寒噤。

回到家里,看到我们可怜的样子,父亲没做声,转过身去,不停用手抹眼泪。母亲赶紧把我的湿衣服换了下来,都是打补丁的旧土布衣服。

父亲煮了一锅菜粥,桌上放了一碗咸芥菜,也没放油。父亲说:“哼,人穷盐钵里都会长蛆。”母亲对我说:“你都十多岁了,家里人多,几亩地又打不到够全年吃的粮食,你爸爸也忙不过来,不要再去读书了,好吗?”我没做声,放下碗,倒在床上哭。父母心软了,让步了,又说:“是同你商量,你硬要读就去读,反正我们穷。”我爬起来,饿着肚子就往学校跑,母亲把我追了回来。

这天傍晚，乌云密布，秋雨扑面，可晒场上的那棵松树，还是那样刚劲，不管严冬还是酷暑，总是那么挺拔。吃晚饭时，父亲突然问："你能读个出息来吗？今后能不能当上小学教师？"我说："不知道，只要你们允许我读，我会努力的。"这时，母亲发现我发高烧，赶紧烧了一大碗开水，叫我全都喝下去，盖上被子把寒气逼出来。

窗外秋雨仍下个不停。秋风从船板做的墙壁缝中往里面灌，冷飕飕的。看到父母骨瘦如柴，岁月和苦难在脸上刻满了忧愁，我鼻子发酸，眼前一片漆黑。再看自己皮包骨头的手，像鸡爪子，皮肤像那两棵老樟树的皮。

有人说："求人比登天难，人情比纸还薄。"这虽不是生活的全部，却也道出了世态炎凉。童年经历的人间苦难，令我对生活在社会底层的人感同身受，格外关注弱势群体的生存状况。我自认为是个有情有义的人，尤其懂得知恩图报。

（2007 年 12 月 30 日）

两位班主任

张泗安老师和薛番琛老师分别是我初中和高中的班主任。

余干初中三年,张泗安老师教我代数。他是余干城关镇人,矮矮胖胖的,看上去很精神,教书育人很投入。他的大儿子解放初参军,后去广西剿匪时牺牲了,因而他还是个烈属。

上初一时,学校开始给我丁等助学金,读了两个多月,实在没钱,要求休学。张老师说,你村里的介绍信说你家生活"比较困难",所以给你丁等,说"困难"的给丙等或乙等,说"很困难"的给甲等。我介绍了家庭情况后,他说,啊,你家确属"很困难",不要休学,我向学校反映你的家庭情况,你等几天吧!不到三天,张老师找到我说,学校决定,从这个月起给你丙等助学金。我听了很激动,给他鞠了个躬就跑了。

1954 年发大水,家里淹光了,卖掉了母亲的耳环和姐姐、妹妹的首饰,才勉强凑够了学费。我也很争气,学习很努力,成绩名列前茅,从初二开始,一直当班长。这也算是我人生最早的"领导职务"吧。

张老师是一个严肃的人,也是一个善良的人。在初二、初三时,我的学习成绩在班里拔尖,他要我上高中,认为我很有学习潜力,上高中好。我说,家里太困难了,只能考免费的师范。他不同意,多次做我的工作,动员我上高中。毕业前学校申报上饶专区教育局,保送我上鄱阳高中。保送申请批下来后,张老师鼓励我说，你去上吧，不会错的。后来，张老师被送去劳改了，开始不知什么原因，后来听说他有历史问题，我心里沉甸甸的。张老师是一个旧社会过来的知识分子，为谋生参加过党派，他是一个本分人，没做过什么坏事，是“左”的东西害了他。1986 年我回江西当省长时，打听他的情况，了解到他已去世了，心里久久不能平静。他的家人也从未找过我。几十年过去了，每每想起张老师，心中总是泛起感激的心潮！

在鄱阳上高中时，薛番琛老师教几何。她是南昌人，有点胖，也不高，但长相较好，比我大十一岁，三十多岁还没结婚。她教书认真，也很关心我们。最使我难忘的是，我与一个同学向她借一元钱去理发，两个人嘴馋，半路上买辣子炒牛肉吃掉了，她也没怪我们。我那年得副伤寒，差点儿活不了，是她和孙校长的关心才使我得救的。记得出院后，我骨瘦如柴，她在教师食堂买了一碗肉片汤端给我吃，我感动得眼泪都出来了。以后再吃肉从未有那几片肉的滋味了。

高中阶段，我学习成绩也一直不错，从高二起每门课都是五分，一直当班长，还自学了大学三、四年级的数学课程。薛老师经常表扬我，说我自学能力强、潜力大。在报考大学时，她动员我报考清华，我按她的意见报了。读研究生期间，我曾专程到鄱阳去看望她，那时她已经四十多岁了，与同校的董老师结了婚。很不幸，没过几年董老师就去世了，也未生过小孩。打倒“四人帮”后，听说她当过县政协委员，不久患肺癌，刚五十出头就去世了。我到江西当省长时，一直打听她家的情况，想为他们做些事。我很怀念她，她热爱祖国，忠诚教育事业，要是她还在，我一定会接她到家里住住，一定尽我所能为她做点儿什么。

如果没有张老师帮我增加助学金，我早休学了。没有他三番五次劝我上高中，我的人生道路则会是另一种样子。如果不是薛老师把我从死亡线上拉回来，不是她要我报考清华，也没有我的今天。

张老师和薛老师是我的恩人，但他们却很不幸。每当想起这些，我就感到心痛。师恩永远难忘，写下这段话以纪念敬爱的张泗安老师和薛番琛老师！

张老师、薛老师，你们活着时，我没能为你们做点儿事、尽点儿孝，深感不安。你们如在天有灵，看到学生没有辜负期望，当会感到欣慰吧！

学生永远怀念你们！

（2008 年 1 月 8 日）

清明忆母亲

今日清明。

母亲已过世27年了，今年正月初四是她百岁诞辰。这个清明按理应去凭吊，以寄哀思，以感母恩。但回乡一趟，又恐有太多的烦劳，思虑再三，还是作罢。

母亲是鄱阳县人。据她说，老家在磨刀石，父母早亡，没有兄弟，只有两个姐姐。大姐嫁到了方家前，二姐嫁到王家弄。她很小就被送到余干乌泥村，被我爷爷、奶奶收养当了童养媳，可以说她早早就来到了我们吴家。

记得五岁那年，我跟母亲第一次去鄱阳。先在大姨家住了一晚。姨夫是医生，家境好，还雇了长工，在家里说一不二。大姨虽生了三个儿子、两个女儿，在家也没有什么地位。第二天到小姨家去，她有两个儿子，住茅草屋，生活十分困苦，中午在她家吃了红薯煮的粥。小姨给了我家一斤多花生，已经很尽力了。我们当天就返回大姨家，在她家吃得比较好，还有肉。分别时，大姨给了我们四五斤煮熟的花生和二三斤黄豆。

第二次是抗日战争胜利那年冬天，我随父母去鄱阳县城卖红薯，到了城隍庙前，父母买了两根油条（当时叫“丝瓜瓤”）给我吃。我吃了一根，要父母俩人吃一根，他们舍不得吃。父母都不认得字，又不熟悉路，光在城里打转转，走不出去。父亲对我说：“明年让你去读书，识个字，将来能认个招牌也好。”跟父母步行两个多小时,才找到大姨家。她很热情,用手摸着我的头说:“毛里长大了。”我当时头上蓄了鞋刷子似的一块头发,后脑勺还留了一撮毛。第二天吃过早饭,又去小姨家,她拿了一个不到二两的小红薯给我吃。日子过得太穷了,两个儿子蹲在地上,已是冬天了还赤着脚,冻得缩成一团。父母看了伤心,小姨也哭了。我们坐了不到一小时,就离开了。我家也很穷,什么东西也没有带。

第三次是 1949 年夏,家乡已解放了,那年鄱阳湖发大水,汪洋一片,靠挖野菜、吃米糠度日。我们在鄱阳县城北面的山上挖野菜,一点儿米都没有,又硬着头皮去大姨家,吃了一顿饱饭。当天离开时,母亲向大姨要粮食,说一点儿米都没有了,要一点儿带着路上吃。她们也有困难,给了二三斤大米,母亲千谢万谢,依依不舍地告别了她的大姐及家人。

1956 年我被保送到鄱阳中学上高中,大姨家土改时被划为地主,小姨家仍住茅草房。大约是 1959 年 5 月,父母去看望过大姨,据母亲说,中午吃了一顿大米饭,还有两块咸鱼。接着他们又去看小姨,她家仍是那样穷,只坐了半小时,就赶到鄱阳县城看我。在离校门口几百米远的路旁,我们见了面。可怜的父母衣衫破旧,不到 50 岁的母亲已是满头白发,父亲骨瘦如柴。我吃了他们给我带的东西,很难受,无奈地说:“你们回去吧。”我含着眼泪离开他们返回了学校。

母亲有时在我面前说:“很想大姨和小姨。”但去一趟也不容易。估计她们也知道我家穷,从未来过余干。

母亲忠厚善良,见人让三分。有个邻居的厕所紧挨我家破屋门口不到一米,我们吃早饭,他就来拉屎。因距离太近,臭不可闻,父亲忍无可忍,一心要拼命。母亲拉住他,喊我进去,说:

算了，忠厚终后，忠厚的人，后来会好，忍着吧。

母亲很有骨气，不对人低三下四，不向有钱人家包括亲戚诉穷诉苦，占些便宜。有一个亲戚对我母亲说："现在我亲戚都住上了好房，就是你还住着狗都能跳过的破房。人家孩子都没读书，你莫让儿子读书了。"后来，母亲含泪对我说：她也太欺负人了！你好好读书，看今后能不能当个小学老师，给咱家争口气。

母亲十分节省，脾气很好。她在家吃的都是剩菜剩饭。一年中全家偶尔吃顿肉、蛋，母亲从不沾一点儿，吃鱼也只吃鱼头。她常说胃痛，也从未看过医生。父亲爱面子，来了亲戚总希望做些好菜给人家吃，可家里又没什么东西，常当着人家面向母亲发脾气。母亲不做声，在灶旁轻轻地对我说："把命给人家吃行吗？穷还要装门面。"

母亲一辈子在苦难中挣扎。1960 年以后，我家在爱人锦裳的支撑下，日子还过得去。为了使弟弟能找个媳妇，母亲很想盖幢新房。我参加工作后，就把住的牛栏拆掉，在前面盖了三间平房。全靠锦裳节衣缩食攒些钱，才把弟弟的婚事办了。父母到了 60 岁，又想做棺材，我用了一年的工资，买杉木做了两口棺材，了却了他们的心愿。

1982 年下半年，接到母亲病危的电报，我借了些钱，带大儿子一起回去看望她。我们已七年未见过面，她躺在床上，病入膏肓。我请来乡里的医生，打针吃药，一天用了三十多元，给家里留下几十元钱，第二天就从鄱阳返回武汉。一个多月后，接到电报，母亲已去世，是胆囊破裂而死。我知道死亡是无药可治的，非常伤心，好多天都不想说话。2006 年 12 月 10 日晚，得知 96 岁高龄的父亲与世长辞，考虑到自己的身份和影响，也只有让儿子们去送葬。

我对不起母亲，她未得到我半点儿好处，我也未给她送终，只是在1997年初春，去山东上任前，到她坟前看了看，很快就离开了。2007年末回乌泥村，本想到父母坟前看一看，由于人太多，不方便，也没去成。

说心里话，我对亲戚的困难很同情，但没为他们办过一件事，有时很矛盾，也很痛苦。我家的生活状况直到上世纪90年代中期，才有了改善，但对亲戚帮助也不多，只是每年对姐妹有些表示。对姐妹等亲人的困难，今后尽可能从工资中拿出一部分给她们些帮助，也算是对母恩的报答吧！

（2009年4月4日）

毕业证书上的照片

五张毕业证书,40 年前我很珍视对它们的保管,藏在木箱底层,上面放了些书和当"礼服"穿的的确良衬衣以及一条半新不旧的茄色裤子。

1986 年到江西当省长时,不知是由于淡忘还是衣服多了几件,也不知是谁有意无意的"帮助",证书找不到了,政务缠身,无暇以顾,也未放在心上。

约两年前,要搬家,杂七杂八的东西不少,家人在破烂堆里扒拉,可能是找找还有没有可用的东西。据说在一个旧塑料包里发现了我小学、初中、高中、大学和研究生的毕业证书,通电话告诉我时,我说:"莫烧掉了,请放到我楼上书桌抽屉里。"去年回南昌时,看到了它们,翻了翻,又放回去,也没多想。

退休后,闲来无事,不知怎的,又想起它们,拿出来看看。

小学毕业证书上的照片,剃了个瓦片头,似乎向人炫耀说,土改时,人民政府分给我家瓦房,不再住茅草屋了,头顶上的这片瓦可以作证。脸部是皮包骨、棱角清晰的孩子相。之前没照过相,第一次摆姿势,显得很不自然;龇牙咧嘴,好像饿狼吃食,没个看相。

1953 年,我对小学毕业证上的照片就很不满意,也不相信自己是这般模样。一天,我到王老师房间里去,向她借镜子照了照,尽管摆过几个姿势,都差不多。当时想,算了吧,不是照片的问题，就是这个又黑又瘦的样子，再说又不是我的错。

这张照片，勾起了我一段难忘的记忆。解放后，想读书，家里穷无钱上学。一天，我下定决心，把父亲的土布裤子的一条裤脚扎死，“偷”了米，到学校报了名。后来父母知道了，也没责怪我，只是无奈地说：“实在没钱，家里人多劳力少，还去读什么书？你不听，我们也没法。”

余干初中毕业证书上的照片，头发有些乱，比三年前“一团茅草”盖在头上好了一些，脸还是那样瘦、那样黑，嘴巴还是张开的，但牙齿外露已不太显眼。对这张照片，我虽不满意，但还勉强能接受。

这张毕业证书得来可真不容易啊！1954 年发大水，家里田地几乎淹光，住的破牛栏砖瓦房被水浸了两米高，拆了家里一些旧船板做挡风壁的板子，在高的地方露天过夜，蚊子很多，我得了疟疾，死里逃生。没有钱上学怎么办？母亲把自己的耳环，姐姐、妹妹头上手上的首饰都狠心地摘了下来，几经周折才到县银行换了十元四角钱，用十元钱报了到。由于政府的关心、学校的照顾，我得了乙等助学金，才得以延续学业。这张毕业证后面，隐含着多少生活的艰辛、人情的淡薄、师长的关怀！

鄱阳高中毕业证书上的照片，发型是与时俱进了，但因长时间生病，样子更难看，像个捡垃圾的，面无表情，病态木讷，毫无精神，看了心酸。

怎么能不心酸呢？得了副伤寒，差点儿死了，还有一连串的苦难，至今不堪回首。填报大学志愿时，班主任薛番琛老师的建议，影响了我大半辈子的命运。学校给了我 20 元到北京的路费，实在是喜从天降，要是这时照毕业照，脸上兴许会有点儿笑容啊！

清华大学毕业证书上的照片，发型在大城市都不算落后，脸上长了点儿肉，表情还比较自然，也有点儿自信的样子。在首都上大学，党和政府关怀照顾，一直领的是最高等级的助学金。后来，生均伙食费每月增加了四元钱，生活改善了，再不长肉，效益太差了吧？恐怕也对不起助学金。大学六年，辛辛苦苦，顺利完成学业，心里好像放下了一块石头。想到今后当个工程师不会有问题时，眼前好像一片光明。

清华大学研究生毕业证书是参加工作后补发的。一些造反派说我们这样的人是走白专道路的，是修正主义苗子，不给我们发毕业证，也不按研究生发工资。当时家庭负担很重，读了九年大学同读四年大学的发一样的工资，心里很有想法，对发不发毕业证书倒无所谓。清华大学通知补发研究生毕业证书时，要我拿照片去，我选了一张自己认为对得起观众的照片。头发有些长，向左边倒，是个货真价实的"左派"。脸上还是很瘦削，额头上多了几条浅浅的皱纹，五官尚端正，嘴巴的样子自然从容，头微昂，两眼有神，看上去像个年老学生。这时，我已是葛店化工厂党委委员、车间主任，还做出了点儿成绩，同工人和技术人员在一起，心情很好。

这五张毕业证书上的照片，印记了我艰难的漫漫求学路，印记了党和政府对我的恩情，印记了求学路上恩师与同窗的关爱。

看到这些照片，我心里难安的是，没有为母亲的哺育做半点儿回报，她就过早离开了人间；没能对卖首饰为我筹学费的姐姐有所关照，她也离我而去；没有为对我人生命运起关键作用的张泗安、薛番琛二位班主任做什么事情，两位恩师也过早离世。这些有恩于我的亲人，没得到我半点儿好处，也没看到他们的心血和期望没有被辜负，想来又何以心安！

新中国成立特别是改革开放以来，我们国家发生了巨大变化，经济发展、社会进步、民生改善，党和政府重视教育，资助学子。只要个人努力，考取了中学、大学、研究生的都能完成学业，怎么能不为今天的青年、为祖国的明天而欣慰！

五张毕业证书和上面的照片，尘封起来，也许随着时间的流逝或许被扔掉被烧掉，或许被保存下来，这都已经不重要了，重要的是它们见证了我个人艰难曲折的成长，也从细微处见证了共和国历史的变迁！

（2009 年 3 月 8 日）

江 城 琐 忆

1968 年清华大学研究生毕业后，我被分配到武汉市葛店化工厂工作，到 1986 年调任江西省长，在武汉前后 18 年半，从一个普通的技术员成长为党的高级干部，亲历了上世纪 80 年代风起云涌的改革浪潮。四十多年过去了，经历的许多事情逐渐淡忘，回想起来，脑中浮现的只是一些星星点点的记忆。

1968 年 4 月下旬，我到葛店化工厂报到。工厂在武汉远郊，长江南岸，靠近鄂州，离市中心二十多公里。这个厂生产烧碱、农药、电石、氯化苯、盐酸等产品，有几千人。我被分到维修车间仪表组，这个组一共才十几个人。厂里仪表很落后，没有自动控制系统。当时还在搞“文化大革命”，厂里乱哄哄的。我不参加“文革”活动，一心搞调查、看书。心想，生产总要恢复，仪表和自动化装置必不可少，今后还是有大量工作可做的。

这年下半年，我找到分管技术的革委会副主任才大勇，要求拨些钱给我们搞生产过程的测量和控制。他说：“你搞出点儿名堂给我看看，再考虑给钱的事。”我在锅炉车间，看到操作工 24 小时眼睛盯着水位计，手不停地动给水阀，就想搞一套水位控制系统，既可以省掉操作工，又可以确保锅炉的安全。这样，我就开始自学 DDZ-1 型自动化装置，并设计测量及控制系统，但有一个问题一直解决不了。一天中午睡觉时，在梦中想通了，立即跑到车间，把一条线添上，这个三冲量复杂的控制系统，从理论上打通了。水位、给水量和蒸汽流量的比例关系，通过计算和调试也解决了。经过几个月的设计、安装、调试，终于成功了，受到工人和厂领导的好评。在开始投入运行的过程中，我和蒋伯雄同学经常跟班。以后几年，在生产过程测量和控制方面，与同志们一起解决了十几个技术上的难题，得到了当时化工部的肯定，还在厂里开了现场会。在葛化，我由技术员干到车间主任、厂党委委员，后来又担任了分管技术的厂革委会副主任，共在这里工作了八年。其间，许多人从不同方面给了我很大的帮助，有些人成为我终生的朋友。

在市科委任副主任兼科协副主席时，我的月工资是72元，爱人是38元，一家七口靠这些工资过日子，还要接济一些老家的亲戚，手头拮据得很，酷热的夏天我们也从没买过一个西瓜吃。市科委行政处有个小张，看到我儿子穿着旧衣服，背着破书包上学，我长年穿着那几件褪了色的布衣，脚上穿解放鞋，十分感叹："真没想到吴主任这么穷！"有年夏天，他给机关买西瓜，车过家门口，抱了两个给我的孩子们吃。看着孩子们高兴，我很感动，孩子们把西瓜吃了，剩下的西瓜皮，爱人用它做菜吃。这么多年过去了，我们全家总忘不了他这个情。

1983年3月，我当了市长，家里还是很穷。爱人当时在学校教书，总是下课回家时，到菜场去买便宜的菜。下午五点后去菜场，一角钱可以扒一堆，吃不完就用绳子挂在阳台上吹干做咸菜。我家的门从不上锁，因为实在没有什么可偷的东西，懒得防盗。

用现在年轻人时髦的话说，我们那时是货真价实的"月光族"。夫妻俩的工资几乎每月都花光，一般在月末买一次肉吃。当时许多东西计划供应，发了不少票证，我家的票因缺钱总是用不完。爱人到店里去买制革厂从猪皮上刮下来的油炒菜。为了节约,儿子读书的灯是15瓦的,因此小孩眼睛高度近视,想到这事至今仍感内疚。

当时,孩子们很想看电视,又没钱买,于是凑钱买零部件,自己动手装了一台黑白电视机。虽质量不好,图像声音不稳,但总算有了一件“像样”的家电。这台电视机至今还放在老家,也算是一件“古董”吧。家里人一提起它就发笑。

当市长后,每天早晨骑自行车上班,在路边早点摊上买三两热干面吃,一年到头,几乎天天如此,所以有人背后叫我“热干面”、“三两”。我知道后笑一笑说:“热干面好,便宜,大众化,这个绰号不错。”

有一天,我骑车到路边吃热干面时,右手中指被排队的一位男子碰伤了。手指一天天痛起来,实在难忍,只好到医院去看医生。一个年近五十岁的女医生看了后说:“要打麻药,把指甲拔了。”我说:“好。”她打了麻药,不到三分钟,就拔指甲,我大叫:“太痛了!”她声色俱厉地说:“不是打了麻药吗?怎么会痛?”还用眼睛狠狠地瞪着我。指甲血流不止,她用纱布简单地包扎了一下。过了些时间,手指才开始不痛了,我心想大概麻药刚发挥作用。女医生催着我:“走吧,我们忙。”那时,真是哭笑不得。

还有一次,岳母住院做手术,我早上五点多骑自行车去了医院。门口值班的是位女同志,硬是不让我进去。我央求说:“麻烦您让我进去看一眼,五分钟就出来,吃过早饭还要开会。”她对我这个又黑又瘦、说话又难懂的“外乡人”很是看不起,干脆不理睬。我一再恳求,也不起作用。这时周围有人认识我,说:“让他进去吧,他是市长。”她头也不抬地说:“莫骗人,市长是这个样子?”那几个人坚持打抱不平,她只好放我进去。出来后,她说:“市长,我确实不认识您,态度不好,请不要告诉我的领导。”我礼貌地对她说:“谢谢,打扰了。”离开医院,我边走边想,她们态度不好,我当市长的也有责任。

记得刚当市长不久,一大早我骑自行车查看完民众乐园场馆,返回政府机关途中,天突然下起大雨,我没带雨具,便躲进街旁的一家药店避雨。没想到,店里的售货员见我其貌不扬,黑不溜秋,一副乡下人打扮,硬是把我从店里赶了出来。我没有分辩,走在雨中,一阵心痛:没有善良和宽容,武汉能成为一个开放型、国际型的大都市吗?后来,还有好几次,我在不同的地方遭遇过类似的“礼遇”。那段时间,外地来客对武汉的服务态度也颇有微词,我感到压力很大!作为一个改革开放的城市,如此形象,何以面对世人!武汉市的服务工作没抓好,我这个当市长的挨骂也活该。这也让我下决心整治“窗口”行业的服务态度。我把自己在武汉港十五码头的“遭遇”,通过媒体曝光,引起社会的巨大反响,由此展开了一场全市人民参与的大讨论,有力地推动了各行各业服务态度的整改和服务质量的提高,改善了武汉市的形象。

这年7月,我牙根发炎,不停流脓流血,到医院治疗,不见好转,心里很着急。一天晚上,找到市委医务室,向值班的同志说明了病情,一个30岁出头的女护士热情地说:“可能是缺核黄素,你多服几粒试试。”我想,这个药多吃也不会死人,就一次吃了20粒,一连吃了几次,果然不到两天就好了。这真是“一行服一行,麻糍果里沾砂糖”。

记得有一次骑自行车上班时,边骑车边考虑工作上的事情,因注意力不集中,摔了个四脚朝天,一条腿鲜血直流,到办公室时衣服与伤口粘在一起,疼痛难忍,但我仍然像没事一样去主持会议。

武汉是一个老工业城市，如何增强企业活力，对武汉的发展有着举足轻重的意义。搞好企业，关键是要有一大批优秀的经营管理人才，并且让他们有责有权，真正发挥作用。当时，我们通过改革选贤任能，不少多年经营不善的企业很快改变了面貌。1985年武汉市聘请格里希当武汉柴油机厂的厂长，媒体一度炒得很热，中央很重视，万里、姚依林、张劲夫、朱镕基等同志十分支持，说这个敢为人先的试验很好。后来我又发现一个现象，武汉有的企业，因领导去得多，作的指示也多，企业无所适从，经营一塌糊涂。而有的企业没领导去，却发展得很好。比如，一个生产水泥管的厂子，一年得了两块银牌。我知道后说："领导到企业去，讲的话或作的指示，企业领导听一听，不要太当真，作主的是你们自己。"

上世纪80年代初，武汉的城市人口就有近400万，居民吃菜问题是历任市长的心病。"淡则断，旺则烂"，农民不高兴，市民不满意。我当了市长，这同样是一个摆在面前的难题。记得1983年3月全国人代会期间，时任国务院副总理的万里同志在中南海召开座谈会，我应邀参加，他说："要改革，不然武汉是活鱼变死鱼，死鱼变臭鱼。"我说："不会的。"他说："你很年轻，要真干！"中午还请我们吃了饭。我记住了万里同志的话，下决心靠改革解决这些问题。从此武汉大刀阔斧地开展了蔬菜管理体制改革。当时武汉有150万个家庭，蔬菜日上市量不能低于300万斤。武汉人还有个习惯，非得吃叶菜才算是蔬菜。而统购包销的计划经济体制，严重制约了广大菜农的生产积极性，有的乡、村甚至还在"割资本主义尾巴"，不让农民在自留地种菜，甚至派民兵站岗严防农民私贩蔬菜，由此还引发过流血冲突。

计划经济的旧体制造成了供应的短缺，哪年“春泛”、“秋溃”，武汉的蔬菜供应就会出现很大的缺口，菜价猛涨，群众怨声载道，有的人还打“市长专线”骂娘。我们痛下决心改革体制，放开市场，放开限价，让农民进城，激发菜农的积极性，允许并鼓励自留地的菜上市。同时允许外地的蔬菜进汉，加上“春秋两淡”我们积极组织外菜补充救市，政府再拿出部分资金平抑菜价，终于放活了市场，富裕了菜农，保障了供给。市民高兴地说，过去吃的是“无缝钢管”样的竹叶菜，“马鞭子”似的苋菜，“鼓眼睛”的豆角，一斤吃六丢四还不止，现在吃八丢二还不到，一洗一切就能下锅，很实惠。

1984 年，万里同志到武汉来，我陪他到农贸市场视察。他看到活蹦乱跳的大鱼，十分高兴，说：“小吴，你不是滑头。”中午陪他吃饭，他还说了许多。1986 年 9 月，我调任江西省长时，万里同志正在澳大利亚访问。回国后，他到浙江视察工作，要我去杭州陪同他到景德镇视察，我有事来不及赶到杭州，在上饶才上车。他同我谈了约三个小时，说：“中央要你到江西当省长，你还是要同在武汉一样，大胆改革开放，发展商品经济。江西比较保守，领导之间矛盾不少，你不要管那些，向广东、浙江学习，把经济搞上去。”

写到这里，又想起 1984 年武汉“严打”，公安部门抓了 1500 多个青少年嫌疑犯，我去看了，很难过。在会议室讲了一个意见：能否请他们的家长和单位领导来做工作，对可抓可不抓的，把人领回去记录在案，一个月去派出所报一次到。最后批准拘留审查的，只有问题比较严重的 57 个人。这种做法得到了群众的理解和支持，社会反响是好的。

我 40 年前在武汉葛店化工厂工作时就认识夏菊花，她是著名的杂技演员，受到过毛主席的接见，不仅演技精湛，而且人品好，事业心强，为我国杂技事业作出了重大贡献。我离开武汉后，她要我帮过两次忙。2001 年全国人代会期间，她找到我，说要在北京搞一个国际杂技大赛，需要 600 万元，她给朱镕基总理写了封信，要我帮她转交。我对时任国务院秘书长的王忠禹同志说："这是夏菊花的信，她名气很大，脸皮很薄，建议总理支持一下。"朱总理很快批了。她激动得多次对我说："真没有想到，总理效率这么高，这么重视杂技事业，朱总理真是人民的好总理，麻烦你向总理转达我们杂技界深深的谢意。"后来，我听说这个大赛办得很成功。2008 年，她又找到我，说希望在北京建一个国家马戏院，她给温家宝总理写了封信，又要我帮忙转交。我只好给总理办公室打电话："夏菊花已七十多岁了，当了 27 年中国杂协主席，很想建一座国家马戏院。如能批最好，如不行，建议批得缓和一些，否则她会哭鼻子。"并请秘书小余把信送去。三天后，温总理批了，把她乐得不知说什么好，一再讲"温总理这么重视杂技事业，我们非常激动，麻烦你一定向总理转告杂技界同志们的衷心感谢"。

在武汉的 18 年半，是我踏入社会的起步阶段，也是我人生的重要一程。我在那里做了点儿事，得到过帮助，得到过认可，感受到了善良，也经历过艰难。我十分感谢武汉人民给予我的一切！

以活对活　以放对放

赣州是江西南部一座历史悠久的古城，早在汉代就已经设县，隋代改名为虔州，明洪武元年正式改为赣州府。江西的母亲河赣江就发源于此。在赣州市的八境台，贡水和章江这两大支流汇合形成了赣江，“赣”字也由此成为江西的简称。赣南在中国革命史上有着特殊的地位，1929 年到 1934 年，是中央苏区的中心区域。中华苏维埃共和国临时中央政府就设在赣州的瑞金，毛泽东的“主席”头衔也始于此，举世闻名的二万五千里长征的出发地就是赣南的于都。在长征路上，平均每一华里倒下了两位赣南籍红军战士，赣州的兴国县也是全国著名的“将军县”。对这块神奇的土地，我一直非常向往。1986 年 11 月，我任江西省长一个多月，就来到赣州。

已过“小雪”，赣南大地仍艳阳高照，没有丝毫寒意，气温比南昌高很多。我没有先听地区领导的汇报，而是直接走了 17 个县（市），考察了几十个企业、乡镇，走访了一些农户，待了近半个月。应当说，赣南给我的第一印象不怎么样。那里有大片的山地，但青山不多，相当多的是光秃秃的荒山野岭。虽然这里耕地较少，口粮严重不足，但冬季田大都闲着，什么也没种。当地一些老百姓还惬意地自慰，“白米饭，红炭火，神仙老子不如我”。工业发展水平很低，除了寥寥可数的几家国有、集体企业之外，连手工作坊都少见。有着六百多万人口的赣州地区，当年国内生产总值仅 26.9 亿元，财政收入才 2.3 亿元，农民人均纯收入也只有 321 元，相当一部分群众过着吃粮靠回供、用钱靠救济、种田靠贷款的日子。部分干部的精神状态令人揪心。一山之隔的广东，改革开放八年来经济快速发展，而面对开放地区对各类物流的拉动，赣南应对的办法是设关立卡，每个县设立的检查站不少于三个。有人给我说了一段顺口溜："赣南路上运输难，五里十里就一关。每过一卡磕次头，每闯一关用掉'大团结'好几张。"有位同志跟我说，赣南老革命多，在北京当大官的不少，但赣南的同志找他们，不是伸手要个车，就是要钱盖栋招待所，很少跑项目、要政策。我去一个县考察，看到县城街道上猪到处乱跑，随地拉屎撒尿。我问县长，你们这里很自由吧？他不假思索地回答："当然啰！"看来他没听明白我的意思，我又接着说："确实太自由了，真比某国的总统还自由。他能像你们这里的猪一样，光天化日之下在街上当众拉屎撒尿吗？"这位同志听了，尴尬地笑了。

我也了解到许多干部希望加快发展，但苦无良策；广大群众盼着过上好日子，愿望非常迫切，却找不到致富门路。在考察过程中，我也发现了不少好的典型。宁都县竹笮乡的农民自发组织了六个卖鸡运销联合体，面向广东市场组织生产。这六个联合体中，有几百农民做"二传手"，骑单车挂鸡笼挨家挨户收鸡，然后贩到广州三元里去卖。这个乡的许多农民家里都养三五十只鸡，促进了养殖业发展，增加了收入。

在赣南考察了十几天后，我召开了有 17 个省直部门负责人参加的会议。我说，到这里考察，感到有四个大：一是块头大，人口占全省的五分之一，土地面积占四分之一；二是与广东、福建发展的反差大；三是发展的潜力大；四是群众致富的呼声大。赣南离南昌远，交通又不方便，去一趟要两天时间，但这里靠近粤闽，他们正在搞特区，如何利用这个有利条件，面向特区发展生产，这对赣南的经济振兴至关重要。对于毗邻粤闽的几个边际县，省、地都要研究一些特殊政策，这个问题到了非解决不可的时候了，在放开搞活上我们胆子还要再大一些。

第二天，地委、行署召开地直机关负责干部大会，我又在会上讲了这些意见，大多数干部是赞成的，他们迫切希望省里让赣南也搞"特区"。但不少同志也有顾虑：向特区敞开门户发展生产，特区的物价高，工资水平也高，货卖给他们，物价抬高了，当地群众不是更有意见吗？特区有特殊政策，办事当地有权批，我们则要乡跑县，县跑地，地跑省，哪里有这么容易办得了事？赣南经济基础差、底子薄，加快经济发展，要修路，要搞项目，资金从哪里来？面对种种困惑，我感到还是要解放思想，在解放思想的过程中，摸索具体路子。

当时的行署专员对我说，与赣南毗邻的粤北、闽西，十年前经济发展水平与我们差不多，赣南粮食还多一些，那时大批粤北、闽西的姑娘嫁过来；三年困难时期，更有不少人为了吃饱肚子举家迁来落户谋生。改革、开放、搞活的政策使广东、福建经济迅速崛起，把我们远远地甩在了后面，粤闽沿海地区农民生活多数接近小康水平，被广东称为贫困地区的粤北，农民人均收入也超过了 500 元，而我们相当一部分农民收入不到 200 元，18 个县市中 10 个县财政吃补贴。面对这种反差，我们压力很大。看来不改革没有出路，越不开放会越落后，越落后就越难适应东南沿海带来的冲击。我赞同他的看法。我说，中央搞经济特区，也没有给钱，小平同志要深圳自己杀出一条血路来。赣南也只能这样搞。可以学习广东的经验，"两个口袋"装钱，既抓财政预算内的钱，也想办法增加预算外收入，还要引进别人的资金，就是要以活对活，以放对放，用穷办法奔致富路。要逐步放开物价，广东已经放开了，你不放开，是守不住的；体制也要放活，注意与广东接轨。面对不平衡发展的全区经济，要想法让一些地方先富起来，哪里效益好，就优先扶哪里，这对老区发展可能是至关重要的。

1987 年 11 月，我再次到赣南，与省里的同志一起看了五个县市，重点研究怎样支持赣南面向粤闽发展经济。赣县紧靠赣州市，经济发展不快，革命战争年代出了不少将军，开国上将赖传珠就是赣县人。赣县的同志很为这段历史自豪，一谈起来就滔滔不绝。我对他们说，毛主席他老人家曾勉励我们，要“发扬革命传统，争取更大光荣”。在你们这块土地上，战争年代牺牲了那么多人，为中国革命作出了那么大的贡献。而我们现在又做得怎么样呢？现在讲争取更大光荣，就是要争取改革开放的更大光荣，争取发展商品经济的更大光荣，争取共同富裕的更大光荣。在革命战争年代，我们确实是人杰地灵，到处出将军。我们“人杰”，现在“杰”得怎么样？我们的老前辈闹革命，当了将军确实很光荣，但是他们的后代穷得叮当响，光荣吗？地“灵”怎么灵？物华天宝要开采，只放在那里不行，只讲也不行，要赋予新的含义。我给赣县的同志说，离你们不远的地方不是有座郁孤台吗？宋代大词人辛弃疾在这里做过官，他写的《菩萨蛮》里有“青山遮不住，毕竟东流去”的名句。我看在改革开放的大潮流中，尽管赣南山多，也是遮不住的，毕竟要东流去。流到哪里去？要流向两个三角洲，流向港澳市场。所以，要瞄准两个三角洲及港澳市场，大力发展商品经济。

就是在这次考察时，省里初步确定，要建立“赣南经济体制改革试验区”。我对赣南的同志说,你们要面向特区发展生产,省里可以给你们一顶“帽子”,不叫“特区”,叫“试验区”,省里能放的权都给你们,给了权也就给了压力,那就是经济发展必须加快,这是能做到的,你们要有信心。

一个月后的12月14日,省委召开八届五次全委(扩大)会议,决定设立“赣南经济体制改革试验区”,从经济体制改革、计划管理、技术改造、财政、对外经济贸易、粮食、物价、林业、物资协作、信贷等10个方面扩大赣南的自主权。办这个试验区,就是要面向沿海地区实行以活对活、以放对放,把沿海发展外向型经济对江西的冲击变为我们发展的机遇,否则江西经济稳不住,更难以实现较快发展。例如,广东的猪肉已经贵到5元至6元1斤,毛猪2元1斤,南昌的毛猪价格还只有1.53元1斤,卖1斤猪肉政府要补贴1元钱,不补贴就只有封锁市场,不然猪就会被外省收走,但市场是封锁不住的。广东、福建的许多地方像赣南一样都是山区,为什么人家上得快,江西那么慢?搞“试验区”,意图就是让赣南18个县市面向广东、福建彻底开放,广东、福建、港澳需要什么,就发展什么。省政府能放的管理权限都下放,以后县长不要什么事都找省里,自己可以作主。这样紧靠赣州的吉安、抚州肯定坐不住,物资就会从北向南流动,因为商品总是向价格高的地区流动,就像水往低处流一样,这是规律。这次省委全会期间,我专门参加了赣南组的讨论,我说:“你们要十分珍惜这个良好机遇,充分利用这个有利条件,把经济搞上去。如果错过了这次机会,仍搞不上去,先拿地委书记是问,再拿专员是问,第三拿县委书记、县长是问。”

赣州地委、行署贯彻省里的要求很坚决、很主动。他们从实际出发,提出以搞活企业为中心,以大力发展乡镇企业、个体私营经济和搞活流通为突破口，以土地资源立体开发、农副产品系列开发、劳动力资源双向开发为农业总体开发的主攻方向，带动全区经济发展，催化市场发育。还制定了《扩大县(市)经济管理权限的决定》等25个具体政策规定，提倡和鼓励大胆改革，积极探索，把放开与约束、搞活与管理、给活力与给压力有机结合起来。有了"试验区"这块招牌，赣南人民开始了大胆实践。1987年11月到1988年1月短短两个月的时间，全区各类企业基本上实行了承包、租赁，完成了经营机制的转换；除国家指令性收购的粮食、食糖以外，生猪购销全部放开，其他产品价格也逐步放开，边际县实施自由贸易；撤销了189个阻碍流通的关卡，在400多公里的省际边界线上开放了上百个集市，30多万农民进入了流通领域；有8个港商投资项目签约，200多个内联项目签约，广大干部群众的商品意识和发展冲动开始搅动起来了。

我担心省里的部门不愿放权，又专门派了"省政府赴赣南试验区指导组"前往指导工作。在听取检查情况汇报后，我又明确指出：赣南农村改革关键是抓开发，荒山荒坡可以一包50年；赣南的价格要放开，与广东相衔接；要大力发展民营经济，乡镇企业主要是发展个体私营企业，在赣南这样搞不会出大问题；省政府要少干预，省直部门的政策要以省政府的为准，部门发的文件不符合赣南实际的，可以不执行；赣南地区对县要进一步放权、放开。后来我几次到赣南，都对他们说，广东、福建有什么好政策，你们就借鉴，就实行，不必向省里报告。江西是共产党领导，广东、福建也是共产党领导，那里能干的事，赣南也可以干。人家没有采取的办法，只要有利于生产力发展，我们也可以探索。我还特意叮嘱省交通、电力部门，优先安排赣南的交通和电力建设，加快步伐。

1988 年下半年，中央决定在全国治理经济环境，整顿经济秩序。地委、行署有的领导有顾虑，书记、专员来找我，我对他们说：对中央的方针一定要正确理解、坚决执行；同时，要结合自身实际，也结合学习周围特别是广东、福建的经验，是什么问题就解决什么问题；一定要注意保护赣南人民改革搞活、发展商品经济的积极性；赣南要发展，关键靠改革开放搞活；明年你们要继续坚持改革开放，锐气不能减，还是要面向广东、福建做文章。“试验区”的创立，使赣南迸发出强大的生机活力。1988 年，赣南各项经济指标增幅跃居全省前列，财政收入、农民人均纯收入均实现 20%以上的增长。从那时起，赣南经济逐步迈入发展的快车道。

我还想起了提出要“在山上再造一个赣南”的事情。赣南改革试验区搞起来了以后，经济更加活跃了，发展也更快了，但山上的面貌没有大的改观。特别是上世纪七八十年代开展植树造林，主要是种松树，有不少小老树，长了多少年，始终长不大，经济效益不高，对农民增收促进不大。1989 年年底我去赣南，和地区、县里的同志商量，赣南有 4000 多万亩山地，而耕地只有 400 万亩，人口 660 多万，有 200 多万农村富余劳动力，是典型的山多、人多、田少，要解决“钱从哪里来、人往哪里去”的问题，眼睛不能只盯在田里，要看到山上，赣南的潜力在山，希望在山，致富在山，能不能“在山上再造一个高效益的赣南”呢？我听华中农业大学的章文才教授说，赣南种脐橙的条件好，就想到能不能把果业作为赣南高效益林业的重点，把几百万亩的荒山和疏林地改造成林海果山。我当时的设想是，通过若干年的努力，使赣南山上的产出和效益能够达到甚至超过耕地的产出和效益。

赣南的同志很赞成我的想法，地委、行署把“潜力在山、希望在山、致富在山”作为开发荒山的动员口号，确定了“兴工富县、兴企富乡、兴果富民”的方针，在海拔400米以下的山地重点开发果业。有的县还总结了一些典型经验，提出“一把锄头两只筐，朝着山上奔小康”。我对他们这些想法是支持的。但刚开始实施这项规划时，也碰到了不少阻力。很多群众对政府的号召有疑虑，加上对种果树不熟悉，积极性不高，有些基层干部工作方法也比较简单。记得有一次，我到宁都县考察长胜乡在凤凰村规划的一片脐橙基地，当地农民得知我到了这里，等我考察完从基地下来，不少人就在车边等着我告县乡干部的状。他们对我说，这是片残次林，已经有了松树，又不是荒山，枝丫还能卖一点儿钱，砍掉松树，不但眼前的收入没有了，种果树还要投入，划不来。我就给农民一笔一笔地算账，劝他们看远点，种脐橙五六年后收益肯定高得多。不知是不是因为我是省长，大多数农民对我的话还是听进去了。听说县里有的同志要抓带头拦车的农民，我当即制止，对他们说，农民拦车上访是对我的信任，他们有疑问，应该做好说服解释工作。

为了推进果业发展，解决农民资金不足和需要示范的问题，赣州地委、行署决定，机关干部也可以入股参与果业开发。一时引起轩然大波，到省里告状的很多。我知道后，觉得在当时的情况下，这样做未尝不可。我对地区的领导说，有议论、有争论是正常的，你们不要怕，可以试验嘛。

受“在山上再造一个赣南”的启示，1992年年底，我又提出了“在山上再造一个江西”的目标，把植树造林、开发果业作为全省农业开发总体战略的重要内容，收到了较好效果。到上世纪末，江西森林覆盖率已经达到60%。我听江西的同志说，现在赣南的森林覆盖率已经达到74.2%,果业已成气候。脐橙面积近300万亩,产量70多万吨,赣南已经成为全国最大、世界著名的脐橙基地。记得1996年江泽民同志到赣南考察时,看到果实累累的庭院式村庄,看到山上栽绿帽(用材树)、山腰种果树、山下养猪禽的农业立体开发,看到绿叶与红橙相映的万亩脐橙园,十分高兴,连连称赞赣南的生态好,走出了一条农业开发与生态建设并重的路子。

1994年10月,我带着省政府十来位厅局长沿着与闽粤交界的边际县考察,先到了抚州地区的几个县,然后到了赣州地区。同行的厅局长都觉得赣州地区几个边际县发展势头更好、活力更强。当时赣州行署有位领导很能喝粥,据说一顿吃十大碗稀饭不成问题。有一天吃早饭的时候,他边吃边给我讲那几年改革试验区和“山上再造”的成效。还告诉我,试验区建设以来,国内生产总值增长1.1倍,财政收入增长2.7倍,居民收入也增长2倍,果业开发整地挖壕的长度可绕赤道10圈左右。我跟他开玩笑说,赣南搞试验区这几年的确有了大发展,听说你能喝粥,今天多喝几碗,过去赣南穷,公家的粥喝多了有人告状,说你多吃多占,今天你喝它十碗,也不会有人告状的。

墨美之行与山江湖工程

1991年10月下旬，应联合国粮农组织邀请，我以江西省省长兼山江湖开发治理委员会主任的身份率杨淳朴、李祖沛、吴国琛、刘伟平和陈振刚①等同志赴墨西哥、美国考察有关流域开发治理工程。因当时一些西方国家正对我国进行"制裁"，有些国家对我国也还存在误解，外交部、中联部领导对这次考察十分重视。

我们一行先到墨西哥与危地马拉交界的恰帕斯州，该州在山地综合开发方面卓有成效。我们考察了该州装机容量为130万千瓦的齐科生水电站和印第安社会开发中心，以及森林、草场、小型水电站、灌溉工程、甘蔗园、农产品加工厂、动植物园，并与该州官员会见，所到之处均受到热情欢迎和友好接待。回到墨西哥城，在我驻墨大使陪同下，与墨农林部、外交部官员进行了亲切会谈，双方重申了发展友谊与加强合作的愿望。

离开墨西哥，我们一行访问了美国田纳西流域管理局总部所在地洛克斯威尔，见到了曾到江西考察山江湖项目的布朗先生。他热诚欢迎我们的来访，认为山江湖工程在第三世界是一

① 杨淳朴，时任江西省科学技术委员会主任、江西省科学院院长；李祖沛，时任江西省对外友好协会副会长；吴国琛，时任江西省山江湖开发治理委员会委员；刘伟平、陈振刚分别为江西省省政府办公厅工作人员和随团翻译。

个示范工程，与美国田纳西的开发治理有相似之处；山江湖工程比1933年启动的田纳西工程起步条件更好，前景更广阔，中美两国从事流域开发的同行应携手前进。田纳西流域管理局领导人瓦特尔先生代表该局设宴欢迎。他认为此行对改善中美关系将起到很大的促进作用，建议中美两国省、州之间加强联系，发展双边关系。席间，洛克斯威尔市政府官员和田纳西州大学副校长等社会名流纷纷致辞，气氛十分热烈，洛市还给我们每位成员授予"荣誉市民"称号。在田纳西州，我们还考察了大坝、电站、能源中心、绿化区、草场、田纳西地理信息系统等，并与当地各界人士进行了广泛接触和交流。

考察中我注意到，美国和墨西哥都很重视流域治理，重视科学规划，重视持之以恒。我十分赞赏田纳西工程以一条河流治理带动一大片落后地区经济发展的成功做法。看到田纳西州近半个世纪以来治理取得的巨大成功，也看到了江西山江湖工程的美好前景。在电站大坝上，我感慨地说："他山之石可攻玉，自力更生起宏图，今日美国田纳西，来年江西山江湖。"考察结束后，根据国内外流域治理的经验，省委、省政府及山江湖办公室立足省情，对山江湖工程基本战略的完善与提升，以及工程战略目标的确立，进行了深入分析与思考。

始于上世纪80年代初的山江湖工程，是以可持续发展为目标，追求区域生态系统良性循环，实现经济、社会与环境协调发展的大流域治理工程，走过了一段不平凡的历程。今天到江西去的人，无不感受到江西生态的秀美，但也许想像不到，在上世纪七八十年代，这里的山峦丘陵，曾连片出现过"千沟万壑的黄土高原"景象。生态环境的破坏导致生活条件恶化，全省赤贫人口达到600万。时任省长的赵增益同志决定着手研究解决这个问题。1982 年,省委、省政府组织了 600 多名科技工作者,联合对鄱阳湖和赣江流域进行了全面深入的综合科学考察。1985 年成立赣江流域及鄱阳湖开发治理小组,1991 年改为江西省山江湖开发治理委员会,对山江湖的开发治理进行统一规划、管理和协调,自此拉开了规模宏大的山江湖工程的序幕。

1986 年我到江西任省长,赵增益①同志建议我担任该工程领导小组组长,我欣然答应,一当就是十多年。江西有个特点,97%的河流都流入鄱阳湖,是典型的"肥水不流外人田"。上世纪八九十年代,鄱阳湖区洪涝灾害频繁,人们好不容易积累的一点儿财富,一场大水就损失得差不多了。山江湖综合科考发现,上游的过度砍伐是罪魁祸首。因此,我们提出"治湖必须治江,治江必须治山,治山必须治穷"的基本思路。80 年代后期至 90 年代的试验示范、培育发展模式,把治理山江湖和发展经济、脱贫致富结合起来,取得了重大进展。省委、省政府也把山江湖开发治理作为振兴江西经济的奠基工程和促进经济社会与环境协调发展的治本之策来抓。

山江湖工程毕竟是一项探索性的工作,不仅需要国家有关部门和国内专家的支持,也需要借鉴国外的经验。因此,我们筹划在 1991 年召开了一个国际研讨会,扩大山江湖工程的影响。山江湖办的同志提出,要成立一个"对外合作科"。我一听,说不行,要设部,叫"国际合作部"。那时正是"八九风波"之后,我国与西方国家接触较少,我对他们说,这个会不仅是加强对外交流的重要机会,更是打破僵局的突破口,会议的成败关键是国际组织参加的多与少。1991 年 6 月在北京召开了《江西省山江湖

---

① 赵增益,时任江西省顾问委员会主任。

开发治理总体规划纲要》国际研讨会，由联合国开发计划署、粮农组织以及国家科委、外经贸部与江西省政府联合主办，参会代表包括国家有关部委领导、中科院专家以及14个国家的外交官员和联合国在华全部机构的代表，还有众多国际组织的专家与学者。在会上，我向联合国代表游说，请他们支持江西的山江湖工程，并向联合国官员保证，我们一定会做出成绩来。7月上中旬，联合国粮农组织驻华首席代表以及当时尚未与我国建交的以色列科学与人文学院驻华联络处主任先后访赣，考察山江湖工程。也是这次会议，使我访问墨美成行。

1992年世界环境发展会议后，山江湖工程成为《中国21世纪议程》优先项目之一，并纳入可持续发展的规划。在试验示范典型样板和模式的带动下，工程由试验示范向全区域推广，形成大规模推进的趋势。1992年6月，山江湖工程作为中国生态工程的典型，被中国政府选送巴西，参加世界环境与发展大会博览会；2000年6月，作为恢复生态环境和发展社会经济的典型工程，入选在德国汉诺威召开的世界博览会；2002年，应邀参加在南非约翰内斯堡举行的世界可持续发展峰会民间组织会议；2003年，加入世界生命湖泊网；2004年，参加世界南南合作网；2006年，在江西成功举办了第一届世界生命湖泊大会。山江湖工程已是江西极具特色的一张国际名片，也是世界了解江西和江西走向世界的一个窗口。

提起山江湖工程，我们不应忘记创始人、老省长赵增益同志的话：如果我们治理不好山江湖，上愧对列祖列宗，下遗祸子孙后代！我们也不会忘记联合国开发计划署、粮农组织、教科文组织、世界银行和英、美、日、德、法、意、以、荷、加、澳、瑞士等国的有关官员学者，国家科委、中科院、外交部、中联部、外经贸部领导和同志们的关心、支持、指导和帮助，还有张逢雨、吴国琛等同志的精心组织、潜心投入和无私奉献。

我从1986年至1997年在江西工作期间，对山江湖工程给予了足够的重视，也下了一番工夫。先后到千烟洲、龙回、赣县、聂桥等多个试验示范基地考察。我认为，这是造福子孙后代的跨世纪工程，必须坚持三个结合：一是治山、治江、治湖与治穷相结合；二是经济、社会发展和改善生态环境相结合；三是当前工作与长远规划相结合，“希望用半个世纪左右的时间，把江西山江湖治理成为发展中国家开发治理的一个范例”。1995年，我转任省委书记，辞去了几乎所有的兼职，但却保留了山江湖委主任的兼职。我经常强调，“要突出发展与环境这个主题”，“把发展与环境的旗帜举得高高的”；要把山江湖建设成“青山常在、绿水长流、经济发展、富裕安康”的区域，“首先要重视生态环境、发展经济，使人民富裕、社会安定，实现经济、社会、环境协调发展，这便是山江湖工程的根本任务”。我还说过一句大话：“世界从山江湖看到希望，江西从山江湖走向世界。”

今天，在江西全面展开的山江湖综合治理，正以它显著的成就和诱人的前景，使世界为之瞩目。回过头来看，山江湖工程提出探索、研究、构思、规划、试验、推广、合作、深化，符合正在实践的科学发展观。我相信，在江西省委、省政府的领导下，在深入贯彻落实科学发展观的实践中，这项艰巨浩繁的跨世纪工程一定会更有成效地推进。通过几代人的不懈努力，创新发展，协调发展，在这块充满忧患和希望的红土地上，一定会展现出人间最美的画卷：山清水秀的优美环境、持续协调的经济发展、公平正义的社会文明、富裕幸福的人民生活……

十下鄱阳湖

我在江西工作的时候，曾多次乘船到鄱阳湖考察。从1988年开始，几乎每年都乘船下湖一次，还曾陪中央领导同志乘船考察，算来可能不少于十次吧。1994年江西有位作家写了一篇报告文学，题目是《省长与船》，讲的就是这个事情。文中不免有溢美之词，但在湖边长大的我，热爱鄱阳湖，关心鄱阳湖，愿意为保护鄱阳湖多做一些工作，希望湖区的父老乡亲尽快致富，这一点的确是真的。这也许就是我的鄱阳湖情结吧。

鄱阳湖是我国最大的淡水湖。古称彭蠡泽、彭泽或彭湖，以后向南扩展，湖水越过松门山直抵鄱阳县附近，因而易名鄱阳湖。湖区形似葫芦，南北长173公里，东西最宽处74公里，北部最窄处不到3公里，湖岸线有1200多公里。通常湖水面积为3000多平方公里（发大洪水时达到近5000平方公里），但低水位时仅有500平方公里，形成了“枯水一线，洪水一片”，“夏秋一水连天，冬春荒滩无边”的自然景观。我还记得少年时代，夏天湖面碧波荡漾，帆影点点，远山一抹青黛，在夕阳的映照下，充满诗情画意；初冬青青的湖洲上，栖息着成千上万的水鸟，有时引吭高飞，像白云一样地铺展开来，与清澈透亮的湖水相映成趣，确像白居易描写的那样：“鸟飞千白点，日没半红轮。”更有趣的是，站在湖口的石钟山上，北边是长江，南边是湖区，江流混浊，湖水碧清，中间有一条明显的清浊分界线。难怪像朱熹这样的大理学家，来到美丽的鄱阳湖，都感慨地说“我愿辞世纷，兹焉老渔蓑”。鄱阳湖区历史上出过不少杰出人物，像徐稺、陶渊明、洪适、江万里、朱耷等都曾在湖区生活过。这里也发生过许多脍炙人口的历史故事，像周瑜操练水师、朱元璋与陈友谅鄱阳湖水战、石达开湖口大败湘军、李烈钧湖口“二次革命”，等等。文人骚客在鄱阳湖留下的诗句更是不胜枚举。陶渊明的“舟遥遥以轻飏，风飘飘而吹衣”，王勃的“渔舟唱晚，响穷彭蠡之滨”，李白的“浪动灌婴井，浔阳江上风。开帆入天境，直向彭湖东”，王安石的“茫茫彭蠡杳无地，白浪春风湿天际”，苏东坡的“水绕三山同楚地，势连五老共洪都”和“山苍苍，水茫茫，大姑、小姑江中央”，都是描写鄱阳湖景色的。

第一次下湖，乘的是省农业厅的渔政管理船。船约二十多米长，五六米宽。前舱有几间船员住的房间，可住十多人，后舱有两间好点儿的房间，每间大约四个平方米，外面是间小会议室，可坐十来个人。三年以后，省公安厅水上公安局也配置了一条船，比渔政的船略大一点儿，但也只有三十米长，格局差不多，可乘三十人，后面两间好一点儿的房间也略大一些，可能有五平方米，航速也快一点，每小时能走二十公里。那时还没有手机，湖上也没有基站，联络完全靠公安厅的电台，通讯非常困难。记得好几次，有急事要与有关同志通电话，我用船上的对讲机讲，公安厅值班室的同志接通电话后，把话筒靠近他们的对讲机，间接地进行通话，声音不清楚，有时着急得很。为了保持联络，省防汛办专门派了一位同志在公安厅，不断把雨情、水情的数据通过电台报过来。1996 年最后一次下湖，配了一台海事卫星电话，通讯方便多了。

每次下湖，少则三天，多则一周，吃住都在船上。但也有一次例外。那次我乘船首先到余干县黄金埠附近，那里有条圩堤出险。我上堤察看了险情，返回船后，水退了不少，船居然搁浅，只好弃船走旱路，那一次只在船上待了一天。因为吃住不上岸，在南昌就备好了米肉油盐和一些瓜菜。船上吃的荤菜多是鱼，船老大每天看到渔船就主动靠上去，向渔民购买刚捕捞的鱼虾。沿途县里的同志也会带一些新鲜蔬菜，但我都要求按价付钱。吃住在船上，倒不完全是因为对自己要求严格，主要考虑湖岸离县城一般都有段距离，来来去去浪费时间，而且下湖多数在汛期，避免影响当地主要领导指挥防洪抢险。每到一处，或搭上跳板上岸察看，或请县里的同志上船汇报，这对我和市县的同志都方便。船上伙食还不错，每天食有鱼，厨师的手艺也蛮对我的口味。住就比较糟糕了。夏天炎热，船舱里暑气逼人，湖上虽有风，但也是滚烫的。尤其是晚上停在小湖汊中间，蚊子少不了。鄱阳湖的蚊子大概和我家乡余干的是同一品种，个头大，“双眼皮”，好像对我这个老乡还特别“亲热”，有时被叮得一夜都睡不好。

记得有两次是冬天去的，湖上寒风刺骨，住在船上冷得够呛。最困难的是洗澡，湖区有血吸虫，不敢用湖水，带的水总有限，经常是在一个逼仄的冲凉间里，用少得可怜的水马马虎虎地洗个澡。晚上到了离县城比较近的岸边，会上岸洗个澡再回船上。记得 1996 年 7 月的一天，傍晚时刻到了都昌县，这是一个有着七十多万人口的大县，苏东坡曾经写过“鄱阳湖上都昌县，灯火楼台一万家，水隔南山人不渡，东风吹老碧桃花”。那天气温达三十六七度，临时决定上岸洗个澡，工作人员提前半个小时给县里打了电话。上岸一看，来接我们的竟是一辆车窗安装了铁栏杆的“依维柯”，不知道是害怕我们热得要跳窗而逃，还是本来就是“囚车”。好在车里有空调,来去路上都很清凉。县里主要领导在堤上,我没让他们赶过来。后来几次下湖考察,船上两间好一点儿的房间和小会议室已装了空调,条件大有改善。

我到江西工作,对鄱阳湖采取的第一项措施就是制止酷渔滥捕,保护渔业资源。鄱阳湖动物种群十分丰富,调查确定的高等动物有 600 种,其中鱼类有 140 种,鸟类有 310 种,每年有数十万只珍禽候鸟在这里越冬,有 13 种鸟类被国际组织列为世界濒危鸟类。然而由于资源保护意识薄弱,渔政管理不严,渔业资源逐年衰减,鱼群低龄化,个体小。我小的时候,捕鱼都是用网,但到了上世纪七八十年代,炸鱼、毒鱼、电鱼屡见不鲜,定置网、迷魂网、拦河网、堑春湖等渔具渔法处处可见,捕鱼网也改成密眼布网,真是“千里湖区万张网,密密层层把湖拦,大鱼小鱼一扫光”。这种状况延续下去,鄱阳湖的鱼类都要绝种,我们的子孙何以生存?我到江西任省长不久就发布省长令,规定每年 3 月到 6 月,对鄱阳湖鱼类产卵繁殖的 19 个主要场所实行休渔,每年 10 月到次年 4 月,对湖区主要经济鱼类越冬条件好的港段,实行分段封禁。1987 年 3 月实行休渔前夕,我又专门到鄱阳湖召开沿湖地区专员、市长、县长会议,要求采取强制措施,控制捕捞强度,使鄱阳湖得以休养生息,从根本上扭转渔业资源严重衰退的局面,使其尽快恢复到历史最好水平。我当时提出,禁止使用有害渔具,无论是放在群众家里的,还是封存在乡村的,都必须坚决处理掉。这对县乡村干部是个很大的压力,但是湖区干部还是耐心细致地做了不少工作,总体效果是好的。休渔禁港十多年,对鄱阳湖渔业资源的保护,进而对鸟类资源的保护,都起到了较好作用。当然,有些措施并未完全落实到位。记得几年后,有一次在船上,有位县领导向我汇报,说他们禁止有害渔具工作做得如何如何,这时我隔窗看去,不远处就有定置网。这位县长可能以为我不认得什么是定置网,在眼皮底下都敢说大话。

乘船下鄱阳湖,最多的是为检查防汛工作。上世纪八九十年代,鄱阳湖水位涨落受上游五河来水及长江顶托、倒灌双重影响,汛期持续时间长达半年之久,有时连续几年都发大洪水,隔一年不涨大水,就算幸运。湖区有 12 个县 2 个市郊区,总面积 2.2 万平方公里,人口 670 多万。千亩以上的大小圩堤有 280 多座,其中有 43 座是保护 5 万亩以上的重点圩堤,堤线总长 1463 公里。这些圩堤大部分是上世纪六七十年代修建的,防洪标准低、堤身质量差、断面矮小、险工险段多,大都只能抗御 5—8 年一遇的洪水。一到汛期,总是为这些圩堤提心吊胆,因为这后面保护的是湖区人民赖以生存的 500 多万亩耕地,还有上百万人的生命安全。对此,真是一刻不敢懈怠。1989 年我乘船指挥防洪抢险时,在船上学填过一首《临江仙》①。

记得 1992 年鄱阳湖发大水,成新、朱港两个监狱农场也在湖边,那条成朱联圩主要靠犯人守堤。我接到报告说成朱联圩出现重大险情,急忙乘船前往,路上听说朱港破堤了,那里可关有 4000 多犯人啊。我赶到决口处,劳改局的领导在堤上等我。我刚走下跳板,那位主要负责同志就“扑通”跪在地上,说:“省长,我有罪,没有保住堤,犯人也没有办法转移,你撤了我吧!”我赶忙一步跨过去,拉他起来,拍着他的肩膀说:“你们抢险是

---

① 《临江仙·舟中虑》(1989 年 7 月 7 日,于赴鄱阳、余干、万年防洪舟中):思绪如焚临恶水,灾害风雨相依。小虫萌态病还随。舟行难入寐,心共浪涛飞。 昔日鄱丰曾并辔,今朝两地相异。山江湖上已布棋。万众齐心力,煮酒有青梅。

尽了力的，现在必须振作起来，成新农场的堤还没有倒，要千方百计保住。现在别人也没有办法帮你们，我也派不了船帮你运犯人，要靠农场的干警，要调动犯人的积极性。”接着我问他：“圈里有没有猪？”他回答“还有”。我说：“第一，把猪都杀了，让犯人吃饱，有病的给治病，不要累死人；第二，你们干警划分责任，每人包一段，检查‘泡泉’，发现了及时处理；第三，给犯人宣布政策，在抗洪中表现好的可以依法减刑、假释。”省劳改局的领导同志连声答应，马上落实。后来成新农场的圩堤保住了，对犯人也兑现了政策。

还有一次是1995年，早稻收割前夕，新建县的二十四联圩垮了，这条大堤保护着20万亩耕地、十几万人口。我当时正在医院输液，听到这个消息，立即拔了针乘车赶到现场。在决口的对面，看到往日的良田变成了一片汪洋，远处的民宅在水中只露出房顶，心中十分难过，脚一软，不由自主地坐到了地上。后来我又乘船察看了灾情，了解倒堤的原因。我听说，乡里有位干部巡堤值班时，违反规定和别人喝酒，没有及时处理险情，造成了后患。我非常痛恨这种对人民生命财产不负责任的态度。经调查核实，当事人被依法追究了刑事责任，县乡的主要领导也受了处分。

解决水患问题，治本的办法是加强圩堤建设。从上世纪80年代中期开始，在国家的支持下，江西用了十年多的时间，开展了鄱阳湖治理一期工程。累计投资8亿多元，完成了大堤堤身5000万立方米的土方填筑和160多万平方米的护坡，10万亩以上主要干堤的防洪能力提高到20年一遇，湖区的防洪能力有了大的提高。

“绿水青山枉自多，华佗无奈小虫何！千村薜荔人遗矢，万户萧疏鬼唱歌。”这是毛泽东在《送瘟神》中对血吸虫病危害的描写。他在这首诗的后记中还写道:“就血吸虫所毁灭我们的生命而言,远强于过去打过我们的一个或几个帝国主义。”鄱阳湖区是全国血吸虫病流行最严重的地区之一,湖区有 377 万人受到血吸虫病的严重威胁。1987 年急性感染发病人数有 2253 人,为 25 年来的最高峰;晚期病人共查出 3000 多例。1988 年 10 月我到湖区考察时,到了鄱阳县莲湖乡的朱家村,全村 8600 多人,上至老者,下至稚童,大都受血吸虫感染,感染率高达 96%,每平方米钉螺密度高达 294 个。这个乡的表恩村小学因 40 名在校学生发生急性感染而被迫停课。新建县的南矶山乡、永修县的吴城镇情况也差不多。看到群众在这样的环境中生活,我心里十分难受。我对随行的同志和当地领导说,灭螺治病是关系到湖区人民生命健康的大事,要把灭螺治病列入各级政府的重要议事日程,采取省地县和农民共同负担的办法,在湖区大规模开展人畜同步治疗工作,连续搞几年,坚决把疫情控制住。我曾三次染上血吸虫病,对患者的痛苦深有体会,所以,在湖区考察时,我多次到过血防站、血防组。1991 年在余干和鄱阳两县的几个血防组看望晚期病人。有几个病人挺着个大肚子,向我反映生活上的困难。我请省民政厅下拨专项经费,对这部分人除医疗费之外,再给予一定的生活补助。记得那年我治血吸虫病时填了一首《一剪梅》①。

鄱阳湖区特别是滨湖的部分县,经济发展缓慢,客观上有两

① 《一剪梅·病中思变》(1987 年 3 月 1 日于江西医院):疫区几经染小虫。腹也胀痛,肝也胀痛。无奈又服吡喹酮。脚又浮肿,脸又浮肿。　潜学荆公矢志更。昼思穷通,夜思变通。南下东进运筹中。改革东风,变革东风。

个原因:一是水旱灾害多;二是血吸虫病严重。从 1989 年开始,省里拿了几千万元,专门搞灭螺工程。余干县的落脚湖、鄱阳县的莲西圩、星子县的浆潭圩、湖口县的泊洋湖、都昌县的枭阳湖、彭泽县的太泊湖都进行了大规模的灭螺。这些地方我下湖时大都去看过,效果相当好。群众灭螺的热情也很高。有一次我在湖口泊洋湖工地问一位农民来工地多少天,他告诉我已经干了 15 天,还要再干 15 天。我问他来挑堤愿不愿意,他说,这个工程能消灭钉螺,是为我们当地人造福的,当然愿意。在考察中我还提出,要把治虫和治穷结合起来。如果不是穷,人哪会下水,不下水就不会得血吸虫病。为什么血吸虫病这么猖獗?就是因为穷。这件事要常抓不懈,血吸虫病一天不消灭,血防工作就一天也不能放松。我还交待教育部门,中小学课程要增加血吸虫病防治知识,老师要负责任,教育学生不要下水。记得有一年夏天,可能由于天气太热,随我下湖考察的农业厅长和警卫员偷偷下湖游泳了。我发现后,狠狠地剋了他们一顿。我当时想,血防教育确实是件难事、大事,不要说疫区那么多不懂事的学生,就是我身边明白道理的人,也忍不住下水了。

改变鄱阳湖区的面貌,关键还在发展经济。1990 年我向省委书记毛致用同志建议,一起去考察一次鄱阳湖,专题研究鄱阳湖的开发与治理。这年 10 月,致用同志和我带了省直有关部门的同志,乘两条船,到湖区考察了一周。通过考察,我们感到,一定要把开发治理鄱阳湖和发展湖区经济提到更加重要的议事日程,既要治山、治湖、治江,又要治乱、治脏、治穷;既要开发,又要治理,使鄱阳湖区实现"青山常在,绿水荡漾,经济发展,富裕安康"。粮食生产的重点要放在提高单产上,下决心发展多种经营,办好乡镇企业,高度重视水面开发利用,除了养鱼,还可以养蟹、养水禽，搞好“鹅鸭工程”。当时一些县种植了欧美杨和水杉林，我们推广他们的经验，鼓励发展湖区林业。我给当地同志算账，湖区有大量滩涂地，适宜种杨树，种下去也不太用管理，每家种 10 棵，八九年后就有 2 立方米木材，等于捡了 800 元。

发展湖区经济，既要着眼于救灾，解决当前困难，更要着眼于“造血”，增强内在发展动力。对鄱阳湖区最贫困的两个县都昌和鄱阳，我请省交通厅和省冶金厅分别给予帮扶，以后对其他几个县也明确了对口帮扶单位。为了支持鄱阳湖地区发展，从上世纪 90 年代初开始，还展开环鄱阳湖的高速公路建设。1993 年鄱阳湖水位长时间居高不下，滨湖地区外洪内涝持续两个月，数百万人受灾。中央非常关怀，先后下拨救济款近 6 亿元，以工代赈粮折款 2 亿多元。为确保灾民度过春荒，1994 年年初，致用同志和我致信中央领导，泽民、李鹏、瑞环同志立即批示给江西再无偿调拨救灾大米 1 亿斤。这年春节前，我又乘船到了永修、星子、都昌、鄱阳、余干、进贤 6 个县，到群众家里看，各级干部抓救灾还是认真得力的，但部分农民生活依然比较贫困。我对县乡干部说：“我们都是喝鄱湖水长大的，老百姓多年未能改变贫困面貌，工作没做好，我很惭愧。国家对我们的支持已经尽了很大努力，脱贫致富更要靠自己艰苦奋斗。”这次我到了永修县的吴城镇。该镇为历史名镇，唐宋时曾是繁华的湖港，南来北往的货源和人流集散于此。我对镇里的干部说：“我来了几次，这里变化不大。去年遭了灾，群众生活不好，但不遭灾日子也未必算好吧？空守着这么多好山好水，过着穷日子，我们甘心吗？日本、德国战后复兴，就是靠一股不甘落后、敢于吃苦的精神。一些地区长期落后，差距主要在干部的精神面貌上。我到过一些乡村，发现有的干部群众商品经济观念不强，缺乏竞争意识，不愿到外面闯世界。饭后拢着个手,灾后等救济,这样的精神状态,还要穷上100年。鄱阳湖区资源丰富,物产丰饶,水上交通便利,区位条件好,历史上一度是中国的发达地区,没有理由不发展快一些。湖区的干部群众切不可自甘落后。”我要求湖区的县乡,在大力发展“三高”农业的同时,创新工业发展思路,选准选好项目,多元化筹集资金,大力推行股份合作制。湖区多数地方人多田少,富余劳动力外出打工是一条重要的路子。鄱阳县有个6万多人的乡,有2万人在外打工。我对他们说,这是大好事,你们几万人出去做工,其中会有一些人留在城市,还有的可能成为管理者和企业家。虽然现在寄回家的钱不算多,但出去见了世面,长了见识,带回了信息,就会对改变家乡面貌有帮助。值得欣慰的是,2004年和2008年我两次回江西,到了湖区的一些县,那里的面貌有了很大变化。

2008年我在江西过春节,省委书记苏荣同志对我讲,省里准备建设“鄱阳湖生态经济区”,把经济发展和生态保护有机地统一起来,走出一条在保护中开发、在开发中保护的新路子。我真诚地希望,鄱阳湖地区能够发展得更快一些,湖区人民生活能够改善得更快一些,山清水秀、繁荣富饶的鄱阳湖能成为江西乃至全国人民的骄傲。

三请潘际銮

很多同志都知道我讲的一句话:江西人一会养猪,二会读书。这话乍一听,似乎感觉我对江西人的能力估计不高,其实这反映了上世纪 80 年代的一种现象。江西人均粮食占有量比较高,农民几乎家家养猪,不少县达到人均一头,商品率也高,当时每年出省的生猪约一千万头。江西有重教的文化传统,家里再穷,父母也尽可能让孩子求学上进,但当时全省没有一所国家重点大学,没有一个博士点,没有一位学部委员。每年高考分数录取线都很高,大量优秀高中毕业生流向省外高校。一千万头猪卖给外省,是件好事,增加了农民收入;一批出省的优秀毕业生不能直接为家乡经济社会发展服务,这对急需人才的江西来说,却是个遗憾。因江西经济欠发达,工资低,回来的少也不难理解。我对省教委的领导发过几次感慨,江西如果长期没有高水平的重点大学,无法向父老乡亲交代,你们脸上无光,我这个省长也不光彩。

1992 年秋,国家计划实施“211 工程”,准备面向 21 世纪,重点建设 100 所左右的高等学校。省教委黄定元主任向我汇报,希望省政府考虑江西能有一所高校进入“211 工程”。听到这个消息,我感到筹办一所国家重点大学的机会来了,决定成立“建设一所重点大学领导小组”,由分管副省长陈癸尊任组长,请黄定元和省教委副主任周绍森全力抓这件事,并要他们立即向国家教委汇报,争取支持。那年11月8日,我正准备离开南昌到日本访问,定元、绍森同志找到我说,国家教委支持我们办一所进入“211工程”的高校,但提了两个条件,一是省里至少要投入1个亿,二是要把江西大学和江西工业大学合起来。黄定元还对我说,江大是文理科大学,工大是工科大学,如果理工文合并,在教育资源配置上更加合理。我考虑了一下,深知机不可失,当即给常务副省长写了个条:关于争取重点大学一事,须以省政府名义打报告,江大、工大合并,到2000年投入1亿元。当时全省的财政收入不到50亿元,省本级还不到10个亿。1亿元,对江西来说,确实不是小数。但为了争取进入“211工程”,我们不得不下这个决心。11月12日,周绍森同志带着省政府的文件到国家教委汇报,一位副主任还担心江西开空头支票,问:“投入1个亿,期限是多久?”我请省教委的同志向他汇报,三五年一定投完,说话算数。

从日本回来后,我专门向毛致用同志汇报这件事,他非常支持,要我抓紧研究具体方案。12月15日,我主持会议讨论通过了《关于江西大学与江西工业大学合并建设一所全国重点大学的总体方案》。关于校名,最初大家都觉得叫江西科学技术大学或江西理工大学好,意在以科技为主。我开始也觉得可以,仔细琢磨后感到不够准确、不够响亮。采用“江西大学”,又怕工大的同志难以接受。我考虑再三,在省教委提出的四个校名中,决定采用“南昌大学”。一则南昌历史悠久,文化渊源深厚;二则江大和工大都能接受;三则北京大学、南京大学、武汉大学等不少重点院校都是以城市命名,叫“南昌大学”规格并不比“江西大学”低。我的提议得到了大家一致赞成。我又说,国家搞“211工程”,我们办南昌大学,这是天时;江大在南京东路,工大在北京东路，只有一街之隔，现在没有路，我们把上海北路修起来，两个校区就连为一体，这可算地利；我们能不能再请一个名校长搞人和，这个校长必须是学部委员。致用同志对我的提议很支持，在省委常委会上明确，将来新的南昌大学校长可以聘请一名学部委员担任，已经退休的也可以，享受“副省级”待遇。

说干就干。省教委受省政府委托，1992 年年底和 1993 年 3 月在北京先后开了两次江西籍学部委员座谈会，主要是论证怎样在江西建一所重点大学，同时看哪位学部委员愿意当校长。清华大学教授潘际銮两次都参加了会议，对家乡的教育、文化以及经济发展提出了许多中肯的意见。省教委的同志觉得他是一位合适的校长人选，但又不知道他个人意愿如何。

潘际銮是江西瑞昌人，时任中国科学院学部委员、清华大学学术委员会主任，曾参与创建我国高校第一批焊接专业，长期从事焊接专业教学与研究，是我国焊接领域的权威。听了省教委的汇报，我也觉得他是合适人选，决定去试探试探。

1992 年年底，我回到母校清华，找到当时的书记方惠坚、校长张孝文，请他们推荐一名学部委员担任南昌大学校长。清华大学提出的第一人选是潘际銮，与我们不谋而合。

1993 年 2 月上旬，我又一次回到清华园，担心没有把握，未直接提请潘际銮当校长的事，而是诚邀他到江西两所大学考察，指导我们建设国家重点大学。潘际銮高兴地答应了。2 月 18 日，他来到南昌，对江西大学、江西工大进行了考察。

同年 3 月 1 日，南昌大学正式获准新建。3 月 10 日，我和刚任副省长的黄懋衡再次来到清华大学，商谈邀请潘际銮担任南昌大学校长一事。随后又委托黄懋衡和周绍森到潘际銮家里，潘外出讲学未归，夫人李世豫接待了他们。黄副省长给潘教授留下纸条，说明省委、省政府的诚意。

潘际銮终于被感动，答应就任南昌大学校长。4 月 1 日他来到南昌，我会见了他。他说："我早已年过花甲，在清华也有很好的工作和生活条件。但我是江西人，家乡人民养育了我，省委、省政府领导信任我，希望我为故乡做点儿事。这既是我应尽的义务，更是我的光荣！放弃清华的研究工作确实有点儿可惜，但我要么不干，要干就踏踏实实地干，而且要干好。"他的话使我很受感动，这是一位老知识分子对事业的情怀、对桑梓的情谊。我对他说，你放心干！我力争当好你们的"后勤部长"。为了便于潘校长工作，省委决定让很有才华的周绍森同志担任南昌大学党委书记，他们俩一直配合得很好。对校领导班子的配备、调整、安置和思想工作，省里花了较大精力，同志们都很顾大局。潘校长的工资和住房，由省财政直接支出。

4 月 15 日，省委、省政府在南昌大学举行授聘仪式，我把大红聘书交给了潘际銮。我说："江西历史上出了很多名人，现在同样有名人。一个省没有名人不行。潘际銮教授就是名人，国内许多名人都是他的学生，他说话顶用，所以我们请他来，南昌大学要靠他来领头创办。办好南昌大学非常重要，20 年、30 年后，对江西发展的重要意义会越来越展现出来。"

潘际銮校长确实不负众望，上任伊始就大刀阔斧地进行改革，合并了两校管理机构，对原有院系进行了整合调整，实现了文理院校与工科院校的融合，组建了 10 个有优势的学科群。半年以后，国务院学位委员会就批准南昌大学的金属塑性加工专业为博士学位授予点，这是江西省的第一个。《人民日报》1995 年分别以《文理工汇一流，两校合并走新路》、《不合格教师请下岗》、《资金人才政策同步到位，江西重点建设南昌大学》为题，先后作了三次报道。

我还记得，南昌大学成立前，省教委和学校的领导找我，希望我题写校名。我对他们说，南昌大学要办成全国有影响的重点大学，大学是出大人才的地方，应当请有才华、有名气的人题写，你们另请他人。后来学校请当代名家赵朴初先生题写了校名，这是赵老赠给江西人民的一份墨宝。南昌大学成立时，我欣然为赵老题写的校牌揭幕。

中央领导同志对南昌大学十分关怀，江泽民、李鹏、李岚清同志先后题词，勉励我们办好南昌大学，为江西经济发展和社会进步作出更大贡献。1994 年全国“两会”期间，李岚清同志在江西代表团讲话时说：“你们把江西大学和江西工业大学合并是对的，我赞成。”1996 年 1 月他到南昌大学视察，对两校合并成功给予充分肯定。岚清同志在《教育访谈录》一书中，还专门提到江西两个大学合并，成立南昌大学，为全国高校管理体制改革带了好头。

对国家教委承诺的 1 亿元投入，省财政三年就到位了，到 1995 年年底达到 1.36 亿元。为潘校长当“后勤部长”，我也是勤勤恳恳。1993 年是兑现 1 亿元的第一年，要给 3000 万，那时省财政也紧，我与省政府的领导商量，“挪用”准备给省政府办公楼安装空调的 1500 万元，用于支持南昌大学。当时《人民日报》为此发表了“编后小议”《值得称道的“挪用”》。我在江西工作期间，到南昌大学去了十几次。潘校长感慨地说，不是我们有事找省长，而是省长常问我们有什么事要办。有一个雨天的晚上，我又来到南昌大学。我对同学们说，南大我经常来，这次是突然决定来的，你们也没有准备，下次来我也不打招呼，直接到寝室去看干不干净。我到一个单位，一是看厕所脏不脏，二是看食堂的下水沟堵不堵。这两个地方管好了,说明管理是好的。从你们的思维、交谈内容、表达能力看,比我当年从清华毕业时强。长江后浪推前浪,同学们很有希望,南大很有希望,江西很有希望。

2004 年春节,我回江西时又一次来到南昌大学,学校已经建了新校区,在校生达 5 万多人。省教委和学校的领导希望我跟教育部说一说,把南昌大学作为省部共建的学校。我回京后向教育部领导转告了他们的愿望。当年全国“两会”期间,周济①同志就到江西代表团宣布,将把南昌大学作为省部共建的学校。12 月份,正式签订了省部合作协议。我坚信,江西人读书是读得好的;我也坚信南昌大学会越办越好,一定能为我们国家培养出一些拔尖人才。

① 周济,时任教育部部长。

八一桥头的两只猫

赣江南昌段江面很宽阔，有一千多米，隔江远眺，水天一色，远处山川若隐若现，宛如一幅意境高雅的写意画。难怪一千多年前山西人王勃到赣江边文兴大发，写下了“落霞与孤鹜齐飞，秋水共长天一色”的千古名句。古时赣江上没有桥，靠船渡来往于市区和对岸的牛行车站。1934 年蒋介石开展所谓“新生活运动”，提出“建设新南昌”的口号，耗资百万、历时两年在赣江上架起了一座钢墩、钢梁、松木桥面的大桥，命名为“中正桥”。1949 年新中国成立后，改称为“八一桥”。1955 年对八一桥进行了改建，改建后的大桥全长 1227 米，桥宽 10 米，桥面也铺上了水泥，桥南头还建了一座喷水池，池中间是玻璃制作的花坛，周围雕塑了一些神态各异的戏水鹅，到晚上五颜六色的灯光齐亮，成为南昌的一道风景。可惜的是，“文革”期间被作为“封资修”拆除了。

改革开放以后，南昌经济日益发展，南来北往的交通量大幅增加，原先的八一大桥已不堪重负。上世纪 90 年代初，市里着手规划“一江两岸”的城市建设布局，兴建新八一大桥随之提上了议事日程。1993 年，这个项目列入了省里的规划。1995 年 3 月 29 日，毛致用同志主持省四套班子和南昌市有关领导参加的省委常委扩大会议，确定建设新八一大桥。

记得新八一大桥是 1995 年 11 月动工的，位于原桥上游 50

米处，全长3000多米，是江西第一座斜拉桥。大桥由主桥、引桥、匝道三部分组成，全长约6公里，其中主桥1040米，桥面26米宽，双向四车道。主孔为4×160米跨度，塔高103米，桥到水面的净空10米，达到三级通航标准。当时批准的概算好像是4亿多元。新八一大桥不仅是宏伟的现代化交通设施，也是南昌市的一大景观。巍巍高塔与两岸的高楼遥相对应，长长的桥身宛如一条巨龙横卧赣江之上；桥上南来北往的车辆川流不息，桥下穿城而过的赣江一泻千里；四个圆圈围成的三层南引桥如蝴蝶飞舞，其中还有仿照浔阳楼、郁孤台、牡丹亭、龙珠阁建造的楼台亭阁，体现了江西灿烂悠久的文化。

对新八一大桥，人们议论最多的是桥头雕塑。北岸是一对铜铸的雄狮，分立桥的两边，十分威武雄壮。狮是兽中之王，象征“尊贵”和“威严”，在民间更有“镇邪”、“避邪”之意。桥头狮，自不足奇。有特点的是，南岸桥头，雄踞的白猫、黑猫两座巨型雕塑。其底座比三层楼还高，每座重达100多吨。白猫用汉白玉制成，黑猫取材黑色花岗岩。黑猫站立，双目圆睁，爪下压一只招财鼠，眼似仍在寻鼠；对面的白猫也不示弱，持弓身跳跃之姿，仿佛正扑向黑猫爪下的猎物。应当说，两只猫的雕塑，栩栩如生，刻画了不寻常的意境。以猫作为建筑物的配套雕塑，据说还是头一次，难免会引起一些议论。

以猫为题的雕塑，确是我的主意。我到江西工作后，经过一段时间的调研，感到加快江西经济发展关键是破除“左”的思想束缚，迈开改革开放的步伐。1988年，毛致用同志到江西任省委书记，搞的第一个大动作就是开展生产力标准的讨论。我对此完全赞成，认为要像重视真理标准讨论那样重视生产力标准讨论。干部群众思想不解放，说来说去还是人们衡量是非用的不是生产力标准。这次大讨论,对推动江西干部群众的思想解放起了积极作用。1992年,邓小平同志到南方视察,路过江西鹰潭,致用同志和我在车站迎候他老人家。小平同志一再鼓励我们,思想更解放一点,胆子更大一点,放得更开一点,发展更快一点。他在南方谈话中明确提出的“三个有利于”标准,第一条就是要有利于社会生产力的发展。其实,这个思想小平同志早在上世纪60年代就提出过,他引用家乡的一句民谚,“不管黄猫黑猫,抓住老鼠就是好猫”,以通俗的语言,阐释了一个哲学观点。

1992年以后,我一直有个念头,能不能用雕塑的形式,体现小平同志关于“黑猫白猫”的说法,这不仅有利于推动人们的思想解放,也有利于把这段历史的记忆留给后人。当时,江西有个艺术剧院,处于市中心的八一大道旁。剧院建于1956年,已不适宜省会城市文艺活动的需要。1993年省里开始酝酿改建,总建筑面积1.2万多平方米,建筑风格在当时还算新颖。1994年该项目开工以后,我请负责重点建设工作的副省长黄智权考虑,能不能在剧院门前立一对白猫、黑猫雕塑。智权同志组织工程技术人员进行了研究,感觉有一定难度。因为艺术剧院是原址重建,处于城市中心,占地面积只有7200平方米,建筑面积有1万多平方米,同时作为公共服务场所,要考虑上千人的疏散和车辆停放的要求,如再放上大型雕塑,整体结构很难摆布。我听过汇报后,这事就搁下了。

新八一大桥筹建时,为了减轻南昌市的筹资压力,我做了工作,请省交通厅为业主,负责建设。当时,我曾给负责这项工作的主要领导打过招呼,请他考虑在新八一大桥搞白猫、黑猫的雕塑。大桥开工后半年左右,有一次我到工地察看建设情况,我问陪同的副厅长、大桥建设总指挥胡柏龄，桥头堡准备搞什么雕塑。他告诉我，还没有考虑。我说，能不能在桥南、桥北各搞一对雕塑。桥北搞一对雄狮，象征南昌是英雄城，是八一军旗升起的地方。桥南能不能搞一对黑猫白猫，这可能没有先例，但不管黑猫白猫，抓住老鼠就是好猫，反映了江西人民坚持以经济建设为中心的决心，具有改革开放的时代特征。桥的护栏上可以设计一些形态各异的十二生肖，人们在桥上可以找到自己的属相，既体现建桥为民服务，也体现人民创造历史。雕塑不要用钢筋混凝土，也不要用不锈钢之类的金属材料，就用石头，黑猫用花岗岩，白猫可以用汉白玉，这样不怕风吹雨打，留存时间久远。我还对他们说，南岸引桥的匝道下，可以建几座楼台亭阁，模仿江西有特色的建筑，体现文化品位。这样，中华民族的传统文化与现代化的桥梁融为一体，一定会交相辉映、相得益彰。指挥部的同志都感到这个构思好。后来我又同黄智权同志商量此事，他也赞成。

大桥项目建设指挥部的同志立即着手拟订方案。主持设计的是南昌大学东方艺术学院的一位教授和深圳的一位雕塑家。用猫做大型雕塑当时还没有。他们查找古籍，发现历史上猫曾是瑞兽，名为“发财猫”。我国现存最早的“发财猫”是唐代的，其艺术造型为举左手招“财”，举右手招福，至今粤闽等地有的地方还保持着唐代崇尚“发财猫”的民俗。过了几个月，我又去察看大桥建设，胡柏龄把设计方案给我看。他说，这对猫没有采取写实的办法设计，参考了江西新干出土的青铜虎的表现手法，艺术上更好处理一些。我对方案总的感觉可以，没有提什么具体意见，只是交代他们，在设计中注意体现坚持发展、讲求效益、注重生态平衡的观念，更好地反映发展是硬道理的思想。设计师根据我的想法，又在细节上作了一些完善。记得后来不久，我在指挥部还看过一次用石膏做的小样，没有描色彩，分不出哪只是黑猫，哪只是白猫，我觉得设计得很好，请他们再征求一下专家们的意见。后来指挥部还用玻璃钢做了一比一的大样送审，那时我已不在江西工作了。听说在“双猫”构思过程中还有一些饶有趣味的争议，像究竟是让白猫捉到老鼠还是让黑猫捉住老鼠，设计的同志考虑到黑白两种材料不同的视觉效果，同时每座雕塑要整块石材不搞拼接，结果设计成黑猫抓住了老鼠。据说以后为此还引起过一场争论。

“文革”期间，小平同志受到错误批判，曾在江西新建县下放劳动三年多。有人说他的改革开放思想，就是在那期间酝酿的。对这种说法我不敢妄加揣测。新建县正好在八一大桥的北岸。矗立在新八一大桥南岸的这对巨猫，也可以作为对小平同志的一种纪念吧。我想，随着时间的推移，这对猫雕还将不断激起后人对“黑猫白猫”说法的更多遐想和思考。

达悟的女儿

上世纪70年代，风靡一时的电影《庐山恋》，讲述了在这个风光秀丽的地方演绎的一场甜蜜的爱情喜剧。同样在上世纪70年代，同样在这个“横看成岭侧成峰”的地方，也曾经上演过一段苦涩的婚姻悲剧。我是1992年从一张报纸上看到这个故事的。

故事的主人公是尼姑达悟，祖籍河南，大约与我同年代出生。达悟在北京长大，小时候姨妈常给她讲些佛教的事情，使她年幼的时候就有了对佛教的向往。上世纪50年代中期，一次偶然的机会，她认识了一位从庐山到北京云游的师太。或许是年幼时积累的对佛教的认识，或许是生活上遇到了不顺心的事情，加上与这位庐山师太的机缘，年轻貌美的达悟来到了庐山，在一个叫做木瓜洞的地方开始了修行。可能凡心未泯，她是带发修行，主要靠卖香火维持生计。在木瓜洞待了一年多后，达悟遇到了修静师太，她与师太非常投缘，于是转到庐山的斗米洼与师太结伴修行。这次她决心剃发为尼，专心佛道，平日靠种菜为生，生活过得恬淡平稳。

1966年“文化大革命”开始，灾难也降临到达悟的头上。宗教成了革命的对象，和尚、尼姑们都被赶出庙宇，下放劳动，改造思想。达悟被发配到庐山脚下的一个农场，这对于已经过惯了清苦生活的她来说，不算痛苦，然而更加悲惨的事情接着发生了。有一天,一帮造反派找到达悟,要她与另一位同样被扫地出门的和尚还俗成家。他们之前并不认识,而且内心也无还俗之愿,两人都不肯答应。但这伙造反派不管三七二十一,硬把两人关进了同一间房子,不从就又打又骂。据说在很长一段时间,两人佛心坚定,清水一潭。后来也许是感到胳膊拧不过大腿,也许是日久生情,两人捆绑成了夫妻,先后生育了两个女儿。

十一届三中全会之后,宗教政策拨乱反正。岁月和遭际并没有磨灭那位和尚出家的念头,家庭也没能拴住他的后腿,他抛妻别女,继续出家生活。可怜的达悟拖着一双女儿,走投无路,又找到修静师太,在庐山脚下的一个禅院再次出家,两个女儿也跟着她在寺庙里长大。

人家都说,出家人慈悲为怀,但也并不是个个如此。师太对达悟确实很好,对达悟的两个女儿也非常好,不仅供她们吃穿,而且送她们上学。师太还有一个徒弟,出家前有点儿文化,瞧不起没文化的达悟,而且想着法子欺负她,达悟的两个女儿也常常受她的气,在她们幼小的心灵中,种下了被人歧视和屈辱的种子,性格非常内向。庙里的经济条件不好,达悟还患着一直没有诊断出原因的怪病,一家人生活十分艰难。好在姐妹俩都很聪慧,学习成绩也好,都上了初中。尤其是二女儿还有文艺天赋,经常参加学校的文艺演出。有一次演出结束后,记者采访她,年幼而单纯的她,没有社会经验,把自己的家庭情况告诉了记者。不久,她们的事情出现在媒体上,这对姐妹平静的生活被打破。同学们的风言风语让她们抬不起头,没有办法继续求学,因此辍学在家,只能自学,甚至一度产生了轻生的念头。

读到这个故事,我心里感到十分悲凉。疯狂年代"左"派们的荒唐,不但害苦了这对出家人,而且殃及两个无辜的孩子。她们本是花季年华，正该是天真烂漫的年龄，心灵却遭受如此创伤，还失去了求学的机会。我想，应当设法帮助她们。当时就给市里的主要领导打电话，请他打听达悟和她女儿的下落，帮助她们解决实际困难，让她们过上正常生活。市领导好不容易找到了她们。一了解，大女儿当时初中毕业，身体不好，在家闲着；二女儿在家自学，因心理受到伤害，也不愿再回学校。市里安排她们到一家工厂上班，请厂里给予关照。厂长是位热心人，对姐妹俩的生活、工作非常关心，考虑到她们年龄还小，就送二女儿到南昌的一所技工学校培训。听了市里反馈的情况后，我心中感到一丝欣慰。

1994 年我到九江，闲谈中又说到这对姐妹。市里的同志讲，两个孩子还在自学，很想读书。我说，年轻人多读点书好，对一生都有好处。只要她们肯学习，应支持她们报考大学。我交待市里的同志转告这两个女孩，不要放松自学。回南昌后，又与江西师范大学联系，请他们如有可能，帮助这姐妹俩入学。江西师大也准备当年 9 月录取她们。但祸不单行，这年 8 月，大女儿白血病发作，一病不起。达悟身体不好，照顾不了女儿，小女儿很有孝心，放弃了学习的机会，在家照顾姐姐和妈妈。

1996 年 3 月，我到九江出差时又问市领导，大女儿的病怎么样了。市里的同志告诉我，大女儿生病后在医院整整治疗了一年，去年去世了。厂里很关心，医药费都报销了。听到这些，我既同情这对姐妹的不幸，又为有这样有情有义、热心助人的厂长感到高兴。我对市里领导说，我想见见这位厂长和这个女孩，麻烦你们找他们来。

下午 4 点来钟，市里的工作人员把他们带到我住的招待所。厂长是个中年人，中等个子，长得面善。小女孩清清秀秀，亭亭玉立,可能与妈妈年轻时的模样差不多吧。我忙着招呼他们坐下,并要工作人员给他们沏上茶,请他们吃水果。小女孩有些拘谨,低着头,不太说话。我对厂长说:“你帮助了这对姐妹,做了好事,要感谢你。给她们这样生活艰难的人解决点儿困难,人家一辈子都不会忘记。不仅不会忘记你,也不会忘记党和政府。”那位厂长连连说:“书记过奖了,书记过奖了。”这时,小女孩开腔了。她说:“厂长对我们真好,没有厂里的帮助,我们家撑不到今天。厂长也常跟我说吴伯伯和市领导对我们家的关怀。”我接过她的话,问她哪年生的?在干什么?读书了吗?女孩告诉我:“姐姐去世之后,市里联系让我到学校读书,是三年制的大专,脱产学习。厂长很关心,考虑到我家没有收入来源,厂里的工资照发。”我听了更加高兴,对厂长说:“你们厂效益应该不错吧?”厂长“嘿嘿”地笑了。我接着又跟女孩说:“像你这样的年龄,要好好读书。你人长得漂亮,还有文艺天赋,如果你愿意,请有关同志帮你联系转到艺术学院学习如何?”厂长赶紧站起来说:“不行!不行!这孩子单纯,适应不了。”我说:“既然这样,那就继续留在九江读书吧。麻烦厂里继续照顾好她们家,毕业后请市里安排好她的工作。”我还特意交待女孩:你妈妈很不容易,她身体不好,你要照顾好她;在学校一定要勤奋读书,不要辜负这么多人对你的关心。女孩连连点头。谈了大约一个小时,他们就告辞了。

1997 年 4 月,我调山东工作。临行的当天,我请工作人员打电话嘱咐那位厂长继续照顾那位女孩。那天下午,他们俩赶到南昌火车站为我送行。在候车室,我见到他们非常高兴,当着为我送行的省领导对厂长说:“这个孩子的情况我给他们都说了,很多事情也已经跟市里领导打了招呼,你要好好关照她,有什么困难可以直接找市里。”女孩告诉我，她在读书期间为了回避一些事情，给自己另外取了一个名字。我说，这个名字很好嘛，并请转达对她妈妈的问候。后来听说，市里一直很关心女孩一家，1997年考虑到达悟年纪大了，身体不好，还在市区给她家解决了一套两居室的住房。女孩毕业后分配在市里一家事业单位工作。2007年，达悟因病去世。在她住院期间，市民政局还给了另外的生活补助。那个女孩也早已成家，但愿她的生活幸福美满。

一个人顺顺利利过日子也许感觉不到什么，一旦遇到变故和困难，则非常需要他人帮助。我愿人们遭难时都能得到帮助，更愿看到别人困难时，大家能够伸出援助之手。

点 滴 在 心

我担任江西主要领导期间，经历过许多事；退休后，对一些琐事，断断续续地写了一点儿，都是真实情况的记录。至于有些事是否处理得妥当，都已过去了。

刚到江西工作时，有一天，一个亲戚找到我说："有一个告状的，讲状子如能送到吴省长手上，问题解决了，给一汽车木材。"我大吃一惊，说："告状找有关部门，我不能收这个材料。你利用我为你谋利，我做不得，请你谅解。"自然是把他得罪了。

1988 年春天的一个早晨，有位副厅级领导到我办公室，告他单位一把手的状。我耐心听了半个小时，他还喋喋不休。我说："请你告诉我，他有什么优点？你有什么缺点？你向他当面提了没有？"他不做声。我心想，来说是非事，多为是非人，就说："你回去吧，如有意见，你同他交换，你说的这些事，似乎不是原则问题。"他无趣地走了。

1989 年 12 月，李村同张村因鱼塘问题发生矛盾，各自的乡领导都指责对方，说自己管的村有理。县里派的工作组从各方面调查核实，很难拿出处理意见。我到这县考察，听说李村和张村纠纷没有处理，就说："我给你们出个主意，一天就能解决问题。"县里的同志说："那太好了，我们一定照办。"我说："把两个乡的党委书记、乡长对调，你们看如何？"大家听了，都说"是个好主意"。当天下午，县委、县政府召开会议，作出对调的决定。

干部群众大多数赞成,少数不做声。这两个乡的领导不知说什么好,只好服从,事态很快平息了。不久,县委召开乡镇领导会议,这两个乡的主要领导见面时,相互握手。其中一位说:“真没想到,县里来这一招,如果以后哪两个村再发生矛盾,我们也用这一招。”说完,大家哈哈大笑。

有一年,新余、宜春几个相邻村子械斗,放火烧房子,砍油茶树,炸排灌站,还打死了人,闹得越来越大。那天我会见外宾后,回到办公室,常务副省长蒋祝平和副省长张逢雨对我说:“省长,请你去一趟吧,我们没办法了。”我应了声“好”,随即坐车去宜春。路不好走,到第二天凌晨两点半左右才到。早晨五时左右,我把公安厅副厅长卓枫等同志找来了解情况,商量采取果断措施。七时半开会,市地和他们分管的县市主要领导都来了,我说:“双方几百人真枪真刀搞械斗,务必坚决制止,此次处理后,这个地方 30 年不应再发生械斗。具体措施:一、立即拘留五个村的党支部书记,因为他们是策划组织者;二、对涉嫌犯罪的 13 个人,公安部门立即拘留审查;三、被打死的人,务必在上午 9 时前收尸,否则我坐在他旁边,你们的书记、市长来陪我;四、收缴一切械斗工具。”这四条一讲,气氛就开始紧张。我接着说,你们地、市、县党政一把手,都表个态,一人只说一分钟,结果都表示赞成。这时有个同志插话,我火了,说:“你又不是一把手,没有要你说话。”气氛更加紧张了,在座的领导都很震惊,没想到我们下这样的决心。公安部门立即采取行动,大概上午十时,我到几个村走了走,群众理解支持,认为不这样不行。此事已过去 20 年了,最近我在新余听说,那以后一直很太平。

大概是 90 年代初的一天,有位同志突然来到我办公室,求我救救他孩子,说小孩在工厂受了批评,跑去当和尚,全家哭得昏天黑地。我派人找到这个寺院的住持，请他做小孩的工作。他很好，对小孩说："我们出家人，总是慈悲为怀，家里的人都希望你回家，还是回去好。"小孩很固执，不听，后经过住持几天的耐心劝导，才同意回去。此时，工厂又要执行纪律，我担心出现意想不到的后果，给这个厂的领导打电话："你执行厂规是对的，但考虑到这个特殊情况，盼你支持，先别给他处分，欢迎他回去。他才 19 岁，到一定时候再教育批评，向你求个情。"厂长很通情达理，这个家的哭声变成了笑声。我却笑不出来，很难受，不这样怎么办呢？挽救这家庭合情合理，但却要厂长不执行纪律，心里很矛盾。

1990 年秋的某天，二姐带她的一个儿子到我家。吃饭时，提出要我帮助安排工作，我很不冷静，说："我死了，你们不过日子？我办不到，别说了。"二姐没做声，饭再也吃不下去了。看到她这样，我很后悔，不办可以，就不能好好说吗？中午饭后，她就走了，肯定很生我的气。此后，我没再见她一面。这件事，想起来就痛苦，当领导的有时也可怜，亲戚有难处，心里同情，但像他们这样困难的，甚至更困难的还有啊？我是公职人员，又是领导干部，哪能关亲顾友？我最看不惯的是有的领导干部，一有权就谋私，他自己家里的人，包括三亲六故、七姑八姨，除了猫和狗没安排工作，其余全安排了。后来，我发现了这么个人，下决心调整了他的主要领导职务。

大概是 1991 年，一天早晨，两个男青年到我家，一个说："美国一个大学已同意我去上学，离职时单位要我交一万六千元。"我问："有合同吗？"青年答道："入厂时确有承诺，实在没办法，只好求助你。"我说："要问问情况，你们先回去吧。"他们走后，我给这个单位领导打电话，问可否酌情减免他的违约金，并说，去留学是好事,即使不回来,也成全他,只要他爱国就好。这个单位的领导很好,同意免了。过了一会儿,我发现茶几上一串钥匙不见了,猜到是他们哪位不注意随手带走了,就要身边的同志去要了回来。当时,有的同志很生气,我说:“不要猜测了,上班去吧!”

1993 年的一天,有人到省政府上访,接访的同志很不耐烦,态度不好。我知道后,严厉批评说:“务必善待上访人员,如果上访的是你父母兄弟姐妹,你会是什么态度?”这个同志很虚心地接受了批评。我在江西当省长,群众写给我的信有 6.9 万多件,我批阅的有 4700 多件。不少人写信给我,反映考上了大学缴不起学费。我对因家贫而不能继续学业有切肤之感,对这类来信总是设法帮助。1994 年 12 月,我同时收到南京大学一位学生和她的辅导员给我的信,反映这位学生父亲早逝,家中 6 口人全靠她母亲负担支撑,家中几乎断粮,就是转粮油关系的 550 斤谷子,也是到处借凑来的,对能否完成 4 年学业感到渺茫。我当即给这两位同志回信,让她安心学习,家里的困难当地政府已作了安排,也请学校给予帮助。我还请省政府办公厅给这位学生转寄去一些钱,以解燃眉之急。

当省长那十年,家庭生活并不富裕,住的房子也很破旧。爱人扫地、买菜、倒垃圾,几乎天天做。有一次,一个从广州来的中年同志看到她倒垃圾,问:“这是吴省长家吗?”爱人回答“是”。他说:“你是他家保姆吧? 我有事找省长。”她说:“进来吧。”我从楼上下来,爱人对我说:“有人找你。”我不认识此人,他说是某某的大儿子,他爸向我问候,并提出要我办事。我说:“办事要按程序,我从不干涉不该我管的事,请你谅解。”他还算好,没有纠缠,说自己去找有关部门试试,接着说:“你家这个保姆话不多,很有礼貌。”我知道他是说我爱人,“啊”了一声,不知说什么好。

几年后,我回到久别的家乡。想到在我身边工作过的同志,不容易,就在家里请了两桌饭,喝点儿酒。这些同志都是好样的,我不会忘记他们,但也不能不顾原则关照他们。说心里话,有时在感情和原则之间很矛盾,但也只能从原则出发。

我有时很想念大姐和妹妹。她们实在可怜,没念过一天书,没过过好日子,一直在困苦生活中煎熬。我能为她们做的,只是每年春节前寄些钱去,以表心意。大姐80岁了,年老体衰,风烛残年。妹妹也年近古稀,天天伴着瘫在床上的丈夫,苦熬日子。她们是千百万中国农村妇女的缩影,所幸她们的后代日子过得去。这十多年来,她们的子女没找我提过要求,可能认为提了也不会办,还要挨训,不合算。她们也许心里对我有意见,但从未听到她们骂我。其实就是骂几句,我也不会放在心上。要当好一个党员领导干部,应该而且只能这么做。

雏凤清于老凤声

干部年轻化，是一项需要持续推进的事业，是经济社会发展和现代化建设的必然要求。中央对此高度重视。这也是我到山东工作后面临的一项重要工作。我听了克玉[①]同志和省委组织部的多次汇报，感到山东干部队伍素质高，很务实，能干事，也会办事，但年龄偏大、学历偏低的问题比较突出，离中央组织部的有关要求差距很大。心想，这个问题确应抓紧解决，同时也要注意发挥各个年龄段同志的积极性。坚持实事求是，只要是德才兼备的优秀干部，不能一味强调年龄和学历，该重用的要重用，但要重视多选拔一些优秀的年轻干部。

1997 年 5 月，我到省委党校、山东大学、山东工业大学等单位调研，到省政协看望各民主党派、工商联主要负责人，在听取意见和建议时，大家都谈到干部的年龄结构、知识结构需要优化的问题，普遍反映需要认真抓一抓。我翻看省管干部名册，翻看县委书记、县长名册，确实感到这不是个小问题，如不认真解决，对山东的长远发展很不利。为此，我在多种场合吹风造舆论，强调干部年轻化的重要性、紧迫性，努力消除论资排辈的思想观念。

1997 年 7 月，省委召开理论学习中心组读书会，我在会上重点谈了干部年轻化问题。我说，大家读过《三国志》和《三国

① 克玉，即王克玉，时任山东省委常委、组织部部长。

演义》,都知道“三顾茅庐”的故事。当时刘备 47 岁,27 岁的诸葛亮,既没当过科长,也没当过处长,更没当过县长、市长,但刘备认为诸葛亮是个人才,三顾茅庐,破格任用他为军师。由于诸葛亮的出山,三国鼎立的局面才得以确立。人才是创业之本呀!面对日趋激烈的国内外竞争,要靠人,靠高水平的党政领导干部、高水平的经营管理人才、高水平的科技队伍。说到底,竞争是人才的竞争。必须抓紧选拔一批优秀年轻干部,放到领导岗位上培养,放到实践中锻炼。选拔年轻干部,要解放思想,开阔视野。山东人杰地灵,人才济济,只要我们真正从事业发展出发,换了脑筋,解放了思想,大批优秀人才就站在面前了。要坚持干部“四化”方针和德才兼备的原则,破除论资排辈的观念,破除求全责备的观念,看本质,看主流。真正看准的人才,要敢于破格,敢于安排重要领导岗位。为了社会主义事业的繁荣发展,我们应当有这个气度和魄力。

1997 年 8 月,我到团省委调研,对照机关处级以上干部名册,逐个询问了姓名、年龄、毕业学校及专业。提出对于那些年轻的、文化素质高的、特别优秀的同志,要突破一些旧的观念,大胆提拔使用。如果在这个问题上不突破,论资排辈,优秀的年轻干部就很难上来。要为他们脱颖而出创造条件,看准了的就要大胆使用。

1998 年 2 月,省委召开民主推荐省级领导班子成员会议,我明确说:“这次推荐要根据中央要求和省级几套班子建设的实际需要,全面考虑适当的人选。要进一步完善领导班子的年龄结构,适应建立社会主义市场经济体制的要求,不搞论资排辈,不搞求全责备和平衡照顾,注意推荐相对年轻的同志,以使新一届领导班子结构更优化,整体功能更强。”

1998年4月，省委召开六届十次全委会议。我强调重视优秀年轻干部的培养和选拔问题，要求组织部门进一步拓宽视野和渠道，坚持五湖四海，体现公开、平等、竞争、择优的原则，不拘一格大胆起用优秀年轻干部；进一步解放思想，完善制度，营造优秀年轻干部脱颖而出的良好环境。

1999年10月，省委召开七届二次全委会议，我再次强调要加快干部年轻化的步伐："这些年我们在干部年轻化方面做了一些工作，取得了一定效果，但总的看还有很大差距。这是关系我们山东今后改革发展稳定的一件大事。各级党委要把它作为一项紧迫的战略任务来抓，把那些德才兼备的优秀年轻干部选拔到各级领导岗位上，使他们在实践中经受锻炼，接受考验，增长才干，尽快成长、成熟起来。"

2000年春天，省委决定公开选拔一批副厅级领导干部，通过笔试、面试、民意测验和组织考察，34名表现好、年纪轻、学历高的干部脱颖而出，走上了省直部门和市地的领导岗位。那一年，在建国①、大明②、传升③等同志的具体组织下，我们还从省直和高校选派了155名年轻干部到县市区挂职锻炼，后来多数留在当地担任了县市区的主要领导职务。也是从那一年开始，每年选派年轻干部到国外学习培训，从应届大学毕业生中选拔品学兼优的学生到基层工作，再从有基层工作经历的选调生中选拔优秀年轻干部担任县市区领导职务。应当说，通过这些措施，全省干部年轻化的力度加大，干部队伍的年龄、知识结构开始发生根本性的改变。几年下来，省直部门和各市主要领导干

① 建国，即陈建国，时任山东省委副书记。

② 大明，即姜大明，时任山东省委常委、组织部部长。

③ 传升，即杨传升，时任山东省委组织部常务副部长。

部的平均年龄下降了 5 岁,大专以上文化程度的占到了 98.4%;省政府组成人员平均年龄下降了 3 岁,大专以上文化程度的占 97%,还选拔了 4 名女干部,1 名非党干部。

我在一次年轻干部岗前培训班上说:“党和国家的事业需要年轻人,需要优秀的年轻干部。这次考选是公开、公正的,组织上相信你们能不负众望,干出一番事业! 党中央为年轻干部的发展制定了好政策,省委为年轻干部更好地成长提供了舞台,能不能向党和人民提交一份满意的答卷,关键还在于你们自己。希望大家珍惜机遇,努力工作,做出一番成绩,为党争光,为民造福,为己争气。”

山东籍在中央工作的领导同志,如万里、宋平、罗干、谷牧、纪云、浩田、万年、春云、宋健等领导同志,对家乡十分关心,其中有的领导同志多次同我谈到干部的年轻化、知识化问题。有一次,时任全国政协副主席的宋健院士对我说:我们在中央工作的山东籍同志有时说起家乡,担心今后的发展和竞争潜力,现在的竞争,说到底是人才的竞争,领导干部的素质关系重大,不知你怎么看? 他听我说了想法和做法后,很高兴,很赞成。

推进干部年轻化这件事,应当说对山东领导班子和干部队伍建设的影响比较大,但阻力也不小。2001 年 2 月,中组部调研组到山东调研时,我在座谈会上说,在年轻干部“上”的问题上阻力不小。这里面的因素比较复杂,并不是年轻干部不优秀,而是有人认为资历浅,觉得排不上他。雏凤清于老凤声,如何使年轻干部能上来,又能孚众,要研究些办法,形成制度。

组建新山大

山东是孔孟之乡，素有“忠厚传家、诗书继世”的优良传统。家长们供子女上学很辛苦，孩子们读书很用功，老师们教书也很卖力。然而，进入新世纪之前山东的高等教育无论是总体规模还是名校建设，却严重滞后。这个人口大省、经济大省的高考录取分数线，历年都是全国最高的几个省份之一。1998 年山东的本科和专科在校生加起来仅 18 万人，每年的高考录取率还不到 10%，竞争十分激烈，绝大多数孩子难圆大学之梦。针对这种情况，我几次到教育部门和高校调研，提出一定要抓住国家发展高等教育的大好机遇，调动各方面的力量，在高校规模和名校建设上实现新的突破，以满足老百姓的教育需求。经过省委、省政府认真研究，1999 年年初，我们提出了实现山东高等教育“双百”的奋斗目标，即到 2005 年普通高校数量要超过 100 所，在校学生人数要突破 100 万。这一发展目标的提出，受到山东教育界和人民群众的衷心拥护和大力支持。

建设一所第一流的大学，是加强名校建设的首要一环。山东大学是一所历史悠久的高等学府，以其文史哲领域的雄厚学术实力和以潘承洞等名家为带头人的数理研究，在国内外颇有影响。当时国家正在实施“211 工程”和“985 工程”，山东大学能不能进入国家建设一流大学的行列，既面临机遇，更面临挑战。首先是山大的学科门类不齐全，工科很薄弱，医科则没有。

我为此很是忧虑，到京开会时专就此事向时任国务院副总理的李岚清同志、教育部部长陈至立同志争取支持，并几次催促有关部门抓紧研究提出方案。1999 年 10 月 17 日，我给当时的教育厅厅长滕昭庆同志写了一封信，表达了我的急迫心情和一些想法：

我省要建一所第一流的大学已提上议事日程，现在已是第四季度了，我有些着急，把一些想法说一说，仅供你们研究时参考。

这所大学首先要考虑请一位杰出的教育家当校长，他不仅是著名的学者、教授，更重要的是有教育家的战略思想和很强的管理才能。要选一位忠诚党的教育事业、支持校长工作、善于做思想政治工作的党委书记及一心一意支持校长、任劳任怨、有很强管理能力的常务副校长。大学决策机构可由校党委书记和校长邀请校内外各方人士组成，以适应科学、民主管理的要求，适应社会发展的需要。

要考虑多渠道筹集充足的办学经费，创造良好的办学条件。经费来源，一是财政拨款，二是科研经费，三是学费收入，四是校办企业和教育服务收入，五是社会捐赠，包括企业、个人、校友会等。这样，建高水平的实验室、图书馆，引进优秀人才方有资金保证。

要有一支高水平的学科带头人队伍，这是建第一流大学最基本的保证。下决心从国内外引进一些优秀的中青年学者、教授，特别是请几个对我国友好的诺贝尔奖获得者、一些两院院士来校任客座教授，这是十分重要的战略性措施。要加强国际科技、学术文化交流，注意吸收一切可用的成果，注意有选择地吸收外国访问学者和留学生，这是推动自身发展的强大动力。

要考虑强强联合，推动实质性、创造性的改革。要吸取哈佛、牛津、剑桥、麻省理工学院及北大、清华、南大、浙大等校的办学经验。从长计议，可否考虑学校规模不宜过于庞大，大学生和研究生的比例应大体相当；对考取这所大学的前几十名学生要给予奖励，以鼓励高分学生报考；对学生要“因材施教”，鼓励拔尖；对学校教学、科研队伍要实行淘汰制等。

设想这所大学要力争在21世纪上半叶，能拥有一批具有一流学术水平的学科，出一批公认的尖端成果，能独立设置一批新兴的跨学科专业，为山东乃至全国的经济、科技和社会发展特别是高新技术产业的发展作出重大贡献。要培养出一批有创新精神的优秀人才，日后从中产生科技精英、学术大师、经济泰斗、跨国企业的经营者和杰出的党政领导干部。

上面一些设想，可能不切实际，但这是我的愿望。我们可爱的山东，是大教育家、思想家孔夫子的家乡，是人杰地灵、物华天宝的地方，曾有辉煌的过去，有繁荣的现在，也必将有更灿烂的未来。人家有的已实现，我们想一想也没什么错吧？我相信有崇高思想而又有实干精神的同志们，一定会把这件对子孙后代影响深远的大事办好。

我的这些想法，省教育、人事、财政等部门积极响应，组织专家组对国内外有关大学进行考察，对建设事宜进行了调研、论证。我为此还批示副省长邵桂芳同志：“春亭①同我商量，下决

① 春亭，即李春亭，时任山东省省长。

心在我们省建一所全国一流大学,要组织人员研究方案,包括力争教育部的支持,我建议由你牵头,与教育、人事、财政、计划及科委有关领导商量。大学的名字、体制、专业设置、经费、重点实验室建设、领导班子、人才引进等等,要具体,拿出两个方案,供省委、省政府决策。可以到浙江大学等考察了解,还可以到教育部请示。这是一件十分重要而又要花很大精力、用很多钱的事。”在桂芳同志牵头、有关同志的努力下,经过充分调查研究,并征求了国务院、教育部领导同志的意见后,形成了一个初步方案。

2000 年 1 月 10 日,七届省委第三十六次常委会议确定:(一)将山东大学、山东工业大学、山东医科大学合并,组建新的山东大学。(二)成立建设工作领导小组,李春亭同志任组长,吴爱英①、朱正昌②同志任副组长,邵桂芳同志任常务副组长,省教委、计委、财政厅等部门和济南市及三所大学为领导小组成员单位,并商教育部派员参加领导小组。(三)新的山东大学校长、党委书记,按副省级干部配备。党委书记由山东省委一名常委担任,校长商教育部在全国范围内物色。(四)关于建设经费问题,按省长办公会的意见,由有关部门落实。这次会议同时确定,山东省、青岛市和教育部、国家海洋局共建青岛海洋大学,保持并发展其特色。

岚清同志对组建新山东大学非常关心支持。2000 年 7 月,教育部与山东省签署了重点共建山东大学的协议,新的山东大学进入国家“211 工程”和“985 工程”。时任教育部部长的陈至

① 吴爱英,时任山东省委副书记。

② 朱正昌,时任山东省委常委、省直机关工委书记。

立同志来山东考察,并为新山大揭牌。自此,隶属于不同管理体制的原山东大学、山东医科大学、山东工业大学完成了合并组建,实现了优势互补,强强联合,文、理、工、医协调发展,揭开了山东大学的历史新篇章。

新山大的诞生,使学校实力空前增强,师资力量更加雄厚,形成了一批优势明显的学科群和学科基地。全日制本科生和研究生达到3万人,教职工1万人,其中教授601人;国家一级重点学科2个,二级重点学科22个,国家重点实验室2个,一级学科博士学位授予点25个,博士后科研流动站26个。据美国《基本科学指标》(ESI)统计,山东大学的科技竞争力进入世界高校500强。相信齐鲁大地上的这座名校会越办越好,为山东和全国经济社会发展作出越来越大的贡献。

我离开山东工作岗位三年后,欣闻2005年山东普通高校发展到104所,在校生达到117.13万人,顺利实现和超过了当初确定的“双百”目标,高考录取率达到72%,较好地解决了齐鲁学子上大学的问题。我为山东高等教育的快速发展感到由衷的高兴。

言实情　求支持

山东的发展一直得益于党中央和国务院的关怀支持，我在山东工作的那几年同样如此，有多件事至今难忘。

争取济南机场管理权

济南机场是“八五”期间建设的民用机场，当时年设计能力为50万人次。1992年建成使用后，客货运量不断增长，到1998年客运量已达100多万人次。机场设施严重不适应客货运量增长的需要。这年底国家计委批准，新建一条3600米的跑道。但候机楼、站坪和其他设施不配套、不适应的矛盾十分突出，迫切需要全面扩建。

德国巴伐利亚州和山东是友好省州，巴州政府多次派员考察济南机场，主动要求参与该项目的建设。我们认为，与巴州进行机场合作，不仅可以引进资金，还可以引进德国先进的机场建设和管理技术，达到优势互补，是一件好事。所以同意将济南、青岛机场扩建项目作为山东省政府同德国巴伐利亚州政府的合作项目，并于1997年7月签署了合作、合资建设济南机场的意向书。此后的一年多，合作顺利，德方编制了预可研报告，成功开展了招商活动，确定了11家出资单位，并提出1999年3月组织商务团组来鲁具体洽谈合作事宜。

随着双方合作的逐步深入，机场管理体制不顺的问题凸显出来，进一步与德方合作面临许多问题。当时省和济南市对机场建设已投资7.1亿元，占总投资的90%以上，但面对十分有利的引进国外资金和先进技术的机遇，却受到管理权限的制约，处处力不从心。我们感到，这不符合中央“谁投资，谁受益”的精神。因此，请求将济南机场下放省里管理，并于1998年6月2日上报国家民航总局。此后，山东派员多次向民航总局、民航华东管理局汇报，建议进行资产评估，成立股份有限公司，以便对外洽谈。但由于国家民航体制改革方案仍在拟订阶段，得到答复是要等方案出台，才能具体操作，致使山东无法按照德方要求成立机场法人实体，双方的合作洽谈搁了浅。

我对此忧心如焚，反复考虑，觉得必须恳请国务院领导支持。1999年3月8日，我和春亭同志联名致信时任国务院副总理的吴邦国同志，请他过问一下该项工作。信中在说明了基本情况后提出，鉴于山东与德方合资已进展到实质性阶段，当时的管理体制严重影响合作进程，不利于山东和国家的对外声誉，因此，请求在民航体制改革实施前，先将济南机场下放给山东管理，或与山东省民航局组建联合公司共同参与合作。邦国同志很重视，很支持，经过多方磋商，终将济南连同青岛、烟台等三个机场，放给属地管理。其中，济南机场交省政府管理，青岛、烟台机场分别放给两市政府。这标志着山东民航“政企合一”管理体制的终结，济南机场从此成为市场主体，实行了企业化经营，与德方的合作得以顺利实现，并取得了快速发展。

现在，济南机场基础设施及空港口岸检查检验配套设施齐全，为最高飞行区等级4E级国际机场，可以起降各种大型客机和货机，成为我国重要的干线机场，平均每周进出港1100个航班，分别通达首尔、东京、法兰克福、洛杉矶、旧金山以及国内 40 多个大中城市，旅客年吞吐量突破了 435 万人次。

争取抗旱水源

山东是人口大省和经济大省，但水资源短缺，人均占有量偏低。全省年平均降雨量 684 毫米，当地水资源总量 305.82 亿立方米，人均水资源占有量仅为全国的 1/6，约为世界的 1/20。从时间分布看，山东年际间的降水量存在明显的丰、枯交替，虽有风调雨顺的年景，但连续干旱、枯水时段更多，年内水资源分配更具有明显的季节性。从区域分布看，山东多年平均降水量从鲁东南沿海的 850 毫米递减到鲁西北内陆的 550 毫米。年径流的地区变化更为突出，多年平均径流鲁东南沿海高值区为 260—300 毫米，鲁西北平原和湖西平原低值区只有 30—60 毫米。不论是当地水资源量还是客水资源量均不足。特别是主要的客水资源——黄河水，多年进入山东水量（黄河高村站 1951—2001 年资料）376.1 亿立方米，按国务院办公厅批复的黄河分水方案，一般来水年份山东可引用黄河水 70 亿立方米。但 2001—2003 年，全省实际引黄供水量分别只有 52 亿、61 亿和 51 亿立方米。

由于上述原因，山东经济社会发展始终受干旱缺水的制约，并逐渐加剧。干旱缺水的影响范围，已经由农业扩大到整个国民经济，乃至生态环境和社会安定，每年因旱灾造成的损失都在数十亿元以上。水资源短缺成为制约山东发展的“瓶颈”之一。

2000 年，山东又遇新中国成立以来罕见的连续干旱，其中胶东地区尤为严重。到 7 月份的时候，青岛、烟台、威海三市的河流、水库大都干涸，部分企业被迫停产，市县两级已全部实行限量限时供水。如再无有效降雨，死库容很快将被用完，群众生产生活及生态平衡受到严重威胁，真是到了山穷水尽的地步。我这个鄱阳湖边长大、一直在南方组织抗洪的人，遇到了抗旱的严峻形势。那段时间在东部指导抗旱，连续多天都舍不得洗上一次澡。

为解决缺水问题，7 月 30 日，我和春亭同志联名致信水利部汪恕诚部长，恳请水利部及黄委向下游紧急调水，确保秋种，以解燃眉之急。并要求尽早决策，开工建设南水北调东线应急工程，采取紧急措施，早日向胶东供水。9 月初，时任全国政协主席的李瑞环同志来山东视察，我汇报工作时还请他帮山东讲讲话，解决抗旱水源问题。在中央领导、水利部及黄委的关心、支持下，那一年及时给山东增调了黄河水。当时我正在淄博调研，亲见黄河水流进干涸的马踏湖，周围群众欢笑的场景，那真是“久旱逢甘霖”啊！

2002 年，山东继严重春旱之后，又遇夏秋连旱。到 9 月上旬，全省降水仅 350 毫米，比常年同期少近 40%，全省受旱面积达 7000 多万亩，占耕地面积的 70%；部分地区由于连续干旱，两季绝收，群众生活发生困难。500 多家企业因供水不足限产或停产，素有“黄金水道”之称的京杭运河济宁段累计断航 50 多天。干旱缺水也将对秋种和来年的工农业生产造成极大影响。由于主汛期已过，出现较大降雨的可能性越来越小。全省各类水利工程蓄水比历年同期少一半以上，抗旱水源严重不足，形势愈加严峻。

面对严重旱情，我甚为焦虑。9 月 11 日，与高丽①同志联名

---

① 高丽，即张高丽，时任山东省省长。

致信温家宝副总理并曾培炎①、项怀诚②、汪恕诚③同志，提出三项请求：一是请求水利部及黄委从龙羊峡、刘家峡水库向下游紧急调水，确保秋种期间进入山东的水量达到1000立方米/秒以上；二是请求国家解决特大抗旱资金5000万元；三是建议南水北调东线应急工程尽快上马，以解决山东水资源严重短缺的问题。在中央的有力支持下，山东度过了又一个大旱之年，把干旱造成的损失降到了最低程度。

2002年12月27日，南水北调东线工程启动仪式在人民大会堂举行。一期工程分3年实施，建成后每年可向山东调引长江水15亿立方米。2005年12月29日，济平干渠作为全国率先竣工的首个南水北调单项工程，已将东平湖水引进了省会济南。

祈愿物产丰饶的齐鲁大地甘露滋润，风调雨顺，永脱干旱之苦。

争取重汽重组的必要条件

中国重汽的前身，是济南汽车制造总厂，始建于1935年，主要生产汽车零部件。1960年4月试制出了中国第一辆重型汽车，成为我国重型汽车工业的摇篮。1989年第一辆斯达—斯太尔重型汽车在中国重汽下线，标志着我国第一个全面引进国际先进重卡技术项目的成功。几十年来，中国重汽共生产重型汽车数十万辆，为国民经济和国防建设作出了重要贡献。

---

① 曾培炎，时任国家发展计划委员会主任。

② 项怀诚，时任财政部部长。

③ 汪恕诚，时任水利部部长。

可就是这样一个曾经辉煌的大型企业，在20世纪90年代末从计划经济向市场经济转轨的过程中，由于内部改革滞后而逐渐掉队，生产经营每况愈下。到1999年年底负债总额168.27亿元，实际亏损近百亿元，拖欠职工工资长达13个月，1.7万名离退休职工没有纳入社会保障，企业濒临破产边缘。

为了保留国家重卡制造基础，振兴和发展民族重卡产业，2000年7月，朱镕基总理主持召开总理办公会，决定对中国重汽实施分离破产重组，将集团分为三个部分，分别下放到山东省、陕西省、重庆市管理，其中主体部分下放山东管理。山东的主体部分保留"中国重汽"名称，国家计划单列待遇保持不变，企业国有产权归山东省政府，由济南市实施管理。对下放山东部分，参照处置湘潭电缆厂的办法，实施分立、破产、重组，有关银行债务不再实施"债转股"。

2000年8月1日，重汽集团主体部分正式下放山东省管理。这时，曾经作为我国重型汽车工业开山鼻祖、承载着中国重型汽车工业光荣与骄傲、希望与梦想的中国重汽，已经在濒临破产的困境中衰落至谷底：生产经营全面停顿，得不到生活保障的职工上访不断，各种矛盾不断激化，一触即发，可以说是危机四伏。面对积重难返、濒临破产的老重汽，不少人断言，就是神仙来了也救不了它！

在这种情况下，山东要想使重汽起死回生，再现辉煌，首要的就是向中央争取尽可能有利的破产重组条件，为下一步的发展奠定一个相对好一点儿的基础。我与省政府和济南市的同志一起，为此作了些努力。

在国家经贸委的指导帮助下，省政府按照国务院总理办公会议精神，编制了重汽公司分离破产重组方案。其间，得到了财政部、劳动保障部、最高法院、人民银行及各债权银行的理解与大力支持。特别是时任国家经贸委主任的盛华仁同志主持进行协调，进一步统一了各方面的认识，确定了几条基本原则和具体政策。几天后，时任国务院副秘书长的石秀诗同志又主持会议研究了重汽破产重组方案。

我听取了山东参会同志的汇报后，认为有几个重要问题需要请国务院领导帮助解决，以使破产重组方案对山东更为有利。2000 年 12 月 22 日，我和春亭联名致信邦国同志，提出了三点请求：

第一，根据编制的方案及银行的意见，新公司资产负债率高达 96%，即使是一般企业都很难生存下去，更何况重汽从 1994 年以后连年亏损，严重资不抵债。希望进一步加大“核呆”力度，除原定核销 31.34 亿元债务外，再增核 6 亿元债务和 2000 年欠息部分。这样可使资产负债率降到 80%以下。

第二，重汽公司下放山东职工 7 万多人，破产失业和分流安置 3.5 万人，安排离退休职工 1.7 万人，再就业和社会稳定工作压力很大。原重汽长期欠发工资、欠缴养老保险费，造成内部职工怨声载道、矛盾重重，稍有不慎随时都有可能引发集体上访甚至更为严重的事件。因此恳请中央财政能够按照国家经贸委盛华仁主任主持协调会确定的职工安置费 14.5 亿元拨付，不要再减了，至于通过什么渠道来解决，可以商量。另外，中央财政对整体破产企业欠缴的养老保险费 5514 万元和保留部分企业欠缴的分流安置职工的这项保险费 11488 万元，也给予一次性照顾解决，这是地方保险机构难以承担的。

第三，鉴于新重汽到 12 月 31 日后将面临还债，特别是财务公司涉及问题很多且复杂，重汽目前状况是根本拿不出钱来还债的。为使重汽顺利重组，能够进行正常的生产经营，请求人民银行对外资银行、城乡信用社的债务4.8亿元给予再贷款解决。对其他16.15亿元债务采取免息、本金打折后转股或停息挂账。

信的最后，我们提出，重汽公司的问题的确是非常复杂的，困难是十分严峻的。对国家经贸委协调的几条意见，山东作了认真研究，感到企业资产负债率仍然很高，破产企业职工以及保留企业分流的职工量非常之大，短期内仍可能是亏损局面。尽管有这些困难，通过努力工作还是可以勉强接受的。如能对上述要求给予解决，则更有利于重汽的稳定和发展，但如果在此基础上再退一步，山东确实无法接受，恳请国务院领导能给予充分理解和支持。

最终，在国务院领导及有关部委的关心支持下，山东为重汽的破产重组争取到必要的条件。各项重组政策及措施的落实到位，不仅将中国重汽从垂死的边缘唤起，更将其送上了高速发展的"快车道"。2001年1月18日，中国重型汽车集团有限公司在济南正式宣告成立(简称"中国重汽集团")。在成立大会上，重汽集团提出了"一年持平，两年赢利，三年大发展"的奋斗目标，并以令人惊奇的速度获得了"重生"：重组后当年即扭亏持平，第二年销售收入几近翻了一番。2004年，月产销突破5000辆，相当于重组前全年的产销量；全年实现销售收入220亿元，利税17亿元，实现了成立时宣布的目标。

现在，中国重汽集团已经成为中国重型汽车生产的骨干企业，有了一批深受中外消费者欢迎的名牌产品。2009年集团经受了金融危机的严峻挑战，生产、经营和出口又创造了新的辉煌。真为重汽干部职工取得的成就感到兴奋！

争取财力支持

山东财政收入总量不小，总的财政状况也是好的，但人均财力不强，地方人均财政收入和人均财政支出都低于全国平均水平。山东优抚对象421万人，比其他省都多，负担比较重。另外，青岛是计划单列市，财政收入到不了省里。因此，地方可用财力比较紧张。2001年起公务员大幅度增资，县市区一级的财政压力骤然加大，省财政拿出了7亿多元补助困难地区，已经尽了最大努力，但一些困难县仍不能兑现增资。不是到了确有困难的时候，山东不会向中央开口。

1999年9月15日上午，我就此给朱镕基总理办公室打了电话，谈了情况，请总理嘱财政部给山东一点儿钱，再借一点儿钱，对山东支持一下，帮助克服困难。之后，又召集副省长黄可华等同志开会，进一步安排此事，嘱黄可华、张昭立①同志第二天就到财政部去，专题汇报山东的增资问题。我对他们说，要如实向中央汇报山东的困难，讲清楚虽然山东经济发展是快的，经济总量是大的，财政情况是好的，但确有许多特殊困难，如不解决，增资政策就难以兑现。把问题和困难讲清楚、讲透彻了，才算尽到了责任，也才是真正对中央负责，对山东人民群众负责。党中央、国务院实事求是，体谅山东的困难，给予了关怀和支持。省政府和财政部门的同志也做了扎实的工作，增资问题得到了比较好的解决。

山东是农村税费改革的试点省份。2000年以后按照中央

① 张昭立，时任山东省财政厅厅长。

的统一部署，陆续开展了试点工作。在当时的情况下，为了既能把农民负担减下来，又能保证乡镇的正常运转，我到茌平、莱州、肥城几个试点县市去了几次，了解第一手情况，力求把账算清楚，把好事办好。经过调研，我感到一些财政状况捉襟见肘的县乡，单靠自身财力，税费改革很难推进，很难达到预期效果。顾了农民负担这一头，就顾不了乡镇运转这一头。所以交待省财政厅给予试点县必要的财力支持，同时争取中央财政的支持。2002 年 8 月，我在北戴河开会期间，向中央领导同志汇报山东的情况，着重谈了山东的东西部发展不平衡，有的地方还比较困难，希望中央在税费改革中给予必要的资助，领导同志很体谅我们的困难，表示会实事求是给予考虑。

在中央的关怀下，山东的农村税费改革得以顺利实施。后来，与一位领导同志谈起此事时，我说："我讲的都是实话，不能为了自己的面子，而不顾实际情况。只要基层和群众好，我'里子'都不考虑，还顾什么'面子'。"

“信访局长”

我到山东工作后走访的第一个部门是省信访局，在大会小会、不同场合多次讲信访工作，五年多的时间批阅了三千多封群众来信，自己接访的次数也比较多。对此，各级干部绝大多数很重视、很支持，处理信访案件很认真、很及时。但也听到有人议论：一个省委书记，有多少大事要抓，还要当那个“信访局长”，亲自过问群众来信来访，有必要么？

回忆在山东处理信访案件和抓信访工作的经历，我至今感到：真正当好人民群众的“信访局长”，也并不是那么容易的事。

这个阀门不减压不得了

我一向认为，信访部门是个“窗口”，从这里能看出群众的情绪，看出基层的工作；信访工作是个“安全阀”，做好了能消解老百姓的怨气，减轻维护社会安定的压力。但说实话，刚到山东的时候，信访量那么大，是我始料未及的；反映的一些问题那么严重，也是令我触目惊心的。

1997 年 4 月 21 日，我到山东上任的第十天，看到一份信访简报反映：几天前，一个县的三个基层干部因到农民家里收钱（据说是集资修路每人摊派 120 元），被一个称作“钉子户”的农民全杀了。这是多么令人痛心的悲剧！那几个干部为工作遭了杀身之祸,那个农民被逼犯了大罪将受到法律惩处。我让信访局的同志查查,案发的地方此前是否有过为反映负担过重而上访的事情。经调查了解,那个县的不少村子曾不止一次大规模集体到乡里、县里,甚至市里上访过。可怕的是,当时搞集资摊派,加重农民负担的问题相当严重,也相当普遍,已经发生、正在发生和将要发生的悲剧,也就不是一起两起、一两个地方。这着实令人忧虑。

1997、1998 那两年,我接待了不少上访群众。多数是在省委门口,也有的时候是在上班或下去调研的路上被拦住。遇到的上访者,有情绪激动、边哭边说的;有说乡土俚语、口齿不清的;有拿着上访材料,往你手里递的。我或是耐心聆听,嘱身边人员记下来;或是阅批上访材料转当地和有关部门处理;或是引领上访人到信访局接待室按程序办理。有几次接访的情况仍历历在目。

1997 年 8 月 4 日一早,我在省委大门口接访了某市某区的几十个群众,了解到同样是因为集资摊派、负担过重,遂在上访材料上作了批示:"部分群众大规模集体到省委上访,说明那里的群众工作做得扎实、细致吗? 是群众没有到区里、市里上访过吗? 还是去了多次没有解决问题? 我们的工作究竟做到家没有? 这么多人来省上访,有关部门及时报告了区、市主要领导吗? 请市委督促区委区政府专门研究,多从自身工作上找原因。"在市、区领导的重视下,事情得到解决,并向省委写了专题报告。

1997 年 12 月 22 日,我接访了鲁西某县一个村十几位农民,反映农民负担过重等问题。我给县委、县政府负责同志写了封信:"今晨你县十几位农民来省委上访,哭诉反映农民负担不堪忍受等问题,我已劝他们返回。即派督查处几位同志赴村,恳请你们上午到村里去听取意见,如果负担过重务必按政策减下来,如果反映的问题失实,也要做好工作。"新上任的县委书记给我回了信,说明了农民负担过重的情况和解决的措施。我在他的回信上批道:"党的政策是爱民富民,要下决心发展经济,减轻农民负担,制止干部简单粗暴。实事求是,一步一个脚印,把两个文明建设好。不要图虚名,要图人民的实惠。"

1998年冬天的一个早晨,我像往常一样早早地来到办公室,拉开窗帘时,恰好看到省委大门口一中年妇女赤裸上身不顾警卫人员拦阻往院里冲,即让秘书通知信访局长赶快过来接访,弄清情况后向我汇报。信访局长很快气喘吁吁地到了我办公室,汇报了情况。那位妇女受村干部刁难,不划给她宅基地,两个儿子无宅基地盖房娶不上媳妇,因而到省里来上访。我当即给这个市的领导打了电话。后来得知那件事情得到妥善解决。

我自己接访的次数再多也毕竟有限,多数是通过批阅材料分析情况,督促解决问题。有些材料很翔实,反映的情况很有说服力。1997年10月,我看到一份材料上反映某县的一些农民,为逃避农民负担以及地方的各类乱收费、乱集资,把户口从当地公安部门提出来,办理假迁移,或将户口放在口袋里。这种"口袋户口"现象在一些经济欠发达地区也有不少。1997年11月,看到大众日报《内部参考》上反映的某县某乡农民负担过重问题。这个乡是1978年新成立的小乡,全乡2.8万人,乡镇干部加上"七站八所"的人员吃财政饭的多达250人,公办民办教师250人。上年农民人均负担150元,全乡合计400万元。而乡村干部和教师的工资以及优抚费、计划生育经费、报刊杂志费等,算下来需要480万元。也就是说,把农民的提留和各种税费都收上来,收支相抵还差 80 万。有的上级部门还要求乡镇“五小”配套:要有小食堂、小阅览室、小娱乐室、小浴室、小花园,独门独院,有的还要求有微机室。

当时围绕减轻农民负担,省里多次开会研究部署,我也费了不少脑筋。首先是摸情况。省委常委会议决定,以省委、省政府的名义组成 14 个督查组,对各市地减轻农民负担工作情况进行一次全面检查。督促各地认真贯彻中央、省委有关文件,切实把减轻农民负担的工作落到实处。其次是从上级机关抓起。要求省直部门带头自查,停止不切实际的升级达标活动,不搞劳民伤财的形象工程。1997 年年底,开始清理涉及农民负担的文件,省政府取消了 36 个涉及公路、电力、教育、卫生等方面的不合理收费项目,纠正了一些加重农民负担的做法。第三是加快推进农村税费改革。在接下来推行的农村税费改革中,通过撤并乡镇减少财政供养人员、加大省财政的转移支付力度等措施,使农民负担得到较大幅度的减轻。2000 年以后,涉及农民负担的信访量大幅度降了下来。当然,取消农业税、给种粮农民补贴,彻底解决农民负担问题,那是后来党中央、国务院的英明决策。

现在想来,我仍然特别感谢山东的各级信访干部,他们做了大量工作,化解了不少矛盾,也给我很大支持。我经常对他们讲:做信访工作要换位思考,如果是自己的父母、兄弟姐妹受到不公、委屈,日子过不去,甚至受到欺压,咽不下那口气,向党和政府反映,应当怎么办?有些上访群众有气,不让人家把气发出来不行。如果群众把气出到你们身上,心情能够舒畅一些的话,我看你们就作出了贡献。如果有人行为过激对不住你们,就算是我对不住你们。

要让群众的日子过得去

如果群众的日子过不去，信访是控制不住的。在上访的人群中确实有“老油子”，但毕竟是极少数。有多少吃得饱饱的、喝得足足的、高高兴兴的人，整天跑到省里上访呢？

1997、1998 年前后，正处于经济转型、结构调整时期，山东部分企业困难加剧，下岗和失业职工近百万人。特别是来自纺织、机械、轻工、商业等系统的信访量居高不下，甚至有些到省委上访的人群，情绪很激动、言辞很激烈。那段时间，为了掌握企业下岗职工的情况，我跑到基层去摸了几次情况。

1997 年 4 月 17 日晚 8 时许，征得主人同意后，我走进济南国棉一厂的一户职工家里。看着窄小、低矮的房间和饭桌上剩下的咸菜、馒头，知道这家的日子不好过。我问那位工人师傅：“职工当前最关心的是什么？”他说：“企业改革。怎么改，也得让我们有口饭吃吧。不然职工情绪能稳定？社会能安生？”

从那一户职工家里出来，约 9 时许，我又到了济南国棉二厂。在该厂副厂长引领下，我到生产车间看了看，部分机器停转了。副厂长对我说：“纺织是济南的传统产业，纺织工人曾经是我们党早期革命活动的重要依靠力量。建设时期，也为我们国家的出口创汇、财政收入作了很大贡献。随着限产压锭的实施，这个企业失去了原有的生产能力。”现在面临的形势很严峻。

我在随后召开的有关会议上说，广大国有企业职工为国家经济建设作了重要贡献，目前正在结构调整中求生存、求发展，各级党委政府要关心、支持、帮助他们解决生产经营和生活方面的实际困难。济南市的领导此后到厂里开了现场办公会，帮助企业确立了“退二进三”的调整方案，即退出纺织主业，转向发展商业，实施以土地置换改善职工居住条件的“安居乐业”工程，并给予企业优惠政策和多方面的支持。

1998 年是全国纺织企业较大幅度压锭的第一年。这年的 4 月 3 日，我再次来到济南国棉一厂，了解企业压锭和人员分流情况，倾听职工的意见和建议。看到干部职工情绪稳定，纷纷表示有信心把企业搞好，争取早日走出困境，我为他们的奋斗精神所感动。4 月 24 日，我又到了济南国棉二厂，了解生产经营和职工思想、生活情况。随后召集省计委、省经贸委、银行和省总工会等有关部门负责人开会，并委托省总工会协调优势行业企业帮助纺织企业走出困境。在有关部门、单位和市里的关心帮助下，济南国棉二厂的结构调整和脱困方案得到落实。压缩落后棉纺锭 14.13 万枚，利用腾出的空闲厂房，兴建了仓储超市和玻璃瓷器市场，实现了“腾笼换业”，使职工就业和基本生活有了保障。

1999 年 9 月 11 日，我第四次来到济南国棉二厂。看到原有的车间改建成超市后，有 800 多名职工重新上岗，我很高兴。2001 年 1 月，新建的职工住宅楼竣工，500 多户职工搬进新居。听到这个消息，我高兴地致信该厂全体职工：“得知你们在市委、市政府的关怀下，解决了生产生活问题，特别是同志们即将乔迁新居，我十分高兴，分享你们的喜悦。”后来，还收到该厂几位职工的回信，叙说了全厂干部职工在党和政府的关心帮助下走出困境的喜悦、感激之情。我看了很受感动。那年的大年初三，我应邀到国棉二厂看了改建而成的妇女儿童用品市场、食品厂等项目。看到职工们以积极的态度对待调整，开辟了新的生产门路；看到随着商业开发项目的陆续启动，全厂 1100 余名下岗职工基本得到安置,我由衷地赞扬他们了不起!

济南国棉一厂与省直机关签订了物业管理合同,承担了省直机关和各宿舍区的物业管理项目,数百名职工有了新岗位。济南国棉六厂也利用闲置厂房建起了鞋业批发市场,近千名职工得到安置。我对这几家厂子的做法给予赞赏。要求各级党委、政府怀着深厚感情关心职工生活,广开就业门路,创造更多的就业机会,使更多的下岗职工有活干、有稳定的收入。省委、省政府出台了做好再就业工作的十项措施。1998 年全省国有和县以上集体企业普遍建立了再就业服务中心,初步形成了齐抓共管、积极创造就业机会、帮助下岗职工实现再就业的局面。在这年 5 月 25 日召开的全省国有企业下岗职工基本生活保障和再就业工作会议上,我强调:解决当前国有企业失业下岗职工问题,要立足于三个基本着眼点:一要确保下岗职工的基本生活,让每一个下岗职工都有饭吃;二要多渠道、多形式帮助职工转岗和分流安置,千方百计实现下岗职工再就业;三要把下岗职工基本生活保障与社会保障制度建设、城市居民最低生活保障制度建设联系起来分析研究,统筹考虑,采取综合措施。1999—2002 年,全省累计筹集下岗职工基本生活保障资金 31 亿元,省里拿出 11.4 亿元用于困难地区职工的生活救助,累计有 98.6 万下岗职工实现了再就业。

在我批阅的群众来信中,也有贫困学生反映上学难、复退军人反映待遇不落实等问题,我同样给予重视,提出不让一个学生因贫辍学,对在部队有突出贡献、转业后有特殊困难的复退军人采取特殊办法解决等措施。1997 年 8 月 12 日,我到省总工会调研,听完汇报后说,拜托你们两件事:第一件,我们省职工子女今年考取大专院校的,如果家庭困难,靠自己的力量不能报到入学，工会要给予帮助，企业要给予帮助，绝不能出现一个子女因家庭困难而不能入学。这部分子女将来大学毕业了，相信他们首先想到的是报效国家。第二件，凡是因工伤亡的职工，其家庭生活有困难，工会一定要关心帮助。工资问题、住房问题、再就业问题，对职工来说都是大事。工会干部要做职工的贴心人，为他们排忧解难。在省总工会和各级工会的动员组织下，当年夏天各地筹集救助资金近百万元，557 名特困职工子女按时报到进了大学校门。有的地区和大企业还制定了有关制度，确定每年都对考入大学的困难职工子女实施救助，直到学生毕业或家庭脱贫为止。

1998 年年底，我嘱省委办公厅对全省高校贫困生做了一次摸底。据调查，当时的贫困生约占学生总数的 25%，其中特别困难的占 10%。12 月 16 日，我在省委办公厅的《督查专报》上批示："桂芳同志：可否请教委、工会、团委、财政、银行、民政、经委、农委等部门有关同志商量一下，千方百计帮助贫困学生完成学业。"1999 年年初，省政府为此拨出专项经费，同时安排了 1000 万元低息贷款。许多企事业单位、社会团体和个人也通过各种形式帮助高校贫困生。各高校普遍做出了"不让一个学生因家庭经济困难而辍学"的承诺，多渠道、全方位开展救助工作。1999 年秋天，我从来信中了解到惠民一中有的孩子因家庭困难想退学，心中很不安，寄了点儿钱，还把友人送我的一台电脑转送过去，并附了一封给县委书记祁维华、县长刘启盛同志的信。2001 年 4 月，我就贷款上学学生的还贷问题，到省属 16 所高校调研，要求学校多搞点儿助学金，通过多种方式、多种渠道帮助困难学生完成学业。2002 年是全省工会组织开展资助特困职工子女上大学活动的第六个年头。据统计，六年间各级工会累计筹集助学资金1664.15万元,资助11612名特困职工子女上了大学。我从内心里感谢山东各级工会的同志,对他们的觉悟和工作感到钦佩。

山东是兵员大省,优抚任务相当繁重。我们在不突破大的政策界限的前提下,尽力解决了一些复员退伍军人的特殊困难和问题。许多优秀军转干部的事迹很令我感动和钦佩,如身残志坚的朱彦夫同志。在山东那几年,我每年都专程或到淄博调研时去看望他。朱彦夫是特等伤残军人,在抗美援朝战场上被敌人的炮弹夺去了双手、双脚和一只眼睛,完全失去了生活自理能力。在以后几十年的漫长岁月中,他以一个革命军人特有的惊人毅力,不仅重新学会了自理,而且带领乡亲们走上了致富之路,用自己残缺的躯体实现了一个共产党员完美的人格。我为他的精神所感动,嘱咐齐鲁医院的同志定期为他查体,安排当地政府为他翻建了房子,积极推动在全省开展学习朱彦夫同志的活动。再如失业不失志的刘坤洲同志。这位共和国的同龄人在部队服役十几年,1980年以正连职转业。1997年所在单位潍坊市的一家肉鸡公司倒闭,刘坤洲和公司职工全部失业。他一家四口,上有八十多岁瘫痪在床的老母,下有一个读中专的孩子,老伴也早他几年下了岗,生活陷入困顿。他带领37名下岗职工承包了30亩荒地,建成了远近闻名的中草药种植示范园,并带动周围上百个村发展中草药。我几次看望过刘坤洲同志,请他在全省再就业职工代表座谈会上介绍经验,嘱有关部门和潍坊市帮他解决困难。2002年7月,省委、省政府、省军区向全省发出向刘坤洲同志学习的号召。次年,他被授予"全国模范军转干部"称号。

建立公开接访制度

如何提高各级干部对信访工作的认识，切实转变作风，是我当时思考较多、着力较多的一个方面。我认为根本的还是个发展观、政绩观问题。有些干部存在一种认识上的误区，认为集资干点儿“大事”是看得见、摸得着的政绩，“事业发展”需要的时候向群众伸手摊派，也在情理之中。遇到群众抵制就认为群众觉悟不高，甚至把抗拒不交的视为“钉子户”、“刁民”。

1997 年 5 月，我到临沂调研。一个县的县委书记请我看新建的公路，骄傲地说：“我们修这条公路，国家没有拿一分钱，都是我们集资修建的。”并让我看路边石碑上密密麻麻写着的每个乡镇的集资数额。我问：“老百姓愿意交这个钱吗？”县委书记拍着胸脯说：“我们这里是老区，老百姓觉悟高得很。听说修公路，大家都争着捐钱，路通过谁家的果园，老百姓就自己主动地把果树刨了。”其实，前不久还有老百姓为此到省里上访。我听后语气沉重地说，我们做计划、办事情，还是要坚持一要吃饭，二要建设的原则，从实际出发、尽力而为、量力而行，充分考虑本地的条件和群众的承受能力。要关心群众疾苦，千万不能做违背群众意愿的事情。要使老百姓日子过得去，努力把好事办好。

我在各种会议和不同场合，反反复复地讲群众观点，讲转变作风。

1998 年 7 月 13 日，我在全省第二期县市委书记、县市长培训班上说，今年上半年到省委集体上访的共 463 起，其中反映集资摊派、加重农民负担的占 58.8%。去年有的县群众到省集体上访超过 30 起。我们要深思，如果群众无冤屈、无困难，谁冒着酷暑严寒跑几百里路到省里来？有的早上三四点钟就到了省委门口。要设身处地为群众想一想。什么是政绩？搞项目是政绩，关心群众疾苦、解决群众实际困难，更是政绩。封建时代的多少高官重臣并没有在历史上留下什么政声，而郑板桥这个小小的县令却名垂史册，还不是因为他关心百姓疾苦？他写的那首诗："衙斋卧听萧萧竹，疑是民间疾苦声。些小吾曹州县吏，一枝一叶总关情。"更是广为人知，久传于世。我在培训班上提了两点要求：第一，希望每个市地委书记、市长专员，县（市、区）委书记、县（市、区）长每人每月亲自处理一个人民群众关心的信访问题。我想，这个要求不过分，工作再忙，每月处理一个总是可以办到的吧。我建议把这作为一项制度，坚持下去。第二，减少信访量、控制上访，要标本兼治。最根本的是切切实实帮助群众解决实际困难。群众日子过不下去，信访怎么能控制住啊？要真心实意地为群众排忧解难，让群众话有处讲，理有处说，冤有处诉，事有处办。

1998 年 7 月，《大众日报》刊登的一篇报道引起了我的重视。我就此写了《致全省市（县、区）委书记、市（县、区）长的一封信》：

> 今天，我仔细阅读了 7 月 5 日《大众日报》刊登的《胶南领导公开接访制度化》的报道。读后很受启发，感到这确是一个好办法。恳请你们都认真读一读，想一想。胶南市能办到的，你们那里能不能办到？中央要求我们，要关心群众生活，解决群众困难，全心全意为人民服务。这是讲政治的具体体现。我们每一位党员干部，都要有爱民、为民、富民、安民的思想，满腔热情，真心实意地为群众排忧解难。

像胶南市那样建立公开接访制度，让群众倾吐心声，把大量矛盾解决在萌芽状态，解决在基层，就是一种很好的方式。这对于全面贯彻落实十五大精神，把我省各项工作做得更好，大有帮助。胶南市通过公开接访，促进了干部作风好转，改善了干群关系。去年以来，没发生一起越级集体上访案件。我想胶南市委、市政府的公开接访，一定是分级负责，责任到人，各乡镇及有关部门都是认真负责地解决好职责范围内的问题的。如果我们各市（县、区）主要领导都带头这样做，我们的干群关系一定会明显改善，广大干部群众的积极性一定会更加高涨，我们的工作一定会更加符合民意，就一定能够与广大人民群众一道克服前进中的任何困难。以上意见，请同志们研酌。

也许是我的信起了点促进作用吧，领导干部公开接访随之在全省推开。经过各级干部的努力，到 2000 年上半年，进京、到省上访的明显减少，全省总的信访量也大幅度降了下来。

梁山接访

1997年11月11日,天下着雨。我正在济宁至梁山县调研的途中,上午9时许,快到梁山县城时,公路上突然出现一群人拦车鸣冤。领头的举着上访材料,约二三十人紧随其后高喊冤枉。我当即停车接访。一干人围过来,那领头的中年男人欲下跪,我快步上去拉住说,我是吴官正,是省委书记,大家为什么事情上访呀?就跟我说吧。

他向我诉说了缘由:其18岁的儿子被人打伤致死,几个嫌疑人中只批捕了一个15岁的小孩,却把其余三个涉案的放了。此案已拖了半年多了,仍未结案,儿子的尸体一直在冰柜里冷冻着。受害人亲属要求政府尽快破案,惩办凶手,为他们主持公道。

我听完后说:"你们的上访材料我拿着,现在我就派人去查,如果情况属实,一定依法处理。你们先回去,一定给大家一个说法。"我随即安排随行的省公安厅警卫局局长李桂华和秘书陈耕到案发地及被害人的村里调查,并嘱他们到被害人家里看看,听听周围老百姓有什么说法,把情况搞清楚。

在进行了一天的调研后,我就在县招待所等调查情况。约晚上9点钟,李桂华和陈耕匆匆赶来向我汇报了案情:案发于当年4月20日,被害人被四个人打伤住院,6月15日经抢救无效死亡。案发后,县公安机关按一般刑事案件作了处理,先后将四人刑拘，并于5月20日以流氓罪提请县检察院批捕。检察院以故意伤害罪批捕了一个15岁的参与者，以证据不足需补充侦查为由未批捕其余三人。限于刑事拘留期限，县公安局只能对未批捕的取保候审。其实案情是清楚的，县检察院顾忌双方均为县城边大村的人，怕处理不好惹出乱子担责任，虽属职权范围内的事，仍请示济宁市检察院定案，致案件久拖不决。加之受害者亲属所要求的赔偿金额未获满意答复，便将受害者尸体搁到一个肇事者家里，后经做工作移至村旁，冻在冰柜里，至今未处理，已多次到县、市上访要求尽快公正判决。

我听完汇报后说："我们山东的老百姓善良淳朴，可以说是最老实的了。如果不是遇到实在过不去的事，是不会拦车上访的。他们带着希望找我们，说明相信党，相信政府，我们有责任给他们一个公道。"我随嘱陈耕打电话给省委政法委，令马上派员督办，重新调查取证，据实依法处理，争取尽快结案。

省委政法委组派了工作组，加强了案件督导，梁山县成立了专案组具体承办，办案进度随之加快。11月17日，梁山县拿出3000元给被害者家里作为救济，被害者亲属当日就对尸体做了处理。12月24日，梁山县法院对其中两人以故意伤害罪追究刑事责任，同时涉案的四人主动赔偿了被害者家属的经济损失，获得谅解。调查中虽未发现有徇私枉法行为，但存在严重的怕担责任、办案拖沓、态度生硬等问题，给受害者亲属带来长时间不应有的伤害，损害了党和政府的形象，也在社会上产生了不良影响。

此案引发了我的警觉，使我反思省内其他地方恐怕也有类似问题。随令省委政法委、省公安厅开展面上调查，促进积案处理。在新亭①同志的重视和指导下，公安部门进行了认真的调查，像此案那样冻在冰柜里的被害人尸体当时有十四具，时间长的已有几年。有因农民负担过重被逼寻死的农村妇女，有因争抢苏鲁边界微山湖芦苇而发生群体械斗致死的群众，有因农村宅基纠纷致死的村民……这些积案，在省和当地政法机关的积极督办、具体指导和各方面的共同努力下，在不长时间里陆续获得了结，尸体全部得到处理。

① 新亭，即高新亭，时任山东省委政法委书记、省公安厅厅长。

少管所的春节

震耳欲聋的鞭炮,张灯结彩的街道,让人感受到春节的气氛。这是我在山东过的第一个春节。也许与我出身贫寒有关吧,心里总有一种挥之不去的"情结":越是在大家欢天喜地的时候,越是想起那些在困顿中艰难度日的人。

节前看了一些困难群众和坚守岗位的干部职工。过年了,去看看那些少管所里的孩子们吧。

1998 年 1 月 29 日,大年初二一早,我来到了省少管所。这个地方条件还不错,管理得也好,宿舍很整洁,也有暖气。阅览室里的报刊、图书也不少。我对介绍情况的负责人和在场的干警们说:"你们从事的是一项特殊的工作,既代表国家实施法律的管教,又医治失足青少年心灵的创伤,还像是做父母的,给他们以关心、爱护和帮助。大家既要维护法律的尊严,又要有老师的严教、父母的慈爱。真正当好一个'管教'是很不容易的,你们面对的是一个特殊群体,要因人施管,更要'因材施教'。争取通过大家坚持不懈、耐心细致的努力,把绝大多数失足青少年改造成为有益于国家、有益于社会、有益于人民、有益于家庭的人。"

我在少管所一大队吃了顿午饭。也许是过节,饭菜还不错,做得也有滋有味。我边吃边与孩子们交谈,了解他们的情况。那些孩子原本并不坏,有的因为父母离异没人管成了"混混儿”,有的受坏人教唆走了邪路,有的因一时冲动不计后果酿成犯罪,也有的叛逆离家浪迹社会……我对他们说:过年了,我代表你们的父母来看看你们,希望你们好好接受政府的管教,严格要求自己,学会一技之长,争取重新做人;浪子回头金不换,你们年龄都还小,只要好好接受教育和改造,会有前途的;要用自己的努力来弥补以前的过失,做一个对社会有用、有益的人。在交谈的过程中,不少孩子流下了泪水,我心里也不是滋味。

我一直牵挂着少管所的那些孩子们,2001 年的新年还写过一封信,向干警们祝贺新年,向孩子们转达问候。2001 年 4 月 28 日,我在全省社会治安工作会议上说:现在一些罪犯的负罪感下降,有的刑释以后又继续作案,甚至屡教屡犯、越犯越重,成为社会的祸患。解决这个问题,一方面要对恶性犯罪行为施以重拳,坚决惩治,防止失之于宽、失之于软;另一方面更要善于做好教育、感化、挽救工作,降低重复犯罪率。要加强对劣迹人员、劳改人员“再犯”问题的研究,把对劳改人员的教育改造落到实处,使其真正洗心革面,重新做人。对于那些确实认罪伏法、民愤不大、已教育改造好的监狱服刑人员,应依法减刑、假释、提前解教、释放或监外、所外执行。对于劳改、劳教释放人员,要给出路,使他们感受到党和政府的关怀,尽快融入社会,过正常生活。公检法机关不仅仅是办案子,还要化解矛盾,帮助找出路,使他们融入社会,守法做人。对犯了罪确已改悔的,要依法从轻处理。这样做,违法人员会感激政府的关怀,群众也能接受。我讲这些,是让大家认识到,对危害社会的犯罪分子,一定坚决打击;同时还要通过依法提前释放、假释、保外就医,运用多种方式感化教育罪犯,使其回归社会后不再犯罪,这样对社会稳定和他的家庭都有好处。只要我们的工作跟上去,就会减少重复犯罪问题。

我有一个观念,维护社会的稳定与和谐,仅靠"严打"不是长久之计,更非根本之策。即使对违法犯罪分子,也要坚持教育、感化、挽救的方针,恩威并用,宽严相济,达到改造罪犯、使其重新做人的目的。

1999 年 8 月,我与爱英①、新亭等同志商量,建议依法提前释放一批改造好的服刑人员。从 1999 年 9 月 7 日至 26 日,省法院与济南、青岛等 12 个中级法院依法办理减刑释放、假释服刑人员 3641 人,其中假释 2879 人,减刑释放 674 人,减刑释放在看守所代为执行的犯人 88 人。这一举措在社会上引起了良好反响。一些被释放的服刑人员说:通过法院减刑、假释重获自由,与家人团聚,感受到家庭温暖,感谢党和国家,决心不辜负政府的信任,痛改前非,做守法的公民。一些正在服刑的人员表示:通过政府的这一举动,看到了希望,今后要积极接受改造,遵守监规,创造条件,争取早日出狱。一些群众反映:释放改造好的监狱服刑人员,表明了党和政府的信心,让我们看到了社会良性发展的前景。

2002 年 9 月 14 日,我就此问题再次致信吴爱英同志,请她与新亭、植凡②等同志研究,在严打中对黑社会团伙,杀人、投毒、抢劫等重大犯罪行为,要严厉打击;对有些罪行不重的,可以收容教育;对有悔改表现的,可以由单位、父母领回去,由当地公安人员监督照看。在山东公检法司部门的努力下,在社会各有

---

① 爱英,即吴爱英,时任山东省委副书记。

② 植凡,即曲植凡,时任山东省公安厅厅长。

关方面的理解和支持下，山东每年都视服刑人员改造情况，宽大处理一批，提前释放一批。总的看，这些措施效果是好的，刑事发案率不仅没有上升，还有下降。

两 次 发 火

我的脾气不好，是出了些名的。但一般是火发了就完，气消了就忘。在山东有两次发火，印象比较深。

必须给群众一个满意的交代

有一个位于山东最南部、与江苏接壤的县，这里是革命老区，1928 年建立党的组织，抗日战争和解放战争时期，是沂蒙山区革命根据地的重要组成部分。这块土地上留下了刘少奇、罗荣桓、陈毅的足迹，洒下了罗炳辉等 2500 多名烈士的鲜血。县境内的文峰山上建有鲁南革命烈士陵园。

然而，就是这样一个有着光荣革命传统、民风淳朴的地方，1998—2000 年的三年里，却接连发生了三起惨案，令我十分震惊。

——1998 年秋，一乡镇因征收农林特产税与群众发生纠纷，引发群情激愤。在处理纠纷的过程中，公安人员开枪打死一名农村青年。

——1999 年夏，一乡镇因征收提留款，干部作风粗暴，方法蛮横，致使一个农民被逼自杀身亡。

——2000 年 2 月 23 日，某乡一些群众不堪乡党委书记的欺压，几百人上街游行。该书记家有人指使其亲属纠集地痞流氓，动用猎枪向游行群众射击，打伤十多人。

一个县再三发生恶性悲惨事件，令我非常震怒，拍了桌子，拿起电话训人。

事件发生后二十余天，市、县仍未作出处理，给群众一个说法，我心情异常沉重。3月14日下午，我在痛心、气愤的心情中写信给省委各常委："中央要求我们要从严治党，我们在工作中也批评了一些同志，处理了几个干部，应该说是认真的。据说今年2月23日发生的事，时至今日仍未处理，也没见有什么简报或报告，这是怎么回事？今天一位领导同志对我说，那个乡的书记很霸道，养着几个打手欺压百姓，横行乡里，甚至私设牢狱关押群众。对这样的人，为什么有的领导干部还那么欣赏？不久前还提拔他当了'党委书记'！"

我在信中问了三个问题，让大家深思："此类恶性事件为什么在一个地方屡屡发生？这样的恶性事件一旦发生，怎样尽快果断妥善处置？我们应当从这三次恶性事件中吸取什么教训，到底如何改进工作？"

次日，我召集有关人员开会，仍怒气未消，严厉责成有关部门和所在市、县依法从速处置，给人民群众一个满意的交代。事件平息、相关犯罪分子受到惩治后，省委以该事件为警示，研究采取了一些措施，在全省开展了转变干部作风的教育和"打黑除恶"集中行动。事发地的市、县也开始行动起来，严厉打击黑恶势力，逐步赢得群众的信任和支持，干群关系得以好转。

绝不允许做伤天害理的事

2000年3月12日，新华社一篇以《滨州假酒泛滥》为题的报道,摆在了我的案头。这篇报道所揭露的滨州制售“名优”假酒的恶劣行为,令我大为光火。

报道称:在滨州市滨城镇的三条主街上,有大小酒厂十几家,各家门前竖着亮堂堂的牌子,其中有“茅台分厂”、“五粮液分厂”、“酒鬼分厂”、“剑南春分厂”等等。这些所谓“分厂”,有的从外地购进廉价白酒,经过灌装、包装,以次充好;有的用酒精加自来水和配料勾兑,冒充名酒。所制售的假劣白酒大部分销往北京、天津、内蒙古、山西和东北三省等地。

看了报道,我很震惊,很痛心,很上火,责令有关部门立即查处。那几天我脸色很难看,气不打一处来。这么大规模的制售假酒,恐非一朝一夕形成的,当地的工商、质检、公安等部门,当地的党委、政府都干什么去了?

3 月 15 日,我致信有关领导同志:“滨州制售假酒问题很值得我们深思。十几家工厂造假,技术监督和工商管理部门难道真未发现?当地的领导真的不知道?这说明了什么?要严肃地告诉我们的同志,任何造、贩、运、销假冒伪劣产品(包括书刊、音像等),都是伤天害理的违法犯罪行为,都要依法坚决查处、取缔、打击。”“要认识到造、贩、运、销假冒伪劣产品的行为,都是为了几个臭钱而不讲起码道德的犯罪行为,对广大消费者危害极大,人民群众十分痛恨。如发现有的领导干部,在这个问题上态度暧昧、掩盖护短,甚至睁一只眼、闭一只眼,那就是失职和腐败行为。对因失职而造成恶劣影响的,纪检监察部门要坚决进行查处,触犯刑律的移交司法机关。希望大家从滨州假酒问题上认真吸取教训,举一反三。热爱山东的人们,都应坚决制止、取缔、打击生产、贩运、销售假冒伪劣产品,以维护人民的利益,维护山东的信誉。”

此后，滨州市迅速从全市工商、技术监督、公安等部门抽调专门力量，对媒体曝光的滨城镇假酒生产厂家进行集中整治，假酒生产企业悉数被查处，其库存白酒全部被销毁，涉嫌违法人员被依法传讯，受到法律追究。滨城镇假酒生产遭到毁灭性打击。同时，在全省统一部署、开展了一轮打击假冒伪劣产品的集中行动，一批造假窝点被取缔，一批售假网点被端掉，一批当事人和"保护伞"被查处。那次集中行动，产生了一定的震慑力，对净化市场环境、维护地方声誉，起了不小的作用。

39 瓶氰化钾

2001 年 10 月 18 日，我正在菏泽市调研。傍晚，市委书记李明先和市长陈光，神色紧张地向我报告：菏泽海扬印刷有限公司仓库存放的 39 瓶氰化钾被盗。这是一种剧毒物品，如果流落到社会上，被坏人作投毒用，后果不堪设想。

这家印刷厂因生产需要购进并使用过氰化钾。1986 年账面共有氰化钾 43 瓶，1989 年和 1993 年各使用 2 瓶，剩下的 39 瓶，因设备、工艺改进再未使用过，一直存放在该厂一废品仓库内。2001 年 10 月 12 日下午，该公司五名员工到废品仓库找零配件，发现了这批遗存的氰化钾。10 月 18 日上午，该厂领导接到报告后带人前去查找，发现存放的氰化钾已不翼而飞，遂立即报告当地派出所。公安机关接报后，立即组织 130 多名干警和厂内人员，对废品仓库进行搜查，于 18 日下午 3 时，在该仓库内找到藏匿的 15 瓶，其余 24 瓶仍无下落。明先和陈光同志随即将这一案情报告了我。

我当即赶到事发地，查看现场，与重点涉案人员谈话，19 日一大早，又赶往市公安局刑警支队，了解现场采集指纹的显现情况，随后又赶回案发现场，对案情作全面分析，初步推断此案系厂内人员所为。由此，我要求把侦破的主攻方向确定在厂内人员身上，重点是尽快追回丢失的氰化钾。在破案策略上，要求刑事侦查与政策攻心双管齐下，攻心为上。并迅速采取了一系列措施：

一是进行思想动员。当日和19日、20日，连续召开全体职工大会，由公安人员和印刷厂领导出面通报案情，让职工充分认识氰化钾丢失可能造成的巨大危害。讲明政策，不论谁拿走了氰化钾，只要主动交出来，不再追究责任；如果被揭发或查出来，一定依法严处。动员职工积极提供线索，对提供有价值线索者给予奖励。教育动员在职工中引起很大反响。有的主动交代了拿去藏匿的问题，有的提供了一些很有价值的线索。根据胶印车间一个职工交代，从其藏匿转移地点缴获氰化钾12瓶。机修车间职工反映该车间某职工曾从厂内带出氰化钾，遂从他家中追回氰化钾1瓶。胶印车间主任主动交出曾在仓库楼内捡到的氰化钾1瓶。

二是展开厂区及周围地段拉网式清查。于当夜及19日、20日，组织企业职工和公安干警，连续五次进行了大规模的查找工作，对厂区内的车间、仓库、下水道、杂物间和周围草地、水沟、垃圾桶等进行清查。同时，组织警力对家属区进行查找、监控，发动环卫工人从垃圾中查找。经过全面清查，又找到氰化钾10瓶。仅用了三天，丢失的39瓶氰化钾全部找到、封存，我们才松了口气。

在整个案件侦破中，还及时组织调集精兵强将分线作战。当日，即迅速从菏泽市各县、区统一组织干警，设置了重点人员审查、职工走访调查、外围调查、技术侦查、痕迹检验、重点区域监控、堵截盘查、赃物查缴、后勤保障等九个小组，分线作战，重点攻坚。高新亭同志和省公安厅有关领导迅速调集了痕检、指纹、测谎、审讯等全省最高水平的刑侦技术专家，在详细进行现场勘查、调查走访的基础上，及时运用多种刑事侦查技术手段，为案件的迅速侦破提供了保证。运用指纹技术,很快认定有三人的指纹与现场留下的指纹一致。运用测谎技术对两名重点人员提供的情况、交代的问题,做了真实性测定。采取技术手段,对五名重点嫌疑人进行侦查,对其他嫌疑人采取了严密的监视措施。还部署秘密侦查力量,控制赃物,获取线索,掌握了许多有价值的情况。

同时,采取强有力的措施,杜绝氰化钾外流的可能。组织500余名警力,在菏泽市周围设立了38处堵截检查站点,控制火车站、汽车站等出口。省公安厅于案发当日向全省发出紧急通知,要求各地严密查缉,特别部署通往上海的枣庄、日照、临沂、济宁等治安检查站,增加力量,严防氰化钾流入上海影响APEC会议安全。

我在返回济南的路上,接到新亭同志的电话,说交出了12瓶氰化钾的某某大哭,请求不要抓他。我说:“这个人把氰化钾拿回家很不应该,要严厉批评,但他主动交了出来,这很好,要肯定,补助他300元。”这个人无论如何也不收钱,说丢死人了。我说:“放他回去,我们说话一定算数,对他不要做处理,他生活很困难,也应关心帮助。查堵的公安人员立即解散。”如果不采取这个办法,拿了的怕查出来,把氰化钾藏起来,后果恐不堪设想。

案件发生后,我要求菏泽市及全省各地一定要从这起案件中深刻吸取教训,举一反三,做好工作,坚决杜绝各种安全隐患。在全省范围内进一步开展对氰化物、枪支弹药、易燃易爆等危险物品的集中清查行动,避免出现任何失控现象,最大限度地减少安全隐患。省政府随即于10月19日下午,召开全省紧急电视电话会议,对此项工作作出部署。

生　　日

今天是我的生日。儿时,家境贫寒,度日如年,经常是吃了上顿愁下顿,那时过生日对我来说是奢望。以后,读书住校,刚参加工作时两地分居,当了干部又忙,自然无暇顾及生日。屈指数来,为数不多的几次过生日,我还依稀记得。

十岁过生日那天,母亲早上给我做了一碗面条,说吃面条会长寿,中午又给我煎了两个鸡蛋。母亲说:"你十岁了,说说今后怎么更懂事?"我说:"想读书。"妈妈默不作声。现在我懂了,对我像高玉宝"我要上学"般的呐喊,她是心有余而力不足啊。

二十岁生日时,遇上"大跃进"、"人民公社"、大炼钢铁,那是在鄱阳中学,在那种"跑步进入共产主义"的热潮中,谁还记得过生日?

三十岁生日是在武汉葛店化工厂过的。当时一心扑在搞生产过程的测量和控制上,也就忘了。过了几天,又突然想起自己的生日,中午便私下到餐馆买了半条红烧鲢鱼,边吃边暗自感谢生日。那时家庭负担很重,若不是过生日,哪里舍得!

四十岁过生日,是在武汉天津路二号家里。那时我虽已任武汉市科委副主任,但日子过得很紧巴,爱人常到菜场去扒堆。生日那天,我虽然没有忘记,但也没说话,怕家里破费。不过幻想着儿时生活条件改善了,一个星期能吃它一餐粉蒸肉,把过去的生日都补回来,否则太对不起它了。

五十岁生日时，我已在江西当省长了。那一年江西大旱，我同蒋祝平副省长紧急磋商工作，心如焚烧。这一次倒记起了生日，只是想身为共产党的领导干部还是免俗吧。早晨，老伴给我做了一碗卤汁面。

六十岁生日时，我在山东当省委书记，还是中央政治局委员。老伴早上为我做了面条，那时生活条件已相当不错，自然有本钱"奢侈"了，晚上同家人和身边工作人员饱餐了一顿。两个秘书都喝醉了，平时管得严，也没有机会尽兴豪饮，这时自然不好意思批评，只是后悔不该劝他们喝酒。

今年过生日，我决定只过不办。8月8日奥运会开幕那天，儿子儿媳和孙子孙女都来了，买了两只烤鸭，又买了六个菜，一起吃晚饭。在饭桌上，我说："今年七十岁，提前过。"给儿子、儿媳、孙子、孙女搞个突然袭击。没想到他们还是事先获得了"情报"，这天小儿媳买了一个大生日蛋糕，还给我买了用寿山石雕刻的寿星。我不愿操办七十岁生日，不仅是我不爱热闹，也是不想给家人添麻烦。

"人生七十古来稀"，与我要好的同志，给我买礼品，送鲜花，寄来写了吉利话的贺卡，更多是打来电话，使我很不安。他们是好意，我却不想浪费他们的工资，这些东西上交给组织，成为笑话；退还给人家，更不合适；给孙子们，他们也许又不当回事。麻烦！

今日早餐，老伴请厨师给家人做卤汁面条，雷雷还说："祝爷爷生日快乐！"我说："谢谢。"近十年来，每年的生日，儿子儿媳都给我买东西，孙子写贺卡，这两年小孙女晴晴也用鸡爪子似的字写贺卡。儿媳们买的皮鞋、西装、内衣、大衣、领带及纪念品，多得可以展览了。每到快过生日时，我都要老伴先打招呼，叫大家不要买东西了。我说:“什么都不需要,只要党好,国家好,大家好。”

退休了就是一个普通老人,退了就要休,不管事,少说话,支持中央,教育儿孙,安度晚年。

以后的日子不知道还有多长,也不知还有多少个生日要过。唯物主义者,顺其自然,越简单越好。

说心里话,想健康长寿,望过米年,不会有茶寿。形势好,家人好,医疗条件好,多活些时间大概可能。哈哈,你这个老头呀,野心不小!

(2008 年 8 月 25 日)

过　年

小时候盼过年。因为过年能穿件新衣，能吃上几块肉，还能放爆竹。

在清华求学期间，九年没回家过一次春节，在学校加一餐，饱饱地吃一顿，年也就过去了。

参加工作后，在工厂的七年中，过年自己从食堂买两个好一点的菜，吃上一顿，早早睡上一觉就算过年了；但许多时候是通宵值班，这也是自己安排的。

在武汉市当科委副主任期间，因手头拮据，发的各种票都用不完，每到过年就发愁。看到小孩可怜的样子，心里发酸，也很无奈。即便当了市长，经济条件也没有好到哪里去，总感到捉襟见肘。

到江西当省长、书记期间，生活有改善，吃穿没问题，但过年走访慰问很劳累，忧心困难群众，想念困难的姐妹。对过年没有什么兴趣，反而觉得是种负担。

到了山东，年前忙过一阵子，因不许人来家拜年，倒是清静。对吃什么，没要求也没兴趣。既不吸烟饮酒，又不好穿新衣服。儿子们全家来了，一起吃餐饭，也不放鞭炮，没有什么年味。

进京到中纪委工作，节前忙，过年时几乎不走访，平淡无扰，不过这几年鞭炮倒是放了不少。

退休了，去年在南昌过春节，来的人很多，实在累。不少同志还带上鲜花,有的还带些吃的东西。人家是好意,盛情难却。吃的东西有些什么,既不关心,也没爱好。想想下岗职工、生活困难的群众、毕业后找不到工作的大学生、返乡农民工,很是不安。

今年在北京过年,不少领导同志来坐坐,心里过意不去。他们重任在身,实在不忍添扰。明年过年,一定到外地去,可能会给同志们少添点麻烦,自己也可以清心些。

随着经济的发展,时代的进步,过年也在变,变得更文明,变得更丰衣足食,变得时代气息更浓厚。“青山遮不住,毕竟东流去”。“千门万户曈曈日,总把新桃换旧符”。

春天是美好的,可爱的祖国生机盎然、欣欣向荣、日新月异,中华民族的春节会越过越喜庆。

（2009 年 1 月）

梦

几十年来，夜里常做梦，似乎“睡觉是为了做梦”。

小时候做梦，常梦见自己饱吃了一餐红薯，梦中醒来，嘴仍在动，似有一种精神会餐的味道。

初中时做梦，常于梦中哭起来，多因交不起伙食费，被勒令停学回家。

高中时做梦，常梦见病中难熬，有时甚至梦见自己病死了，父母哭成泪人，惊醒后，余悸难消，心潮难平。

大学时做梦，有时怪怪的，时值灾害之年，醒时饥来梦时吃，几乎每梦必“吃”。一次梦见下大雪，丰收了，吃得饱饱的，醒后，还用舌头舔嘴唇。还有一次梦见毕业后被分到北京饭店端盘子，客人吃过后，把剩下的残汤剩饭风卷残云般扫荡一番，饱饱吃了一顿，醒后仍似余味未消。

在武汉当市长时，有时梦见放开蔬菜价格，被人们骂得狗血淋头，醒后抹抹眼泪。有时梦见干了些工作，老百姓说好话，心里美滋滋的……

在江西当省长时，有一次梦见下到赣南一个县，县长说希望给些钱解决困难，但省里又没有钱，我说：“你知道省长是什么意思吗？省长就是省钱的，否则叫一个出纳来就行了。”醒后，苦笑了一下。又一次，梦见农业开发总体战搞了几年，到处是青山绿水，鸟语花香，胜似桃花源美景……

在山东当省委书记时，梦见过猴子爬树，也梦见过几大建设、大企业发展。还梦见过自己退休后，在英雄山漫步。醒后，感到自己已步入老年。

在中纪委工作时，做梦渐少，倒有那么一梦至今挥之不去。梦见有人议论我："吴官正这个黑皮，不知海里的水有多深，不知人心难测。"我辩解说："脸黑不是我的过错，虽不知水深几何，但再深也有底。虽不知人们心中想什么，但知道人民心中有杆公平秤。"

退休后，有时也做梦，但更少了，多为白天看了书或晚上看了电视剧，复现书中剧中的情节。使我难过的是前天看了中央电视台报道，有三亿人在清明悼念亲人，夜里梦见自己可怜的妈妈，当儿子的没为她做一件事，伤心地哭了，醒后还是泪眼蒙眬。真是心难安、魂难宁啊！

我年逾古稀，希望多做一些梦，但不要做噩梦，更不要做心里难受的梦。至于甜梦、美梦之类，当然越多越好，因为"我们睡眠的首要功能是做梦"①。

（2008年12月）

① 英国著名生物人类学家德斯蒙德·莫利斯在《人类动物园》中认为，"睡眠可以使身体休息，但辗转反侧就得不到休息。如果清醒，就不能入梦。由此可见，睡眠的首要功能是做梦，而不是休息肢体。我们睡觉是为了做梦，我们晚间多半在做梦"，"我们一觉醒来时就头脑清醒，精神抖擞，准备迎接新的一天了"。

面　　条

我来山东一个月了，几乎每天早餐都吃一碗面条，多为汤面，好像上了瘾，看见面条眼睛就发亮。

记得十岁那年过生日，妈妈早晨为我做了一碗汤面，说吃了会长寿。面条的味道，一点儿也记不起来了，但妈妈的话言犹在耳。

1964 年秋到第二年初夏，我在上海合成橡胶研究所搞毕业设计，常去市里办事，经过徐家汇时，总要吃两碗物美价廉的阳春面，那也符合我这个穷学生的"经济基础"。在酱麻汤碗里盛上滚烫的面条，缀上碧绿的点点香葱花，吃得很香。填饱肚子后，心满意足地离开。

1966 年 3 月，我去卢沟桥耐火材料厂调研，返校途中，到路边餐馆买了一碗猪肉丁炸酱面，刚端上来就迫不及待地吞了一口，定睛一看，发现还有豆芽菜、小萝卜丝和葱姜蒜等佐料。边看边吃，觉得很对口味，又要了一碗，三下五除二，吃得光光的。以后，只要到北京城里，总要去买碗炸酱面吃。

研究生毕业后，分配到武汉工作，几乎每天早晨都吃热干面，算来 18 年半的时间，至少吃了五千多碗吧。在厂里工作时去食堂排队买，在科委工作时骑自行车到沿江小棚里买，当了市长也是每天早餐三两面，有人打趣地说我是"热干面"、"三两"。对热干面的钟爱，始终不减。2004 年的一天，我带上两个工作人员，特地去北京的湖北餐馆买了热干面吃。吃完很惬意地一抹嘴巴，爽快离开。2007 年冬回武汉，早餐都要热干面吃。

1983 年春，我任武汉市长时去四川出差。在成都，早上吃的担担面，细薄均匀，咸鲜麻辣，卤汁浓香，十分可口，非常喜爱。之后到重庆，每餐都要担担面。我好奇地问，这么好吃的面，是谁发明的啊？一位像主管的服务员答道，是自贡陈包包发明的。我心想，小平同志，朱老总，刘伯承、陈毅、聂荣臻诸老帅，还有郭沫若先生可能也很喜欢吃吧！

1990 年 6 月，我带队到香港引资，在九龙吃了云吞面，面条细长，口感滑润，爽中有筋，应该比较适合广东人的口味。

2005 年去甘肃考察，早晨宾馆上了一碗正宗的牛肉拉面，我先尝了一口汤，太鲜了，简直是极品！心想，天下还有这么好吃的面！仔细端详，真是“汤浓面筋辣子红”，看得入神，吃得有味。此后，我每餐都要一大碗，闷着头自顾享受，对其他菜和主食兴趣不大。想起在日本札幌吃的拉面，当时感到口味一般，也许日本朋友爱吃。

2008 年秋天，我去江苏。很想尝尝当地的面条，就问：“你们这里有好吃的面吗？”在场的同志说：“昆山奥灶面号称‘华夏第一面’。据说乾隆下江南曾品尝过此面，觉得味道极佳，赐名‘奥灶’，从此声名远扬。”我说：“江苏人重教育，文化素质高，什么事都能说出个道道来，到昆山来一碗奥灶面尝尝，怎么样？”那天中午，我大口大口地吃奥灶面，感觉美极了。心想，昆山吸引这么多海外客商投资，发展这么快，也许与诱人的奥灶面有关吧？

到了镇江，我张口就问：“听说你们这里有锅盖面，今晚能吃上吗？”在餐桌上才知道，镇江有三怪：香醋摆不坏，肴肉不当菜，面锅里煮锅盖。我喝的香醋好，吃的肴肉也不错！但相比而言，锅盖面简直是一绝！这里来过很多名人，留下许多佳句，大概也是留恋这里的锅盖面吧？

山东的面条品种很多，德州的龙须面就很有特色。记得有一年，我在德州一连吃了五碗，可能有半斤多。这次来，想吃没吃上，感到有些遗憾。又一想，这也没什么。各地有名的面，如山西的刀削面、河南的鱼焙面、贵州的肠旺面……都还未尝过。如有可能，我想去饱饱口福。

面条是我国最常见的传统面食之一，历史悠久，源远流长。2005年，考古人员在青海省发现了距今有四千多年历史的面条。关于面条的最早文字记录是距今一千九百多年的东汉，那时称"煮饼"，魏晋时称"汤饼"，南北朝时称"引水面"……聪明的中国人，发明了多种制作工艺，调出了多种风味，吃出多种花样，演绎着丰富多彩的面条文化。

我自己会做肉丝面、酸辣面、炸酱面、卤汁面、三鲜面、凉面……但吃起来，总觉得不地道。毕竟是外行，没受过专门训练，更谈不上创新，只会享受别人的创造，自己也没作点儿贡献。

我对自己的嘴巴很不满意。它的两个主要功能，我都发挥得不怎么样。吃饭很偏食，说话方言重，同我接触过的人对此印象颇深。现在想来，乡音难改，不是过错，但有时妨碍交流，不能算优点；如今人们温饱解决了，衣食无忧了，我偏食面条，又算得了什么呢？

（2009年12月4日于济南）

肝胆相照的几位朋友

参加工作以来，我接触过不少党外同志，尤其是曾共过事的肖同智、何浣芬、黄懋衡、蔡秋芳等同志，给我留下了难忘的印象。

无怨无悔的肖同智

1968年，我分配到葛店化工厂工作。那时厂里乱糟糟的，造反派头目把几十个人拉出来游斗，其中一个腿不好，走路一瘸一拐的，后来知道他叫肖同智，是磷化工方面的技术权威、民主建国会的成员。1973年我调到厂技术科主持工作，好几个人挤在一间大房子里办公，肖同智工程师就坐在我的右手边。4049、1605等车间一有问题就请他去，他有求必应，十分负责，拖着伤残的腿往车间走，有时我也跟着去。肖工程师到车间问明情况，很快作出准确判断，打通工艺流路，确保设备正常运行和产品质量。有一次，他实在走不动了，就坐在路边休息。我说："肖工，我送你到医院去看看吧？"他说："不用了，站得时间长了，总是这样。"我撩起他的裤脚，见小腿肿得厉害，用手一按，就出现一个坑。我好说歹说把他送到医院。医生告诉我："肖工太辛苦了，需要躺下休息。"他不听，说："没关系，晚上睡一觉就会好。"我深受感动，说："你是好人，技术高，工人都很尊重你，厂领导对你也很关心。”他大哭起来，说：“吴科长，谢谢你！我对党是一片忠心，搞磷化工二十多年，从来都是认真的。我不是什么权威，业务上虽有点专长，但思想上不反动。”我安慰他说：“请相信党，相信群众，你要保重，我会全力支持你的。”他抹去眼泪，又艰难地去食堂排队买饭。

我调市科委工作后，还常打听肖工的情况，知道他是湖北省监利县人，他的父亲参加过辛亥革命武昌起义，幼年时代他就懂得不少救国的道理。肖工毕业于国立药学专科学校，多年从事药物教学和医药工业的研究。解放后作为民族工商业者的优秀代表，为巩固发展爱国统一战线做了许多有益的工作。改革开放后，他被选为市政协副主席，积极参政议政、建言献策，同时担任葛店化工厂总工程师，仍坚持在厂里上班，被评为市特等劳动模范。我们每次见面，他总是笑得那么灿烂，握手总是那样有力。1984 年他得了重病住院，我去医院看望过他。肖同智无怨无悔的境界和对工作的敬业精神永印我的脑海。

敢于担当的何浣芬

我担任武汉市市长后，感到班子里缺少一个懂城市规划、建设和管理的人。省委、市委调来九三学社的何浣芬同志任副市长。她比我大十三岁，1925 年出生于香港，1947 年毕业于广东国立中山大学建筑工程系。她热爱祖国，1952 年响应中央人民政府的号召，毅然从澳门返回内地，以满腔的爱国热忱投入新中国的社会主义建设事业。作为中南建筑设计院的高级工程师，先后主持和参与了湖北广播大厦、武汉剧院、武昌火车站、广州白云机场国际候机楼、武汉二七纪念馆等多项工程的建筑设计，是名副其实的建筑专家。

她性格泼辣，担任副市长期间，工作非常负责，敢抓敢管，替我分担了不少棘手的工作。改革开放初期的武汉，乱搭滥盖的情况比较严重，她不怕得罪人，采取果断得力措施，依法拆除了一批违章建筑。在担任治理黄孝河工程指挥部副指挥长期间，她深入工地检查工程质量和进度，直接解决技术难题，保证了这一民心工程高速度、高质量的完成。

党内领导干部，对民主党派的同志一般也都比较客气，比较尊重。有一次，一位省领导要来检查工作，点名要我去汇报环保方面的问题。我对浣芬副市长说："领导对我们有气，请你去如实汇报，你是女专家，又是党外同志，不会为难你的，他有指示，你带回来。"她说："我去，就说你感冒发烧来不了。"那位领导见是她来了，我没去，很不高兴。当她汇报了真实情况后，这位领导说："同意你的意见，就这样吧。"她回来后，向我通报了情况，我很欣赏她的工作能力。

还有一次，我请她带队去香港考察一个项目，回来后有人举报她收了亲戚的一台电视机，说要查她，要找她谈话。我认为，是亲戚送的，没关系，同她谈话也没必要。1986 年秋，我到江西任省长，她一早就来送我。在我走后还到我孩子家看过一次，当了解到没用上液化气时，很愕然，立即批了个液化气炉子，令我全家十分感动。1998 年，何浣芬同志因病逝世，临终前，她向组织上留下了最后一个希望："不要为我举行任何仪式，将我的骨灰一半撒进东湖，一半撒进长江。"听到这个消息，我非常悲痛，发去了唁电，表示深切哀悼。

正直能干的黄懋衡

我在江西当省长期间，陈癸尊副省长过了任职年龄，要另选一位管文教的非党同志接任。选谁呢？一天，突然有一位女同志推开我办公室的门，大声说："省长，明天去北京的飞机票全卖光了，我看有不少开后门的，太不像话了，你们政府搞不正之风。我们到北京有重要会议，你看怎么办？"我觉得很好笑，心想还有这样的"母老虎"，冷静地请她坐下来慢慢谈。

她走后，我请秘书刘伟平设法给她搞几张票，最后动员省里其他同志让给她三张，解决了她们一行去北京开会的事。心想，这人正直、无私、有魄力，能不能作为副省长人选呢？经了解，她叫黄懋衡，是无党派人士，南昌航空学院的副院长、教授，工作能力强，在学校很有威信。后来，我去该校看了看，还到了她家，她爱人得的是不治之症，已有几年卧床不起。回来后，我找来分管党群工作的副书记和省委组织部长，说："建议黄懋衡同志作为副省长人选，请你们在全省平衡，并对她作进一步考察。"经过考察，省委组织部的同志也觉得她是合适的人选，又向毛致用书记作了汇报，他也很同意。中组部的同志考察后也觉得是合适的人选。在随后召开的省人代会上她当选为副省长。

她上任后，有次见到我，问："省长，上次发你脾气，还计较吗？"我说："你发得好，不打不相识，否则哪知道你有魄力呢？好好干吧，我支持你。"她工作十分认真负责，敢抓敢管，坚持原则，是非分明，不妥协让步。但她也很讲道理，要求自己很严格。在创办南昌大学、南昌高新开发区、纠正医院的不正之风、发展体育事业等方面，作出了很大的贡献，赢得了干部群众的赞赏。

我到山东工作后，她几次来青岛看望她妈妈，怕麻烦省里，都没同我见面。有时打个电话，我问她妈妈有什么困难没有？她总说：“不用劳驾，自己的事自己解决。”

鞠躬尽瘁的蔡秋芳

在山东工作期间，陈抗甫副省长调北京工作，政府班子里需要补充一位年轻的非党干部。我听取了省委几位同志的意见，觉得蔡秋芳同志较合适。她是山东高密人，生于 1956 年 10 月，九三学社成员，莱阳农学院农学系毕业后留校任教，先后任莱阳农学院农学系副主任、学院副院长、莱阳市政协副主席。她主持研究的科研课题多次获奖。担任省林业局局长期间，工作认真，业务精通，作风深入，在推进林业生态和林业产业两大体系建设、组织实施林业重点项目建设等工作中实绩突出。那年她 44 岁，正在英国学习。省委同志商量后，又征求了民主党派同志的意见，觉得她很有培养前途。后来她出色的工作证明组织的考察、推选、重用是对的。她担任副省长期间，工作非常负责，非常认真，也很有成绩，受到广大干部群众的好评。她患病后，坦然以对，当知道自己时日不多时，一方面积极治疗，一方面忍受着巨大病痛，以惊人的毅力和顽强的精神恪尽职守、忘我工作，直到生命的最后一息。她在上海住院期间，我给她打电话，要她注意休息，注意营养。她说，会配合医生治疗，过些时间将返回工作岗位，请书记放心。没过多长时间，她英年早逝，大家都很痛惜，至今仍十分怀念她。

这几十年，与不少民主党派、工商联和无党派人士共过事，深感他们对国家、对人民忠心耿耿，顾全大局，清正廉洁，公道正派,胸襟宽阔,待人诚恳;深感我们的多党合作和政治协商制度符合国情,有利于社会的和谐发展和国家的长治久安,也有利于各类人才充分施展自己的聪明才智。

附

相伴五十年*

老吴退出领导岗位后，我劝他写点回忆录，他一直不同意。因为许多事要谈到他本人，所以不愿写。正如马克思的女儿爱琳娜说的，“一切人最难描写的正是自己”。后来我劝他，写点回忆的东西，让孩子们知道你是怎么走过来的，对他们的成长有好处。在我再三催促下，他断断续续写了一些。我看了之后，也想了一些事，觉得有必要作点补充。

1956年，我考取鄱阳中学。8月底开学，到学校签到后，与同学张淑文到街上买生活用品。回来的路上，看到许多人围在一起聊天，其中一个是张淑文的小学同学，喊我们过去。进了人群，看到一个黑黑、瘦瘦的男同学正在滔滔不绝地讲故事、讲笑话，大家都站着听，不时被逗得哈哈大笑。由于我们还有事要做，站了一会儿，便离开了。我问，这个人怎么这么能讲？有个女同学说：“我们是初中同学，他是班长，别看他又黑又瘦，可会读书啦。”这是他给我的第一印象。我被分配到高一乙班，第二天上课，看到他也进了这个教室，老师点名时，才知道他叫吴官正。

高中三年，证实了那位同学的话，他的成绩非常好。那时老

---

* 这是吴官正同志夫人张锦裳的回忆。

师上课经常会发一张小纸条,或是检验前几天授课内容吸收得怎么样,或者考查当天的学习内容接受得如何。他除了唱歌不行(考乐理还可以),其他课程不管小考、中考、大考、期中、期末考试,总是考得最好。老师改卷子,常常首先把他的卷子挑出来,打上满分,然后对着他的答案改。有一次,他的数学卷子一处小数点点错了位置,应该扣一分,老师没有看出来,同学发现了,向老师提出,才改了过来。这是因为他极少出错,连老师都形成了这样的习惯性认识。有一天,一个同学因一道几何题做不出来,正好数学老师进来了,就坐下来为这位同学解答,大家都围上去听。过了好一会儿,老师还没有做出来,急得满头大汗,脸涨得通红,有点下不了台。我听到有人轻轻地说,吴官正你来讲讲,他不出声。又等了一会儿,他看老师仍然没有做出来,就在旁边提醒说:"老师,能不能从这里添一条辅助线到那里?"老师连声说:"对,对,对!"然后按这个思路给同学们解了题。

一看就知道他家里非常困难,冬天只穿一条裤子,从没见他穿过袜子,夏天上身总是一件蓝色褂子。因为他就这一件,洗了只能光着脊背,老师知道他家里就这个条件,也不批评他。当时学校要求着装整洁,全校就他一个人有这个"特权"。冬天上课,我穿着棉袄还冻得直哆嗦,他穿着单衣还能聚精会神地听课。下课时,为了取暖,同学们互相追逐,打打闹闹,我性格外向,有次在课桌上跳来跳去,吴官正见了说我像个疯子。我认为他太凶,开始对他印象并不怎么样。

班主任薛老师对我非常好。我到鄱阳中学报到不久,她就对我说,以后晚上自习就到她的宿舍去。后来才知道,薛老师在签到时看我的字写得可以,就比较喜欢我。她让我去她宿舍,是让我给她当“挡箭牌”。她失恋了,可能是周围同事没有她中意的,有男同事来找,她就把手帕扎在头上,躺到床上装病,让我去开门,同事看我在宿舍,不太方便,只好回去。薛老师平时总带着我,对我比较“特殊”,同学们包括吴官正对我也比较“关注”。上高二时,有一次上化学课,老师要我到黑板上做题,给我打了五分,下课后,吴官正向我要化学作业本。我很纳闷,心想你学习那么好,要我的作业本干什么?后来,我发现他还给我的作业本里夹着一张纸条,上面写了一首诗……

高三上半学期,吴官正的父母得了伤寒,他回家探望。由于家里太穷,一家五口人挤在一张床上,他染上了副伤寒。回校后发作了,高烧不退,学校医务室治不了,转到鄱阳县人民医院,没有药,烧退不了,在校长的请求下,县委书记批了 18 颗氯霉素,救了他的命。烧退后,出院回到学校宿舍调养。他给了黄善龙同学一角二分钱,让他帮忙买包子。我陪薛老师去宿舍探望他,遇到黄善龙。黄善龙把钱塞给我,让我替他去买。我心想,一角二分能买几个包子?就添了一些钱,买了十个包子让黄善龙带给他。吴官正吃了包子,胡说一通:“包子圆又圆,一个二分钱;包子甜又香,买了个张锦裳。”闹得全班同学都知道了。

买包子的事传开后,一个同年级不同班的女同学找到我问,听说你和吴官正在谈恋爱?我说没有。她说,你可不要跟他谈,他妈妈还在生小孩,家里住的是牛栏,穷得叮当响,连一个像样的凳子都没有,你会苦一辈子的。我当时并不知道她讲这话的用意,后来才知道,他们两家相距只有八里路,她曾经到他家去过一次,看到锅是半边锅,凳子是麻子凳,就有些心灰意冷了。毕业后,她听说官正考上了清华、我和他结了婚,又来过官正家一次,发了一通脾气,抱怨着离开了他家。

吴官正见班主任对我很好,就向班主任透露了我们之间的一些事。班主任问我,我不承认。高中三年转眼就过去了,很快到了1959年夏天,我们都参加了高考。官正高考时发高烧,校医给他打了退烧针,才坚持考下来。当别人问他考得怎么样?他说,估计第一志愿可以考取吧。大家听了都很吃惊。高考填志愿,他听了老师的劝告,填了清华,我怕他考不上,和张淑文同学去劝他,要他报个一般的学校,今后有饭吃就行了。他说,那是他的愿望,考不上就种田。一个多月之后,他真的收到了清华大学的录取通知书,跑到县城来告诉我,我以为是在做梦。鄱阳中学是江西最好的高中之一,但考取清华大学的学生也是极少的。

他怕我不放心,提出结婚,我同意了。我们结婚只有两床高中读书时盖过的旧被子,张淑文送了一对枕头套,就住在牛栏里,床是破船板拼的,上面还有很多钉子。与他结婚,我家里人既高兴又担忧:一方面他学习刻苦,人又聪明,将来肯定有前途;另一方面他脾气不好,而且还要等六年时间,不知他会不会变。

暑假结束,他就去清华上学。我们到鄱阳中学去与老师告别,没想到杨副校长要他到财务科领20元钱,上饶教育局给考上大学的学生总共拨了50元路费,给了他五分之二。我的哥哥给了20元,他叔叔给了一些钱,他的姐夫和妹夫也凑了一点儿。听说北方的冬天非常寒冷,我把一件自己的旧棉袄给他带走。

他走后不久,我就去田畈街中学教书。公公用扁担挑了一床被子,一个小箱子,送我去报到。到了鄱阳,本来打算在亲戚家住一晚。不料,女主人一见到我们,就赶紧往屋里躲;男主人说,我这里住不得。我赶忙说:"爸爸,我们走。"当时已是黄昏,我们只好来到一家旅社门口,坐在那里等待天亮。没想到遇到了高二时辍学的同学黄沐贞，她虽然很穷，还是请我到她家吃了饭，硬把我留了一天。离开时，我送了一些咸鱼给她。说也巧，在鄱阳县城的大街上，又遇到一位姓施的同学，他说田畈街中学离我家有上百里，最好能回余干教书。然后他到邮局给余干教育局打电话，问要不要老师，教育局当即答复同意接收，这样我就调头返回余干，被分配到三塘中学教书，免受了许多奔波之苦。

到了三塘中学，发现只有我一个女老师，年龄也最小。我每月只有26元钱工资，还要赡养公婆、承担家里的日常开销。第二年大儿子出生，增加了新的生活压力，只能节衣缩食。我夏天舍不得买蚊帐，冬天晚上就用盐水罐子装热水放在脚下取暖；每月买些米，靠公公、婆婆捎来的咸萝卜、咸腌菜、咸鱼下饭。由于缺乏维生素，嘴巴长了疮，脚常烂，鼻翼两旁常脱皮，红红的。由于营养不良，有时候感到天旋地转，眼前好像有各种颜色的东西飞来飞去。朱国治老师两次劝我："你要吃点新鲜菜，注意身体。"过了段时间又对我说："你这样下去，身体会垮掉的……"我说："谢谢你的好意，每家都有难念的经，目前我家的情况只允许我这样，以后不要再提了，不然我心里很难受。"有一次吴官正回来，校长找他谈话，说："你要关心张锦裳老师的饮食，这样下去她身体撑不住的。"从那以后，吴官正再不允许我寄钱给他，寄过去他就退回来。

我对穿衣服也不讲究，当然也没条件讲究。当时发的布票，全交给了婆婆。有一天上课，我在板书的时候，学生们在下面笑。我转过身来问："你们笑什么?"学生们说："你看你的背。"原来我褂子破了。有一次，我从学校回到娘家，遇到小学同学来找我玩，妈妈看到我穿得太差，伤心得掉眼泪，从妹妹黄裳身上脱了件衣服给我穿上，才让我出去。

吴官正在清华上学时，也给我买过一些东西。先是给我买了一双皮鞋，可惜他不知道我穿多大号的，小得穿不上。后来，又托人给我捎回一块布，料子很漂亮，我也很喜欢。当时江西余干农村，一般人家每年只有春节和端午节才请裁缝到家做两次衣服。我想让裁缝用这块布给我做一件褂子，师傅量了量尺寸，开玩笑说，这点儿布只够做条短裤。有一个姓张的同学到北京出差，去看了官正，回来后告诉我说，北京很冷，赶快给他做几件衣服。我向婆婆要布票，她问："是给你买还是给官正买？"我说："怎么啦？"她没作思考就说："给你买，就拿去，给官正买，就不用了。"我吃惊地问："为什么？"她说："官正在北京，靠着毛主席，还会冻了他？"我只好从娘家要了布票，买了一套绒衣给他寄去。这个同学第二次去北京出差，回来时官正托他给我捎了一套衣服。他回来后对我说，自己现在谈了一个女朋友，希望我把这套衣服借给他。我非常为难，但同学开了口，还是给了他。

1960 年，大儿子出生。因为是第一胎，好几个小时才生下来。当时身边只有两个女学生陪着我。孩子刚满月，我便把小孩留在家里，自己返回三塘中学教书，在路上正好遇上倾盆大雨，身子被雨水浇透了，从此落下了风湿病，经常腰痛、脚痛。1964 年，二儿子在乌泥老家出生，接生员从地里赶回来就接生，农村条件差，没有消毒的酒精，剪刀也是生锈的，孩子生下来得了破伤风。我哥哥挑着孩子赶到县城，正好我的同学在那里当护士，赶紧给孩子打了针，才保住了他的命。

那时官正两年才回来一次，我既盼他回家团聚，又为他往返的路费发愁。有一天，我正端着罐子吃饭，工友送来了他写的信，说是暑假不回来了。我看后先是有些怅然，又感到一阵轻松，心想上次他回来时借的钱还没有还清，这次不用再借钱了。可是没过几天，突然有人给我捎信，说吴官正已经到家了。我当时一下愣住了，学校规定教师借钱一次只能借工资的10%，老师都放假了，去哪里借钱呢？只好待在学校。校长知道了，特批借给我五十块钱，救了燃眉之急。

那时每位教职工要负责为学校种一小块菜地。一年秋天，我把菜地里的老白菜拔掉，准备再种上其他菜。有个领导给我穿小鞋，说老白菜的菜籽是留作种子用的，我这么做是破坏生产。这样我就被下放到小学教书。又过了不到一年，中小学的老师全部下放，让工人、厨师和清洁工教书。下放期间，我在吴官正家乡种了两年多田，做饭、纺花、织布、做鞋、喂猪，样样都干。刚开始挑着担子过独木桥，吓得直哆嗦。这段时间的农村劳动增加了我对农民群众的了解，加深了与他们的感情。

落实政策后，到乌泥学校任教。我尽全力解除官正的后顾之忧，婆婆生病，我忙着请医生、买药、端屎倒尿，悉心照顾；支持他弟弟上学，帮他弟弟买衣服和一些日用品，后来又张罗着给他弟弟找媳妇，添置了一房子新家具，将弟媳妇娶进门。我觉得丈夫不在家这就是我的责任。我的房间里只是一张破船板拼的床和一个透明的塑料袋。

我对吴官正非常信任。在三塘中学的时候，有一个同学带着小孩来玩。她跟我说："我好可怜，丈夫上大学不要我了。而且他只是上的一般大学，吴官正上的还是全国最有名的。我现在一无所有，你要吸取我的教训，不要寄钱给他了。"我说："吴官正在北京读书正需要钱用，我不能不寄钱去。他本质很好，非常负责任，我很相信他，他不会变心的。"有一次，乌泥大队的干部讲吴官正要与张锦裳离婚，他的堂兄吴火正听到后跑到学校告诉了我。我见他言之凿凿，就让他写信给吴官正，问是怎么回事。就在等待回信这段时间，同事、工友议论纷纷，我也有些六神无主，上课走神，站在讲台上发愣。后来，校长找我谈话说："根本没有这回事，你不要听他们瞎说。"我婆婆知道了也说："我儿子不是那样的人，绝不会做缺德的事，你放心。"官正收到堂兄的信，就把信交给了组织，组织上专门给我回了一封信，说吴官正是个好同志，一心扑在学习和工作上，让我不要听信谣言，保重身体，安心工作；组织上还给公社党委写了信，请公社领导帮助做我的工作。暑假吴官正从学校回来，有的乡亲们认为他是回来离婚的，还有人说，我们商量好了，两个儿子，一人一个，两只箱子，一人一只。为了澄清这件事，他拉着我到大街上走了一圈。我告诉他："人家都说咱们要离婚，连县委书记都这么说。"他说："你怎么能轻信别人的话，党和人民是希望我们好，不希望我们分开，我不会做对不起你的事。"

他清华大学毕业前，在上海实习，与同学们一起攻克了一些难题，加上品学兼优，学校给他发了金质奖章。党组织曾动员他考研究生，他考虑到家庭困难，没有报考，后来学校党委打电报到上海，要他回校参加研究生补考。考试完，他回到老家说不想再继续读了，我劝他坚持下去，说："家里的事你不要考虑，我来顶着。"他又读了三年研究生。毕业后，上海的一个研究所要他去工作，他说："上海人才多，不容易带家属进去。"组织上又让他去北方某单位，他怕我和孩子们吃不惯杂粮，提出去武汉，那里离家乡也比较近。他到武汉报到，提出去工厂，并说工厂离市区远一些、工厂大一些更好，可以不受干扰干工作，也会有比较好一些的科研条件。就这样，他去了武汉葛店化工厂，那是一个有几千人的大化工厂，方圆有几公里。

他工作十分卖力，技术也好。平时在工厂里转，没有故障时，就坐下来看书、设计、做实验，晚上常在值班室睡觉，一旦新上的技术系统出现故障，就立刻赶过去。有一次，氯化聚醚车间一台近万个元件的测温设备出现故障，技术人员和工人处理不了，一天未找到原因，到晚上只好请吴官正来。他问了一下情况，考虑了一会儿，接通电源，很快找到了原因，使设备正常运转，车间恢复了生产。葛店化工厂的职工说，吴官正的脑子转得快，就像挂在墙上的算盘。在“文化大革命”期间，他在寝室和工作间看书、设计、做实验，给工人同志传授技术。与蒋伯雄等同志一起搞了近二十个项目，其中有几个项目达到全国同类企业先进水平。

1974 年 7 月的一天，校长找到我说：“张老师，组织上调你去武汉，去年调令就来了，你教物理，咱们缺物理老师，没有人接替你，就没有告诉你，今年学校已接收一名大学生教这门课，你可以走了。”想到十五年的两地分居生活即将结束，我非常高兴。调我的事，他没有向组织提出申请，是武汉市委的决定，他也是后来才知道的。

搬家前，最大的麻烦是孩子的户口问题。我们当时没有经验，给大儿子、二儿子随爷爷奶奶上了农村户口，只有三儿子跟着我上了城市户口。迁户口时，大队、粮食局、县里的领导都不同意两个儿子转为城市户口。我说：“我们夫妻俩都是城市户口，孩子户口应该可以改过来吧！”工作人员说，落什么户口就是什么户口，不能再改了。我只好给吴官正写信。他回来后，我们一起步行到余干县城办户口，找了乌泥村一个在县城工作的干部，他也说帮不上忙。因为假期快结束了，我们只好带着二儿子、三儿子先去了武汉。

到了葛店化工厂，吴官正就把我们三人托给了他的同事，自己马上搭车返回市里去落户口。到了公安局，民警看他穿一身旧工作服，口音很重，问他哪里来？干什么？他说：我从江西来，上户口。工作人员看有两个孩子是农村户口，说要改户口可不行，除非有上级领导讲话。他老实说，上边没有人说话。工作人员又瞟了一眼介绍信，忽然问，你就是葛店化工厂的吴官正？他回答"是"。工作人员连忙请他坐下，把我和三个孩子的户口都上了。原来，因为吴官正技术和工作出色，市委领导有过交代，要把吴官正家属迁移的事办好。

他回来高兴地说，户口办下来了，全家人高兴得不得了。这事虽然花费了很多精力和口舌，我们也理解工作人员的难处，因为当时户口迁移的规定很严格，改户口和迁户口是一件非常不容易的事。

我们在离工厂几里远的农村租了一间房，屋里很简单，一张床、一个灶、一张桌子，吃住都在里面。因为回来接我们，耽误了几天工作，官正上班后不分昼夜，连续工作了三天三夜，全身浮肿。厂里的书记郑仲衡强行把他送了回来，命令他睡觉、休息，对我说："小张，你要把小吴看好。"

我分到葛店化工厂子弟学校教书，二儿子上子弟学校，小儿子上幼儿园。因为舍不得用电，家里点的灯泡光线昏暗，影响了孩子的视力。我们吃不起水果，武汉有个同学是工程师，请我们到他家做客，端上来苹果，我看他爱人把皮削成长长的一条，至今印象还很深刻。

有一次，小儿子生病，吴官正又去市里开会，不在家。我把孩子带到葛店化工厂医院，因为缺钱，只住了几天院，还没有治好，我们就把孩子带回了家。还有一次，二儿子在学校被楼上扔下的拖把砸中了头，鲜血直冒。我当时正在上课，得知后立刻把孩子送到厂医院，缝了好多针。因为我晕血，送到医院后，我也昏倒了。

1975 年 4 月，湖北省委决定破格提拔吴官正任武汉市科委副主任。离开葛店化工厂时，买了两张床，带了两把竹椅和一个塑料袋。又过了一段时间，我攒了一点儿粮票，用粮票换了两把藤椅。有人说，你怎么能用粮票换？我说，实在没有钱，怎么办呢？粮票是攒的又不是偷的。现在，这两把藤椅还在江西。

1983 年 3 月，吴官正担任武汉市市长。上班骑自行车，早上花一毛五分钱在沿江小摊上买一碗热干面吃，穿的也很普通，经常穿的就是那身工作服。他常住办公室，中午在市政府食堂吃饭也排队，有时开会接待客人或工作晚了，没有赶上饭，就饿肚子。有人把这个情况告诉了我，说他负担很重，压力大，营养不够，这样下去身体吃不消。我做了一些他喜欢吃的菜，让秘书带到办公室，他怕影响不好，怕我耽误工作，没有吃，也不许家里再送饭。一直到现在，他三餐饭都很简单，走了三个省，后来又到中央工作，出差调研，一直要求吃工作餐。

刚到葛店化工厂，我没有什么像样的衣服，也穿葛店化工厂的工作服。后来，买了缝纫机，我就自己买布做衣服，冬天准备夏天的，夏天准备冬天的。他调武汉市科委后，我也调江岸区北京路小学教书，孩子也转了学。我送小儿子上市委幼儿园，老师见了我们都有些吃惊，没想到市科委副主任的家属会穿得这么寒酸。他当了市长，家里的条件有了一些改善，但由于我们双方的经济负担都比较重，生活仍然很艰苦。我下班后常到菜市场去买扒堆的菜，有时买上几十斤，晒干做咸菜。整幢楼几十家，就我们一家晒菜，而且晾在阳台上的被子、衣服破旧，连小偷都不愿光顾。

当时商品短缺,什么东西都定量供应,一人每月二两油,五人正好一斤,平时舍不得用,节约下来一罐子油,准备过年给孩子炸东西吃。他爱整洁,对孩子要求严格,看书学习要求坐得端端正正,每天晚上十点钟休息前,必须把书桌收拾得整整齐齐。每次他外出考察,孩子们都高兴得跳起来,说:“解放啰!可以睡个好觉了。”有一次,他没有通知我们突然从国外回来,到了家里,一看家里不太干净,拿起拖把就去拖地,把我攒的一罐油撞倒了,我心痛得不得了。

他对自己和家人要求很严,在葛店化工厂,本来可以分三室一厅的房子,他只要二室一厅的,还是顶层。当市长前,64 平方米的房子,住了他的爸爸、我的妈妈、我们俩和三个小孩,共七口人。大约在 1985 年,市委办公室要我们去市委小院看了一幢房子,面积很大,也很漂亮。但我们考虑到家里没有什么东西,这么大的房子水电费很贵,特别是那里离我的单位比较远,乘公共汽车上下班,路上时间太长,没时间做饭,就放弃了这幢房子,一直住在天津路。七口人挤在一小套房子里面,上面一拖地,下面就像下雨,有时不知如何为好。老吴说:“莫做声,上面拖完了不就过去了吗?”这种状况一直持续到 1987 年搬家到江西。

他当市长时,有一次,行政处长送来四五条小鲫鱼。我要给钱,他说是发的。我把鱼养在水盆里,官正回来发现了,大发雷霆,把我和行政处长狠狠地训了一顿。

他从不准我和孩子用他的车,顺路捎一段也不肯,也没有带我们出去玩过。有一年忘了过什么节日,我们发了中山公园的游园票,官正也到那里去参加活动。我们一起下楼后,他坐车走了,我带着孩子步行好几里路去公园。1986 年 5 月,有一天半夜，大儿媳妇的爸爸打电话，说儿媳快要生了，要我找一辆车，送她到医院。我人生地不熟，又是晚上，到哪里去找车呢？提出用一次他的车，开始他不同意，我说："去晚了，要出人命的，要不我交钱。"他才同意了。

有一次，他的叔叔来武汉找他给儿子安排工作。因为上清华时这个叔叔给过他钱，官正一直十分感激，但是吴官正还是讲："我做不到。"叔叔伤心地哭了。叔叔的儿子后来留在武汉做临时工，一直没有找到正式工作。

大儿子结婚，因为家里没有钱，又没有房子，只能住在岳父家里。有一次不知怎么在岳父家闹别扭，就把东西搬到我家楼下，并对他爸爸说，我不愿再住别人家里，你是市长，给我找不到一间房子？官正只能做他的工作，动员他搬回去住。以后到了江西，二儿子结婚，官正专门给儿媳妇父亲的老领导写了一封信，要求他帮助做二儿媳父母的工作，不要请客、不要收红包，请务必支持。三儿子结婚，是儿媳的父母把她送到家里的，正好是春节，放了几串鞭炮，一起吃了一顿饭，仅此而已。

官正确实脾气不好，但在武汉当市长时，他当面挨过别人五次骂，物价改革时最多一天接五六十个骂他的电话，也没有见他发脾气，但能够感觉到他压力很大。记得有一天傍晚，我正在洗衣服，有人来敲门，官正去开门，看见外边站着一个耳朵上夹着烟卷的人，很不客气地说："我找市长，武汉的服务态度不好，商场、火车站、轮船码头都很差。"官正客气地说："我没做好工作，明天就研究设法整改。"那人走了以后，他在阳台上踱来踱去，思考怎么抓服务，一直到深夜。第二天，天刚蒙蒙亮，他就穿着旧军棉大衣出去了。后来听他说，在码头有一个挑着担子的人问他："这是不是第十五码头的检票口？"他就带着那个人，拿着票询问工作人员。几个服务人员态度都很差,把他骂了一通,还拿着检票的剪刀在他脸前挥舞,他很生气,决心要狠抓服务态度。第二天,《长江日报》报道了这件事,管理该码头的长航领导要严厉处分那几个工作人员,吴官正知道后,写信给长航领导,说自己当市长的也有责任,对服务人员主要是加强教育,不要处分他们。他对我说:"我挨骂知道难受,许多来武汉的旅客花钱买气受,这一定要改,否则对城市形象和发展影响太大。"我觉得他说得有道理。

还有一次,他到市场去了解商品价格状况,售货员嫌他烦,不答理他。正好有个顾客买了一斤盐,要求包一下,服务员不理睬,他上前帮那人说话,服务员又推说没有纸,官正指着服务员身后说,那里有废报纸,服务员嫌他多管闲事,又训了他几句。刚好有一个干部来买东西,认出了他,说:"吴市长,您怎么在这里?"服务员才知道骂了市长。

有一段日子很紧张。有一家人在铁路旁边修了一幢房子,是违章建筑,要拆除,这家人不同意。去拆房子的同志就说:"这是吴市长的决定,为了火车站运行安全,这房子务必今日拆除。"其实这事他根本不知道。这家人兄弟好几个,声称要杀了我们全家。公安局将他们兄弟的照片发给了我家所住单元的每一住户,并要我和孩子躲在家里,不要去上班、上学。有一天,他们几兄弟真的上了二楼,二层住户认出了他们,对他们说,吴市长早就搬走了。那几个人找不到我们,又听说吴官正在北京开会,就追到北京去,幸好下火车后被北京的警察发现带走了。

在武汉有两次照相印象很深刻。一次是从乌泥搬到武汉,上了户口以后,他高兴得一口气跑回来,我们全家照了两张相片,算是庆贺。他调到市科委任副主任,周末我带着孩子们去市里看他，又一起照了几张相。当时孩子们衣服破旧，他把自己的外套脱下来，给他们穿上照相。

1986年秋，他调到江西当省长后，我在武汉准备搬家。白天上班，晚上整理衣物。因为是回江西老家，熟人多，为了顾面子，用节约下来的钱添置了衣柜、电冰箱和电视机，家里才有了一些像样的东西。武汉到南昌路途遥远，当时路况很差，赶到南昌的滨江宾馆，天已经黑了。官正不让在宾馆就餐，叫我们回家自己做饭。家里什么都没有，我只好又到商店去买锅碗瓢盆。摸黑到车里搬东西时，把缝纫机都压坏了。

我随调江西后被分到南昌市直属机关工委工作，每天坐公共汽车去上班，到得比较早，打开水、扫地、擦桌子，与同事们相处融洽。在担任工委领导期间，想方设法为干部职工解决了一些实际困难，大家的积极性提高了，单位活力增强了。

他到江西后，连续三年在赣南过春节，要求赣南借鉴广东、福建的经验，进行改革开放试验，并建议赋予省一级经济管理权限。赣州地委、行署开拓能力强，工作力度大，经济开始活起来，群众也得到了实惠。

他对家属和身边的工作人员要求很严，达到了苛刻的程度。平时不能在外面乱交朋友，不能在外面吃饭。每到地市检查工作，都交代身边的工作人员不能买便宜商品，不能收人家的东西，吃了饭要交钱。出差回家，没带过任何东西。返回省城之前，总要司机将车后备箱打开，看一看有没有装什么东西，还问秘书交了饭钱没有。在江西时，有一次司机告诉我，有人把一斤茶叶放进车里，让他们在路上喝，官正知道后，将司机训了一顿，把茶叶退了回去。还有一次，到一家筷子厂视察，临走时，厂里拿了四扎筷子（一扎十双）给秘书，秘书不敢收。那人说，又不是什么值钱东西，怕什么？秘书实在推辞不了，把筷子放进了包里，官正在远处看见了，快步走过去问秘书："你拿了什么东西？赶快送回去。"秘书挨了一顿狠批。官正有两个中学时的同学，趁他到北京开会，找到省政府一位副秘书长，说自己是省长的同学，要求调到省政府工作。官正回来后知道了，对秘书长说：我的亲戚、同学都不要到省政府办公厅来工作，请做好他们的工作，务必今天退回，否则找你负责。

在江西的时候，正省级干部家里几乎都装了空调，但官正一直不准我们家里装。一天，一个省委领导带了空调和工人来到家里，说要装空调，我说："官正不让装。"那位领导说："别管他，就说我说的，装！"这才装了空调。因天气热，小儿子到我房间打地铺，我们睡着了，官正就把空调关了，又把我们热醒了。

有一次我阑尾炎发作，官正叫警卫员把我送到医院，先住八个人一间的病房。手术后按惯例搬进一个小观察室。医院的副院长是我的同学，第三天，他来到观察室，告诉我说，省长打电话嘱咐，不能因为谁是他的家属，就给予特殊照顾。

他搞调查研究，不希望下边事先有准备，担心弄虚作假，往往事先不打招呼，走在路上，突然提出去看一个地方。有一次去一个地级市考察，在半路上提出去某烟厂看看，进去一看，厂里乱七八糟，地上到处都是烟，浪费很严重。他叫来厂长，要求尽快拿出解决方案，限时整顿好，晚上要安排人员值班，有负责人带班。他走后，烟厂以为没事了，根本没任何行动。谁知他半夜带着秘书又回到烟厂检查，一看值班人员在睡觉，没有一点儿整改的迹象，就发脾气把厂长叫来训斥："你到底能不能做事？不行就换人。"把厂长急得直冒汗，这个厂长从此吸取教训，工作有了起色。

他出身贫寒，对群众的疾苦感同身受。走到哪里都很重视信访，强调能解决的问题一定要尽可能解决。他多次对接待人员说，群众上访是对我们的信任，是我们没有把工作做好，你敢保证自己的后代今后不上访？在山东时，我们住在南郊宾馆职工宿舍，每天早晨散步，多次看到有人跑过来，递上访信喊冤，他总是让警卫员收下材料，责成有关部门调查处理。有一次，他在门口看到一个人提着一个包，以为是来上访的，就主动问人家，是不是有什么问题要反映，那人说没有，把我们都逗乐了。

他是从小学读到研究生毕业的一个穷学生，对困难学生非常同情、格外关心。一到江西上任，他就对教委的负责人讲，一定要帮助困难学生渡过难关，决不允许一个贫困大学生因经济原因辍学。他多次把自己的稿费寄给困难学生，2007 年我们回江西，到永新县时，有一对年轻夫妇来看望，其中一个就是他曾经资助过的学生。

1997 年春，官正从北京开完“两会”，刚回到江西三天，中组部就打来电话，说有事找他，让他马上去北京。他当时正在主持省委会议，当晚没有火车、飞机，只好第二天一早赶到北京。回来后才知道中央要调他到山东任职。他请了五天假，带着全家到乌泥、余干、鄱阳去告别。他对亲属说：“对不起，没为你们做任何事，请谅解。”要我给部分亲属送了些钱和礼物。三天后，就匆匆赶到山东上任去了。

他的工作担子重，压力大，家里的事过问不多，孩子们的事也很少管。他离开江西时，对我们讲了三句话：第一，我走了，你们好好过老百姓的生活；第二，不要去找人，更不要去找领导办什么事；第三，好好工作，遵纪守法。他走后，我们确实遇到了一些困难，都尽可能自己克服。

他一到山东就一边工作一边调研，吃饭还是过去的老习惯，坐下来就吃，有时还没等热菜端上桌，吃点凉菜就走人。陪同的领导有的还没来得及吃饭，只能饿着肚子，以后他的这些习惯传开了，吃饭时陪同的同志也就不汇报工作了。2000 年胶东干旱缺水，他到烟台、威海调研，连续几天舍不得洗澡、洗衣服。

他在南郊宾馆职工宿舍楼要了一套三室一厅的房子，水泥地板，采光较差，我们在那里住了将近六年。从江西到山东上任，他带着锅碗瓢盆，准备自己开伙做饭。刚开始他水土不服，对烟过敏，加上工作辛苦，头发掉了不少。后来我辞职到山东照顾他，家离菜市场较远，我几天买一次菜，提不动的时候就坐在路边休息，下雨时一手提菜，一手打伞。极少有人到家里来，过年过节也是如此。我做完家务，闲着没事，就在家里唱唱卡拉OK，有时候打打太极拳。

出现紧急情况，他总是深入一线，靠前指挥。记得有一次抚河涨大水时，他带领干部在堤上抢险，洪水离堤顶只有几十公分，走在堤上都有晃动的感觉。有的同志劝他回去，担心危险，他说："我心里有数，洪峰很快会过去，要死我先死。"他一直从下游往上游走，走了十几公里，水开始退了，大家很高兴，总算挺过来了，不用分洪了。有次鄱阳湖洪水泛滥，他还乘着汽艇，冒着风浪，靠前指挥。陪同的领导和工作人员都捏了一把汗。有一次江西有个地市发生火灾，他当时正在养病，半夜听到报告，立即赶去现场指挥灭火。还有一次，一个地方的几个武警战士，偷了步枪、冲锋枪，逃到青岛，躲在居民房里。官正到公安厅指挥中心，了解情况，商量处理办法，请他们的父母与他们通电话，做思想工作。他嘱托有关部门，建议对带头作案的一定要依法惩治，其他几个要依法从轻，因为他们都还是孩子。

2002年年底，他到中纪委工作。他对我和孩子说：我当中纪委书记，是中央对我的信任，你们要一如既往严格要求自己。有一年，中直机关号召节约用电，他要求家里尽量少用电器，让秘书到家里把一个冰箱的电源都断了。他很爱惜衣服，十多年的衣服还穿在身上，孩子给他买衣服总被批评。我给他买衣服有时也先不告诉他，在箱子里放一段时间再取出来。他从来没有与我去商场买过东西，除了每月理发用几块钱之外，基本不用钱。

有一次，他生病住院，急着要出院去出差，儿子请秘书向中纪委机关报告。中纪委有个领导听说他住院了，来医院探望。领导走了之后，他问是谁讲出去的，然后把秘书批评了一顿。我说："是我让秘书给中纪委报告的，让你休息是医生的意见，你应该采纳。"

十六大召开前，有一天他告诉我，中央主要领导找他谈话，问他个人有什么想法？他说已很满足，感谢中央多年来的培养、教育、信任和重用。领导要他谈具体点，他说："要么留在山东再干两年书记，要么到全国人大安排个副职。"领导又问："就这么多？"他回答："就这么多。"我说，要是我的话，就回答服从组织安排。他说，不能那么讲，会让领导感觉有个人要求。十七大召开前，有一天他对我说，要从领导岗位退下来。我听后一愣，随即问了一句，他以为我不理解，说自己是解放后参加工作的，已经快六十九岁了，现在不退什么时候退？我们需要年轻的同志到重要岗位上锻炼接班，这么大的国家，不能出问题。他退下来之后，从未到原来的单位去过，也从未过问原单位的工作。

不少人问过我，老吴为什么会有今天的成绩。我说从大处讲，是党的培养、人民的哺育、同志的支持。说到个人原因，我认为，他很小的时候就立志走一条不同于爷爷奶奶、爸爸妈妈的人生道路。他小时候家里太穷，生活太艰辛，受过压迫和欺侮，一心想改变那种状况，只能发奋读书。这是他立志求学的最初动力。为了实现自己的志向和抱负，他不但要读书，还要考取全国最好的大学。其实，他小学阶段只读了三年，十二岁直接上小学四年级，跳了那么多级，还能一步一步赶上来，因成绩优秀被保送鄱阳高中，是真尽了力、吃了苦的。他有好的天赋又能严格要求自己，有很强的毅力和恒心，常十分认真地对我说，穷不可怕，最可怕的是缺德，最可怕的是自己。我觉得，这是值得孩子们学习的地方。

他年轻的时候就被提拔到重要岗位，很珍惜组织的信任，对自己严格要求，近乎苛刻。长期在岗位上拼命工作，干任何事都一丝不苟，刻苦勤奋已经成为一种习惯。退下来后仍然每天很早起来看书、做笔记，有时也写一些东西。最近他花了许多时间看马克思传和回忆马克思的文章，感触很深。他说，认认真真读了马克思和恩格斯著作及回忆文章之后，感到在伟人面前自己十分渺小，对许多问题还只是一知半解。

他总是感念组织对他的关怀，常说是党和政府救了他的命，教育了他，培养了他，共产党是他的大恩人。可以看出，他对党和人民赤胆忠心，对马克思主义、对社会主义、对改革开放信念坚定。我认为他是一个言行一致、表里如一的人。

我和老吴一起走过了五十多年，对他的学习和工作全力支持。我有时也在亲情、友情和原则之间左右为难，最后总是按他的要求站到了原则一边。我对他那么严格要求也是理解的。老吴常与我讲，虽然我们吃了不少苦，但这也是一笔财富。我觉得，正是因为老吴年轻时吃了许多苦，他才有今天！我们的生活只是一个特殊发展阶段的缩影，和我们一样甚至比我们过得更难、更苦的也大有人在。如今中国发生了翻天覆地的变化，人民丰衣足食，教育、医疗条件也有很大改善，今天的生活来之不易。我长期从事教育工作，改革开放的历程也是一本大教科书。我在改革开放中受了教育，也是改革开放的受益者。这么多年来，无论是教书、下放劳动还是在机关工作，有无数的人关心过我、帮助过我、支持过我，没有他们，也不会有我的今天。我永远不会忘记他们。

回忆这些东西不是要留下什么，而是希望后人了解我们过去曾经有过的那段艰难经历，从而能够关心和理解群众的疾苦，更加珍惜现在，更好地向前看。希望他们在任何时候都忠于党、忠于人民，绝不忘本，多做一些有益于国家、社会和人民的事。这是我的愿望，也是老吴的愿望。

（2010年春）

静思杂记

退后的心态*

非常感谢你们五年来对我的理解、支持和帮助。

今天和大家见面,很高兴。从领导岗位上退下来,心情很舒畅。

《诗经》里有这么一句诗,“靡不有初,鲜克有终”。我理解说的是,作为政治人物都有开头,有个好结局不容易。新老交替是自然现象。早退晚退都要退,这把年纪了,晚下不如早下。退下来,对党、对国家有好处,对家庭、对自己也有好处。一个人上进不容易,但退下来并很快淡化,也是需要智慧和勇气的。

我在最后一次中纪委常委会上对大家说,我退下来后,拥护党中央,支持中纪委,安度晚年,保持晚节。然后马上说:“散会!”我当年离开武汉、江西、山东的时候,也只讲了很短的几句话。

人生是一个过程,有上坡、有高峰,但最终都要落幕,这是规律。唐朝诗人刘禹锡有两首很有名的看花诗,写的都是宦海沉浮。前一首《戏赠看花诸君子》,牢骚满腹;后一首《再游玄都观》,春风得意。我认为金人元好问对这两首诗的理解最深刻,他也写了一首诗:“乱后玄都失故基,看花诗在只堪悲。刘

---

* 这是吴官正同志同中办调研室五组同志的谈话。

郎也是人间客，枉向东风怨菟葵。”意思是说你刘禹锡在历史长河中也是一个匆匆过客，对世事沧桑何必如此抱怨，如此感叹呢？

我们党作为执政党，我认为有几条很重要：一是制度建设和制度创新，包括发展民主，健全法制，也包括干部的任期制、退休制等。二是要有个坚强的中央领导集体，其中有一些比较年轻的同志，保证我们国家沿着改革开放、建设中国特色社会主义的道路开拓前进。三是我们这样一个大党大国，有本事的多得很，要创造人才辈出的条件，使各类人才脱颖而出，不断涌现，使有治党、治国本领的优秀人才实现抱负，报效国家。

我喜欢读书，自然科学、社会科学的书都读，我认为书要越读越薄。比如说，心理学有两点给我印象很深：一是所有人共同的弱点，就是很难约束自己；二是需要引发动机，动机决定行为。经济学给我印象最深刻的，一是供求关系，二是纳什均衡（即博弈）。恩格斯的《自然辩证法》，我理解有三点：一是零的辩证法，有多少数比零大就有多少数比零小；二是人们在改造客观世界的同时，也在改造自己；三是人们在征服自然的同时，往往也会遭到自然的无情报复。你们年轻，更要多读书，特别要认真研读革命导师和领袖们的著作，多思考，多讨论，相互启发，共同进步。金子能闪光，尖端能放电。你们路还长。杨巨源有一首诗《城东早春》说：“诗家清景在新春，绿柳才黄半未匀。若待上林花似锦，出门俱是看花人。”希望你们多做工作，多做贡献，实现自己的人生价值，我就是“看花人”，为你们鼓鼓掌。

对一些大事，一要讲原则，二要讲多数，三要讲利害。做事要认真，但不要过头。你们搞文字工作，写材料就像“二月天”①,很不容易。有的时候一个人一个看法,左右为难,这是很自然的。只有左右为难,人才能逐渐成熟起来。

(2007 年 10 月 25 日)

① 民间流传一段唱词:做天难做二月天,蚕要暖和麦要寒。种田哥哥要落雨,养蚕姑娘怕阴天。

印　　章

今天忽然想起印章。打开柜子数了数，有四十多枚。我没有什么爱好，对它们也一样。自己请人刻的只有三四枚，因工作需要刻了五六枚，儿子、儿媳和亲戚大概刻了十多枚，朋友、同事送我的大概也有十多枚。我七十岁了，又不在位，也没爱好，又不拍卖，这么多图章，不知作何处理。

半个世纪了，算起来平均每年不到一个。细细看看，真是五花八门，记载着时间的流逝，记载着职位的升迁，也记载着亲友的情谊。

人与印章差不多，一路走来，也刻了一些痕迹。政绩有一些，败绩也有点儿，主要是看错、用错过人。

这些印章，用过的不到十枚，大多数在柜子里“休息”，实在是浪费。我至今也想不清楚，亲友给我刻图章有什么用处。确实，送来了，我看已刻上我的名字，也就收下了。真要流传出去，也给自己添麻烦，还是本人握着“印把子”牢靠。

我的名字吴官正，“吴”是父亲的姓，“官正”这两个字放在一起很土。“正”是家族辈分的排字，这个“官”字中蕴含着一段凄惨的故事。我出生那年，奶奶遭村里的恶人欺侮，来水叔一怒之下动了手，被告到县衙里，人穷理短，输了官司，被判赔 18 担谷子，迫于无奈，叔叔卖了壮丁，换回 18 担谷子。不及半月，叔叔染霍乱身亡，奶奶也因伤心流泪而目盲。我的名字，就是叔叔临走时给我起的，他说，打官司输了，就叫“官正”吧。

“文革”中，造反派要我改名字，我坚决不改。这个名字是我叔叔给取的，我没想过能当上官。我是学理工科的，时代的大潮把我推到了领导岗位上。想起在山东工作的时候，参加“三讲”教育，深化了对政治的理解。我赞成马克思的概括，他认为政治是一门科学而且是一门应用科学：从理论上来说，它是对亿万在“时间这部织机”上奔忙的要素的认识；从实践上来说，它是由这种认识所决定的行动。我能走到今天，是党的如日光辉温暖了我，催生了我，哺育了我；是改革的春风雨露吹拂了我，滋润了我，成就了我。

（2008年2月6日）

人间重晚晴*

亲爱的诸位老同学、尊敬的夫人们：

见到大家，很高兴也很感慨。

五十年前，我们从四面八方来到清华园，那时我们是朝气蓬勃的热血青年。有理想也有梦想，有热情也有激情。在党和政府的关怀培养下，在师长们的教育指导下，我们通过刻苦努力，都顺利完成学业，在德智体各方面都获得了长足的进步。

毕业后，按照组织的分配，我们走向了工作岗位。在几十年的峥嵘岁月里，母校“自强不息，厚德载物”的校训一直激励着大家。我们认认真真工作，老老实实做人，平平淡淡生活，尝过酸甜苦辣，有过喜怒哀乐，经过风雨，见过世面，都尽力了，在各自的岗位上做出了成绩，做出了贡献，无愧于党，无愧于祖国，无愧于人民。

半个世纪后，我们又在母校相聚，已是饱经风霜的老人，时光刻在我们脸上的道道皱纹，当是人生路上的印记。“人生七十古来稀”那是过去，现在是“九十不稀奇，八十小弟弟，七十算老几？”我们有自知之明，无万岁之幻欲，无永远健康之妄想，能比较健康地过“米”年、争“白”寿应该不是奢望吧。因为经济在

* 这是吴官正同志在清华大学动力系1959级同班同学入校五十周年座谈会上的发言。

发展,社会在进步,生活在改善,医学在突破,加之心情舒畅。

人间重晚晴。“聚散苦匆匆,此恨无穷”,因为“别时容易见时难”。岁月无情人有情,请大家珍重,祝家家幸福安康!

国庆节快到了,今年是新中国成立六十周年,让我们共祝伟大祖国繁荣昌盛!

(2009 年 9 月 7 日)

路靠自己走

今天早晨,在院外遇到我的一个外甥,就问:“你不打招呼就来了?”他说:“来看看母舅。”我说:“你有事吧?”他没吭声,陪我散了一圈步后,说:“给你说一分钟话,希望帮我调到政府工作。”我说:“不可能,我在位时没给亲属办过事,没用手中权力为亲戚谋私,退下后也不能利用影响为亲戚办事,否则害了你们。你们对一些领导干部关亲顾友有意见,又找我这样干,这对吗?”

我停了停又说:“你母亲是怎么死的?你哥哥提了两条鱼,被一伙流氓抢了鱼还挨了打。这本可息事宁人,他却去找你母亲来给人家讲理,结果非但未争过理来,反被那帮家伙痛打了一顿。你母亲从此住院,一病不起。我很难过,因为是省长,未去看她,也未去送葬。打人的被判刑。你哥哥说,我母舅是省长,把我母亲打成这样,人也死了,判得太轻,我不干。我知道后,把你哥大骂了一顿,对县里的领导说:打人的人,你们能放就放了。当领导有时是很痛苦的!

“我只帮亲戚办过一件事,是你二哥的儿子,当兵退伍两年多,在家没事干,我怕他无事生非,家里的确也很困难,要秘书找了一个民营企业,安排当看门的。这家企业准备把他安排到内蒙古或深圳工作,我没同意,他没那个本事。现在你们日子过得去,还用不着我救济。俗话说,‘救急不救穷!’真要是你们没有饭吃,我自然会援之以手,我只会‘雪中送炭’,不会‘锦上添花’,尤其是不会利用手中的权力为自己和亲属牟利。

“我还要告诉你,我回江西不久,一个亲戚穿着血衣,向我哭诉如何被人殴打,我很同情,但不能管。我说,‘人家会无缘无故地打你?是不是同人家有纠纷?省长的亲戚更要忠厚,夹着尾巴做人,否则人们会说狗仗人势’。那个亲戚只好哭着回去了。

“你知道吗?今年春节,我的孙子都在学校过,因为我对他们说:路要靠自己走,你们要奋发图强。有饭吃就可以,要那么多钱物干什么?清朝的故宫东西很多,被拿去展览;明朝随葬品一大堆,被挖出来展出,他们哪会想到有今天?”

外甥还自觉,表示理解,说:“你进去吧,我回去了。”我说:“要记住,不要靠关系,要靠自己!”

我似乎不近人情,但却是真情。

(2008年2月16日)

数字无味

退休了,生活更有规律,睡觉更好,心情也舒畅多了。

今天洗澡,我把手表放在椅子上,开始泡了13分钟,觉得心怦怦地跳,坐在浴盆旁出汗约8分钟,又到水中浸泡5分钟,爬起来坐在浴盆边3分钟,又到水中仰躺2分钟,站起来冲了一下,擦干水,用了1分钟。不知怎么这么巧合,1、2、3、5、8、13,正是斐波纳奇数列①的前几项。

又一想,我每天三餐饭,大致是早上的饱度为80%,中午为90%,晚上为70%,怎么用起比例来了?我是无意识的,大概人人如此,只是比例不同罢了。

我每天阅读文件、书报和接待同事朋友约8小时,吃饭散步和睡觉约10小时,看电视、写杂记、洗澡约6小时,巧吧?6、8、10,一天24小时,用的正是等差级数,只是不自觉且成习惯而已。

和老伴结合半个世纪了,在位时工作忙,早出晚归,对她观察不细,如今朝夕相处,我发现她颇有些魄力,说话斩钉截铁,似有威望。对我来说,好像她是变量,我是函数,她变我也得变。我有时想,家庭也应发扬民主才好,但又一想,没有集中也不行。

---

① 斐波纳奇数列又称黄金分割数列。用文字来表述,就是指这样一个数列:1、1、2、3、5、8、13、21、34、55、89……它从第三项开始,每一项都等于前两项之和。

她与我是不等式,她总大于我。这使我反思,二十几年任主要领导,是不是对同事也不自觉地用了不等式?

人老话多,有时想提醒教育别人,发现他们的物理学都学得好,耳朵好像有滤波器的功能,选择性很强,显然对我的不等式不买账了。

生病吃药时,我打破砂锅问到底,常看说明书,连药的分子式、分子结构、半衰期都要认真看,有时还琢磨琢磨。人是自组织耗散系统,在获取信息后作出判断;吃药用的是负反馈原理,使身体恢复正常。是药都有副作用,以尽量少吃或不吃药为宜。这一段时间,我吃的药减少了 30%,也节省了一些费用。

我家对数字很重视,孙子孙女多用 2 进制和 10 进制,老伴多用 10 进制和 60 进制,儿子们多用模糊概念,我爱用什么就用什么,反正没人跟我较真儿。

更有意思的是,我家秋天收获了一大堆柿子,老伴对我说,如果把 680 个柿子堆成顶尖只有一个的三角堆(即三棱锥体,每上一层比下层少一个),问我可以堆多少层?我知道三角垛堆级数的前几项求和公式,也熟悉一元三次方程的解法,算了一会儿说,“可以堆 15 层”。老伴当过数学老师,知道堆垛问题,还会解一元三次方程,但没难倒我。

我的一个儿媳听了后说:“我爸曾问过我这样一个问题,他请客用了 65 只碗,平均 2 人共用一个饭碗,3 人共喝一碗汤,4 人共吃一碗肉,问我有多少个人?”我想了一下说:“来了 60 个客人,你们说对吧?”家里的人大都有点儿数学知识,不到两分钟,个个点头称“是”!

接着,我问:“正弦三度(sin3°)等于多少?”没人回答。过了一会儿,我说:“应是 0.0523 吧,不信你们去查表或用泰勒级数展开计算。”众人“啊”了一声，说老爷子出这么个怪题目。

生活平淡，数字无味，但我对党对祖国对人民一往情深；对后代的期望是，自强不息，厚德载物。

（2009年1月）

对“一分为二”的思考

我赞成一分为二,对立统一是事物发展的规律之一。那么,是否有时候也能“一分为三”呢?

凡是有生命的东西,都存在出生、成长、消亡三个阶段。东汉末年,三国鼎立,三分天下;自然科学常分为古代、近代、现代;工作成绩分为上、中、下。国家之间存在和平相处、屯兵对峙、战争对抗。男人和女人之间,还有阴阳人;白天和黑夜之间,也有交叉瞬间;正数和负数之间,还有 0;好和坏之间,还有“中不溜”,并不是任何事物、任何情况下都“非此即彼”。有学者提出,世界上已知的重要文明发源地,只有中华文明绵延五千年而不断,是中庸之道起了重要作用。喜欢走极端的民族更容易走向毁灭。

有人把世界分为第一世界、第二世界、第三世界;有人把人群分为左、中、右。一张桌子,要稳定,只需三条腿,因为三点确定一个面。聪明的兔子要挖三个窟,军队多称三军,孙中山的“三民主义”(民族、民权、民生)不也是三嘛!三角恋爱不好,但确实存在。斐波纳奇数列中的“3”在大自然中大量存在。蔷薇、玫瑰、月季,水芙蓉、木芙蓉、草芙蓉,不都是三嘛!中国古代儒、释、道三教,基督教讲的三位一体,但丁《神曲》想像人死后地狱、炼狱、天堂的三种境遇,牛顿三定律,开普勒三定律,不都是三嘛!天时、地利、人和,就是政通人和。

其实，也不止三，还有四呢，如物质不但有固态、液态、气态，还有等离子态；自然界已知的力有四种：引力、电磁力、强力和弱力；发现黑洞有四定律，第一、二、三定律，还有一个第零定律；热力学也有四定律，第一、第二、第三定律，也还有个第零定律。

还有一分为七呢，例如，白光用分光镜可以分成七种不同颜色的可见光。人的眼睛能看见的光波波长为 760nm—390nm，从波长较长到波长较短，依次为红、橙、黄、绿、蓝、靛、紫，我们感觉到的白光，其实是同时看到这七种颜色，或者同时看到红、绿、蓝三种颜色。毛泽东同志早在 1933 年填的《菩萨蛮·大柏地》中，就有"赤橙黄绿青蓝紫，谁持彩练当空舞"的名句，用形象的语言准确地指出白光是由七种颜色合成的。

看问题有时多换个角度，在策略上有利于争取多数，争取主动。当然，首先要坚持"一分为二"这个重要的方法论，特别是遇到革命、不可调和的矛盾、势不两立、你死我活等问题的时候。

（2009 年 1 月 18 日）

卡尔·马克思 （78.7cm×54.6cm,2013 年 5 月）

“0”有多大?

怎么说呢?可以说“0”是没有,也可以说很大,也可以说很小;比它大的太多太多,比它小的也太多太多。有多少比它大,就有多少比它小。

自然界中处处有“0”的概念。海平面为“0”,地平线为“0”。有的不说“0”,其实为“0”。如这棵树没鸟,那棵树无花;这条路上无人,那条路上无狗;这群人中没女人,那群人中无老人;这本书没人看,那本书没人买;这间房没人住,那间房没养鸡。

“0”对社会而言,很重要。如对人对事要一碗水端平。法院门楼画上天平,表示公平正义。这人水平高,那人水平低,这水平也是“0”的意思。他缺老婆,她死了丈夫,对他和她来说配偶不也是“0”嘛。

对家庭、单位来说,“0”也是不可少的。有人一言堂,另一方没地位、没尊严、没发言权、没决策权,这里的“没”不都是“0”的意思吗?有的人六亲不认,对方的父母健在,好像没有似的,这“没有”不也是“0”的意思吗?

在交朋友中,有的人没朋友。在用人方面,武大郎开店,比他高的不要,这里“没有”、“不要”也是“0”的意思。还有许多,如某人是文盲,某人是美盲,某人是科盲,这个盲就是“0”嘛。

人类对自然的破坏,导致许多植物、动物灭绝,这“灭绝”也是“0”了。

骂人也少不了“0”的概念,如骂别人断子绝孙,这里“断”、“绝”也是“0”呗。还有斩草除根、斩尽杀绝、一个不留,都是“0”的意思。

说人家好,如这个人没有毛病,看不出他有缺点;他很漂亮,用放大镜在脸上找不到一颗麻子;说人家不好,如他很绝情,无情、无义、无耻、无信,这里的“没”、“看不出”、“找不到”、“绝”、“无”,都是非常清楚的“0”的概念。还有许许多多,如胸无点墨等。

我不是教授,也没什么学问。如果哪位研究生做一篇题目为“‘0’的辩证法”的论文,在答辩时愿意通知我,我会去凑热闹。世上本无事,庸人自扰之!这个“无”等于“0”!

(2008年3月)

“让它错下去”

我入住一个有名的招待所时，对桌前多宝格上放的几件瓷器，仔细端详，发现了三个错误。

有一个大花瓶，画了一幅鲜红俏艳的梅花，十分悦目。上面写了四个大字“铁骨生春”，并注明“一九二零年七月作于京华”。在“京华”两字的左下方还有两个红色印记，上面的方，下面的圆。“内行看门道，外行看热闹。”当然，我是看热闹的，觉得这画很美，已有八十九年的历史了。

我轻轻地转动着这硕大的花瓶，看还有什么可欣赏的。果然，在瓶的另一面密密麻麻地写着许多字：

墙角数枝梅凌寒独自开遥知不是雪为有暗香来君自故乡来应知故乡事来日倚窗前寒梅著花末

录唐诗二首于德利彩瓷并记之

“墙角”两字右旁有一红色的长方印，“记之”左旁有一红色的圆印。我辨不出印上的字。

看完后，觉得这画的题款也太大意了，前一首诗是宋代王安石的《梅花》，错把宋诗当唐诗。后一首是唐人王维的《杂诗》，又错把“绮”字写成“倚”字，还把“未”字写成“末”字。

我忽然高兴起来了，认为出了三处错的花瓶，可能是个孤物,问招待所的领导这个花瓶很值钱吧？卖不卖？那位同志回答得很干脆:“才知道错了,快九十年了,这花瓶可是无价之宝,不卖！放在这里,让它错下去！看还有谁能发现,你是第一个,我们记着就是了。”

我又好奇地看另外几件,发现一只圆柱形的花瓶上,画的也是梅花,题诗的字体和内容与前一个大花瓶完全一样,错的也完全一样。不同的是它的落款是“录**唐诗二首於浮龙山书画院**并记之”。

我静下来时又想,作画和录诗的是一个人,还是两个人？是大意疏忽呢,还是故意写错？是考验后人的文化呢,还是想以此留名？是做好后没发现错了呢,还是发现错了将错就错？花瓶是1920年的真品呢,还是后人仿制的赝品？就这两件呢,还是做了多件？回答这一连串的问题,已不是我的事。

（2009年10月7日）

夹缝与“二月天”

孔夫子把自己比作夹缝中的人。他在去世前说:“殷人殡于两楹之间,则与宾主夹之也……而丘也殷人也。”①意思是:殷人殡于两楹之间的夹缝,而我是殷人,也处在夹缝之中。

这条夹缝有多长,他没有说,也许说的是人生旅途的整个过程,也许说的是人生的感悟吧。

人生的旅程像自然界的长河,从空中鸟瞰似宽窄不一的夹缝,曲折蜿蜒,奔流不息;既有宽阔的坦途,亦有深渊峡谷,暗礁险滩。

世人谁又不是处在夹缝中呢?这夹缝好像既有形又无形,既具体又抽象。夹缝的坚壁有道德的规范,有法纪的约束,有思想的局限,有心理的障碍,等等。

人生的夹缝有刚有柔,有带刺的玫瑰,有凸出的尖锋,有流出的蜜汁,也有喷出的毒液。

人在夹缝中有时感到自由舒展、温馨惬意、踌躇满志,享受探索的快乐;有时感到束手束脚、左右掣肘、风刀霜剑、心灰意冷,经历挫折的痛苦。

夹缝中的人,总的趋势是往前挤。有的积累出经验,摸索出规律,朝着更宽阔处前行;有的削尖脑袋往上钻,慌不择路往前

---

① 见《孔子家语·卷九·终记解》。

窜，结果不是在原地打转，就是碰得头破血流，甚至走上不归之路。

夹缝中的人，有的相互提醒，相互照顾，相互体谅，携手前行；有的相互挤兑，相互排斥，相互争斗，你死我活……

人在夹缝中免不了左右为难，进退失据，得失难断，世事难料。要么积极适应，逼着自己开动脑筋，左思右想，前瞻后顾，作出选择；要么接受指点和帮助，吸取经验和教训，从必然王国进入自由王国；要么经受磨难，愈挫愈奋，砥砺意志，奋然前行；要么畏难发愁，不思进取，消沉堕落，一蹶不振；要么一意孤行，鲁莽蛮干，独断专行，肆意妄为，盲人骑瞎马，夜半临深池……

人生的夹缝也像自然界的"二月天"。蚕要温暖麦要寒，种田的盼下雨，养蚕的怕阴天，实在令人为难。然而，"二月天"又孕育着生机，充满着希望。二月春风似剪刀，能裁出如眉细叶。绿柳才黄半未匀，桃红又是一年春。经过了二月天，等到"满园春色"时，会有"出门俱是看花人"的兴奋，更有"今年花胜去年红"的感慨。

就人的一生而言，不可能一帆风顺，难免遇到挫折、磨难，甚至痛苦，那是人生的宝贵财富。只要自强不息，坚忍不拔，千锤百炼，经风雨，见世面，勤恳努力，克己自律，开拓创新，就能生存、发展、创造、奉献……

（2009 年 12 月 9 日）

钱学森　(54. 5cm×39. 3cm,2013 年)

伟大的民族英雄,中国航天之父、导弹之父、火箭之王,自动化控制创始人。

爱华娅大妈　(54. 6cm×39. 4cm, 2013 年夏)

爱心善良妈　勤俭治理家　收养汉族娃　神州传佳话

藏族朋友（54. 6cm×39. 4cm，2013 年夏）

柯妍小姐　（78.7cm×54.6cm，2018 年春）

在思索资本市场的混沌与秩序问题：

$P_{(t+1)} = aP_t(1-P_t)$　　　$D = \dfrac{\log N}{\log(1/2r)}$

$H = \log(R/S)/\log(n/2)$　　　$x_t = ax_{(t-1)}(1-x_{(t-2)})$　……

柏夫人 （78.7cm×54.6cm,2016 年春）

夫君喜欢吾布衣 能明长江东逝水 亦懂秋月春风意

闲来读史常嚼味 难辨聪明与愚昧 痴人忧抑我笑嘻

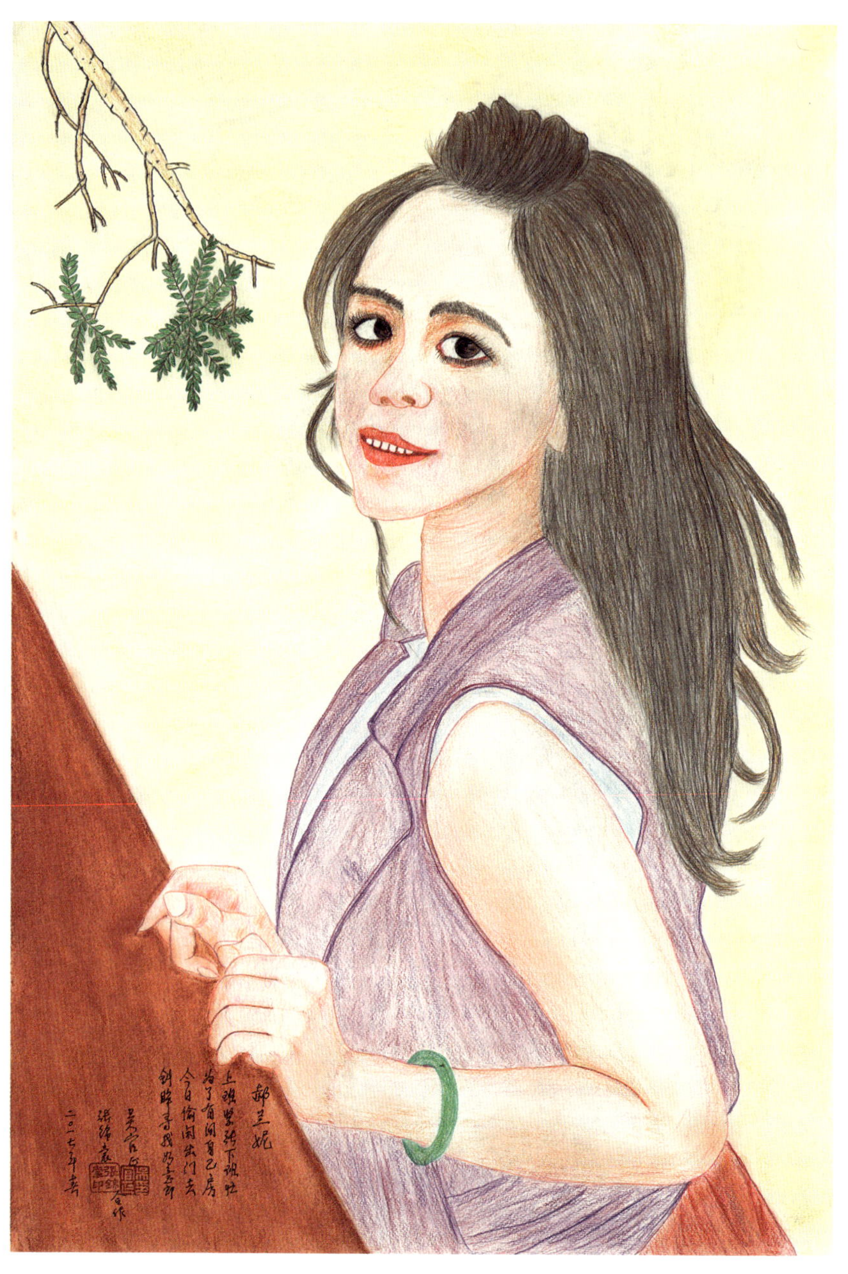

郝兰妮　（78.7cm×54.6cm，2017 年春）

上班紧张下班忙 为了有间自己房 今日偷闲出门去 斜眸寻找如意郎

三爱三学 （78.7cm×54.6cm，2016 年春）

爱国爱美爱生活 学文学艺学科学

别责怪它们

这几天，晚饭吃过后，我都到院子里走走。西边有一排高大的杨树，虽然落叶了，还是那么挺拔。树枝上站着许多乌鸦，头都朝南。有的叫，有的飞，有的站，有的来，有的去。等到天黑时，又都飞走了。今天早晨，听到乌鸦叫声不断，却又不见踪影。

我家对乌鸦还有点儿贡献。每年秋天，石榴裂开，它们就来光顾解馋。看到它们吃得津津有味，感到很高兴。到孙子要吃石榴时，树上几乎全是被它们吃剩的，家人扫兴。我说："乌鸦也不容易，它们吃了也好。"柿子熟了，橙红色小灯笼似的挂满了枝头。它们看来也很喜欢吃柿子，可技术水平不高，把许多柿子啄得破烂不堪，吊在树上很难看。好在有时秋风一刮，掉下来了，地上到处是烂柿子。老伴喜欢吃柿子，看到被乌鸦吃了不舒服。我觉得它们吃些应该，但不能太贪，太浪费。我同意摘了储藏起来慢慢吃，但要留一些给乌鸦吃。它们也不客气，两天全吃掉了。吃完，又飞到高大的杨树上栖息，叫个不停，不知是得意，还是有意见，或者是感谢，反正我们听不懂。

今天早晨在院子里散步，突然看见一只白猫从雪松里钻出来，站在路边望着我。这只猫太胖，毛色光润，肥得流油，也不叫，也不怕人。我原来以为它总偷人家的东西吃，才长得胖胖的。这家伙到过我家，我曾怀疑是它吃了我家的八哥和小鹦鹉。那只会说"你好"、"恭喜发财"、"毛主席万岁"的八哥，被猫吃了,我难过了好一阵子。这是我孙子最喜欢的鸟,它每叫“毛主席万岁”,我不知说什么好。也不知教鸟说话的人是怎么想的,毛主席早已过世,哪来万岁?人怎么能万岁呢?会说几句简单英语的小鹦鹉,被猫吃得只剩下绳子绑着的小脚,我看了后,觉得这猫也太残忍了。

对这只白猫,我没好印象。

老伴也出来散步,严斥野猫偷东西吃,特别是吃了我家的八哥和鹦鹉。我说:“我们也有责任,养八哥、鹦鹉干什么?有的当官的还贪污,要猫不吃腥怎么可能呢?”突然,不知从哪里又钻出一只黑猫。白猫、黑猫一前一后,自由自在。在我和老伴谈到要善待野生动物时,这两只猫正在邻居家的垃圾箱里找东西吃,原来猫长得肥胖主要靠这院中垃圾桶里的东西。此时,我有些内疚,家中的“残渣余孽”都倒到桶里去发酵做肥料,用于春后浇菜,垃圾桶也盖得严严实实。难怪猫发火,你垃圾桶里的东西都不想给我们吃,吃你的八哥、鹦鹉还有意见?我们总要活啊!我想通了,不能责怪它们,更不能恨它们,害它们,冤枉它们。

在我和老伴准备回家时,一只松鼠在雪松上爬得很快,它可能已吃饱了,不然不会那么有劲。这松鼠不胖不瘦,与它不吃肉食、经常爬跳有关。我们吃得肯定比它好,又不用像它这样辛苦地觅食避敌,所以血脂高。这院里的人,都有觉悟,没有人伤害它。它也可能知道这里还住了一位分管野生动植物保护的领导,自然更放心了。

近几年,这一带的鸟比过去似乎多了很多,麻雀大个小个的都有,喜鹊灰的、黑白相间的都有,黄莺有时叫得很欢,雪鸟成群飞来飞去,乌鸦更是多得出奇……

野猫、野兔、松鼠是常见的动物，有时还看到乌龟在院子里爬。这院中没有蛇，没有鼠。领导家都守规矩，不养狗。小平同志说过，不管黑猫白猫，捉到老鼠就是好猫。有这么多好猫，怎么会有老鼠呢？没有老鼠，也就不存在如何评价它们了。

这院中的植物很多，有高大的杨树，有终年郁葱的雪松，有四季长青的冬青和竹子，有柿树、苹果树、樱桃树、白果树、山桃树等，有月季、玫瑰、蔷薇、大丽、菊花等各种花卉，还有麦冬草，等等。这里在春夏秋季，像绿色的海洋，像鲜花的世界，像野生动物的乐园。从这里的变化，可以看到生态环境的改善，感到人们观念的转变。人类对野生动物，也应有爱心，不要去伤害它们。人与自然和谐相处，对人类自身也有好处。

（2008 年 11 月 3 日）

湖里荷花叶碧青野禽觅
食不发声故乡此景未雕
琢全是东风染得成
宜正 画
锦家 书
二〇二〇年於城南

全是东风染得成 （78. 5cm×54. 4cm，2020 年）

湖里荷花叶碧青 野禽觅食不发声 故乡此景未雕琢 全是东风染得成

雪焰练雀图 （78. 7cm×54. 6cm，2015 年 11 月）

洁白如雪 火红似焰 练雀吉祥 万家欢乐

斗　嘴　（78.7cm×54.6cm，2018 年秋）

八哥枝头千般语　争强好胜比高低　叶残果落西风起　此景蕴情世间稀

松　鼠　（78.7cm×54.6cm,2014 年 8 月）

菊蝶图　（78.7cm×54.6cm，2021 年）

不容丹桂称前辈　只许寒梅步后尘

蝶螽蝗蚱伴螳螂　（78. 7cm×54. 6cm，2019 年 1 月）

世人谁是热心肠　看花似感有芬芳　怪状奇葩应是主　蝶螽蝗蚱伴螳螂

月季蝴蝶 （78.7cm×54.6cm，2015 年夏）

一番花信一番新 半属东风半属尘 多少繁华任留恋 不知只是梦中身

油葫芦与金龟子结伴龙
虱来觅食春风拂面暖融
融绿叶鲜花已满枝

花　趣　（78.7cm×54.6cm，2019 年 1 月）

油葫芦与金龟子　结伴龙虱来觅食　春风拂面暖融融　绿叶鲜花已满枝

紧　盯（54. 6cm×39. 4cm，2013 年 3 月）

野　　猫

（一）

今天上午，灰白色的天空悬着金黄色的太阳，那周边的圆轮十分清晰。微风徐来，吹面不寒。我同老伴在中山公园走了走。返回的路上，几只野猫给我留下了抹不去的印象。

离公园西南门不到百米处，一只花猫突然从树丛中钻出来，迅速转身爬上墙头，站在那里盯着我们，"喵"、"喵"、"喵"叫了几声，我惊诧莫名，不解其意。走了几步，又看到一只黄猫躲在树上，也不停地叫。旁边一位男青年对我们说："这两只猫在叫春，就是发情，要交配。它们从不遮遮掩掩，既不'金屋藏娇'，也不避人耳目……"另一位戴着眼镜的老人接着说："我看这两只猫是在争吵，那花猫又大又肥，毛色锃亮，定是在向黄猫显摆生活的富足；那黄猫又干又瘦，浑身的毛稀短蓬松，但精气神很足，它是在对花猫说，闭嘴！你这个蠢货，整天在贵妇人的怀抱中摇尾乞怜，游手好闲，从暖洋洋的'牢笼'中出来放个风还炫耀什么？我才不会用自由的代价去换取你的鲜鱼活虾！"我听了，没有作声。

大家有说有笑，快到门口时，又看到另外两只猫。一只白猫无精打采地伏卧在草地上，我用伞尖撩它，它好像很心烦似的。触它的胡须，它两只耳朵动了一下。我蹲下去，看到这猫眼睛很小,眉毛不多但很长,胡须长得不规则,长短也不一,嘴巴很小。在它左后方几公分处,蹲着只雌猫,白色的身子,两只耳朵长着黑绒绒的短毛,像是因为爱美有意长的;脸部和尾巴也是黑的,酷似上穿白褂、下着黑裙、头梳两个黑色蝴蝶结的"猫小姐"。这猫深情地守在生病的雄猫旁边,一对小眼睛"忧郁"地盯着它的"丈夫"。我用伞尖轻轻地碰了一下它的前脚,它立即把前脚向上抬起,不知是要同我握手,还是"举手"表示抗议,但从表情上看,它很反感。

这时,围观的人越来越多。一个四十岁上下、留着一撮胡须的人说:"这两只猫这样重情,一只病了,另一只守着,它们不知是情猫关系,还是无证婚姻关系?"一个身材魁梧、手牵浓妆艳抹女友的男子挤进来大发高论:"它们挺自由的,没有任何法律约束,高兴在一起,不高兴拜拜。"一个三十多岁,个头不高,但衣着整洁的男子接着说:"猫不争权,不夺利,不贪污,不受贿,不说假话,难怪不少人养以为宠。"一个嘴唇涂得血红的妙龄少女问:"这雄猫好不好色?这雌猫爱这雄猫什么?"没有人回答。

过了一会儿,老伴对几个熟人连连发问:"这是野猫还是家猫?前面的是雄性,后面的是雌性,有什么根据呢?你们说那白猫有病,我认为它太饿了,你们看那个饥饿的样子。这里有没有老鼠?如没有,你们如何评价它们?猫更需要的是物质享受还是精神满足?猫是老虎的师傅还是徒弟?猫叫'喵'、'喵'、'喵'是什么意思?是肯定还是否定……"我听到老伴这么多奇思妙问,非常惊讶,不知说什么好。心想,它们肯定血脂不高,血糖不高,血压不高,不用减肥,不用吃药,也不用回答人们的问题。

一个七十多岁的老熟人、老干部不知什么时候站到了旁边,说:“你们研究猫来了?”我说:“闲来没事,出来走走。”他说:“有时猫很通人性。‘文革’中,造反派审我,要我交待反对毛泽东思想的罪行,还未等我开口,旁边的猫大叫‘喵’!造反派训斥它,说你怎么知道‘没’。接着,造反派又问我是如何里通外国的?训斥声刚落,那猫又‘喵’,造反派很讨厌它,用棍子赶它走,它一边跑一边叫‘喵’、‘喵’、‘喵’。我说它是公正的,它连你们准备再问的问题也替我回答了‘都没有’。”他的话引来一阵哄笑。

这时,几个人弯下腰去仔细观看这一对猫,好像是向它们鞠躬。这两只猫把眼睛微微张开,没有作声,可能在猜测这几个人是真心还是假意,是表里一致还是在作秀。突然,我脑海中浮现了一个问题,要是在喜欢吃“龙虎斗”菜的地方,它们可能没有安全感。到底还是首都人民,觉悟高,科学发展观学习得好,能与动物和谐相处。

(2009年4月20日)

(二)

晚饭后,老伴要我同她去中山公园走走。逛了约一个小时,从西门返回时,突然看到石阶右边蹲着只白色肥猫在吃食。我感到好奇,侧过身来,看到个女青年,一手提着装猫食的小布袋,一手拿着装水的大塑料瓶,匆匆向假山走去,三四只猫也跟上围着她转。她能叫出每只猫的名字,猫都高高兴兴,活蹦乱跳地等着吃食、喝水。

我走向前去询问:“姑娘你好,可不可以问你几个问题?”她大方地回答:“可以。”我接着问:“你是公园管理员吗?”她说:“不是。”于是我连珠炮似地问:“你家住在哪里?从事什么职业?喂了多长时间?这公园有多少野猫呀?”她淡淡地答道:“家住公园旁边,没有工作,已喂了四年多。这里有一百多只野猫。”我感到有些诧异,又问:“你喂了多少只猫?一个月要用不少钱吧?你没工作,钱从哪里来?”大概看到我这个老头是好意,她的话匣子打开了:“我喂西边这三十几只,还有一位老大爷、一位老大娘、一位大姨各喂了三十来只。冬天要给猫喂糖水,为了控制它们繁殖,还要去找医师做绝育手术,有的医师很好,不要钱。我前几年做市场,赚了些钱,现在吃老本。我喂的这些猫,一个月要用五六百元吧。大爷、大妈身体不太好,有时来不了,还给我打电话,要我帮助,不要饿了它们。这些被人遗弃的猫很可怜,应莫让它们饿着了。其实北京市像我们这样自愿义务干这事的人不少。”

在回家的路上,想着那些充满爱心和善心,默默无闻义务劳动的人,想起在各条战线拼搏奉献、自强不息、作出贡献的人,我的心情久久不能平静……

(2010年4月6日)

双猫图　（54. 6cm×39. 4cm，2013 年）

两猫无语　一只沉思　一只观花

枝头伯劳 （78.7cm×54.6cm，2018 年春）

枝头伯劳乐其中 花开争妍艳丛丛 鸟吃虫儿岂有错 人间总盼拂东风

可恶的蚊子

(一)

8 月 24 日下午六七点钟，我在院中同工作人员交谈，发现有 6 只蚊子在我手上吸血。它们太贪婪了，我一个一个把它们拍死，血迹斑斑。几分钟后，两只手起了七八个包，痒痛难忍。

这几天晚上，总有三五个蚊子与我作对，我打开灯同它们作斗争，从晚上 10 点半到 12 点才消灭了两个，效率不高，但已尽力。刚躺下，耳边又响起“嗡嗡”声，不知是在抗议还是在得意。我只好装睡，等它贴在耳朵上吸血时，用手狠狠拍去，蚊子被打死了，我脸上也痛得火辣辣的。

一夜未睡好，第二天头昏脑涨，晚上不到 10 点就躺下睡觉了。蚊子很坏，不断在耳边叫，在脸上叮。我反击了几下，因太疲倦，就懒得管了。第二天早晨起床，枕头上有三处已干的血渍，铺被子时，褥子上还有一块。这些蚊子也太坏了，我又没吃什么好的东西，血脂又高，我真担心，它们吃得倒是舒服，就不怕血脂也高了？或许它们吃得太多，飞不动了，被我的头碾死和脚压死，活该！

昨天晚上，在看电视时，墙壁上趴着两只如小苍蝇般大的蚊子，可能是杂交出来的“良种”，不然怎么这么大？我上蹦下跳，眼找手拍，干掉了它们，心里很高兴。睡觉时，听到“嗡嗡”的叫声，又烦躁起来，吃过安眠药才睡着。早上醒来，脸上起了两个大包，红肿红肿的。我到处寻找，终于在洗手间里找到那家伙，一掌猛击，把它拍死在墙上。这蚊子可能有点儿小聪明，咬了我，吃饱了，飞到洗手间躲起来。我已七十岁了，什么双眼皮蚊子、疟蚊子、能刮油的蚊子、流氓蚊子，我都见过，和它们作过坚决的斗争。

许多人在一起，蚊子偏喜欢叮我，想必蚊子也跟有些人一样，吃柿子拣软的捏，年轻力壮的它们不咬，硬是盯上了我这个老家伙，不然，它们怎么单单欺侮我呢？

还是大院管理处的同志办法多，他们在周围喷洒灭蚊药，主动出击，先发治蚊，而我是被动应付，被动挨叮，被迫还击。

看来，还是两手好，一手抓预防，一手抓惩处，而且，要更加注重治本（包括扑灭孑孓），更加注重预防，更加注重制度建设（比如两周喷洒一次灭蚊药）。

写到这里，我突然想到宋人周密在《齐东野语·多蚊》中，说到吴兴多蚊，引诗云，“飞蚊猛捷如花鹰”，“风定轩窗飞豹脚”；还想到了钱俨的《平望蚊》诗：“安得神仙术，试为施康济。使此平望村，如吾江子汇。”以及东方朔的隐语：“长喙细身，昼亡夜存，嗜肉恶烟，常所拍扪。”可见那时南方蚊多，引起了他们的关注，拟文写诗形象有趣。

其实蚊子与诺贝尔奖也有缘。英国微生物学家罗纳德·罗斯、法国医生拉韦朗、瑞士化学家米勒，还有一位奥地利精神病医生，因为在探明疟疾病因、对原生动物的研究与发现、发明杀蚊药和用疟疾发病时的高烧来医治第三期梅毒引发的麻痹性痴呆症等方面的杰出贡献，分别获得了诺贝尔生理学或医学奖。而我只是个被蚊子叮咬的受害者，不但不自责没有贡献，还总是对它们怨恨满膛，殊不知对蚊子的研究还成全了四位得诺贝尔奖的大科学家呢！

（二）

蚊子很差劲，也不知怎的，喜欢叮我。我是过敏体质，一叮就是红肿一片，痒痛难忍。

蚊子属于昆虫纲双翅目蚊科，全球约有3000种。但百姓家中常见的只有按蚊（俗名叫疟蚊）、库蚊和伊蚊三种。我国已知的按蚊有59种、库蚊有70余种。

这院里起码有三种蚊子：一种是昨晚叮我的，它又嗡又叮，很是得意，唱功做功都好；一种是南瓜棚下的蚊子，只叮不叫，一咬一个大包，非常痛，真是不可貌相；今早在院中散步，两臂痒痛红肿，既未闻嗡声，也未见蚊影，可见其能隐身，又静音，可能是杂交品种吧！

武汉东湖有一种蚊子，专叮穿裙子女人的小腿。一个姓钱的同志说，这是流氓蚊子。其实，蚊子作为一种具有刺吸式口器的纤小飞虫，通常雌性以血液作为食物，而雄性则吸食植物的汁液。也就是说，吸人血的蚊子都是母的。

鄱阳县珠湖有一种小花蚊，似有点儿排外，专叮外来人，可能因那里人穷，外来的人油水厚。

2007年到红安县，那里的蚊子个大，不咬我，也不叫，给我一种错觉，老区的蚊子似乎觉悟高些。几只蚊子整齐地趴在墙上，很有纪律似的，它们不咬我，自然也就井水不犯河水，相安无事了。

南昌玉泉岛的蚊子太多，一伸手就可以抓上几只。它又叫又咬，可能看到这里住的都是“大干部”，以为血的营养也比老百姓丰富，味道可口。看来，蚊子吸人血，还会“挑肥拣瘦”，专门找合口味的对象。

余干的蚊子个大，“双眼皮”，但我还是讨厌，它总是与我过不去。老家乌泥的疟蚊，好像懂三角几何，停在墙上，大概都是60度角。我曾吃过它们前辈的苦头，让它们注射过病毒，高烧不止，全身打哆嗦，手脚冰冷。旧社会家里穷无钱治，死里逃生，因而我恨它们。有人说，你怎么不挂上蚊帐呢？我饭都吃不饱，哪来钱买蚊帐呢？只好由它们去了。疟蚊总是跟穷人过不去，简直一点儿同情心都没有！

我曾先后访问过非洲十多个国家，据说那里的蚊子很厉害，被咬了会染上病。但我从未被它们咬过。心想非洲人民对中国人民情深意厚，连那里的蚊子也对我们网开一面。

我不伤害飞禽、昆虫，但对蚊子之类的害虫就另当别论了，见了它们断然不会心慈手软，技术不敢恭维，但打击力度一定是大的。

大千世界，无奇不有，蚊子没有任何益处，却子孙繁衍、丁口兴旺。在地壳变动中，恐龙不应灭绝，该灭绝的应是这帮蚊子。吸血的雌蚊是疟疾、黄热病等病原体的中间寄主，它们传播的疾病有80种之多。据不完全统计，仅1929年一年内，全世界因患疟疾致死的就有约200万人。有人计算过，一个人同时被一万只蚊子任意叮咬，人体的血液就会被吸完。在地球上，可能没有哪种动物比蚊子对人类有更大危害。这世上那些反人类反进步的坏人如同可恶的蚊子一样，我们与他们的斗争还任重道远啊！

（2008年8月）

良官赋　（54.6cm×39.4cm，2013 年）

良官骂赃官：我穿此袍十多年　业精于勤苦当甜　你无点墨靠送钱　编织关系滥用权　贪污受贿骨头贱　常说假话上下骗　道德败坏天人怨　判刑坐牢退民田

梦里涂鸦　（54.6cm×39.4cm，2013 年）

梦里涂鸦画乌鸦　两只张口争说话　高声嚎叫雾霾大　空气质量这么差

产生原因要彻查　祸害头子应捉拿　失职干部得撤下　否则每天还要骂

猴子的启示

几年前，带孙子到济南动物园猴园看猴子。树上十几只大小猴子，爬得最高的很得意，从上往下看；下面的猴子似乎带着羡慕的表情向上看。我心想，猴子也有上进心。再细想，猴子爬树，靠的是自己的努力，没有人提携和帮助。

突然，看到猴群中一阵骚动，两只体格硕大的雄性猴子在追逐、厮咬。公园的饲养员说："它们在争猴王，每次发生这种情况，非打得血迹斑斑，分出胜负不可。在自然界，体能稍差一点儿的猴子往往会逃出这个猴群，不然会被咬死，直到打出新猴王，才算作罢。"看到眼前的情景，想到有的国家竞选总统，互相攻击、互相揭短，甚至造谣中伤，无所不用其极，与猴子争猴王，不是有几分相像吗？当然，打出来的猴王也确实有点儿能力，有点儿本事，孙悟空在花果山当猴王，是因为他冒险跳进水帘洞发现了一块宝地，不然，要想称王，也只有与其他猴子厮打搏杀了。

我正在思索，小孙子突然大喊："爷爷，你看，猴子的屁股都是红红的。"我按孙子指的方向望去，果然不假。我想，这十几只猴子也可以不恰当地比作不同岗位上的头头，爬在上面的猴子往下看，看到的不都是羡慕、佩服和一张张笑脸吗？下面的猴子往上看，看到的不都是比自己级别高的猴子的屁股吗？心想，有什么了不起，你们的屁股干不干净，我们看得清清楚楚。爬得越高的猴子，下面看它屁股的猴子就越多。蹲在地上的猴子，即使有的屁股不干净也不容易被看见,并不是说没有问题。

回家的路上,孙子天真地说:“爷爷,猴妈妈对猴宝宝真好,还会喂小猴子吃香蕉。”我很有感触地说:“母爱不仅人类有,动物也有啊!小猴子一生下来,就在妈妈的怀抱中吃奶。你看猴妈妈活动时,总是把小猴子抱在怀里,或让它骑在背上。不管小猴子漂不漂亮、聪不聪明,在妈妈眼里都是最棒的。正是有了妈妈的爱,小猴子才能快乐成长!”

动物园里的猴子,对我们不是也有点儿启发吗?

猴　王　（54. 6cm×39. 4cm，2013 年）

拼搏争猴王　全凭本领强　若是屁股脏　一定当不长

消极没希望　妒忌莫心谤　强体有志向　算个好猴郎

屈伸有度

今天早晨,我看见一条叫不出名儿的虫子,约半寸长,身上长了一些细细的绒毛。它往前爬时,每次都先缩后伸。饭后散步时,望见小松鼠在雪松上跳来跳去,每次向前、向上跳跃时,也总是先缩腿,再往前跳。联想那些跳远、跳高的运动员,他们起跳时不也是先屈后伸吗?

人当然比动物智商高。"委曲求全",是不是含有先屈后伸的意思?"退一步进两步",算不算先屈后伸的谋略?"先礼后兵",算不算先屈后伸的计谋?"韬光养晦",是不是埋头苦干、悄悄发展、不张扬不牵头、积聚实力、抓紧壮大起来的一种策略?"不耻下问",先当学生,后当先生,是不是也有先屈后伸的意思?

当然,并非一切都是先屈后伸,屈伸、张弛、刚柔等有时很难说出先后,比如吃东西,牙舌互相配合默契。刚柔相济,八卦相荡,先屈后伸,屈伸有度是有一些道理的,有的人深谙此道,用起来得心应手。

(2009年6月6日)

从马哈鱼说开去

动物中最有献身精神的，可能要数马哈鱼了。在大学读书时，第一次吃马哈鱼，感觉味道很鲜美。后去厨房一瞧，这鱼嘴巴阔大，两眼外突，长相实在不敢恭维。当时有个戴眼镜的女同学，嘴巴大且厚，一个同学有点儿“缺德”，给她取了个“马哈鱼”的绰号。

前年去三江平原，饭桌上有大马哈鱼，我不客气地吃了半碗。当地同志介绍说：“这鱼产卵后就不走了，死在那里，给幼鱼苗吃，小鱼长大了，游向海中，以后再洄游江河产卵。”我听后大吃一惊，此后几天再没吃马哈鱼的肉和子，心中怅然，似又难言，自己也不明白为什么。

小时候，家住鄱阳湖滨。每年秋季来临，大雁、野鸭列队从北方飞来；来年春暖花开，它们又编队返回北方，其遵守纪律和准时有信，常令我叹服。这些年住在城市，几乎再未看到过雁阵飞行、野鸭列队。

青蛙有的好看，有的丑陋，但它们吃害虫，功不可没。在求学阶段，虽能背诵“青草池塘处处蛙”的诗句，但出于无知，更因为饥饿，时常捉它们、钓它们，剥皮炒辣椒吃，当时觉得味道好极了。现在想来，有些残忍，不该对人类的益友使用“专政手段”。

娃娃鱼，我决不吃。不是有什么觉悟，而是它长得有点像娃娃，叫声也有些像。十多年前，我的一个亲戚送到家里一条约两斤多重的娃娃鱼，我说：“放了吧！”前年去了一个地方，在那里看到许多娃娃鱼,大的有四五斤重。主人做了给我们吃,我没吃,请服务员端走了。饭后有同志议论,说从未吃过这么好吃的东西,味道真棒！我心里却很不是滋味。

我也不吃乌龟,连看它一眼也没兴趣。有人劝我说:“吃了会健康长寿。”我心想,老父亲从不吃这些东西,不是活了 96 岁吗？好吃还要造舆论,听了有些烦。

大雁、野鸭我曾吃过,也喜欢吃,近十多年没有吃,也决不再吃了。去年亲戚托人从家乡捎来两只野鸭、一只大雁,我没吃,说:“身体不好,吃了上火。”这不是真话,是善意的掩饰。

我对马哈鱼、大雁、野鸭、青蛙是有过错的,对娃娃鱼、乌龟也没有主持公道。当然,我自己不吃并不反对别人吃。人工繁殖了那么多娃娃鱼之类的,吃了既能饱口福,也有经济效益,未尝不可。但对珍稀动物,千万要注意保护,把它们吃绝了,最终受害的是人类自己。

我们要记住恩格斯的教导:“不要过分陶醉于我们对自然界的胜利。对于每一次这样的胜利,自然界都报复了我们。每一次胜利,在第一步都确实取得了我们预期的结果,但是在第二步和第三步却有了完全不同的、出乎预料的影响,常常把第一个结果又取消了。”要学会正确认识人与自然的关系,实现人与自然的和谐。

(2009 年 5 月)

鹤　舞　（54. 6cm×39. 4cm，2013 年春）

外形难辨雌与雄 脖子转动似良弓 体态优美头顶红 吉祥长寿和忠贞

翠　鸟　（78.7cm×54.6cm，2019 年春）

我也未闻翠鸟啼　只见捕鱼才张嘴　欢乐自由展翅飞　它与颐卦无关系

思　念（78.7cm×54.6cm，2015 年 1 月）

河　虾　（54. 6cm×39. 4cm，2013 年 4 月）

有人赋诗误贬虾　大师执着妙笔花　买者甘愿出高价　老夫闲来涂涂鸦

河　虾　(54.6cm×39.3cm,2013 年 4 月)

河虾不夺利和权　无贪无言无宣传　取食御敌用夹钳　屈伸有度敢向前

蟹虾图 （54.6cm×39.4cm,2013 年 4 月）

长安涎口盼重阳 坡仙曾笑一生忙 对斯佳品酬佳节 桂拂清风菊带霜

——录红楼贾黛薛诗句

五蛙戏 （54. 6cm×39. 4cm，2013 年春）

春来我不先开口 哪个虫儿敢作声

为它们说几句话

从办公室回到家里的书房，定睛伫立，木架上摆了许多动物模型，有虎、猴、猫、牛、马、羊、兔、驴、狗、狐等，还有不少禽类和爬行类的小木雕，也都目不转睛地盯着我，好像要我为它们说几句实事求是的话。

它们不会说话，想要我当代言人。这不是我的工作，我已退休了，不愿管事。但又想，闲耗着，说几句不着边际的话也无大碍。其实，以动物喻哲理的名言，伟人们说过不少。

毛泽东很伟大，说自己“七分虎气，三分猴气”，好像也说过“每临大事有静气”。要是虎气、静气、猴气的比例大体适度，可能政治运动要少得多。

邓小平很伟大，他说：不管黑猫白猫，捉到老鼠就是好猫。话语通俗，道理深刻，讲得实在，讲求效益。改革开放三十年来，聚精会神搞建设，一心一意谋发展，调动了人们的积极性，国家发展很快。

鲁迅先生是大师，他说，“俯首甘为孺子牛”，希望学习牛的勤奋、奉献精神。老先生要痛打的“落水狗”，指的是某些人。

有些比喻也可以作另外的解释。什么“猴子不上树，多敲几遍锣”，这样去耍猴，搞几个小钱，亏他说得出口。什么“吹牛皮”，其实吹的是羊皮，在黄河上谋生的劳动人民，把羊皮吹起来做成筏子，用作交通工具，有人借来指责说大话的人，还说得过去。牛吃的是草挤出的是奶，但有人掺假，败坏了奶牛的名声，伤害了无辜的儿童，不是缺德吗？对“鼠目寸光”，我不想发表议论。

对马和羊，人们多有好感，比如一马当先、万马奔腾、马到成功，亡羊补牢，穿羊皮、吃羊肉、喝羊奶，羊同鱼放在一起煮就鲜。但“快马加鞭”不好，马已跑得很快很累，还要抽它们，实在太缺同情心。

对驴和兔，怎么说呢？驴大概比较老实，反抗精神不强，什么黔驴技穷、卸磨杀驴、倒骑毛驴，一个任劳任怨的驴，不知道人们为什么偏要跟它过不去？至于狡兔三窟，那是它们逃命用的方式，有的人学歪了，下场可悲，是自作自受。

还有狐和狗。有的人狐假虎威，狗仗人势。狐和狗并没有什么错误，而一些人的丑态令人厌恶。狐确有难闻的气味，但它们没有洒香水去蒙人确是真的。至于狐朋狗党，狐有无朋友，我没有研究过，狗没有党却路人皆知。有的人搞狐朋狗友，使狐和狗连带挨骂，这就是不讲道理的强加。

我讨厌蛇，对引蛇出洞、杯弓蛇影，很有些看法。如果把引蛇出洞用在政治斗争上，会使人觉得是搞阴谋诡计，同情上当的人。杯弓蛇影是指有的人疑心很重，胆子又小，本来与蛇无关，却怕成那个样子，该不是做了亏心事吧？

有的文人喜欢“万物静观皆自得”，在写景、抒情、怀古、说理时，涉及动物，总的比较客观。但从古人的诗句中，也可以看出一些问题来，一是飞禽多，写其他的也有，如“两岸猿声啼不住”、“青草池塘处处蛙”等。二是触景生情多，如“翠掩重门燕子闲”，传递出闺中思妇的孤寂之感；又如“旧时王谢堂前燕，飞入寻常百姓家”，透出世事无常、繁华不再的伤感；“纱帽闲眠对

危　险（78. 7cm×54. 6cm，2013 年冬）

风　云　（78.7cm×54.6cm,2014 年春）

青藏高原上的藏羚羊　（78.7cm×54.6cm，2016 年 2 月）

苍　鹰（78. 7cm×54. 6cm,2013 年春）

东山小区的宠物 （54.6cm×39.4cm，2013年春）

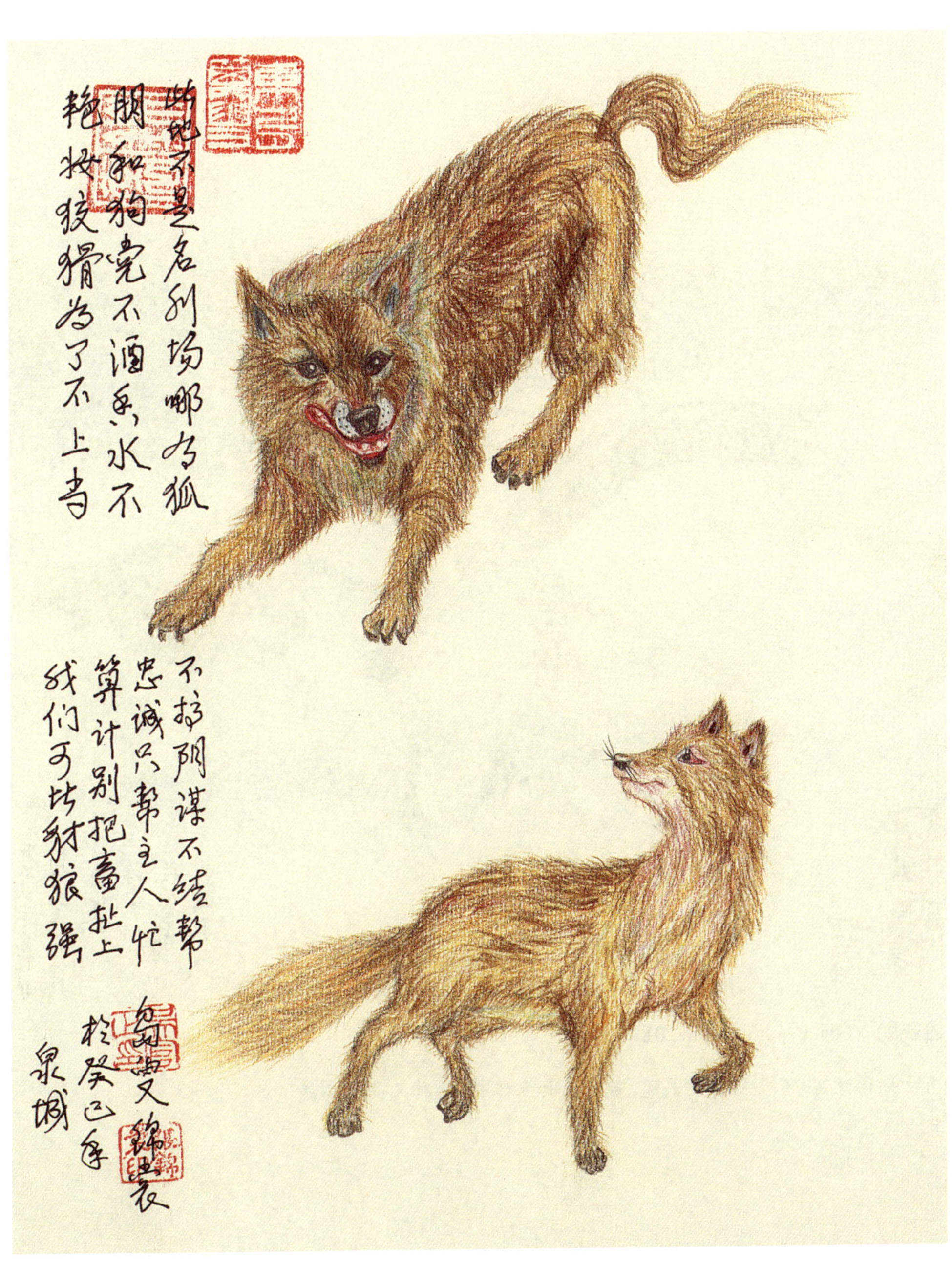

朋党论　（54. 6cm×39. 4cm，2013 年春）

此地不是名利场　哪有狐朋和狗党　不洒香水不艳妆　狡猾为了不上当

不搞阴谋不结帮　忠诚只帮主人忙　算计别把畜扯上　我们可比豺狼强

沙滩鹈鹕 （54.6cm×39.4cm,2013 年春）

你当干部你致富 不要伤害大鹈鹕 若不认真来保护 绝种又要改鸟谱

水鸥”，是傲吏蔑视功名利禄，把乌纱帽搁置一旁，悠闲地对着水鸟闭目养神。作者是不是真这么想的，我也无从去问。

人类应学习动物的某些优点，而不该因为自身弱点和劣性给动物强加莫须有的恶名。如果有人不同意我的看法，可以征求动物们的意见，但需懂它们的肢体语言。

法国文学家洛蒂在《溺水的猫》中写道：“我们的福音书给了我们美妙的、关于慈善的教诲，但它有一个令人不解的缺漏，它根本没有提到对动物的恻隐之心，而婆罗门教、佛教和伊斯兰教都以难以忘怀的语言教导我们要怜悯动物。”我虽然为它们讲了几句话，但比洛蒂晚了一个多世纪，也不一定说到点子上。但我保证，今后对它们活着的同类，或对木雕、石刻、绘画、烧瓷等模型，会尊重善待。人类从动物的身上有时可以看到自己的影子，对我们的所思所想、所作所为似应有所启迪。这也许是动物们对我们的一点儿小小要求吧！

我的眼睛再一次注视着木架上的动物模型，似乎答应了它们的要求。

（2009年3月）

玉泉山的松树

十二年前的春天，我第一次到玉泉山，兴致勃勃地向玉峰塔爬去。那时还不到六十岁，一口气快步登上山顶，极目远眺，美不胜收。印象最深的是这里树多，松、柏、槐、柳，高高矮矮、胖胖瘦瘦、老老少少、郁郁葱葱，千姿百态、奇形怪状；柳条被春风剪出的嫩叶，高大杨树枝上无数的苞芽，迎春、桃树、牡丹、丁香等正在吐出的花苞，还有叽叽喳喳叫个不停的小鸟和在松树上跳来跳去的松鼠，都在迎接万紫千红、莺歌燕舞的春天。

以后的日子，来这里多少次，记不清了。住过三次，住了多少天，也记不起来了。但每次都喜欢看这里的松树。

这里的松树很多，油松、雪松、白皮松、马尾松、樟子松，还有一些说不出名字的松树。

无梁殿前十几棵油松是这里的长者，估计起码有三百多年了。树的直径在 80 到 90 公分，有的腰杆直，树冠苍翠，枯枝也依然顽强地挺着，似乎向人们显示其不朽精神；有的树干像三段不同曲率的圆弧相连的曲线，枯枝不少，但仍有几枝郁葱，松果挂在上面，像土红色的小灯笼，其乐观精神依稀可见；有的树干倾斜了 60 多度，工作人员用钢管做成的梯形架把它支撑住，它依然顽强地生长；有的树上长着许许多多、大大小小的圆包包，树枝一半被雷电劈断，另一半树枝稀疏地有些松针，十分倔犟刚毅；有的同根树长到约两米高处，分成两支，相互比着长，很像一对双胞胎。这里的树也是讲资格的，超过 300 年树龄的，挂个红牌；超过 100 年的，挂个绿牌，再后来的晚辈未作任何标记。柏油路中的那棵古油松，显然是有意保存的，用石头围起来，当仁不让地立在路中间。又粗又高的树干顶天立地，枝叶繁茂的树冠上吊着数不清的松果，好像在对善良、礼让且有爱心的人们表示敬意！

这里的雪松很多。大雪过后就像一个个白衣战士。春暖树绿时则像是一排排绿色兵马俑。风吹摆动时又像穿绿色长裙的妙龄少女翩翩起舞。

白皮松最老的一棵是在一号院。当年，毛泽东曾住在这里，不知写过白皮松诗没有？解放军的迷彩服，不知是否受到它表皮色彩的启发？自己知识浅薄，对白塔南边小山上长的几棵松树叫不出名字来。这树的干特别圆，特别直，皮呈浅绿色，树枝多与树干成 80 度到 85 度角，向上撑开，松针翠绿翠绿的。如果说物以稀为贵，它应是珍贵树种吧？

马尾松看得多了，见多不怪。因为从小就与它们打交道，雷雨过后采松菇，折枯枝当柴烧。特别生气的是，许多人把树枝砍得只剩下一撮毛。

因为好奇，到处寻找新松树品种，没有看到红松，也没见到湿地松，更没找到五针松。有的松树可能“认识”我，而我却不认识它。

迎客松的学名叫什么，我不知道。毛泽东的“暮色苍茫看劲松”诗句中的松是什么学名，我不晓得。“寿比南山不老松”，可能是指那苍翠的长寿松吧？

清人李方膺有一首描绘苍松的诗，赞松树坚强质朴，表现了作者不屈从权贵、耿直廉洁的铮铮铁骨：“君不见，岁之寒，何处求芳草。又不见，松之乔，青青复矫矫。天地本无心，万物贵其真。直干壮川岳，秀色无等伦。饱历冰与霜，千年方未已。拥护天阙高且坚，迴干春风碧云里。”读后很受启发。

松不择土壤，不选气候，不惧寒冬酷暑，所谓“松柏品格”喻其高洁十分恰当。瘠薄的土壤，岩石的裂缝，冰冷的北国，酷热的江南，都能顽强生长。它腰直也好，被压弯了也好，被雷电劈了也好，用作观赏也好，用作材料也罢，当柴烧也好，当防护林也罢，它都任劳任怨，从容面对，铁骨铮铮。不管刮狂风，还是下暴雨，它发出的声音虽然单调，但绝无巧语、大话、空话，更无假话、鬼话，而似民间的疾苦声，更似科学发展的激励声。即使大雪重压，也决不弯腰，是那样坚持原则，表里如一，刚直不阿。

松树的“松”字取得好，是“木”与“公”两字组成，可以说是公正之树。它大公无私、刚毅顽强、正直挺拔的精神，它不怕严寒酷暑、狂风暴雪、干旱洪涝的意志，何等可贵、可尊、可敬、可爱、可学啊！

（2009 年 3 月 16 日于玉泉山）

今日春分

早晨散步，老伴说："今年是你在北京度过的第十七个春天，今日是春分，你就把这小院中的植物写一下吧！"

我在小院里边走边看边想。阳光灿烂，微风徐来，暖洋洋的。蔷薇、月季、玫瑰都已吐出尖尖的嫩芽，比着出风头似的。丁香枝头长出了许多嫩绿色的小叶，似乎要争当春天的领跑者。紫玉兰开的花大而艳，表现出玉树临风、独领风骚的傲气。海棠的长枝条随风摇曳，几片绿叶在那里卖弄风情。苹果树枝条上凸出来许多嫩芽，也在凑热闹。樱花树的嫩叶小而泛红，花蕊像一个个小紫球，似有些害羞。紫樱桃树芽苞挤满枝条，像个暴发户。金银花老叶未全凋落，新叶又长出了许多，好像告诉人们在新老交替。一串串的黄梅，虽有些姗姗来迟，却艳丽夺目。紫薇、石榴沉得住气，对早春不感兴趣。桂花树上叶子掉得不多，显得过于恋旧，但在褪去旧叶的枝头，嫩芽正往外挤，透出些蓬勃气。剑麻看似没精打采，也许是以柔克刚呢？向阳处的小草已变青，有的长了约两寸高，在微风中向同伴们招手，欢呼"春风吹又生"。

凌霄、柿树、葡萄、白果树对春分这个季节不那么敏感，也不知是谦让还是警惕倒春寒？当然，草木迎春也有先后，不能一哄而上。

我走到竹林旁看了许久，它们对我不理不睬，既不点头哈腰奉承，也不趾高气扬傲视；既不夸耀自己的气节和虚心，也不渲染自己的坚韧和廉洁。我突然想到“宁可食无肉，不可居无竹”。对住的地方是否有竹，不太在乎，但如果“三月不知肉味”，还真受不了。

（2009 年 3 月 20 日于北京）

凌　霄　花

我家种了几棵凌霄花。它的别名有紫葳、陵苕、女葳等。花、根、叶均可入药,凉血去瘀,治血滞经闭。其花粉有毒,易伤害眼睛。

白居易借写凌霄花,实为告诫人,不要像凌霄花那样“自谓得其势,无因有动摇”。要警惕“一旦树摧倒,独立暂飘飖”。凌霄花在唐朝就有种植,南方、华北和西北都有。庐山美庐别墅和玉泉山攀树的凌霄花很有年头,夏、秋依然开花。我家的凌霄花开得很美,它们攀墙疯长,只是到了冬天落叶后,样子的确像“委地樵”,不好看。但到了春天,嫩绿的叶子美极了,到初夏花开,盛期长达几个月。谁说花无十日红,此花开时夏连秋。

最使我感慨的是,河南南阳内乡县衙内那棵老资格的凌霄,把一株上百年的柏树活活缠死。柏树虽枯而不腐,透出刚毅风骨。得其势的凌霄似向游人张扬自己的本事,真不想望它一眼。

（2010 年 11 月）

美丽梦　（54. 6cm×39. 4cm，2013 年春）

喜见今朝大英雄　我们有个美丽梦　东升太阳照绿嫩　欢呼腾飞中华龙

那只小雀没精神　忧心神州艳阳春　挑衅制约有何用　我们高唱东方红

高歌道喜　(78.7cm×54.6cm,2021 年)

昔日野果难充饥 今赏菊花蜜桃味 太平高歌来道喜 祝贺我党一百岁

铁骨寒梅溢暗香玉兰方
显艳丽妆黄鹂高歌感觉
爽新时代有新思想
合作
二〇一八年元月

黄鹂梅兰图 （78.7cm×54.6cm，2018 年 1 月）

铁骨寒梅溢暗香 玉兰方显艳丽妆 黄鹂高歌感觉爽 新时代有新思想

欢天喜地 （78.7cm×54.6cm，2019 年）

红白桃花艳丽妆 枝头喜鹊高声唱 蜜獾回头侧耳听 新时代赞新思想

春舞蜓蝶　（54.6cm×39.4cm，2013 年春）

此花无日不春风 梁祝化蝶成美梦 蜻蜓着落瓜藤枝 画里寓含情意浓

秀外慧中　（54. 6cm×39. 4cm，2013 年春）

菏泽洛阳倾国花 鲁豫女子多佳话 期货智慧择夫婿 亦助英雄亦爱家

吉　祥　（54. 6cm×39. 4cm,2013 年春）

东山鞭炮振耳响 天空明月格外亮 画只朱鹮寓吉祥 人民幸福国家强

捕蛇鸟　（54. 6cm×39. 4cm，2013 年春）

从小厌恐各种蛇 掏窝捉鸟不伤它 羽毛浸酒滥杀人 科学证明是谬话

开新局　（54.6cm×39.4cm，2013年春）

松鸡在华说英语 好在有甲当翻译 乙气高傲不理会 丙想应该讲礼仪 丁伸脖子听好奇

小鸡个个很淘气 有伴有吃又游戏 小松要求留这里 众雌表态都欢喜 从此家族开新局

斗　鸡　（78. 7cm×54. 6cm，2014 年春）

装腔作势　有胆有识

真　味　（54. 6cm×39. 4cm，2013 年春）

齐鲁真味　难忘其香

瓜瓞绵长 子孙万代 （78.7cm×54.6cm，2015 年春）

两 登 景 山

4月17日,北京晴空无云,突然想去景山公园看看。我们从西门进去,公园古树参天,牡丹怒放,芍药含苞待开。记得半个世纪前,有年国庆节参加游行后,在景山公园看了不到十分钟,没有留下多少印象。

公园管理人员介绍,景山公园位于北京故城垣中轴线的中心点上,是元、明、清三代的御园,占地23公顷,山高42.6米,是皇城的最高点。我往山上登,走得很快,到五座峰亭的观妙亭,看到亭中有一座大石基,听说佛像被八国联军抢走了。历史记下了八国联军的可耻罪行,也记下了清政府的腐朽无能。登到山顶,俯视全城。近处,古老的紫禁城金碧辉煌,诉说着世事的沧桑;远处,现代化的高楼鳞次栉比,展示着首都的新貌。

在公园散步,碰到不少认识我的人,我向他们问好,顺便了解些民情。老人多为锻炼身体,有打拳的、唱歌的、跳舞的、吹奏乐器的,有站着坐着聊天的,也有不少照相的……他们怡然自得,看起来很满足也很高兴,堪为太平盛世。这昔日皇家园林,如今是人民的公园,诚如陈毅老总诗言“林泉从此属人民,清风明月不用买”。

昨夜下了雨,上午又到了景山公园。雨后空气清新,参天的古树苍翠郁郁,柏坚硬,松刚强,槐悲伤。万棵牡丹、芍药,微风吹动叶枝,似向游人点头,欢迎明春再来欣赏她们的雍容富贵、艳丽多姿。草坪似绒绿的地毯,叶上的水珠晶莹夺目。使我难忘的是一大片草芙蓉,实在太美:茎高两米多,一串串含苞待放和正在开放的花很迷人,让我想起了高蟾的诗“芙蓉生在秋江上,不向东风怨未开”。还有木芙蓉和水芙蓉,让我想起王荆公写的木芙蓉诗“水边无数木芙蓉,露染胭脂色未浓”,以及杨万里写的咏荷花(即水芙蓉)诗“接天莲叶无穷碧,映日荷花别样红”。

在下山的路上,看到标有崇祯皇帝自缢处的那棵树,想起了他勤奋好学,节俭律己,一心祈盼江山稳固,社稷兴旺,但迷信专断,多疑残忍,最终王朝倾覆,悬树自尽。我在此站立许久,阅研了碑文。崇祯于1627年8月22日继位,年仅17岁。他在位17年,本是明朝历史上一位有作为的皇帝,但这时的明王朝已像个行将入土的老人,四肢麻痹,行动不便,指挥失灵,王朝已濒临绝境。他采取措施,安民生息,削减宫中开支,剪除阉党,平反冤案。他最恨贪官,也不沉湎声色,用现在的话说,既廉洁又勤政,且品行端正。但他思想易反复,爱诿过,多疑,乖僻,暴躁,易怒,常常表现出不可控制的神经质。他起用袁崇焕,又中了皇太极离间计,将袁崇焕处死,自毁长城。在李自成攻陷北京时,他派太监趁混乱送皇太子出城避难,然后逼迫皇后自尽,亲手砍杀数位妃嫔、公主,继而在绝望中与太监王承恩登上煤山寿皇亭,卸下皇袍,咬破手指,在衣襟上愤然留下这样的话:“朕凉德藐躬,上干天咎,然皆诸臣误朕。朕死无面目见祖宗,自去冠冕,以发覆面,任贼分裂,无伤百姓一人。”①然后依其言,与王承恩相对而缢。历经276年的大明王朝终结于崇祯。此时是1644年4

---

① 见《明史》本纪第二十四。

月 25 日的黎明。正是:霸祖孤身取二江,子孙多以百城降。

归途中,我思索着:明朝灭亡,是崇祯生不逢时,大明江山已千疮百孔,病入膏肓,虽有明君能臣又何以扭转颓废之势?是个人的过错?是内忧外患的颠覆?还是专制制度腐败的必然?或许四者皆有。前事不忘,后事之师啊!

(2009 年 4 月 18 日)

三 进 北 海

北海的开发始于辽代,已有近千年历史,是我国现存最悠久、保存最完整的皇家园林之一。我先后三次到过北海公园。

第一次是 1963 年寒假,我到一个同学家做客,他父亲端了一小盘水果糖出来,大概只有八颗。我没有吃,心想,太小气了,坐了不到五分钟就要走。同学也不好意思,就同我去了北海公园。那天,北风呼啸,天空飘着雪花,湖面结了冰,树叶凋落,草木枯黄,游人稀少。只在园内待了十几分钟,就出来了。我走过北海与中海之间的金鳌玉蛛桥时,想到北海和中海、南海过去合称西苑,都是皇帝游休、居住、处理政务的场所。向南面眺望,雪花飞舞的冰面上一片蒙眬。从西四乘 31 路公共汽车,在五道口下来,到回民餐馆买了两个白馒头,边吃边走回清华园,那个年代这已是相当不容易了。

第二次是 2004 年 6 月 1 日,中央安排家宝同志和我到北海公园同孩子们游园,一群记者跟着。祖国的花朵在这里唱歌跳舞、写字画画、游园划船,公园满目绿色,湖上碧波荡漾,还看了演出。坐在我旁边的是研究导弹的专家,我们谈得很投机。走到哪里,都听到"爷爷,欢迎您!"喊我"爷爷"已丝毫不夸张了。孩子们是今天的花朵,也是未来的希望。中华民族就是这样代代传承!

第三次就是这一次,闲适从容,走走停停,逛了半个多小时。

公园人山人海，歌舞升平，欢声笑语，白塔生辉，树绿水碧，曲径通幽，景致是那样的令人心旷神怡。

初去北海时是穷学生，没有赏景的情绪，更谈不上什么兴致；再去北海时公务在身，游园联欢，属于工作性质，是去“完成任务”；唯有这一次去是一个去职赋闲的老人，很自由，很随意，很放松，没有前呼后拥，我已是游客中的一员了。从第一次到北海至今已近四十六年，我不仅目睹了公园景色的变迁，更感受了游客心情的变化。看到人们丰衣足食，自由祥和，我深深地被周围的情绪感染，沉浸其中！我为可爱祖国的首都感到高兴的同时，想到祖国的北国南疆，不也正在发生着天翻地覆的变化，56个民族不也正在普天同庆吗！

（2009年6月2日）

老胡同　（78. 7cm×54. 6cm，2014 年冬）

六十年代初，到北海一撇家玩，当时的胡同破旧，但见瑞雪下的景色，却亦诱人，留下的印象颇深。

梦里故乡　（54.6cm×39.4cm,2013 年春）

三鹤三船三农家　有树有草有鲜花　山下一库洁净水　此景如何敢涂鸦

过洞外出看繁华　梦里依稀美如画　心静淡定厌嘈杂　离别经年总念她

多彩梯田 （78.7cm×54.6cm,2015 年 1 月）

胡　杨　（78.7cm×54.6cm，2013 年深秋）

耐寒、耐旱、耐盐碱、抗风沙，有很强的生命力，被人们誉为“沙漠守护神”。

游 园 乐

退休后，闲来无事，除了景山、北海外，还先后去看了天坛、青年湖、海淀、朝阳等几个公园。

5月22日去了天坛公园。我不知道天坛这么大，占地四千多亩，比故宫还大，主要建筑有祈年殿、皇穹宇、圜丘，几组祭祀的古建筑，金碧辉煌，保存完好。还有一个斋宫，规模很大，典雅清幽。这里古树参天，苍翠浓郁，有很多侧柏、桧柏、圆柏和成片的古松。青草绒绒，似铺在地上的绿毯。

虽说今天的游人不算多，也有五六万。有跳舞的、打太极拳的、舞剑的、下棋打牌的，还有跑步、练歌的，更多的在散步聊天。有的人认识我，问："你是吴书记吧？"我说："不是。"有的说："你是吴官正！"我说："是！"我想，早就废除了职务终身制，哪能退休了还顶着书记的帽子？不少游人友好地向我点头挥手，我也向他们还礼问候。

我想起了汉、唐建都长安，元、明、清建都北京，都是大朝廷。而在洛阳、汴京、金陵、杭州建都的多是小朝廷。洛阳"唯有牡丹真国色"，汴京"春风杨柳太师桥"，金陵"秦淮水榭花开早"，杭州"花开红树乱莺啼"，偏安一隅，不思进取，贪图安逸，追求奢华，沉溺酒色，寻欢作乐，是不是短命的一个原因？

6月21日去了青年湖公园，水面碧波荡漾，参差不齐的树木，郁郁葱葱。

这里是儿童的乐园，天真活泼的孩子在这里滑水、乘游船、坐“直升机”、开“火车”、爬塑料充气山……看到他们幸福快乐，想到这些祖国花朵受到精心呵护，健康成长，感到十分欣慰。同时，也想起自己童年的苦难，感谢共产党解放了我，拯救了我。还想到这些孩子们长大成人后，一对年轻夫妻供养双方几个老人，负担很重，又有些担忧。

老人们多为散步，也有不少人在优美的音乐声中翩翩起舞，潇洒自如，过着幸福的晚年生活。青年人不多，男青年更少，大概他们都利用假日在家休息，或仍在忙碌挣钱养家，或加班工作，或创业开拓……

6 月 22 日去了海淀公园。上世纪 50 年代我就读清华时，就是海淀区的居民了，但海淀公园建成后，却从未去过。元代初年，海淀镇附近是一片湖水，沧海桑田，后来水干了，逐步开垦。1959 年入清华读书时，学院路两旁都是菜地，这个公园过去曾是农田。

看到“万柳园”的牌子，一大片柳林映入眼帘，叶子青翠欲滴。因是炎夏，已不是“不知细叶谁裁出”那样的景色。走到木桥上，水中蒲草菁菁，岸边石头总总，这“磐石蒲苇”的景色，使我想起了《孔雀东南飞》中焦仲卿和刘兰芝的悲凄故事。再往前走，是桃树林，此时的桃树没有多少诗情画意。往左拐，是一片竹林，偶见一两只蝴蝶，“我自不开花，免撩蜂与蝶”。这里的花不多，但有一丛月季，开得很艳，说此花无日不春风，也似太夸张了。

大约走了一小时，我们在凳子上坐下来，看到湖水荡漾，湖边站着一些好像在比美的靓女俊男，我陡然偶成几句：“难为湖水四时清，少见风波多见情。倒影疏疏迷人意，莫道聚首还须寻。”

我看到几棵元宝枫，是那样翠绿；到了秋末，霜叶红于二月花；到初冬，就是无边落木萧萧下了。这里的冬天，不会太吸引人，但湖水结冰，肯定会有人来滑冰！

7月9日，买了门票进朝阳公园。路边树木苍翠，在树荫下走，胜似闲庭信步。记得2004年春，我曾在这里植树，但栽的什么树，栽在哪里，记不起来了。

一个年近花甲的妇女，用童车推着一个不到两岁的小男孩，她认出我来并主动与我搭讪："这孩子是混血儿，他爸爸是德国人，在大众汽车公司工作，他妈妈同他爸爸在一个单位。"我说："这个小孩长得很好看。"她说："是的，皮肤像他妈"，并要小孩叫爷爷。小孩叫了，我高兴地应了。心想，这是中德友谊的结晶。她又说："很遗憾，没带相机来，握个手好吗？"我说："好，谢谢。"临别时她说："请保重，多为国家作贡献。"我心想，退下来就是贡献嘛。

在返回家的路上，我向车外张望，千姿百态的高楼鳞次栉比，气派极了，变化真大！回想我刚入清华时，听到介绍北京十大建筑，非常兴奋。现在北京十大建筑是哪些？我想：国家大剧院、首都机场新航站楼、北京南站、鸟巢、水立方……数不清了。

（2008年7月12日）

山 路 漫 步

早饭后，去一条偏僻山路散步。顺眼望去，山是青的，树是绿的，房是新的。路遇一位五十几岁的提篮妇女，很热情，请我们吃她篮子里的鸭梨、板栗和大枣，看得出来很真诚。我问她家里的情况，她微笑着说："儿子是教书的，儿媳是保险公司的，孙子在读书，我和老伴在家，一年收入六千元左右，生活挺好的。"停了一下又说："大家都生活得好，你们吃吧。"我没有吃，但却心存感激。她的质朴、善良和满足，令我高兴。

山路两边，有许多美丽的牵牛花，随微风轻轻摆动，似乎向我们点头微笑。山坡和地里的桃树有的还挂着累累果实，板栗树上的果子有的已笑着裂开。李树上紫色的李子像个小球，在那儿比圆。枣树上的青枣、红枣挂满枝头，更有相间红果、柿子点缀得像幅风景画。老伴喜欢蔬菜瓜果，看到树下的茄子，有个大约有三斤重，啧啧赞叹；看到红萝卜拔地而起，驻足不前，想看个究竟；还有大白菜、脆黄瓜、紫豆角、绿大葱……看得入神。

回来的路上，一个四十岁上下的妇女拦车，要我们带她到前面去，我说："把门打开，请她上来。"在车上，我又想起 1986 年到赣南的一个农村调查，乡里的同志带我去看橘园，约百亩的果园，用高高的围墙围起来。还向我提出，希望拨些钱给他们，说要扩大果园，筑起围墙防偷。我压着火气说："你们这里荒坡很多，把橘、橙发展起来，家家都有橘橙树，谁去偷呢？小孩吃个把水果不叫偷，叫摘。”饥寒起盗心。地里这么多好东西，并没有人偷，印证了我曾在赣南说的话，心里很踏实。

看到京郊农村经济发展，社会安定，生态良好，丰衣足食，我又想起了1965年。那时北京最穷的郊县是延庆和平谷，如今民富县强，同样是平谷的山里人，为什么变化这么大？是改革开放的政策好，是社会主义市场经济体制好，解放了生产力，人们的积极性高了。我想，我们前进中还有许多困难，只要认真落实科学发展观，处理好发展、民生和生态的关系，明天一定会更加灿烂，人民的生活也一定会更加美满！

（2008年9月18日于平谷）

寒　梅　(78.7cm×54.6cm,2018 年 1 月)

一树寒梅红玉条 迴临村路傍溪桥 不知近水花先发 举目才明雪已销

春风浩荡　（78.5cm×54.4cm,2019 年）

云满山头树满溪 春风浩荡绿初齐 若教此地迎旅客 我也携家傍水西

春回神州　（78.7cm×54.6cm,2017 年冬）

洗尽铅华不染尘 冰为骨格玉为神 红霞洒满中华地 迎来神州又一春

不只是踏青

今天上午，春光明媚，云淡风轻。我同老伴兴致盎然地参观了水立方、鸟巢、玲珑塔和奥林匹克森林公园。

水立方我以前从未到过。这个建筑构思巧妙，且应用了大量新的科技成果。它的框架结构很轻，只用了 6000 吨钢材。外包的膜是用聚四氟乙烯压制的，耐热、耐寒、耐辐射、耐老化，俗名叫“塑料王”。这里似乎很有魔力，游泳打破多项世界纪录，书写了一段世界游泳史上的传奇。造价十多亿的场馆，绝大部分资金都是爱国华人华侨捐赠的。

鸟巢我曾在奥运会期间去过四次，都是傍晚时分。这次是白天，风和日丽，视线格外清晰，远远望去，容纳八万多人的体育场，造型别致，雄伟壮观，喻示着会从这里飞出金凤凰，腾起中华龙。

水立方、鸟巢既有阳刚之壮美，又有柔和之秀美，不愧是北京奥运会极具标志性的建筑！

随后，我们又乘电梯登上 99.8 米高的玲珑塔，奥运场馆周围的景物尽收眼底。高楼林立，河水清澈，道路宽阔，嫩黄的草坪和正在吐芽的树林，构成一幅极美的风景画，令人赞叹和陶醉。

走进森林公园，想起曾来这里植过三次树。当时来去匆匆，印象不深。这一次从容闲适，轻松观光，方知公园很大，占地 680 公顷。我们坐电瓶车游览，偶尔也下来走走，满眼新绿一望无际。柳条刚长出嫩芽，泛着微黄；碧桃树一串串灼红的花，妖艳美硕；李树的白花，展示着素雅高洁，一派生机盎然的景象。

栾树吐绿芽，枫树发嫩叶，银杏凸小苞，白蜡树、意杨树绿叶满枝。刚刚有些返青的草地，却给人草色遥看近却无的感觉。油松苍翠，地柏葱绿，还有那淡黄色的一串串的连翘花，向人点头示好。轻风拂面，柔和而温暖，使我真正体会了"风日晴和人意好"的诗意。

我们穿过杨柳林，来到仰山。过去并没有山，人们挖了一条河，造了一座山。河水清澈见底，水草丛生，金鱼欢游，水面平如镜，倒影美如画。几座风格迥异的木桥和石桥，既点缀，又实用，宛如小桥流水的江南。这里的水是中水，湿地上种了许多芦苇，能起截污渗清作用。山下剑麻，有阳刚之气，就连荆棘条上的串刺，我也很欣赏。几种兰花幽香扑鼻，沁人心脾。皱瘦透漏的太湖石和稳重厚实的泰山石同被搬来落户，姿态各异，相得益彰。

环境适宜，筑巢引凤，今后飞禽走兽可能会越来越多，再有些娇莺、老鹰、野鸭、天鹅、松鼠、麋鹿等，更会增添和谐美、动静美。

今天是工作日，很少看到中青年人，老人比较多，也有不少幼儿园的小朋友，在老师的照看下，个个像小天使一样快乐。主动喊爷爷、奶奶、叔叔、阿姨，童声悦耳，亲切纯真。他们是春天的花朵，祖国的未来。

春是美的源头，诗是美的化身。"传语风光共流转，暂时相赏莫相违"，最能表达我此时的心情。寄语春光美景，相期共赏不离，实乃人生之福。

（2009 年 4 月 9 日）

逛街遐思

今天下午，在一股好奇心驱使下，我和老伴去前门步行街看热闹。从街的北头到南头，一共有147家店铺，房屋错落有致，门面各式各样，招牌惹人注目。这里虽旧貌换新颜，仍显古色古香。“全聚德”、“一条龙”、“张一元”等老字号已开张营业，大多数门面还在装修，街上游人熙熙攘攘，一派繁华景象。

街道两旁店铺里的商品种类多，价格低，买的人不少。我去两家商店看了看，清仓处理的服装一件只需要5—79元，烤鸭15—18元一袋，那些石雕玉雕也不贵。这时，我想起了自己的工资，要拿三个月发的钱，到这里买也好，捡也好，大概可以淘回一大堆呢。

在回家的路上，我想了许多，记起曾见过滨河公园立的蓟城纪念柱，题文为：“北京城区，肇始斯地，其时惟周，其名曰蓟。”蓟城由燕国的都城演变为唐代的幽州城，辽代升幽州城为陪都（称南京），金为中都，元为大都，明代和清代为北京。从建蓟城到现在已有三千多年历史了。

新中国成立之前，北京城受到过三次大的破坏，英法联军洗劫并纵火焚烧了圆明园，畅春、清漪、静明、静宜等皇家园林也遭受了毁灭性的灾难。八国联军攻入北京后，到中南海、北海、景山、颐和园、天坛等地驻扎，前门和紫禁城遭到炮轰，许多寺观、王公府第和店铺遭到焚毁。辛亥革命后，北京古城风貌基本上还是完整的。袁世凯当选为中华民国临时大总统后，不愿到南京就职，唆使曹锟纵兵在内城四处放火抢劫,又造成了很大破坏。此后,北洋军阀一直掌握着北京政府,时间长达16年之久,谈不上什么维护和建设,却对北京的城墙、城门等做了许多破坏性的拆除和改建。

1949年1月,北平和平解放,这座古城幸免于战火。新中国成立后,著名的建筑专家梁思成和陈占祥为古城保护,共同撰写了《关于中央人民政府行政中心区位置的建议》,提议新北京建两个中心区:一个是旧城中心区,一个是西侧的行政中心区。可惜的是,该建议被否决,拆除北京城墙和城门的脚步逐步迈开。1957年,拆除城墙之举曾出现小的转机,国务院应文化部的请求,通知北京市暂停拆除。然而到1958年,北京市作出了拆除城墙的决定,内城城墙开始拆除,一些牌楼等因为"妨碍"交通,也遭拆除。如果那时的决策者能够认识到梁陈建议的价值,把城墙保留下来,城内整旧如旧,保持原貌,今天的北京会风格卓然,世无二致,成为世界上最具特色的古都。"历史的经验值得注意",相信今后的决策者们会虚心听取意见,特别是专家的意见,集思广益,择善从之。既要考虑当前,更要着眼长远;既对历史负责,又为后代负责。

纵观新中国成立近六十年,北京在各方面的建设成就都很了不起,特别是改革开放三十年来,北京的面貌日新月异,高楼林立,越来越现代化。但正如张仁忠先生说的,遗憾的是,北京古城的城墙和城门没有了,许多历史古迹也不见了。但是,我们又看到一个事实,走过一段弯路之后,目前北京十分注意保护现有的历史文化遗产。想到这里,既感到遗憾,又有些许宽慰,相信北京的未来更美好!

(2008年9月12日初稿,2009年10月修改)

清晨散步

今晨出去散步，走了一段平路后，开始登玉泉山。十多分钟后，来到了“资生洞”前面的小院。相传不能生育的妇女，在此求神，就能生儿育女，繁衍后代。“资生洞”壁间，镌刻有清高宗书写的《心经》一篇。此经刻嵌入洞内，显然是为了表示他对佛的虔诚。

记得12年前也来过这里，那时，上山的路是碎石块铺的，坎坎坷坷，如今已是修得很好的水泥石阶，道旁的树比那时明显多了、高了。当年院墙、走廊和洞前的四角小亭破烂不堪，洞也是空的，前年小院经过维修，焕然一新。院中的华山松苍翠郁葱，依然刚毅挺拔。洞里已有一座大理石佛雕，有人在它身上披了一块红布，大概是希望保佑国泰民安吧。

我站在小院，仔细观赏小亭，南面东西两条向上翘的外露椽头，彩绘开始褪色，漆皮斑驳绽起，露出的褐色木头上有长短深浅不一的裂缝，椽头已有腐烂的痕迹。椽伸在外，日晒夜露，风吹雨打，默默无闻，无怨无悔。

从西边小门下山时，没走几步，一轮金白色的太阳升上山巅，外圈镶有一个很大的土红色的圆环，再往外是渐渐淡去的土白色的光。阳光照射在树梢上，自然会让人想起“万物生长靠太阳”。

向东眺望，寻找颐和园，远处雾气弥漫，什么也看不见，顿时对“不畏浮云遮望眼，只缘身在最高层”的诗句有些疑问了，浓雾笼罩，站得再高也看不清啊。又向西瞭望，苍翠的西山像条正在腾飞的巨龙，雄伟壮观。再向山下俯视，湖水碧绿，微风泛起涟漪，倒影清晰迷人。抬头仰望，天高云淡。收目静观，有些树叶已发黄，偶尔还见到几片落叶。野枣树上挂着许多红色的小枣，柿树上吊着累累橙色的大柿子，似乎在提醒我们这是收获的季节。

住地西边高大的杨树枝上，有几只喜鹊站在那里喳喳叫，给人以喜相聚的感觉。杨树随气候的变化也真大：春分前后，落光了旧叶的枝头，长出了许多像毛笔头那样的芽苞，上面有乌鸦、喜鹊、黄鹂跳跃，好像在欢呼春天的到来。盛夏时节，杨树新枝旧条上挤满了郁郁葱葱的绿叶，简直是绿色的“长城”。中秋刚过，高树梢头的叶子被秋风扫掉了一些，那没叶和只有少许叶的疏枝显得挺精神。

观景静思，想起俗语“外露的椽子先烂”，然椽子外露任风雨剥蚀却并非因其主动出头。我倒觉得那些外露之椽自有其可贵的牺牲精神。“树大招风”，我们民族复兴的征途上不会一帆风顺，还会有各种挑战和风险。我们更要谦虚谨慎，韬光养晦，继续解放思想，集中精力加快发展，不断壮大自己。

（2009 年 10 月 5 日）

秋游姑苏

在苏州住了几日，参观了紫金庵、王鏊故居、雕花楼、灵岩山、山塘街、留园、虎丘山等名胜。这是个既古老又现代的城市，是一部读不完、品不尽的大书，真可谓“上有天堂，下有苏杭”。

紫金庵坐落在深山幽谷之中，依山而筑，松竹幽深。庵内保存的泥塑像，传为南宋民间雕塑高手雷潮夫妇所作，色彩艳丽，栩栩如生，“各观妙相，呼之欲出”。其中“华盖、经盖、慧眼”，突出了织物的质感和人物的精神，被誉为塑中三绝。

东山惠和堂是王鏊故居，规模宏大，这座明末清初建的大型殿式建筑，为古时官宦宅第的代表，占地三千多平方米，主体建筑格局为五进三路。惠和堂各种砖雕、木刻和堂匾的文化内涵极为丰富。“惠和堂”的意思是“给人恩惠，世代和睦”。“笑鸿草店”匾额的意思是“谈笑有鸿儒，往来无白丁”。

王鏊曾任明代正德年间宰辅，六十二岁退休居家，其后代英才辈出，至今还有王大珩这样的著名科学家。在封建专制社会，尤其在血腥的明代，他主动归隐，始能善终，实不多见。在官场正春风得意，却功成身退，这是智慧和勇气的表现。他对“靡不有初，鲜克有终”有深刻的理解，算一个了不起的人。我自以为是理解他的，便说了几句：“东山路边芙蓉花，陆巷渡口迎朝霞。岛公鏊君似有缘，寒舍赛过王叶家。”

雕花楼自1922年动工到1925年竣工，历时三年，花费了七百多两黄金。在整体设计上中西结合，以中式为主。此楼的花园很小，只有18.5平方米，呈狭长方形，为国家保护文物。

灵岩山巨岩嵯峨，怪石嶙峋，物象宛然，得于仿佛。山南峭壁如城，相传吴王在山上曾筑有石头城。有昂首攀游状的石蛇，敲打有声的石鼓，状若发团的石髻，伸首隆背的石龟，两耳直竖的石兔，形影不离的鸳鸯石，埋头藏泥的牛背石，隐身探头的蛇头石，俯首饮水的双牛石，状若仙人的和合石，形如蒲鞋的草鞋石等，惟妙惟肖，意趣横生。

山塘街几百年来基本保持原貌，一条小河，两岸店铺林立，小桥木舟，倒影如画。留园与颐和园比秀，与承德避暑山庄比灵，与拙政园比巧，精雕细刻，假山荷池，青瓦白墙，对联横额，古色古香，令人难忘。虎丘山有真娘坟、剑池、虎丘塔、苏派盆景、王岩墓等。传说、故事引人入胜。还喝了虎丘茶，心旷神怡。

途中，隔车窗望去，太湖烟波浩淼，岸边芦花似雪，白茫茫铺在绿坪上；垂柳袅袅婷婷，似姑苏少女；无日不春风的月季，笑逐颜开；不向东风怨未开的芙蓉，艳得梨花杏花桃花含羞；从水中惊起的水鸥，像与汽车比赛。运河上，木船划波，船工微笑，还有东山的红橘、夹竹桃、枇杷树等，相映成趣，十分和谐……悬于天地之间的这幅画图，着实令人赏心悦目，流连忘返。

自唐以降，苏州富庶上千年。人才辈出，胜迹无数，故事传说更是处处皆有，令人神往。在这里参观，使我更感到世事沧桑，物是人非。家境好，教育好，后代会有所作为；一个拔尖创业人物的出现，对其家族的影响深远。兴衰荣辱寻常事，进退显隐淡处之！人这一辈子，只要努力学习，自强不息，厚德载物，多为人民干好事，就不枉此生。

（2008 年 10 月于苏州）

印　象 （78.7cm×54.6cm，2016 年 12 月）

故乡渔池湖冬景一隅印象

无　题　（78.7cm×54.6cm，2014 年冬）

鹤寿松龄　（78. 7cm×54. 6cm，2015 年 1 月）

盈盈一水间

很小的时候就听说过牛郎织女的爱情故事。12 年前，我第一次来沂源县调研，就知道境内流传“天上银河，地下沂河”的说法，很想到织女洞看一眼，但公务在身，只好作罢。

这一次到沂源，再不能错过机会。参观山东药用玻璃股份有限公司后，怀着急迫的心情，在慧晏、清利①等同志陪同下，驱车 15 公里来到牛郎织女旅游文化景区。我们先来到牛郎织女民俗展览馆，讲解员介绍说，《诗经》中周王朝的“大东”所描述的地理位置，横跨今山东临淄、曲阜一带，而沂河上游的沂源县正介于临淄、曲阜之间。汉代《迢迢牵牛星》以诗文的形式艺术地表现了牛郎织女为爱情折磨的相思与愁苦，“迢迢牵牛星，皎皎河汉女”，“盈盈一水间，脉脉不得语”，至今仍广为传诵。白居易的诗中，亦有唐明皇和杨玉环七七盟誓“在天愿作比翼鸟，在地愿为连理枝”之绝唱。

我们在七夕爱情广场正看得入神，讲解员又领我们去参观“世界爱情邮票博物馆”。走到里面，大开眼界：世界第一枚邮票是英国 1840 年发行的，上面印有维多利亚女王十八岁时的侧面像，美丽端庄，风采动人；世界第一枚爱情邮票是美国 1973 年

---

① 慧晏、清利，即刘慧晏、周清利，当时分别担任山东省淄博市委书记、市长。

发行的，由“LOVE”四个字母组成的图案，就像一个女人依偎在一个男人身旁；我国第一枚爱情邮票是中国人民邮政1983年发行的，取材于戏剧《西厢记》；我国第一张牛郎织女爱情传说故事邮票是1994年在香港发行的，上有“鹊桥相会”、“七夕”字样和图案。这里共展出了136个国家3200多种20余万枚爱情邮票，是国内外品种、数量最多的。许多图案上是玫瑰花、可爱小动物等，构思巧妙，富有民族和地域文化色彩。

还没看够，讲解员又把我们带到织女洞迎仙观，这里生长着一株千年古银杏。让人叹为奇观的是，这棵树上的大部分果实都结在叶片上，极为罕见。树下的三王庙，香火缭绕。旁边的九重塔，诉说着日寇侵略者的残忍。情人谷“抬头可见山景，俯首能赏美色，侧耳能听水声，伸手能触清泉”，传说这里的织女泉，是王母娘娘流不尽的眼泪。

最后，讲解员领我们来到织女洞。我抬头望大贤山，重峦叠嶂，悬崖如削，巨石嵯峨，松柏森列，石鸟翔集。向下看时，沂河和白马河成人字形，河的对面是牛郎庙，现已修复。讲解员说，“人”字形的河与雄伟的山，正好构成一个“仙”字。这一片地势开阔，景色迷人，引得织女在这里下凡。传说牛郎叫孙守义，与织女生有一双儿女。这座庙所在的牛郎官庄村民全都姓孙，自认为是牛郎的后代。我站在织女洞前，细看洞的外观，认真阅读王松亭在嘉庆二十年写的诗文，觉得“仿佛星河垂碧落，依稀牛女降人间”的诗句非常贴切。我说，这里的山，看起来像一个刚出浴的少女，正仰卧在河边。讲解员说，真像，这是您的发现，以前没有看出来。

科学告诉我们，牛郎织女的传说，只是个美好的神话而已，但人们的浪漫诗意和想像力并不会因为科学发展而消失。童话和神话故事可以激发少年人的幻想憧憬，减缓成年人的紧张压力，是开阔思维、寄托情感、增添知识的引擎。

中国五大著名民间传说《牛郎织女》、《孟姜女》、《梁山伯与祝英台》、《白蛇传》和《天仙配》，共同的特点，一是情节曲折美丽，二是结局凄婉缠绵。前两个传说在淄博境内说得神乎其神，传者津津乐道，听者有滋有味。因毕竟是传说，则当然有争论，但我国古代人民的丰富想像力和善良美好的愿望，却是不争的事实。

这里到处有动人的故事、美丽的传说、诗歌的原料、现代的创造，这一切的一切，给我留下了深刻而又难忘的印象。2008年6月，沂源"牛郎织女传说"列入国家非物质文化遗产名录，沂源县被中国民俗学会授予"中国牛郎织女传说之乡"称号。我相信，经过勤劳巧慧的沂源人民精心装扮，牛郎织女景区这个"中国爱情文化发源地"，一定会更加美丽迷人。

（2009年11月25日于沂源新城宾馆）

潍 坊 欢 歌

11 月 26 日，吃过早餐，离开沂源前往潍坊。车在高速公路上奔驰，我兴致勃勃地向窗外张望，高速公路两旁的银杏、杨树叶子已凋落，但枝干遒劲，精神得很；雪松、冬青经过大雪和严霜的洗礼，仍然苍翠碧绿。市长许立全介绍了这几年潍坊落实科学发展观的情况，我听得入神，不觉到了第一个参观点。诸城恐龙谷地质公园的化石长廊长 360 米，均深 26 米，呈 45 度斜坡分布。化石丰富密集，种类齐全，保存完好。如此庞大而集中的化石群，属于世界级的自然地理奇观，被中外专家誉为“世界恐龙化石宝库”，已获得国家地质公园资格。我问：“恐龙到底是怎么灭绝的？”一旁的专家说：“还没有定论。”当地的同志告诉我，准备在这里组装 100 具恐龙化石骨架。我说，可否装 108 具？因为 108 是 9 和 12 的乘积，表示多的意思。市里的同志觉得可以考虑。

我还在想像 6500 万年前恐龙灭绝时的恐怖景象，车已到了“民间艺术收藏馆”。一边走一边看一边问，楼上楼下各种文物珍宝，令人目不暇接。收藏家窦宝荣同志介绍，他的先祖窦光鼐曾任礼部侍郎，当过嘉庆皇帝的老师，到他已六代，家里不存钱，只收藏。目前已收藏佛像上万尊，古钱币、金银器、陶瓷珍品、古籍图书等各类藏品近百万件，其中战国青铜鼎、唐代金佛造像、宋代金制执壶和金娃娃、辽代金制凤冠和金制版画等，都是绝世珍品。得知正在建造博物馆以保护陈列，我欣慰地说：“是应当抓紧建个馆，把这些藏品保护好。”我为他的理想、情操和执著精神所感动，写了几句话：“珍宝无数，功德无量——赠物质和精神都富有的窦宝荣同志。”他接过我写的字，淡然地说，“我精神确富有，其他都没有”。

我对诸城的同志说，这里出了许多名人，如赵挺之、刘统勋、刘墉、臧克家等，真是人杰地灵。一位同志自豪且幽默地接上说，我们诸城是“舜帝的老家，孔子的亲家，易安的婆家，润之的翁家”，其他就不一一介绍了。我听了点头微笑。

下午参观刘墉家乡的板栗园。该园占地近两万亩，尚存明清古树3600多棵，年产板栗2000多吨。有几株据说是刘墉栽种的，村民视为神树，在上面抛挂红绸带，祈求平安吉祥。我们兴致盎然地在树林里漫步，冬季的板栗园，虽显得有些萧瑟，但也别有一番情趣。

27日上午，先到潍柴参观，了解到企业销售收入十年增长了一百倍，今年可达600多亿元，利润约50亿元，2012年销售收入要达到1000亿元。我想，潍柴能够实现又好又快发展，得益于国家的好政策、公司领导层的管理能力和全体员工的不懈努力，还有地方政府的大力支持，尤其是他们不迷信权威，重视人才、重视创新、重视诚信、重视合作，最难能可贵。我相信，今年花胜去年红，明年花比今年好，他们的发展目标一定会实现。

然后，我们去虞河风景公园和白浪绿洲湿地公园游览。张新起①同志说，这里原来污水横流，杂草丛生，近几年经过绿化栽植、水系重构和景观建设等大规模综合整治，似有“亭台到处

① 张新起，时任山东省潍坊市委书记。

皆临水，屋宇虽多不碍山”的格调，为这座城市增添了诗情画意和人文情怀，真是人在画中走，心在湿地飞。走在湖边小道上，谈到这里翻天覆地的变化，想到安居乐业的人民群众，也忆起郑板桥在这里任知县时的爱民诗句，戏借韵郑老头一幅墨竹上的题诗，凑了几句：“何须卧听萧萧竹，耳充欢歌笑语声。为民务实又清廉，一言一行总关情。”

写到这里，又联想起从唐高祖武德五年(622年)到清光绪三十年(1904年)，共有文状元592人；武状元从宋神宗熙宁九年(1076年)到清光绪二十四年(1898年)，共168人；而潍坊就有9位文状元、2位武状元。仅此可见，这里的人是中国最聪明人中的一部分。现在经济条件好，干部群众更重视教育投入，许多人在学习和实践中增长才干，一些出类拔萃的人物正在茁壮成长。改革开放以来，潍坊人民敢为人先，敢于创新，大胆推进农业产业化、股份合作制等，如今到处莺歌燕舞、欣欣向荣、生机勃勃，正在努力把科学发展观落到实处。

28日上午，我们到黄楼花卉市场参观。这里集花卉的种植、销售、运输于一体，是江北花卉生产基地和集散中心，每年举办一届高档次的花卉博览会和交易会。市场上展示着各种时令花、盆花、绿化苗木、地披植被，简直是花卉的海洋、草木的世界。

在潍坊的三天，看得振奋，听得兴奋，吃得也有味。鸡架子、咸豆腐、手撕饼、朝天锅，不但有独特口味，还有地域美食文化，令我欲食又止，欲止又食，在放纵嘴巴与担心体重增加之间为难，好在时间不算长，否则爱享口福，又怕发福，自找麻烦又怕麻烦。

(2009年11月28日于青州颐寿山庄)

又到黄河入海口

今天,我们参观黄河三角洲国家级自然保护区。汽车在宽阔的公路上飞驰,透过车窗向外望去,气派的厂房和整齐的农田,园林般的小区和一眼望不到边的湿地……虽是匆匆掠过,还是给我耳目一新的感觉。东营市市长张建华说:"十年前,您来东营的时候,广利河污水横流、杂草丛生,现在河水清澈、草肥鸟欢。由于养殖黄河大闸蟹、海参、甲鱼、刀鱼和大虾等,发展了优质高效农业,农民生活有了很大改善。当时,许多农民住的还是土坯房,现在绝大多数建了砖瓦房。"我听了非常高兴。

刚过"枫叶荻花秋瑟瑟"的时节,我们漫步在湿地景区的木走廊上,柳树、芦苇秆叶苍黄,随风摇曳;湖水清澈透底,成群的天鹅、白鹭、沙鸥、野鸭,或翱翔蓝天,或栖息水面。我登上瞭望塔,极目远眺,美不胜收。讲解员自豪地向我们介绍,这里独特的地理位置和自然环境造就了融广阔、纯朴、新奇、野趣为一体的黄河口景观、湿地景观、草场景观、鸟类景观和滩涂景观。春季柽红柳绿,夏季碧波荡漾,秋季芦花飞雪,冬季银装素裹。她停了一下,又美美地诵诗似地说,黄河浑黄,浪花雪白,大海碧蓝,在这天与地、河与海的交汇处,丰富的色彩描绘着历史与岁月的和谐。

这已是我第四次来黄河入海口了。

1997年5月,我刚到山东工作一个多月,就踏上了这片神奇的土地。看着滔滔黄河卷着泥沙滚滚东来,在这里汇入大海,想到"黄河之水天上来,奔流到海不复回"的诗句,领略沧海桑田的变迁,心潮起伏。虽感到有些荒凉,但也看到蕴藏着巨大潜力。当时的东营市主要领导①对我说:黄河三角洲每年增加土地三万亩,这里是共和国最年轻的国土;但20世纪70年代到90年代,黄河下游连续22年出现断流,造成海岸蚀退严重,天然湿地大面积萎缩退化,湿地质量和生态功能降低。我说,黄河三角洲是块宝地,开发前景诱人。这是我省跨世纪重大工程,对山东和东营的发展,都至关重要,要搞好规划,制定政策,依靠科技,多方融资,综合开发,争取国家支持,加快工程的实施步伐。

我记得1999年6月,江泽民同志一行来到东营,视察油田,看望职工。当时的黄河三角洲,草木葱茏,生机勃勃。他听了我们的汇报后,作了重要指示,我至今记忆犹新。他强调:黄河三角洲石油资源丰富,土地和海洋资源充足,生物资源多样,蕴藏着巨大的开发潜力,一定要抓住机遇、用好机遇,有计划、有目标地合理开发,把经济建设、生态建设和社会发展结合起来,建设环境优美、经济繁荣的新经济区,实现可持续发展。随后又来到清七段面处,听取了市里关于黄河入海口治理及黄河防汛工作准备情况的汇报,然后登上瞭望台,用望远镜眺望,看着奔涌的滔滔黄河,意味深长地说:"不登高不能望远哟!"在这次考察中,应东营市委领导的请求,他欣然题词:"艰苦奋斗、开拓创新,加快黄河三角洲的建设和发展。"

---

① 指国家森和阎启俊,当时分别担任山东省东营市委书记和市长。

我又想起2002年盛夏，朱镕基同志在郑州主持召开了黄河防汛工作座谈会，随后顺河而行，来到山东。他察看了黄河济南段之后，我又陪他来到东营，并实地考察了黄河入海口。他看到这里丰富的土地资源和适宜的气候条件，高兴地指出，现在造纸工业缺乏木浆，因为天然林禁伐，木材越来越少，大量进口木材越来越难。造纸工业要发展，不能没有木浆。你们论证一下，河口地区新淤积的大面积土地能否种植速生林？随后他登上临河的瞭望塔，拿起望远镜，深情地观察眼前一望无际的新淤地，又嘱咐我们要抓紧研究，制订方案。他的要求正在落实，东营市林浆纸一体化项目有了很大发展，为华泰集团配套的速生阔叶林已达到40万亩。

东营市多年来坚持在保护中开发，在开发中保护，加强湿地生态保护和修复，维护了区域生态安全。他们依托东营港规划建设临港产业区，依托国家级自然保护区规划建设生态旅游区，依托百万亩滩涂建设生态高效农业区，取得了显著成绩。1997年以来，黄河携沙造地近20万亩，基本没有蚀退。黄河三角洲湿地总面积1530平方公里，是世界上土地面积增长最快、中国最大的新生湿地，是我国暖温带最年轻、最广阔、保存最完整的湿地生态系统。通过有计划地实施入海口湿地人工补水工程，湿地核心区水面面积增加5.22万亩，水深平均增加0.4米，生物多样性明显提高。由于小浪底水库的建设、上中游生态环境改善和国家水利部门的科学调度，近十年来黄河夹带的泥沙明显减少，入海口河道稳定、河床加深，再也没有出现断流。

在住地，秋波①同志兴奋地告诉我，今年10月18日，胡锦涛

① 秋波，即张秋波，时任山东省东营市委书记。

同志视察黄河三角洲自然保护区，听取了稳定黄河入海流路及加强湿地生态系统保护的情况汇报，高兴地说：你们通过加强自然保护区建设，明显改善了黄河入海口的生态环境，希望再接再厉、巩固成果，把这件造福当代、泽被子孙的好事坚持不懈地抓下去。省委和省政府按照中央的要求，制定了黄河三角洲高效生态经济区发展规划，已获国务院批复。目前正在把生态建设和经济社会发展有机结合起来，促进发展方式的根本性转变，推动科学发展。

黄河三角洲土地资源优势突出，地理区位条件优越，自然资源丰富，生态系统独特，产业发展基础较好。我相信，经过勤劳智慧的广大干部群众坚持不懈的努力，一定会创造性地把高效生态经济区建设好。

（2009 年 11 月 30 日于东营宾馆）

董子园随想

几年没到德州了，很想去看看，听说那里新建了一条汉街和“董子园”，更想一睹为快。

12 月 5 日这一天，风和日丽，冬阳暖人，我们一行从济南出发奔向德州。车轮飞驰，高速路两边的杨树林和青青的麦田，交替变幻着华北平原冬天的景致，而我的思绪却已穿过时空隧道，进入心向往之的汉街幻景：那里有楚汉相争的厮杀，空前繁盛的文景之治，气压山河的武帝，名闻千古的黄巾起义；有究天人之际、通古今之变、成一家之言的司马迁，有潜心造纸的蔡伦、风流倜傥的司马相如、滑稽睿智的东方朔、美貌迷人的罗敷、风雪玉立的王昭君；有四面楚歌、暗度陈仓、苏武牧羊、金屋藏娇；还有琤琤弹奏的乐府词曲、建安风骨……

思绪的幻象被欢声笑语打破，方知现实中的汉街景区已到。未等导游开口，我下车即问：“我知道老子、孔子、孟子、荀子、墨子、韩非子……好像第一次听说董子，董子是谁？董仲舒①？”导

① 董仲舒（公元前 179—前 104 年），汉代思想家、哲学家、政治家、教育家，广川郡（今河北省枣强县）人，提出了“天人感应”、“大一统”学说和“罢黜百家，独尊儒术”的主张，认为“道之大原出于天”，自然、人事都受制于天命，因此反映天命的政治秩序和政治思想都应该是统一的。他把儒家的伦理思想概括为“三纲五常”，汉武帝采纳了他的建议，儒家思想开始成为正统思想。

游是个聪明的小姑娘,口齿也伶俐。她天真而有些自豪地说:"对,就是董仲舒!他是我们这方人士,在德州读书讲学13年。"我在她的引导下边听边看。"董子园景区"建得还有模有样,仿古一条街上新修了董子读书台,以及名人字画、民俗艺术、古玩玉器、美食茶艺等门店,新开挖的六公里长的河道,碧水潺潺,波光粼粼,给这座城市增添了不少灵气。

董子读书台旁边墙壁上悬挂着一幅标语,上写"深入贯彻落实科学发展观,全面构建和谐社会",引发了我的思考。看来,规划建设者的初衷,似有弘扬董仲舒"天人合一"思想、促进社会和谐之意。对此,我着实不敢苟同。董学的"阴阳五行、天人感应",以及"君权神授、三纲五常"那一套,与我们今天所倡导的和谐社会相去甚远。那一套理论虽然曾经是中国封建社会主流意识形态的重要组成部分,然而它终究是维护皇朝专制统治的工具。其所包含的神秘主义的形而上学,远远背离了客观真理;压抑人性的纲常伦理,更与现代文明格格不入。当然,董仲舒的学说虽有其时代的局限性,但毕竟对两千多年前的汉王朝及此后的中国封建社会产生了重大影响。他是那个时代的思想家,是中国历史上的名人。

我问随行的小雷、小吴①等同志:"你们说说'和谐'这两个字怎么讲?"他们望着我,要我解释。我谈兴颇浓,杜撰说:"和"字是"禾"字旁加"口",意思是人人要有饭吃;"谐"字是"言"字旁加"皆",意思是众人皆可畅所欲言。停了会儿,又接着说,建设和谐社会,首先要落实好科学发展观,发展生产力,奠定雄厚

---

① 小雷、小吴,指雷建国、吴翠云,当时分别担任山东省德州市委书记、市长。

的物质基础,创造安居乐业的经济条件,不断改善民生。同时要发扬社会主义民主,保障人民群众的知情权、发言权、选举权、监督权。大家点头称是,我却陷入进一步的思考:发展旅游和文化产业,需要创意,需要"无中生有",需要文化内涵,更需要……

(2009 年 12 月 6 日于德州)

“愚公后代”改行

今天上午，乘车去济南园博园参观。阳光灿烂，地上的积雪映入眼帘，世界似粉妆玉砌。隔窗眺望，山上银装素裹，漫山的松树像身着白绸的靓女，随风摇动，仿佛在跳集休舞。山窝、崖壁被爬山虎覆盖，叶还未全部凋落，藤上的白雪好像一串串不规则的乳白色珍珠，如同一幅意境灵动的画卷。

思绪把我带回八年前。一次乘车去平阴，看到本来身披绿装的山，被挖得千疮百孔，心情沉重，突然问身旁的玉堂①同志：“你知道愚公是哪里人吗？”他说：“大概是河南人吧？真说不准。”我又问：“愚公的后代现在何处？”大家愕然。我说：“愚公是河南济源人，他的后代有的可能迁来济南，继承遗志，多年来还在挖山不止！”聪明的市长急忙说：“书记批评得对，我们一定改，过两年你再来看吧！”我点了点头。

真没想到，这位市长和现任市领导②这样有心，说话算数。几年下来，不但停止了挖山，而且在被乱挖的地方都种植了爬山虎，已看不到裸露的山体了，真让人高兴。在车上，我又问老朋友——这位原市长：“愚公后代现在干什么工作？”他笑着说：“全改行了，进了绿化队，工作生活都很好。”大家哈哈大笑。

---

① 玉堂，即谢玉堂，时任山东省济南市市长。

② 现任市领导指焉荣竹与张建国，当时分别担任山东省委常委、济南市委书记和济南市市长。

车在绕城高速公路上奔驰，眼前景色醉人，我看得入神，不知不觉进入梦乡，迷迷糊糊做起梦来：

我要车停下来，想爬爬山，大家不同意，老伴也说："山太陡，不安全。"我不听，一个劲地向前跑，回头一看，地上留下的一个个脚印，是一行弯弯曲曲、比较规则的雪坑，自己跑在最前面，有些得意。看到这皑皑白雪覆盖下的树木和爬山虎，想到来年春天的绿色海洋，感到由衷的欣慰。这时已到山上，有些上气不接下气，感到身体好像无边落木萧萧下，兴致却似不尽长江滚滚来。明知筋力衰，但觉新意来。我站在雪地里，抓起爬山虎的落叶和着白雪往脸上涂抹，很像老夫突发少年狂，情不自禁地叫起来："改行好！改行好！"

老伴推了我一把说："你真行，不一会儿就睡着了，还说梦话……"

（2009 年 11 月 19 日于济南东山小区）

肥城的鸟巢

小陈问我:"您多年没来肥城了,这一路给您印象最深的是什么?"我沉思了一会儿说:"这里发展快,变化大,生态好,树枝上的鸟巢使我印象深刻!"

他望着我,不解地"啊"了一声。我对他说:"你注意到了吧,从济南到肥城的路旁,在乱石中栽种的杨树又高又大又整齐,显得很精神。寒冷的冬天,草木凋零,但疏枝上那些数不清的鸟巢格外显眼。从车里向外张望,村庄里树上的鸟巢也数不胜数。这么多鸟巢,我看得入神。你听到我询问小杨①同志了吧?"

小陈说:"听到了。您问他们怎么这么多鸟巢,是什么鸟搭的窝。他们说,主要是喜鹊的,还有些是乌鸦的。这些年科学发展观深入人心,人们更重视与自然和谐相处,年年植树造林,改善生态环境,不再伤害鸟类了。"

我又问:"鸟巢这么多,但看到的鸟却不多,你知道什么原因吗?"小陈说:"我听他们讲,白天鸟儿出去觅食了,夜里回巢栖息。它们冬天主要吃一些散落田间的谷物、林间的剩果和冬眠的虫子等。"我点点头。

鸟巢是鸟类安全可靠的"家",是雏鸟温馨的摇篮。对晚成

① 小杨,指杨鲁豫,时任山东省泰安市委书记。

性的雏鸟来说，鸟巢更是它们发育的“温室”。

鸟类筑巢的工艺，在动物界是无与伦比的。喜鹊是人们熟悉的“邻居”。细心的鸟类学家做过精确的记录，一对灰喜鹊在筑巢的四五天内，衔取巢材 666 次，其中枯枝 253 次，青叶 154 次，草根 123 次，牛、羊毛 82 次，泥团 54 次。乌鸦的巢则是以粗枝为主，混以泥土加固，内衬细枝、草茎、羽毛等柔软物质，构成盆状。筑个安乐窝，要付出多少辛苦啊！

鸟类懂得为谁辛苦为谁忙。它们的繁殖一般开始于筑巢活动而结束于幼鸟离巢。如果喜鹊和乌鸦没有了鸟巢，就失去了繁殖后代的“基地”。我们也就看不到它们跳跃飞翔，听不到它们欢乐鸣唱。

我想，来年春暖花开时，绿叶掩映的鸟巢，肯定没有现在醒目，但喜鹊乌鸦在枝头上欢唱起舞，在巢里下蛋孵化，既辛劳又高兴，那是一幅多么生机勃勃、美丽醉人的画卷。

想到这里，我又忆起小时候放牛，有时掏鸟巢取蛋玩，现在想来内疚，觉得很不应该。写这几句话，既是对肥城人民重视人与自然和谐的赞美，也是对儿时无知和顽皮的自责。

（2010 年 1 月 11 日于泰安）

沂河之滨

元月13日，我又一次来到革命老区临沂。下高速公路十来分钟，一条宽阔的大河映入眼帘，这就是山东省第二大河——沂河。我们沿着平坦的公路顺河而行，冰封的沂河宛如一条银色的玉带，在冬日的阳光下熠熠生辉；三座大桥飞架两岸，好像横跨银河的彩虹；两岸草木虽已枯黄，料想来年春暖花开时，定会变成绿色的长廊。

我们来到小埠东拦河坝前，远望可见湖心小岛，一些人正在河边破冰钓鱼。我问："这个水坝能拦蓄多少水？"小张①同志回答："这座橡胶坝全长1135米，已载入吉尼斯世界纪录。河道形成的水面11平方公里，蓄水量2830万立方米，既有发电、灌溉和生态效益，也为城区提供了水源。目前城区已建成七座橡胶坝，总回水长度88.5公里，形成50平方公里的水面。"十几年前，这里的河道湿地面积小，蓄水能力低；河堤多处坍塌，防洪能力差；河滩杂草丛生，垃圾成堆，污水横流。这些年来，通过实施梯级拦水、滨河绿化、沿河修路等一系列工程建设，沂河已经成为"水清、流畅、岸固、滩绿、景美"的生态景观型河道。滨河景区现有绿地18平方公里，有桃、李、银杏、月季、石榴等生态园区，乔木、灌木、水生植物已有数百种，鸟类、鱼类等动物也很多。

① 小张，指张少军，时任山东省临沂市市长。

我们走进东滨河景观公园，看到很多健身设备和亲水景观，一些居民在那里游玩散步，健身娱乐，显得怡然自得。滨河工程建设确实以人为本！路堤结合，科学合理，沂河两岸已建成190多公里的滨河大道。还利用滨河景区的水域优势，建成了百里健身长廊，布置了沙滩浴场、排球、篮球、网球、塑胶跑道等健身设施，为群众提供了良好的锻炼场地。这个公园就建有垂钓、水草观赏、游艇游乐和游泳戏水四个内湖，阳光水岸、滚水瀑布、童趣园等景观带，以及草坡看台、烧烤营、钓鱼区、野外宿营基地等。

途经沂蒙精神广场，我们被几组震撼人心的雕塑吸引住了。雕塑再现了沂蒙人民“参军参战”、“踊跃支前”等生动场景，形象展示了老区人民为解放事业不屈不挠、艰苦奋斗的感人事迹。承敏①同志说：“抗日战争和解放战争时期，沂蒙老区共有100多万人支前、20余万人参军、10万余人牺牲，刘少奇、陈毅、罗荣桓、徐向前和粟裕等老一辈革命家都曾经在这里战斗过。”老区人民的奉献和牺牲，我们任何时候都不能忘记。

临沂人杰地灵，钟灵毓秀，文化底蕴深厚，历史上出过蒙恬、诸葛亮、王羲之等一批名人。沂河两岸新建了书法、凤凰、丰收、科普等八处主题广场，打造了大型水上实景演出项目《蒙山沂水》，将丰富的文化内涵融于景观之中。中国书法广场通过各具特色的碑刻、王羲之石像和书法长廊等形式，展示了中国书法文化发展史，体现了中国书法的博大精深。临沂素有龟驮凤凰城的传说。凤凰广场整个景点以栈桥为脉，以碧水为羽，一只凤凰亭亭玉立，昂首啼翠，其飞腾的外形与沂河构成龙凤呈祥的壮

① 承敏，指连承敏，时任山东省临沂市委书记。

美景象。这些文化景观构思巧妙,形象生动,创造了一道别具特色的风景,大大提升了沿河景区和城市的文化品位。

漫步河边,看着眼前“人水相亲、城河相依”的秀美景色,看到这些年临沂经济发展,社会进步,市场活跃,城乡面貌发生很大变化,生态环境得到明显改善,深感欣慰。沂河变化是临沂变化的一个缩影,它凝聚着人民群众的创造性劳动,真为临沂高兴,为临沂自豪!

(2010 年 1 月 14 日)

北川汶川行

四川汶川“5·12”特大地震发生后，我常想着灾区的群众和灾后重建工作。近日终于成行，来到灾区沉痛悼念遇难同胞，并参观了重建的城镇和村寨新貌。

2011 年 10 月 13 日，去了受灾最严重的北川。一进曲山镇，满目疮痍，建筑垮塌，一片废墟；剩下的建筑严重变形或倾斜，作为地震遗址，已做了支撑和加固；还有许多建筑被滑坡的山体和泥石流埋在了地下十多米深处，如北川中学，就只能看到操场上飘扬着五星红旗的旗杆。这里伤亡惨重，许多人全家遇难。在一个简短的悼念仪式上，哀乐低回，我们向遇难同胞敬献花篮，大家一起鞠躬致哀！

沿着县城的街道走了一段路后，乘车来到羌族村寨。这里家家悬挂国旗。走进一户农家，坐下来与主人聊了一会儿，失去妻子的男主人与失去丈夫的女主人组成了一个新的家庭，住进了新房屋，又有了比较稳定的收入，已从灾难的阴影中走了出来，我们感到欣慰。

在异地重建的北川新县城，宽阔的街道，漂亮的居民楼，让人仿佛置身沿海发达地区。漫步充满羌族建筑特色和民族风情的步行街，各种风味小吃和手工艺品，琳琅满目。县里的同志特别提到，重建工作得到了山东、广东等省市人民的大力支持，他们也与灾区人民结下了深厚的友谊。

19日前往震中映秀镇等地。透过车窗,不时看到从山上滚下的"飞来石"以及地震、滑坡将山体割划得累累伤痕。四川的同志指着路边的"滚石"说,胡总书记震后不久赶到灾区,当时余震不断,公路破碎,他不顾劝阻,坚持到映秀视察,途中遇上山体滑坡,他乘坐的中巴刚过去,坍塌的巨石和土方就将后面的车队和人员阻断。我们听了,既为锦涛同志不顾个人安危的行为所感动,又为当时有惊无险而庆幸,心情久久难以平静。

在漩口中学的断壁残垣边,大钟雕塑永远定格在2008年5月12日14时28分,当时映秀镇被夷为平地,只有眼前这一栋教学楼虽有些倾斜,却顽强屹立。如今的映秀镇焕然一新,商铺林立,游人如织,富有亲和力。岷江支流寿溪河畔的新水磨古镇,高峡深谷、湖光山色,风格别致,好似一幅丹青妙笔的水彩画,被联合国人居署评为"全球灾后重建最佳范例"。小镇由专门物业维护,山泉淙淙,穿街而过,清澈见底。这些新建小镇邀请国际著名设计师参与规划设计,使用了最新的防震减灾的材料和工艺,极具个性魅力。这是高水平的规划,高质量的建设,高效益的运营,传统与现代、东方与西方、汉族风情和藏羌文化都得到了和谐体现。我去过国内外许多地方,这么现代、文明、繁荣、幸福的新镇,"入眼平生未曾有"。

在党中央的坚强领导和全国人民大力支持下,四川省委省政府带领干部群众,经过短短三年时间的科学决策、顽强拼搏,灾区人民就从一场毁灭性的大地震中涅槃重生,迅速从失去亲人和家园的痛苦中站立起来,基本完成重建工作,堪称人间奇迹。

《游濠河》等五篇

游 濠 河

南通人才辈出，发展很快，看了非常振奋。写了两句，送给一民[1]同志。

久闻此地英才多，
骚人搁笔费切磋。
南通现象濠河水，
东风总改旧时波。

（2008年10月于南通市）

① 一民，即罗一民，时任江苏省南通市委书记。

曹州赞

八年后再来菏泽，看到变化很大，非常高兴。写了两段话，送给润田①同志。

一

堪同半岛②比繁华，
又有牡丹绽奇葩。
骚人情浓意难尽，
得请择端③妙笔法。

二

白首重来似故乡，
满眼生机诱我狂。
更喜夜色多倩影，
欲赞此地独无双。

（2009 年 12 月 13 日于菏泽）

① 润田，即赵润田，时任山东省菏泽市委书记。

② 指山东相对发达的胶东半岛。

③ 指张择端（公元 1085—1145 年），琅琊东武（今山东诸城）人，北宋著名画家，其代表作《清明上河图》生动记录了 12 世纪中国城市生活的面貌，是当时汴京繁华的见证。

圣贤观

参观孔孟故里，深感孔孟颜曾和荀墨等诸子百家学说，影响深远。我们应吸取精华，去其糟粕，古为今用。历史与现实告诉我们，重视妇女和儿童的民族，才是最有希望的民族。想到这里，给守刚①同志写了两句。

孔孟颜曾供庙台，
何故未见荀②墨③来？
圣人之母更应祭，
娘慧子贤皆英才。

（2009 年 12 月 15 日于济宁）

① 守刚，即孙守刚，时任山东省济宁市委书记。

② 指荀子（公元前 313—前 238 年），战国时期著名思想家、教育家，著有《荀子》，论题鲜明，结构严谨，语言丰富，说理透彻。他提出"性恶论"，其两个弟子韩非和李斯都是法家的代表人物。

③ 指墨子（公元前 468—前 376 年），战国时期著名思想家、教育家、科学家，墨家学派创始人。著有《墨子》，内容广博，包括政治、军事、哲学、伦理、逻辑、科技等内容。他重视自然科学，在宇宙论、数学、物理学、机械制造等方面都有成就和贡献。

太子垭[1]原始森林漫步

林中溪水林里苔，
难得千手尽张开。[2]
竟有死活不离弃，[3]
石上情[4]睹李显来。

（2010年10月17日）

---

① 唐中宗李显曾被软禁于湖北省房县（辖今神农架部分地方），据说曾到此游历，故名太子垭。

② 一棵巴山冷杉，多个侧枝四面横向展开，形如千手观音。

③ 一株连体鸳鸯冷杉，一半枝繁叶茂，一半已枯死，仍紧紧相拥在一起。

④ 高大挺拔的冷杉屹立在岩石之上，将生命的活力注入了岩石之中。

赤　水

赤水万顷翠①，
丹霞②世称奇；
瀑布③挂绝壁，
幽藏人未识。

（2011年11月1日）

---

① 贵州省赤水市竹林面积达上百万亩。

② 赤水境内有一千三百多平方公里壮观典型的丹霞地貌。

③ 指赤水大瀑布，又名十丈洞大瀑布，高76米，宽80米，是我国长江流域最大的瀑布。

读书随感

美学笔记

最近读朱光潜先生的《无言之美》和宗白华先生的《天光云影》两本书，感受颇深。

美的问题，难点在其一方面是主观的价值，另一方面又有几分是客观的存在。马尔库塞说："作为感性科学的美学，它始终抵抗着理性的压抑性统治，它确立了与理性秩序相反的感性秩序，在这里，快乐与自由、本能与道德相和解。"康德等哲学家认为，审美是感觉和理智会合的中介，它占据了感性和理性这两个人类生存极点之间的核心地位。审美方面的基本经验是感性的，审美知觉伴有快乐。

从美的形式看，自然界的老鹰古松和娇莺嫩柳是两种不同的美，所谓"骏马秋风冀北，杏花春雨江南"，前者属刚性之美，后者属柔性之美。刚性美是偏重于动的，柔性美则是偏重于静的。工作时，不甘人后，积极进取，自强不息，充实忙碌，坚忍不拔，那是偏于刚性的追求；退休了，希望环境清静，生活闲宁，自然恬淡，这是偏于柔性的喜好。对玉泉山的古油松，木材商、植物学家、画家、诗人和政治家，用各自的审美眼光，看到的美是不同的，想到的也是不同的。

美的嗜好是一种自然需要的满足，也是一种"用"，一种"善"。"善"最浅近的意义就是"用"。凡是善，不是对于事物自身有实用，就是对于人生社会有实用。真善美是人生所向往的理想境界,凡是美的对象在伦理学意义上也是善的。社会美的内容在某种意义上说就是以美的形式来表现善。当然,美与善尽管联系密切,但并非可以等同。美的事物更侧重于人的精神愉悦,因而具有超功利性,而善的对象与人的功利目的往往直接相连。比如,苏格拉底说最美的男子应该是他自己,可能是从善与美高度相关的角度来讲的。如果按其形象来选美,我宁肯把票投给别人。他眼睛外凸,鼻孔朝天,嘴巴阔大,虽其内心"善",但外观未必美。

美与人生价值问题紧密相连,研究美离不开对人的研究。儒家提倡道德之真精神在于"仁",在于"恕",在于人格之完美。我不反对,但更赞成敢于挑战偶像,敢说真话,敢于创新,敢奇思妙想,这有利于探寻真理,追求真理,坚持真理,发展真理。"汉末魏晋六朝是中国政治上最混乱、社会上最痛苦的时代,然而却是精神上极自由,极解放,最富于智慧,最浓于热情的一个时代,因此也就是最富有艺术精神的一个时代。"宗先生的这段话,说得精彩。中国历史上有三个时代值得关注:一是春秋战国时期学派纷呈,百家争鸣;二是汉末魏晋六朝时期,艺术精神清峻通脱;三是清末民初西风东渐,澎湃激荡的思潮迭起。这三个时代的思想异常活跃,艺术追求无定式,既不过于稚嫩,也不过于成熟,在混乱中创造美。我认为"创造之中都富有欣赏,欣赏之中也都富有创造"这句话是对的。创造和欣赏是相通的。"创造者应当是真理的搜寻者,美学的醉梦者,精神和肉体的劳动者。"

美学与心理学密不可分。英国诗人济慈说:"美是一种永恒的愉快。"人们的审美活动总是伴随着各种心理活动,包括情感、愉悦、想象等,如杜甫的诗"感时花溅泪,恨别鸟惊心",就不是客观的景物描写,而主要是内心情感的表达。从某种意义上讲,美的发生离不开人心理因素的参与。奥地利心理学家阿德勒在《理解人性》中指出,语言是思维、道德、审美感等形成的前提,它们又共同成为旨在防止文明崩溃解体的个人之间的联系纽带。“赢得优势、权力及征服他人几乎是所有人活动的目标。”虚荣、焦虑、愤怒、厌恶等诸多不美表现,是社会发展不当,个体过分追求权力、追求优越所致。虚荣源于自卑情结和对优越感的追求,这种追求超过了一定的限度会很危险。焦虑、隐遁、软弱的人,往往回避生活与社会,回避与人的接触交往,也很难与人合作。愤怒成性的人傲慢,极其敏感,不信任他人,时时事事都有可能与人发生冲突。厌恶总是伴随着愁眉苦脸,想要以摒弃的办法使问题得到解决。这些分离性情感伤害了人与人之间的感情,使之相互疏远。相反,欢乐可以缩短人与人之间的距离,使人更容易体会到生活的美。

在现实世界中,人心里的美与丑、高贵与卑贱、圣洁与邪恶、善良与残忍,在绞斗,在博弈,在较量,总的趋势是走向进步,走向美好,走向光明!一个健康的人,应当超越环境去行事,超越自己内在的不美的东西去行事。严格说来,“人是自己创造自己”,只有基本需要得到满足而不是受挫,才能达到健康和自我实现。

朱先生说:“言有尽而意无穷。无穷之意达之以有尽之言,所以有许多意,尽在不言中。美,不是只美在已表现的一部分,尤其是美在未表现而含蓄无穷的一大部分。这就是所谓的无言之美。”说得非常精辟透彻。宗先生说:“以空明恬淡的觉心涵泳人生,以幽深阔达的情调浸染艺术,或精研奥理,或鉴赏艺文,在浅斟慢酌之中界破虚空,流美人世……”很有见地。诗和春都是美的化身，诗词是艺术美，春天是自然美。“尽日寻春不见春”，“春在枝头已十分”，那种“红杏枝头春意闹”的意境，是多美的诗情画意呵！

罗丹说过：“生活中不是缺少美，而是缺少发现美的眼睛。”春天美，心境更美；言行美，真善更美；理性美，感性也美；祖国美，未来更美。以审美之心悟美，则现实和未来都是美好的。

（2007 年 11 月）

古希腊文明撷秀

上中学时，在数学和物理书中常用到 α、β、γ、ω、Σ 等字母，爱看伊索寓言故事，听到过阿基米德、欧几里得、苏格拉底、柏拉图、奥林匹克运动会等名字。以后又知道三叉戟、阿波罗、宙斯盾、木马计等都源于古希腊。美国著名的哈佛大学校训是拉丁文写的，意为"与柏拉图为友，与亚里士多德为友，更要与真理为友"。古希腊文明为什么那么灿烂？希腊到底是个什么样的神奇之地？希腊对世界的影响怎么这么大？一连串的好奇，使我总想到希腊去看一看。

2005 年初秋，在访问马耳他、瑞典、芬兰、白俄罗斯等国时，从希腊路过，参观了雅典、克里特等地，终一睹其风采。白色房屋和蓝色海洋交相辉映，青青的橄榄树，让人目不暇接的古代遗址，陶醉其中，叹为观止。雅典卫城上的帕提侬神庙，雄伟壮观，其浮雕栩栩如生，惟妙惟肖；克里特的诺萨斯王宫，建筑艺术和各种图案，粗犷神秘；迈锡尼线形文字"乙"，令人惊叹；希罗德·阿提库斯剧场、迈锡尼的"狮子门"，还有远古壁画等等，都以其特异的风采给我留下了深刻印象。只是匆匆一览，就已经令我深为震撼。古希腊的地理范围远超今希腊半岛，希腊文明涵盖当时的地中海地区，其遗产更成为整个西方文明的精神源泉。

最近，我又找了些有关希腊的书籍翻阅，对古希腊文明在文学艺术、自然科学、哲学思想、政治文明和建筑、体育等方面的卓越成就，及其为人类文明和进步作出的巨大贡献，有了进一步的理解。

古希腊的神话和史诗具有极高的成就，受到了马克思的高度赞扬，认为它具有"永久的魅力"，"而且就某方面说还是一种规范和高不可及的范本"。古希腊人信奉多神教，并为诸神编制了丰富多彩的神话。希腊神话中的神是"人化"的神，有人的形象和人的思想情感，多数很像氏族中的贵族。他们任性，爱慕虚荣，妒忌心和复仇心都很强。众神之父宙斯是宇宙的主宰，太阳神阿波罗是光明与理性的象征。普罗米修斯是创造人类的天神，因盗取天火而受到宙斯的残酷惩罚。他宁死不屈地说出"我宁肯被缚在崖石上，也不愿做宙斯的忠顺奴仆"的壮语。马克思称赞这个牺牲自己而给人类带来光明的巨神为"哲学日历中最高尚的圣者和殉道者"。在古希腊神话中，还有一个专司"美"与"爱"的女神——阿弗洛狄忒。这位女神也被古罗马人所钟爱，称之为"维纳斯"，她精美绝伦的雕像陈列在法国卢浮宫，凡一睹风采者无不为之倾倒。希腊神话故事不仅是文艺复兴以来的无数文学艺术家汲取的素材，而且深入到欧美人的日常生活方式中，潜移默化地影响了一代又一代的西方人。

《伊利亚特》和《奥德赛》两部史诗，相传由盲人荷马所作，反映了公元前11世纪到公元前9世纪的社会情况，也包含了迈锡尼文明(约公元前1600—前1100年)的一些内容。实际上它很可能是许多民间行吟歌手的集体口头创作，传承至公元前6世纪才形成文字。荷马时代被称为英雄时代，史诗中的英雄既具备一般勇士的特征，又具有超人的能力，是一个民族在草创、开拓、发展进程中各种斗争胜利者的总称，是民族理想的化身。

马克思说："希腊艺术的前提是希腊神话"，"希腊神话不只是希腊艺术的武库，而且是它的土壤"。德国杰出的诗人、作家、思想家歌德说，荷马的作品使他每天受到教益。英国浪漫主义诗人雪莱认为，在表现真理、和谐、持续的宏伟形象和令人满意的完整性方面，荷马胜过莎士比亚。

在自然科学方面，古希腊人对宇宙的奥秘和万物规律有着浓厚的兴趣，他们探索的领域之宽泛，认识的程度之深远，许多都超出了今天人们的想象。诚如恩格斯指出的那样："如果理论自然科学想要追溯自己今天的一般原理发生和发展的历史，它也不得不回到希腊人那里。"古希腊几位自然科学家的旷世天才，至今家喻户晓。

毕达哥拉斯（约公元前580—前500年）这位天才的数学家，发现了一个著名定理，即直角三角形斜边的平方等于其他两边的平方之和。在中学时，我对他求连续奇数之和可以得到一个"正方形"数，而连续偶数之和则可产生一个"长方形"数印象深刻。他爱好音乐，很可能使他发现了被后人称为"音乐音程"的简单的数的关系，一根调和的琴弦按其长度平分，则可以获得八度音。英国著名的哲学家罗素认为："调和弦肯定在希腊哲学思想中起了中心作用。"

欧几里得（约公元前330—前275年）是数学、几何学的著名代表。其名著《几何原本》博采前人成果，集当时几何之大成，把各种定理、命题和论证按逻辑加以排列，构成一个严密体系，并以简便清晰的说理方式表达出来，至今犹为科学界所肯定。我在高中自学罗巴切夫斯基几何也即非欧几何时，就对欧几里得非常崇敬。

数学、物理学家始祖阿基米德（约公元前287—前212年）

极有天赋,他发明了杠杆、滑轮和螺旋等机械,通过实验得出了浮力计算公式,奠定了流体力学的基础。其《论量圆》和《论球与圆柱》等名著,计算出圆周率的上限是 $3\frac{1}{7}$,下限是$3\frac{10}{71}$,即3.1428—3.1408,十分精确。还推导出了计算球体、圆柱体和更多复杂立体的体积、表面积和周长的公式。在推演这些公式的过程中,他运用了"穷竭法",发现了用逐步近似而求极限的方法,从而奠定了现代积分计算的基础。牛顿—莱布尼茨发明微积分,很可能受到他的启发。恩格斯称他是"精确的和有系统的研究"的代表人之一。

在天文学方面,古希腊人也作出了杰出贡献。人们最早获得的有关星座的知识来自阿拉托斯,他是希腊的第一位诗人文学家,写有《观测天文学》,这一著作可能是基于另一部更早但失传的著作,作者为另一位希腊人欧多克斯。其后于公元150年,在埃及亚历山大图书馆工作的希腊人托勒密在一本书里记录了上面两部著作,书名为阿拉伯语的《天文学大成》,意思是"最伟大的"。

崇尚哲学与高扬理性是希腊人共同的价值取向,美丽而神通的雅典娜就是掌管智慧的神祇。在他们看来,哲学就是"爱智慧",智慧高于一般知识,因而做一个有智慧的人就成了人的终极追求与最高价值。在希腊访问时,常听到苏格拉底、柏拉图、亚里士多德等哲人的名字。一谈起他们,希腊朋友总是如数家珍,滔滔不绝。苏格拉底(公元前469—前399年)是一位极具幽默感且尖刻机智的人,使他闻名、令人生畏的是他的"反讽"。他认为,只要女人受到适当教育,则除体力外,并不比男人差。色诺芬推测,苏格拉底之所以愿意娶一个很凶的老婆,可能是觉得只要能教育好她,就能教育好所有的人。对苏格拉底来说,哲学就是生活方式。他反驳哲人学派“真理无客观标准”的说法,经常与人探讨真理、正义、德行等概念问题。正是通过观察前苏格拉底哲学家对立学说的这种拉锯战,黑格尔才建立了他自己的辩证法。苏格拉底是贵族政治的拥护者,对当时的民主政治特别是对激进民主派表示反对。他能言善辩,很有鼓动性,后被当权的民主派以蛊惑青年罪判处死刑。他面对死亡没有感到恐惧,认为死亡“或像无梦的睡眠”。他也没有逃走或选择被流放,因为他认为如果某项法律不再符合时代的要求,可以通过一致同意的方式加以修正。但是,只要该法律得到了公民的支持,那就必须遵守。这是真正的法治精神吧!

柏拉图(公元前 427—前 347 年)从二十岁起,就追随苏格拉底学习哲学,不期八年后苏氏被判死刑,他为逃避迫害而去了麦加拉。他的《理想国》和《法律篇》,包含着丰富的哲学思想。他说:“有两种主要政体,可以说其他政体都是由此衍生混合而成。这两种政体就是君主制和民主制。波斯国是君主制的典型,雅典则是民主制的代表。”他进而指出这两种政体的弊端:在波斯,平民管理的成分已经消失,行政管理已变成反复无常的寡头政治,平民没有真正的忠心;在雅典,由于过分民主,尊重权威已在群众专政中丧失了,没有一个人学会如何服从。他称雅典的政治不是真正的民主政治,“完全的奴役”或“完全的自由”都会使人遭受痛苦。他主张分权,认为政治完全集中在同一个人手中是毁灭性的。无论从人类政治发展历史来看,还是从今天来看,他的确讲得非常深刻,非常精辟。柏拉图还认为,法律应当具有权威,法律权威至高无上是新理想国最重要的特征。“如果说《理想国》中的正义观为西方文化传统深层的价值观念奠定了理论基础,那么《法律篇》中的法律权威观则开创了西方法理论的先河。”

亚里士多德(公元前384—前322年)对哲学、逻辑学、伦理学、政治学、心理学、自然科学、美学、法学、修辞学等学科,均造诣很深。恩格斯称赞亚里士多德是古希腊学者中“最博学的人物”。公元前342年,他应马其顿国王菲利普斯二世之邀,成为当时年仅十三岁的亚历山大的私人教师,后亚历山大创造了历史,被称为亚历山大大帝。亚里士多德认为人是政治动物,不可能孤立存在,而是要生活在一定的社会当中。提出引起人们要求变革的主要原因是人们对平等的理解不同,理想应该是人人平等,但现实又是不平等的,只有使这种不平等尽可能地平等才是最正义的。他是法治、法律比较研究方法大师,具有极强的推理能力,他的研究方法被誉为“最健全而最有成效的方法”。古希腊人的创造性源于他们的好学精神。他们认为:“在哲学中,重要的不是给出答案,而是提出问题。”天生的好奇心、求知欲,刨根究底的追问与开放的民族性格,促使他们竭尽所能、义无反顾地去求索。

古代希腊的民主政体,即由公民广泛参与讨论决定国家一切重大问题的政治制度,是希腊人的创造。这既是古希腊文明的显著特征,也是其文明获得高度发展的基本原因。古典希腊时期(公元前6—前4世纪),雅典和斯巴达是最为强大的城邦,前者因不断变革而有活力,后者得益于深厚的军事管制而有战斗力。有意思的是,经过一系列斗争和反复,雅典人最终确定:国王由世袭改为选举。这样人们就可以选出他们心目中的有识之士。担任城邦首领的是执政官,最初是终身制,后来改为十年一任,最后又改为一年一任。由三名执政官共同执政,国王是其中之一,不过权力最大的是首席执政官。有一个执政官叫梭伦

(公元前 638—前 559 年),是古希腊著名的政治家和诗人,他的名言是:“作恶的人每每致富,而好人往往受穷;但是,我们不愿把我们的道德和他们的财富交换,因为道德是永远存在的,而财富每天都在更换主人。”他认识到雅典的繁荣取决于公民团体组织,进行大刀阔斧的改革,向穷人开放议会,自由民得到了政治上的权利,同时赋予贵族阶级更大的自由。梭伦的改革调整了自由民内部平民与贵族之间的关系,促进了雅典奴隶制国家从贵族政治向民主政治的转变,为下世纪雅典的强大打下了基础。

希腊人在伯里克利时代(公元前 443—前 429 年)就承认公民一律平等,公民都有平等权利来决定国家制度和管理国家。政治权力落入公民手中,公民的字面意思就是“民主”。在一个相当长的时间内,希腊人总是把城邦制视为唯一适宜的国家组织形式,因而致力于社会团体与公民生活之间的和谐统一便成了古希腊城邦公民的一种基本信念。在雅典形成的高度完善的古代民主制度,具有重大的进步作用,它协调了公民集体内部不同阶层的利益,为雅典公民充分发挥主动性和聪明才智提供了条件,从而促进了经济、社会和文化的发展。德国历史哲学家卡尔·雅斯贝尔斯说:“希腊城邦奠定了西方所有自由的意识、自由的思想和自由的现实的基础。”

希腊是奥林匹克运动的发源地。公元前 776 年,在伯罗奔尼撒召开了全希腊和平竞技大会,即奥林匹克运动会。此后每隔四年举行一次,到公元前 5 世纪臻于极盛,随着马其顿、罗马对希腊的相继征服而渐趋衰落,至罗马皇帝提奥多西一世(公元 379—395 年)时被完全废止,持续了一千多年。奥运会是希腊人对身体价值的迷恋和对真善美的追求,是健全的体魄和高尚道德的结合,也是强调身心和谐的一个生动标识。在举办奥运会期间,任何战争都得停下来。北京奥运会世人称赞其无与伦比,奥运会期间格鲁吉亚向俄罗斯挑衅,遭到世人斥责。现代意义上的奥运会不仅继承和发展了古代奥运会的竞技比赛项目,更重要的是弘扬了古代奥运会的精神。

古希腊被历史学家誉为西方文明的摇篮,哲学家视之为西方哲学的精神家园,政治家则称之为西方民主制度的发源地。欧洲最早的文明为什么诞生于古希腊?不少人认为与它独特的地理位置有关,这是很有道理的。如果从希腊向东走,经过小亚细亚半岛,就可以到达巴比伦文明的发源地两河流域。往南航行,途经克里特岛就可以到达埃及。而位于这两种文明交汇点的克里特岛则诞生了欧洲最早的王国,这一时期的克里特文明(公元前3000—前1500年)又称米诺斯文明。希腊本土三面环海,扼欧、亚、非三大洲的交通要冲,爱琴海及地中海地区优越的地理和气候条件赋予希腊人勇敢、自由、多思、探索、富于进取的精神。特别是希波战争以后,两大文明的交汇,产生了光辉灿烂的希腊文化。

希腊哲学传统的确立大概是由柏拉图奠定的,他是一位承前启后、综汇诸代的人物。各流派的自然哲学、苏格拉底的美德追求、毕达哥拉斯学派的宗教意识与数字崇拜,自亚里士多德和欧几里得以降的西方学术流派分支,也都是从柏拉图学园开始的。古希腊的各类科学相互渗透,加上当时社会又比较开放、比较宽容,辩论问题的风气比较浓厚,这是不是古希腊能够产生苏格拉底、柏拉图、毕达哥拉斯、亚里士多德、欧几里得、阿基米德等大思想家、大科学家的一个重要原因呢?很值得我们深思!革命导师马克思、恩格斯非常重视研究社会科学问题和学习运用数学等自然科学知识，并关注社会和科技发展动态。他们的许多创造性发现，都是建立在社会科学和自然科学的坚实基础之上的，因而具有强大的生命力！我们要时刻关注当代社会与科技发展的新动态、新趋势。社会科学和自然科学工作者，应该相互学习，相互启发，加强交叉学科的研究。这一点对社会科学和自然科学的创新发展，都有重要意义和深远影响。

古希腊人对真理的探索、追求，对智慧和科学技术的执著精神，很值得我们学习。

（2009 年 5 月 10 日）

参观贝村的联想

我有一位以色列朋友叫艾森贝格，对中国很友好。我在江西当省长时，应邀访问了以色列。在他的安排下，与多位部长和时任副总理的佩雷斯（现任总统）会见。艾森贝格虽年近古稀，但非常热情、诚恳，一路陪同我们参观了以色列多个城市和乡村。

参观贝塔哈希塔村，给我留下了难忘的印象。全村人在一个食堂吃饭，中午有十多个菜，还有饮料。六十五岁退休，但我看到八十多岁的老人还自愿去劳动，不要报酬。百多户人家的村子，有上百辆汽车，谁用车填张表，不收费；青年人结婚时，配新房，送家具，还给些钱，年终每人发一份过节费；从生下来到去世都有记录，上学免费，死后开追悼会；家家户户都差不多，路不拾遗，夜不闭户，无人犯罪。干部由村民选举，谁得票多谁当选；对干部有意见就提，认为不称职就改选合适的人。他们重视科学技术，同国外开展贸易，村集体存了几百万美元，生活很富裕。

访问以色列，又看了一些有关犹太民族的书，感到这个国家很值得研究。以色列人口只有730多万，自然资源并不丰富，困难重重，却能突破逆境，使经济快速发展。1948年建国时国内生产总值仅为2亿美元，2007年飞跃至1953亿美元，人均国内生产总值达到31767美元，在贫瘠的荒漠上创造出令世人赞叹的现代奇迹。

我对以色列印象最深的有三条:

一是反对偶像崇拜,敢于对权力说真话。犹太人一向不愿把一个人抬得太高,让他成为绝对权威。爱因斯坦说:“对权威的愚忠,是真理最坏的敌人。”他还说:“在真理和认识方面,任何以权威者自居的人,必将在上帝的戏笑中垮台。”犹太人善于争论,对异端思想比较宽容,可以自由发表不同意见。夏隆斯基说:“我只说了我所信仰的话,即便是在生命遇到危险时,也没有违背过自己的良心。”体现了坚定的信念和对精神世界的执著追求。

二是犹太人非常重视学习,重视教育。亚伯拉的《犹太人为什么聪明》一书中有段话十分精彩:“在希伯来崇智主义的核心深处,最为重要的思想是,耶和华以智慧立地,以聪明定天。富有智慧的言词会使你走在世界的前列”;“得智慧、得聪明的,这人便为有福。因为得智慧胜过得银子,其利益强如精金,比珍珠宝贵,你一切所喜爱的,都不足以比较”。

犹太人把学者看作民族的精神领袖,相信知识就是力量,知识就是生命。犹太民族多灾多难,在苦难面前,他们自强不息,坚忍不拔,顽强地用知识改变自身的命运和民族的命运。以色列与日本并列为亚洲人均受教育年数最高的国家,24%的以色列劳动人口拥有大学学历,是工业化国家里学历程度第三高的国家。从 1901 年至 2001 年,共有 680 位诺贝尔奖获得者,其中犹太人(或犹太裔)就有 152 位,约占获奖总人数的 22.3%,而犹太人占世界人口总数还不到 0.3%。2001 年以来,大概又有 10 人获得诺贝尔奖。现在,以色列在许多领域,如软件开发、通信和生命科学等高科技研究与开发方面都属于世界顶尖的。有人说世界财富在犹太人口袋里,其实犹太人的财富在自己的脑袋里。

三是犹太人对法律有一种超越社会学意义的认识。他们认为只有有所敬畏并虔诚而有信仰的人,才会真正聪明起来。这就是生命的永恒意义,即人的道德自由。犹太人非常注重信守契约,这在全世界商界有口皆碑。他们认为,人与人之间的契约,绝不可毁弃。他们在饮食方面也非常自律,比较注意控制自己的欲望。

对自由的追求使犹太民族无比顽强和智慧,但自由又是一个悖论,是一柄双刃剑,也让犹太人遭受了无数的苦难。正因为如此,犹太人十分渴望自由与和平。犹太民族和阿拉伯民族都是伟大的民族,历史上犹太教与基督教和伊斯兰教血脉相承,相信会出现有天才智慧的人物,化解两大民族之间的恩怨,实现民族和解。

犹太民族的许多优点,值得我们深入思考,认真研究,学习借鉴。创新是一个民族进步的灵魂,是一个国家兴旺发达的不竭动力。改革开放以来,我们党和国家非常重视理论创新、制度创新、科技创新和各领域的创新。我们只有不断增强社会的创造活力,才能持续增强国家的竞争能力。

(2009年4月4日)

《天方夜谭》读后

近日,看《天方夜谭》,印象颇深,做了点笔记。

《天方夜谭》是古代阿拉伯人民奉献给世界文苑的一株异彩纷呈的奇葩。数百年来魅力不减,引人入胜。该故事集最早于八、九世纪之交在阿拉伯地区出现,十世纪,一位名叫哲赫舍亚里的伊拉克人收集了阿拉伯、波斯、印度、罗马等民族的故事,打算整理出一个总集,他以"一夜"为一个时间段,每夜讲一个故事,可惜只编到第480夜就去世了,这便是《天方夜谭》的雏形。《阿里巴巴和四十大盗》、《三姐妹的故事》等曲折离奇,耐人寻味,表现了对美好生活的向往与追求,鼓励探险和求索,用智慧和勇敢去战胜险恶和恐怖,抑恶丑扬善美。从中可看到阿拉伯人民的聪明、勇敢和不怕困难、不怕牺牲的精神。

《阿里巴巴和四十大盗》中,阿里巴巴的管家、女仆莫吉娜聪慧、忠诚,三次帮助主人战胜强盗,化险为夷。好人有好报,阿里巴巴以恩相报,让她做了自己的侄儿媳,真是很妙。莫吉娜这个人物形象给人以隽永的启迪。

《三姐妹的故事》讲波斯一家三姐妹夜谈理想佳婿,苏丹私听后,帮助她们实现了愿望,其中三妹嫁给了苏丹。大姐、二姐妒忌妹妹,把她生的两男一女放在篮子里随水漂走,幸被一大臣救起后抚养成人。小公主听信有能言鸟、唱歌树、金黄水,很想得到,两个哥哥前去寻找,先后变成了黑石头,善良、虔诚的妹妹亲自出马，克服重重阻碍，获得了三件法宝，又把哥哥们变回男子汉。后苏丹与儿女相遇，能言鸟道破其轻信造成的悲剧，他请回了王后，一家团圆。这说明妒忌害人没好下场，假话能欺骗，真相终会大白于天下，善恶终有报。故事给人启迪，命运在赐予你荣誉和财富的同时往往也给你制造了敌人。我们有两只耳朵，兼听则明，不要偏听偏信，可是，有欺骗就会有人上当。

《神马》通过波斯王子与萨乃奥公主悲欢离合的故事，歌颂了波斯人的聪明勇敢，鞭挞了那个印度人的欺诈可耻。今天，看看一些政客、奸商的丑陋表演，还真有些启发。这个故事涉及印度人，其实，《天方夜谭》中一部分故事源自以寓言著称的印度。印度人在三角学、二次方程式、语法、语音学、动物寓言、国际象棋及哲学等方面，对人类对世界是有大贡献的，在宗教和想象文学方面是中国的老师。

《阿布·哈桑的梦》中，国王的幽默，哈桑的窘迫，令人忍俊不禁。这个梦是国王的设计，赞扬的是哈桑的善良和智谋。两河流域曾创造了灿烂的古代文明，历经沧桑和磨难，但我相信，这样的民族决不会沉沦，终会崛起。

《手艺人哈桑的故事》中的萨德，承认要想日子过得舒服，必须有钱才行，但他坚持认为，人生的幸福在于拥有高尚的道德，一个人只要过上体面生活，并可随时行善，就应当知足，不必再孜孜追求更多财富。而萨迪认为，在这个世界上，一个人如果没钱，就不可能获得幸福。萨迪和萨德做人行事方式不同，效果也不同。我认为，没钱确是个大问题，但最可怕的是丧志、懒惰，金钱并不一定能使人称心如意。对穷人和需救助的人，社会要有善心，要有慈爱，能帮人既是美德，也是责任。

《神童智审盗金案》中的小男孩，从存放八年的橄榄没有腐烂看出破绽,昧财商人的谎言被戳穿,受到应有惩罚,正义得到伸张。哈里发教训法官应当向男孩学习,因为小孩聪明纯真,无私不偏。有“智”不在年高,长江后浪推前浪,发人深思。

《渔夫与魔鬼》中的渔夫聪明、善良,设法将魔鬼骗回了瓶子,与《农夫与蛇》的故事一样能启迪人。渔夫曾对魔鬼说:“要是当初你放我一条生路,那么你现在就不会落到这样的下场。可是,你刚才根本不考虑是我使你得到了自由,是我为你做了大好事,你却一心要杀我,我现在也只好不可怜你……”一些反华的心黑脸厚的政客,阴险恶毒,欺善怕恶,与魔鬼何异?对这些人,我们不能当东郭先生,要做渔夫!

(2011年夏)

评读四位美国总统

记得在一次会议上，江泽民同志讲到，恩格斯 1888 年到美国旅行，看到一个充满活力的新兴国家，很感兴趣。美国只有两百多年的历史，能够成为世界上的超级强国，是很值得研究的课题。我查阅了一些有关美国的书籍和资料，作了些思考。感到美国快速崛起的原因固然很多，其中一些美国总统个人品质和能力方面的因素也不容忽视。在美国 44 任总统中，华盛顿、杰斐逊、林肯、罗斯福堪称杰出人物，对美国的发展和强大作出了突出贡献。

第一任总统华盛顿在独立战争时期任大陆军总司令，带领英属北美殖民地人民浴血奋战，最终取得独立战争的胜利。1776 年 7 月 4 日，第二届大陆会议通过了《独立宣言》，庄严宣布北美 13 块殖民地从此脱离英国而独立，成立了美利坚合众国。北美殖民地的独立，打碎了英国殖民统治的枷锁，为美国资本主义和现代文明的加速发展铺平了道路，给世界文明进程带来了重大而深远的影响。

1789 年 3 月 4 日，美国第一届国会在纽约成立；4 月 30 日，五十七岁的华盛顿全票当选为美国首任总统；1793 年，华盛顿再次当选美国总统。在八年的任期中，他主政建立了“合众国银行”，提出了美国历史上第一个税收法，提出以“人权法案”闻名的宪法头条修正案并生效。这些都是具有开创意义的大事。

第二届总统期满后，华盛顿坚拒续任总统，选择了退隐，开创了美国总统任期不超过两届的先例。离职后，又拒绝一些人试图加在他身上的各种称号和赞誉之词，回到弗农山庄安度晚年。六十多岁的时候，仍坚持参加农场劳动和做家务。1799 年 12 月 14 日，华盛顿辞世，时年六十七岁。

1800 年 12 月，杰斐逊当选美国第三任总统。他是开国元勋，是美利坚合众国的缔造者之一。在 1775 年，他用了 17 天时间起草了《独立宣言》，在人类历史上第一次以国家名义宣布人民的权利神圣不可侵犯，"我们认为下面这些都是不言而喻的真理：所有人生来就是平等的，造物主赋予了他们某些不可剥夺的权利，其中包括对生活自由和幸福的追求。为了保护这些权利，人们在他们之间建立了政府，而政府是在得到被统治者的同意后才取得它们正当的权力。每当任何形式的政府违背了这些目的时，人民有权改变它或废除它，再立一个新的政府……"《独立宣言》不但体现了杰斐逊的民主思想，也反映了北美广大人民的内心要求。这部宣言比法国的《人权宣言》还要早 13 年，被马克思称为"第一人权宣言"。

杰斐逊当了两届总统，实行以农业为根本、商业为辅助的政策，还耗费了六年心血创建了弗吉尼亚大学。杰斐逊连任总统期间，美国经济繁荣，人口增长，疆域扩大了一倍。1801 年美国购买路易斯安那，付出了重大代价。杰斐逊说："美国的扩张，随着时间的推移，已成为历史发展的需要，想要美国限制自己是不可能的。"

杰斐逊与妻子玛莎感情非常深厚，他们俩十年间育有六个子女。1782 年 5 月，玛莎不幸染病身亡。玛莎临终前，杰斐逊答应孩子们不再续娶继母，并终身信守，至终不悔。失去妻子时，他才三十九岁，正值盛年；直到1826年7月去世，独身44年。

林肯是美国历史上著名的资产阶级政治家和革命领袖，五十一岁当选美国第16任总统。他领导北方的进步力量，经过四年的浴血奋战，夺取了南北战争的彻底胜利，拯救了美国的完整和统一。为从制度上避免获得自由的奴隶重新受奴役，林肯还提出并推动通过了宪法修正案。奴隶制的废除，为资本主义的发展扫除了障碍，极大地解放了生产力。马克思称赞林肯的《解放黑奴宣言》是“联邦成立以来美国历史上最重要的文件”，是“撕毁了旧美国宪法的文件”。

1864年11月8日，林肯再度当选总统。马克思执笔的贺电说：“如果说反抗奴隶主的权势是您在第一次当选时的留有余地的口号，那么您在第二次当选时的胜利的战斗口号则是：让奴隶制死亡。”林肯第二个任期刚开始不到半年，就被南部奴隶主指使的奸细开枪射中头部，次日清晨逝世，终年五十六岁。马克思称赞说：“他是一位功成业就仍善良如初的罕见人物。这位伟大而善良的人竟是如此质朴，以致只是在他成为烈士而倒下去之后，世人才发现他是一位英雄。”

罗斯福是美国历史上唯一连任四届的总统，被视为美国历史上最伟大的总统之一。1932年，美国经济大萧条已进入第四个年头，广大劳动人民陷入半饥饿状态，罢工人数不断增长。面对严重的经济危机，当时的美国总统胡佛仍然实行自由放任政策，社会动荡不安。在这种情况下，五十岁的罗斯福上任伊始，大刀阔斧地实施了一系列历史上称为“新政”的政策，以复兴、救济、改革为主旨，制定了15项重要立法，其中与金融相关的法律占1/3。他采取非常措施整顿金融，让有偿付能力的银行尽快开业，建立联邦存款保险公司，由政府出面保障存款，以恢复银行的信誉，防止新的挤兑风潮。宣布禁止黄金出口，停止美元兑黄金，放弃金本位制，让美元大幅度贬值，刺激生产和促进出口。他促使议会先后通过了《农业调整法》、《全国工业复兴法》、《联邦紧急救济法》等法案，要求资本家必须遵守公平竞争的规则，尽力扶持中小企业发展；制定了各企业发展的规模、价格、销售范围，规定了工人的最低工资和最高工时，缓和劳资关系；用"以工代赈"替代单纯救济，给失业者提供参与公共事业的机会，让他们从事植树护林、防治水患、水土保持、道路建设、开辟防火通道等工作，扩大了整个社会的救济面和购买力。罗斯福"新政"起到了收拾残局、稳定人心的巨大作用，制定和实施了大量防止再次发生大萧条的措施和政策，不仅为美国走出危机，实现快速崛起奠定了坚实的基础，也为克服资本主义发展中的周期性危机创造了宝贵经验。

第二次世界大战中，罗斯福对建立世界反法西斯同盟发挥了重大作用。他反对国内"孤立主义"倾向，重视加强国防，在财政和装备上援助英国，在武器和军用物资供应上支持苏联。日本海空军偷袭美国珍珠港的第二天，他在国会发表咨文对日宣战。1942 年元旦，在他提议下，美、苏、英、中等 26 国代表在华盛顿签署《联合国家宣言》，国际"反法西斯同盟"正式建立，提出了联合国家的目标不仅是打败共同敌人，而且要建立一个拥有"广泛而永久的普遍安全制度"的世界秩序。

罗斯福支持中国的抗日战争，派遣军事人员协助中国军队对日作战，并提供了大量物资援助。1943 年 11 月，他与丘吉尔、蒋介石举行"开罗会议"，签署《开罗宣言》，加强了对日联合作战，要求日本无条件投降，日本强占中国的领土，其中包括东北诸省、台湾和澎湖列岛等,在战后归还中国。1944 年 11 月,毛泽东在致罗斯福的信中写道:“我还要感谢你为着团结中国以便击败日本并使统一的民主的中国成为可能的巨大努力。”的确,我们对抗日战争中帮助过我们的友好国家和友好人士都不应该忘记。在德国投降前夕,1945 年 4 月 12 日,罗斯福因患脑溢血病逝,享年六十三岁。

美国社会有活力,有创新精神,比较宽容和开放,有许多东西需要我们认真研究。正如 120 年前恩格斯在美国旅行后所说的,它是资本主义生产的乐土,为了迅速发展新兴国家,多么需要有美国人那种狂热的事业心。同时,我们也要看到美国及其领导人的另一面。杰斐逊等一些总统喜欢开疆扩土,美国建国后的六十多年间,通过购买、强占等方式,巧取豪夺,到 19 世纪中叶,美国的领土已扩展到太平洋沿岸。美国初期的资本主义是在对外实行贪得无厌的领土扩张和对内惨无人道地掠夺、屠杀印第安人、奴役黑人等有色人种的情况下发展起来的。美国为了维护统一发动南北战争,一直被视为正义行动而大书特书。我们要实现国家的统一,却受到一些西方势力的阻挠。50 年前我们废除了西藏的农奴制度,与美国废除黑奴制度同样是人类的进步行动。而西方一些人却奉行双重标准,对我指手画脚,甚至恶意中伤,真是咄咄怪事!

当然,从吸收人类文明成果的角度讲,前面提到的四位总统,确实都很了不起。他们的有些建树,尤其难能可贵。

一是重视人才,宽容大度。1500 字的《独立宣言》是三十三岁的杰斐逊仅用了 17 天时间写成的。建立“合众国银行”是汉密尔顿建议的。美国历史上第一个税收法是麦迪逊在华盛顿的鼓励和支持下提出来的。杰斐逊、汉密尔顿、麦迪逊与华盛顿政治倾向虽不尽相同,但为了美利坚的利益,华盛顿不计较他们之间的矛盾甚至对立,仍然把他们安排在自己的政府中,相得益彰,各展其才。

二是不恋权力,不贪名利。华盛顿坚拒一些人拥戴他当第三届总统的建议,坚拒一些人加给他的头衔和赞誉,体现了他浓厚的民主精神。这种精神又滋润了美国的传统,对美国历史产生了重大影响。他退休回农场,还参加劳动,做些家务,这是他没有特权思想、充满平等意识的最好诠释。华盛顿死前说:"我快不行了。我死后三天再下葬,葬礼要尽量简单。"按照他的遗言,华盛顿的葬礼只在弗农山庄举行,简单而朴素。

三是意志坚强,诚实守信。华盛顿原来过着安逸的种植园主生活,为了反抗英国的暴政,率部保卫纽约,经过艰苦卓绝的战争,狠狠打击了英军,最终建立了美利坚合众国。杰斐逊三十九岁丧妻,甘守孤独,终身未续。林肯为解放黑奴,勇于披肝沥胆,因其正直的品格而被称为"诚实的亚伯"。罗斯福身残志坚,坐在轮椅上办公,"在忘我工作和筋疲力尽两极之间穿梭"。

四是勇于创新,不畏艰难。这几位总统,以美国人民的福祉和国家的前途为己任,敢于做出艰难的选择。华盛顿优先考虑偿还国内战债,重新建立国家信用,建立统一货币,征收联邦税,大力发展民族工业等,做了许多开创性的工作。杰斐逊强调地方自治,主张建立一个中央政府的权力受到约束,而地方政府有较大权力的体制。他上台后,立即废除亚当斯执政时颁布的《归从法》、《客籍法》、《敌对外侨法》、《镇压叛乱法》等摧残民主权利的法令,并呼吁消除党派间的斗争,深得民心。他致力于教育事业,亲自为弗吉尼亚大学聘请教师、职员,挑选相应课程、教材,制定行政管理规划等。林肯坚忍不拔的精神为世人称颂。

他在葛底斯堡发表的演说堪称经典，至今闪耀着顽强不屈的精神和真理的光芒："烈士们为使这个国家生存下去而献出了生命……我们活着的人从先烈们身上吸取更多的献身精神，来完成我们伟大的事业……使得这个民有、民治、民享的政府决不从地球上消失。"只有两分钟的演说，精辟地概括了战争的主题：为了致力于自由国家的生存。罗斯福为了美国、美国人民和人类和平，战胜了包括身体残疾在内的难以想象的困难，作出了巨大贡献。

这些杰出人物的宽阔胸怀尤其值得肯定，特别是罗斯福。他说："得到朋友的唯一办法，就是成为别人的朋友。"他对筹建联合国非常热心，做了大量工作。1945 年 3 月 1 日，罗斯福告诉国会，在雅尔塔达成的联合国协议，"应当标志着单边行为的秩序、排外联盟、势力范围、势力均衡的终结。同样终结的还有若干世纪以来人们屡试屡败的种种权宜之计"，表达了他对建立和平的国际秩序的真诚态度。今天，发展中美建设性的战略伙伴关系，有利于两国人民的根本利益，有利于世界和平发展，有利于人类社会繁荣进步。

（2009 年 2 月）

盖茨辞职的启发

2006年，年仅五十岁的微软公司创始人比尔·盖茨就向全世界宣布：他将提前退休，两年内淡出微软，把工作重心转向慈善事业。2008年6月27日，五十二岁的盖茨发表演说，正式辞去微软执行董事长的全职工作，含泪告别微软，并将580亿美元的个人财产悉数捐给比尔和梅琳达·盖茨基金会，没给子女留下一分一毫。

盖茨1955年出生在美国西雅图一个律师家庭，从小就表现出对计算机软件的浓厚兴趣，十三岁开始编写计算机程序，二十岁从哈佛大学退学，与童年好友一起组建了微软公司。他以非凡的远见和洞察力创造了微软公司在世界软件业的成功传奇，三十一岁成为世界首富，并连续13年蝉联这一纪录。如今全球个人电脑操作系统的90%用的是该公司的软件。

他为什么要在如日中天的时候退休呢？他取得了举世瞩目的成功，但并不居功自傲，恋位不放，而是居安思危，坚持人才是创业之本。他说："如果我们不求改变，不吸引优秀人才，这对我们将是一件十分危险的事。"他让出位置来，就是要让新人主事，率领微软在激烈的竞争中取得新突破，再上一层楼。为什么美国在世界经济、科技、军事、教育诸方面独领风骚？我们从盖茨的辞职可以得到许多启发，其中最重要的一条就是必须要有一个好的人才成长机制。

第一，放手让优秀年轻人才担当重任。盖茨才五十岁出头，在许多人看来，正是年富力强的时候，但他看到微软在网络搜索和网络广告等方面处于下风，而微软今后努力的方向之一是扩大网络搜索引擎服务，为此必须拥有更多的优秀人才，而他自己太成功了，员工们已经习惯了在每件事情上必须获得盖茨的点头认可，所以他说，“我确实在想，如果我不担任微软的工作，微软才会新人辈出”，“我不能再挡道了，我离开后，会有人填补我留下的空白”。这是他辞职的主要原因。怎么对事业有利、怎么对微软发展有利，他就怎么做。邓小平同志说，要“把年轻人提起来，放到重要岗位，管的业务宽了，见识就广了，就能更好地发挥作用”；还特别提出“要重视二十几岁、三十几岁的年轻人”。适应改革开放的需要，我国一批出类拔萃的优秀人才脱颖而出，与全国人民一起创造了新时期的辉煌。这些年，在中央的高度重视和大力推动下，各地培养选拔了大批德才兼备的年轻干部，干部队伍结构不断优化。当前，我国改革开放事业既面临难得的历史机遇，也面临许多严峻的挑战。越是在这样的关键时候，越要有宽阔视野、战略眼光和战略思维，创造条件放手让年轻干部担当重任，使我们的队伍始终保持蓬勃生机与活力，使我们的事业长盛不衰。

第二，创造人才脱颖而出的制度环境。中央对这个问题很重视，强调不断深化干部人事制度改革，形成干部选拔任用的科学机制。这些年，干部选拔任用工作中的民主得到扩大、监督得到加强，对国有企业、事业单位人事制度改革也进行了大量探索。当前，我国发展站在了一个新的历史起点上，新形势新任务对干部队伍和人才队伍建设提出了许多新课题。要改进选拔人才的方法和机制，优化选人用人的制度环境，使像盖茨这样的领军人才能够不断涌现出来。我赞成不拘一格，广开才路，看人首先看这个人干什么最有出息，而不是先看他有什么毛病；用人应用其所长，根据事业发展的需要，而不只是看他的资历。中国特色社会主义民主政治，适应我们现代化建设的需要，在人才培养和成长方面，我们应该做得更好。

第三，加大教育体制改革力度。改革开放以来，我国教育事业发展很快，九年义务教育基本普及，高等教育由精英教育向大众教育跨越，职业教育迅速发展，出国留学人员规模持续扩大。但随着经济社会发展对教育的要求和人民群众对教育的期望越来越高，还有许多问题需要研究解决。教育创新，根本的是推进素质教育，关键是完善与现代化建设相适应的教育体制。盖茨十三岁编软件，在许多中国家长看来是不务正业；大学退学办公司，简直不可思议，但他成功了。我们要密切关注世界教育发展的大趋势，借鉴世界上先进的办学经验，重视人才的个性发展，对偏才、怪才、奇才应网开一面，不能搞单纯的一个标准、一个模式、批量化生产，而应努力做到因材施教，注意发挥学生的爱好和特长，着力培养创新型人才。要切实减轻学生负担，改革教学内容、方法和手段，改革招生考试制度和人才评价方式，把当前的应试教育切实转到素质教育上来，促进学生德、智、体、美全面发展。

（2009年3月25日）

也说欲望

欲望是本能的一种释放形式，构成了人类行为最内在与最基本的要素。人是生而有欲的，即使是那些所谓“超凡脱俗”之人，也不例外。印度哲学家克里希那穆提说：“对欲望不理解，人就永远不能从桎梏和恐惧中解脱出来。”

刻苦学习、努力工作、严格要求、遵纪守法、要求进步、勤劳致富，把自己的理想抱负和国家社会的需要结合起来，这种欲望有利于实现自己的人生价值，推动社会发展进步。

政治竞选、经济竞争、体育竞赛、国家争霸……无不是人的欲望使然。

一个地方，一个单位，一个部门，有的人为了争夺主导权，什么卑鄙手段，什么阴谋诡计，无所不用其极，那也是人的欲望在作怪。

家庭也如此，静观其表，沉思其内，许多情况是争主导权，争话语权，争财产权，争支配权，其核心也是人的欲望在推动。

贪污受贿，纸醉金迷，腐化堕落，杀人放火，拦路抢劫，制毒贩毒，暴力恐怖，挑动骚乱，分裂祖国等等，都是人的恶欲在作祟。

自私自利，沽名钓誉，说谎话、造谣言等等，同样是人为谋取物质精神好处的欲望在驱使。

声望和荣誉是人的高层次需求，也是高层次欲望。不少人为谋求声望和荣誉不择手段，费尽心机，只有那些情操高尚、为人类解放事业不懈奋斗的人才不会为声望和荣誉所累。伟大的革命导师马克思极度蔑视声望，毫无虚荣心，认为人们的喝彩没有什么价值，会引人走向歧途。

人的欲望，一方面是社会进步的推动力；另一方面也是恶性竞争、巧取豪夺的发动机。古今中外的革命家、思想家、哲学家、文学家等，都重视人的欲望和需要。有的主张存天理灭人欲；有的提出无为而无不为；有的呼吁改造国民的劣根性；有的倡导毫不利己、专门利人；有的认为主观为自己，客观为别人。

人欲的恶性膨胀，不但破坏外在世界，也毒害人的内心世界。北宋司马光警告说："君子多欲则贪慕富贵，枉道速祸。"我们强调要推进物质文明、政治文明、精神文明和生态文明建设协调发展，使人民丰衣足食、安居乐业，既是为了满足人合理合法的欲望，也是为了遏制人违法、违纪、违背道德的欲望。

所谓欲壑难填，人的欲望是不可能得到充分满足的。世上有人就有欲，包括和尚、道士、平民、权贵、贪官污吏、绝色佳人、国王、世界冠军、诺贝尔奖获得者、参加遗体告别的人、老人、小孩、男人、女人……人生在世，某种意义上说是在追求欲望的满足。追名逐利、尚美猎艳、夺权篡位、攻城略地是欲，望子成龙、谈情说爱、饮食男女是欲，期盼死后升入天堂、希望成仙成佛都是欲。

有人认为，人从基因得来的天性就是"食色性也"。顺应天生本性的自然发展，就会有饥而思食、渴而思饮、寒而思暖、饱而思淫等欲望。人的习性是后天学来的，是为了争取生存、适应环境、寻觅快乐所做的一切努力的总成果，包括信仰、求知和爱的精神。有人研究认为，基因和环境对人格的影响平分秋色。

“基因在操纵人类的行为，人类的行为也在左右基因的功能”。人的DNA不是固定不变的设计图，它不断受到外在因素的影响，所以有“三分天赋，七分努力”的说法，也可见讲理想、信念、道德、公德、美德，讲平等、民主、人权，重视科学、遵守纪律、施行法制等，对改善人的行为的重要性！

我们自古以来有“无欲则刚”的话，这里的“无欲”不是说什么欲望都没有。“人欲横流”指纵欲无度。“克制欲望”是指抑制欲望过分的膨胀。正如《荀子・礼论》中所说：“礼起于何也？曰：人生而有欲，欲而不得，则不能无求，求而无度量分界，则不能无争，争则乱，乱则穷。先王恶其乱也，故制礼义以分之，以养人之欲，给人以求。使欲必不穷乎物，物必不屈于欲，两者相持而长，是礼之所以起也。”孔子讲“克己复礼”，荀子讲“度量分界”，都有教育人们求欲不能过度之意。共产党人倡导改造世界观，实质也是教育人们克制不正确、不理性、无节制的欲望。

（2007年11月）

宽 容

莎士比亚的《威尼斯商人》中有这样一段台词:“宽容就像天上的细雨滋润着大地。它赐福于宽容的人,也赐福于被宽容的人。”令人印象深刻。

世上没有不生杂草的花园。在生活中,人们常常会遇到一些丑陋的东西。有些现象如谎言、谣言、忘恩、反目等,已引起众多人的注意,有人进行了专门研究。美国人保罗·埃克曼写《说谎》,就是要“揭穿商业、政治与婚姻中的骗局”。法国人让-诺埃尔·卡普费雷说,谣言是“世界最古老的传媒”。从二战开始,奥尔波特和波斯特曼、纳普、彼得森、吉斯特等都对谣言进行了深入研究。英国人威廉·梅克庇斯·萨克雷早在19世纪上中叶就发表了《势利者脸谱》,以幽默辛辣的语言,全面彻底地描绘了各种各样势利者的嘴脸,对于人性有精辟透彻的揭露。

人性表现出的种种弱点,与人们的动机密切相关。美国人马斯洛1943年发表的《人类动机论》,提出生理动机和社会动机是人们行为的原动力,也是人们行为的目标。马斯洛对“需求”有一段话十分精彩:“人是一种不断需求的动物,除短暂的时间外,极少达到完全满足的状况,人生本来就充满缺憾,完美人生并不存在于现实生活中,人生虽不完美,却是可以令人感到满意和快乐的。”奥地利人弗洛伊德讲人生就像弈棋,一步失误，全盘皆输，这是令人悲哀之处；而且人生还不如弈棋，不可能再来一局，也不能悔棋，实在深刻。后悔是一种耗费精神的情绪，是比损失更大的损失，比错误更大的错误，所以要尽量避免吃“后悔药”。

牧之、张震编著的《心理学》提出，要“洞察人性的美与丑，认识自我的强与弱”。其实，把握人性、认识一个人并不容易。古人说，试玉要烧三日满，辨材须待七年期。随着社会的发展，人的智商也开始有了突飞猛进，使人们更容易伪装自己。实际上，在人与人的交往中，只有很小部分的沟通是通过语言来完成的。我翻过曾国藩的《冰鉴》，他说：“一身精神，具乎两目；一身骨相，具乎面部。”有人说这是一门独到的“观心术”，我从不感兴趣，也不善“察言观色”。

宽容是一种超然，一种品格，一种境界。如果我们遇到反目和攻击，要设身处地去理解那些对我们不好的人，尽可能地宽容他们。马克·吐温的话“紫罗兰把它的香气留在那踩扁了它的脚踝上，这就是宽恕”，成为常常被人引用的格言。美国人艾瑞克·强说：“适合某人穿的鞋，可能会让另一个人穿来痛苦不堪。”日本人永崎一则说：“改变别人不容易。”美国人丁格说：“爱我的人教我温柔，恨我的人教我谨慎，对我冷漠的人教我自重。”这些话都是饱含哲理的。

孔子讲：“君子之道，忠恕而已矣。己所不欲，勿施于人。”世界上还是好人多，对有这样那样缺点、错误的人，要调整心态，平静面对；要与人为善，不求全责备，对有的人进行必要的处理也要着眼教育帮助。这不是不讲原则，不讲是非，在许多情况下，宽容也是原则。当然，对搞暴力恐怖、杀人放火、叛国投敌、鱼肉百姓、制毒贩毒的坏人，对贪官污吏等，决不能宽容，对他们宽容就是对人民犯罪。

我出身贫寒，能走到今天，靠的是党组织的关怀，善良人的扶助，正直人主持公道，也因为我对莎士比亚"容忍是最大的智慧"、康格里夫"沉默是最好的蔑视"、亨特"忍耐加和蔼就是力量"、欧文"容忍才常常是真正的伟大胸襟"有些理解。可惜这些格言只有心平气和时才能做到，发脾气时忘得干干净净。美国人安德鲁·杜布林著的《心理学与工作》讲，用金钱、地位来定义成功会让人陷入焦虑，职业生涯的终极目标应该是心理成功。

最后，想起了林肯的名言："人格像一棵树，而名声就像树影，我们往往以为树影就像树的样子，其实唯有树身才是真实的。"我这棵老树，这棵党和人民培育的树，是真实的。

（2009年3月29日）

见势利者别烦

势利是指对有权有钱有势的人趋奉,对无权少钱缺势的人歧视的恶劣作风。它是人类社会的一个顽症,是人性的一大弱点。

“势利”这个词出现至少已有两千多年了。据《史记·魏其武安侯列传》记载,窦太后的堂侄魏其侯窦婴,在窦太后掌权时非常得势。后来,王太后掌权,同样是外戚出身的武安侯田蚡很受重用,于是,“天下吏士趋势利者,皆去魏其归武安”。类似这样的事,从古到今屡见不鲜。

势利者表现形式多种多样,极而言之,本质上多是唯利是图,唯势是用,落井下石,无情无义,一切以“势利”为出发点。有一种十分阴险的势利者,见人讲人话,见鬼讲鬼话,两面三刀,奉承阿谀之词溢满箩筐,且献媚表演难辨真假,常能蒙人。一旦目的达到,又会见风使舵,继续算计。

如某位领导喜欢耿直的人,他就会表现得“非常正直”,以获好感,得到重用。一旦风向有变,马上另觅靠山,对前任领导说的话不但忘得干干净净,而且带头“直率”以对。

行贿受贿的人大都是势利者,进行卑鄙的权钱交易,脑子里想的是势利,眼睛盯的是势利。有人为了提拔,造谣生事,毁谤他人,抬高自己,这种势利者,并不鲜见。

有的势利者一心想攀有权有钱人家的儿女做对象,什么手段都使用。一旦达到目的，本性暴露，什么刻薄的话都说得出口。再添了孩子，更是剪不断，理还乱。越剧《五女拜寿》，无情地揭露和鞭挞势利者的嘴脸，看后印象十分深刻。

“势利”这种不良的习惯和品性，在人类社会中实在太典型了。英国人威廉·梅克庇斯·萨克雷在其《势利者脸谱》一书中，自喻是由“自身即为势利者之一的人所作”，著者的幽默讽刺意味充分体现了出来。他问：“除了势利之外，世俗还能是什么呢？”翻译家刘荣跃更是一针见血地说：“简言之，势利即世俗。”说的是势利的普遍性。还有人问：“如果清除掉这个世界上的势利者，还能剩下多少人？”我的回答是，还剩很多！决不能给人随便扣个“势利者”的帽子。

西汉刘向对“势利”讲过一段很精彩的话：“以势交者，势倾则败；以利交者，利穷则散；以财交者，财尽则绝；以色交者，色落则渝。”说得相当透彻。势利者惯于通过交易获取利益，但共产党人绝不能拿原则做交易。我们对党对国家对人民重理重情重义，对腐朽庸俗的东西应当自觉抵制。

（2009 年 3 月 25 日）

太阳不会说谎

诚实之所以可贵，就在于谎言的普遍存在。

美国心理学家保罗·埃克曼在其著作《说谎》中说："只要是说谎，就一定有破绽，哪怕是一个铁石心肠的人，照样会被他自己的行为给出卖。"说得很到位。

专栏咨询家兰德斯说："真相同样可以拿来伤人，甚至使人痛不欲生。"这话非常精辟！尽管谎言也伤人，但有些谎言是利他的，或者是无害的，甚至是人道的。这可称之为"善意的谎言"。揭穿这类谎言，可能对"受骗者"或第三方造成损害。

说谎者有的时候是隐瞒真相，有的时候是编造事实，有的时候故意夸大和扭曲事实；为了强化欺骗效果，甚至会举出被骗的人看到或未看到的情节，加以形象化夸张，进行挑动性欺骗。还可能拿出戈培尔的本事，千百遍地重复谎言，或声泪俱下，或慷慨激昂，由不得你不信。遇到缺乏主见的人，或者利益攸关者，很容易大上其当，撒谎者会在暗中庆幸自己的"智慧和勇气"。

说谎者的动机各异，有的想提拔，有的怕处分，有的怕丢脸，有的怕受伤害，有的得寸进尺，有的贪得无厌，等等，千奇百怪，甚至莫名其妙。美国马萨诸塞大学有位心理学家很有意思，他发现男性和女性在说谎的次数上不相上下，不过两性在说谎的原因上却有所不同。女性说谎通常是为了让对方觉得好过一些，而男性常常为了让自己显得比较优越。前不久，英国一项调查研究发现,“男人比女人说谎多,男人在说谎时的负罪感可能也较少”。伦敦科学博物馆医学馆馆长凯蒂·马格斯说:“说谎似乎是人性中不可避免的部分;但是,它也是社会交往的重要组成部分……关于像说谎这样的人类怪癖是否是基因、进化或教化培养导致的问题,人们目前尚无定论。”要得出科学结论,恐怕很难。

说谎是有风险的,一旦败露,要付出代价。正如鲁迅先生所言“捣鬼有术,也有效,然而有限”。情绪有时可能让谎言泄露,担心被识破的恐惧感、说谎的罪恶感和欺骗的快感交织在一起。特别是欺骗对象是一个自以为聪明的人,说谎者可能会对自己的说谎技巧感到欣慰而获得满足。说谎者的损失,往往比说实话损失更大。

谎言几乎渗透到了人类社会生活的方方面面。德国社会民主党领袖李卜克内西在《纪念卡尔·马克思》一文中说:“太阳是不会骗人的。可是,人,那些在阳光照耀下的人却在自欺欺人,而且欺骗得如此巧妙,往往使人简直认不出他们。”太阳没有欲望,不会说话,不会表演,不会写信,不会打电话,不会用手机,也不会上网,当然不会说谎。要求在任何人际关系中都不说谎是做不到的,因为许多人所言不实,但并非欺骗,谎言只是“存心误导别人的有意行为”,关键要看说谎人的动机是什么。

亚里士多德曾说:“谎言自有理由,真实则无缘无故。”其潜台词是说,讲实话容易说谎难。因为说谎前有时要掂量,为了避免破绽,说谎时必须小心翼翼。说谎也是需要技巧的。1938 年 9 月 15 日,希特勒对英国首相张伯伦说谎。他除了天赋和技巧外,在骗人方面的实践经验可以说非常丰富。尼克松在“水门事件”中,明知说的不是实话,却不承认是说谎。

“笑面虎”懂得笑容可以掩盖任何负面情绪——害怕、生气、妒忌、厌恶等等。领导同志往往会因说谎者关切的笑容而放松警惕。笑容是说谎者最廉价的“面具”,因此有些人常戴这样的面具。

一些政客、媒体和不法商人等说谎很有一套。有的甚至不说谎一天也过不下去,不骗人心里难受。我们这个国家,古往今来,说谎者也大有人在。这个世界上如果不允许说谎者存在,还能剩下多少人呢?没有人做过统计,也无法统计。不过我认为,纯粹用谎言去骗人的人应当是少数。

(2010年5月19日)

谣言是“病毒”

谣言不是什么新鲜玩意儿，古今中外很普遍。

明末著名抗清将领袁崇焕，就死于满人制造的谣言。传说皇太极施反间计，先捕捉两个明朝太监，故意让两人听见清军将领之间的耳语，说袁崇焕与满人有密约，然后将其中一名太监放回北京。崇祯皇帝中计，以为袁崇焕谋反，遂将其逮捕入狱，磔刑处死。可见谣言不但能伤人，还能杀人。

一个谣言，开始总不知从哪里冒出来，然后议论纷纷，流传开来，愈演愈烈。像流行病毒达到高潮后，旋即冷寂，或剩下星星点点，四处流窜，最终偃旗息鼓。谣言传播的过程，可用逻辑斯蒂方程①来描述。但这个过程中被其攻击的对象往往受害不浅，代价很大。谣言是应该清除的“病毒”。

谣言有的是凭空捏造，有的根本风马牛不相及，也有的并非空穴来风。美国社会学家特·希布塔尼说，谣言是一群人议论过程中产生的即兴新闻，它起源于重要而扑朔迷离的事件。智利心理学教师卡洛斯·利瓦契奇说，谣言是个人从自身感受出

---

① 逻辑斯蒂方程[$\frac{d\chi}{dt}=\kappa\chi(a-\chi)$]的应用比较广泛。如果问题的基本数量特征是：在时间 t 很小时，呈指数型增长，而当 t 增大时，增长速度就下降，且越来越接近于一个确定的值，这类问题就可以用逻辑斯蒂方程加以解决。

发对事实的加工，目的是为自己寻求更好的舞台。法国人让-诺埃尔·卡普费雷将希布塔尼的论点用一个简单的公式概括，“谣言=（事件的）重要性×（事件的）含糊不清”。如果事件的重要性等于零，或者事件本身并非含糊不清，谣言就不会产生。

美国心理学教授尼古拉斯·迪方佐认为，谣言有助于满足人们的某些要求。焦躁和感觉不安全的人最容易陷入谣言传播的圈子。不少人热衷于散布谣言，传播谣言，导致谣言发酵，给社会带来危害。

《韩非子》中有一个“三人成虎”的著名寓言：“庞恭与太子质于邯郸，谓魏王曰：‘今一人言市有虎，王信之乎？’曰：‘不信。’‘二人言市有虎，王信之乎？’曰：‘不信。’‘三人言市有虎，王信之乎？’王曰：‘寡人信之。’庞恭曰：‘故市之无虎也明矣，然而三人言而成虎。今邯郸之去魏也远于市，议臣者过于三人，愿王察之。’”可见，谣言一旦传播开来，即使人们开始不相信，反复入耳，也会将信将疑，甚至“谣言千遍成真理”，受其蒙骗，信以为真。

谣言有时是因政治目的而存在的。从政治的角度讲，谣言本质上是官方发言之外的发言。在角逐权力和经营权力的战场，谣言总是层出不穷。谣言作为政治斗争中一件成本极低而又相当有用的武器，不需要证据，不需要很大的参谋部，不需要破费，而且阴谋制造者往往隐藏得很深，也不容易暴露。在商战中，商业谣言的作用更是多面，如利用谣言造成消费者抢购，或者扩大自己的市场，打击对手的市场，等等。谣言幕后往往有黑手操纵。比如，一些丑化抹黑中国的谣言源于一些敌对势力。他们造谣传谣，混淆视听，用心险恶。

荀子说:“流言止于智者。”但毕竟能算得上智者的只是少数。谣言一旦产生,如同脱缰之马,很难控制,后果难料,特别是在网络时代,由于科技的进步和通讯成本的下降,谣言的传播更加快捷便利。控制谣言的神奇秘方是没有的,只有对情况有了确切、肯定的了解,才能做出诊断,逐渐澄清,往往需要较长时间才能水落石出。卡普费雷认为,应付谣言的攻击,可以采取保持沉默、集中力量宣传等策略,“大众传媒对谣言或保持沉默,或相反敞开它的专栏和提供视听节目的时间,那么一切都会随之大相径庭”。所以,说“谣言止于公开”可能更恰当些。在大多数情况下,应当选择让谣言不攻自破,使其失去可信性,显得荒诞不经。一旦真相大白于天下时,造谣反被造谣伤。

从某种意义上讲,谣言是另一种传媒渠道。这是一个谣言与真相共生的社会,任何人都难以摆脱谣言的困扰,更不可能生活在一个没有谣言的世界。如果哪个大学的研究机构,组织人类学家、心理学家、历史学家、系统科学家、生命学家、政治家等,成立一个“谣言研究学会”,深入探讨有关谣言的一些问题,提出一些消除和减少谣言的对策,那将对社会的进步和发展大有益处。

（2009 年 8 月 25 日）

谈 灵 感

灵感是人们思维过程中认识飞跃的心理现象。德国维茨堡大学的萨斯查·托波林斯基和挪威卑尔根大学的罗尔夫·雷伯认为，灵感是尝试解决问题期间或之后的一种经历。在这个过程中，有关问题的内容突然在大脑中闪现，并提供一种快感和自信。爱迪生说，天才是百分之一的灵感加百分之九十九的汗水，而这一分灵感恰恰是最重要的。可见，奇思妙想的天赋对一个人来讲，往往比他的才干更重要。

灵感具有随机性。它往往可遇不可求，在许多情况下完全出自偶然，如阿基米德在浴盆中解决了一个有关皇冠含金量的著名问题，他赤着身子跑到街上喊"Eureka、Eureka、Eureka（我发现了）"。爱尔兰数学家威廉·卢云·哈密顿在散步经过石桥时，突然悟到一个代数的系统不一定要满足交换定律，发明了"四元数"。他兴奋得不知所措，当即把这些基本公式刻在了石桥上。"创造性行为很少出自逻辑与推理，惊人的想法每每不期而至，因而数学家们常常说灵感之产生与你正在做什么全无关系。"这是马利斯·克莱恩的话。

灵感与思维的敏捷程度没有必然联系。一个人的智商可能相当高，但产生灵感的能力却不一定就那么高，思维慢的人完全有可能在解决问题时想法更奇妙。据说那些能产生灵感的人，其智力水平大都近于中等，只有少数人智力超常。爱因斯坦对经典数学并不很熟悉，他在中学和大学时成绩平平，但相对论却恰恰在这样的头脑中诞生，其意义之深远足以彻底改变整个传统物理学的基础。

灵感与善于提出问题的人有缘。提出问题是科学发现的逻辑起点，一切科学研究、科学知识的增长就是始于问题和终于问题的过程。喜欢向问题提出挑战的人，往往能创造性地解决问题。爱因斯坦曾说："提出一个问题往往比解决一个问题更为重要，因为解决一个问题也许是一个数学上或实验上的技巧问题。而提出新的问题、新的可能性，从新的角度看旧问题，却需要创造性的想象力，而且标志着科学的真正进步。"著名的数学家希尔伯特在 1900 年提出了 23 个数学问题，对 20 世纪数学的发展起到了重大的推动作用。

灵感本质上是一种富有创造力的思路。科学史上的每次伟大革命，几乎都是不囿常规的直觉飞跃的产物，就像托马斯·爱迪生寻找电灯的灯丝那样，甚至不需要依据有关理论知识去推演。爱因斯坦认为，想象力比知识更重要，因为知识是有限的，而想象力概括着世界上的一切，推动着进步，并且是知识进化的源泉。严格地说，想象力是科学研究中的实在因素。一个人的创造能力与精神愉快、幽默有关，还可能与他因挫折、不幸而潜心研究有关。

知识是灵感的素材和原料，所以注意学习特别是对新知识和交叉科学的学习，对于创新是十分重要的。思想碰撞最容易产生火花，相互切磋，相互交流，相互启发，最容易产生灵感。

近代以来人类文明进步所取得的丰硕成果，主要得益于理论创新、科学发现、技术创新、制度创新以及其他各方面的创新。对创新的无止境追求，是很多国土面积不大、自然资源匮乏的国家的生存法则。创新能力的大小,很大程度上决定一个国家发展速度的快慢,发展水平的高低。我们要进一步完善自主创新的环境,在全社会营造生动、活跃、民主的创新氛围,改革教育制度,尊重知识,尊重人才,促进创新人才特别是年轻人才脱颖而出,努力建设创新型国家。

(2007年11月)

需要与矛盾

需要指对事物的欲望和要求，是人脑对生理需求和社会需求的反映。人都是有需要的。不同的人，在不同的地方，遇到不同的问题，需要都不同。有时甚至一些非常简单的问题，也会引发不小的矛盾。从哲学上讲，是矛盾的普遍性；从本质来看，是需要的普遍性。当需要得不到满足时，人往往不从主观上找原因，不去怪自己，而是去找客观理由，找别人的原因，自然会产生矛盾。

比如，一个需要当总统而其所代表的利益集团也要他当总统的人被推上台，这对满足自身需要有好处，对他代表的利益集团也有好处，因为这些人的需要是一致的。但另一个人也想当总统，这就要与他展开竞选。竞选就是矛盾的对立，需要的对立。

有的人好学上进，努力工作，严格自律，勤政爱民，做出成绩，受到群众的赞扬和组织的肯定，得到提拔和重用；但有的人走歪门邪道，送礼送钱，好话、假话、谎话说得天花乱坠，如果仍达不到目的，就会与组织和领导产生矛盾。

企业要发展就需要争夺市场、需要提高创新能力，在企业和行业之间就必然会展开激烈的竞争，有时竞争是良性的，有时竞争是恶性的，但无论“良”还是“恶”，竞争本质上就是企业因需要而产生的矛盾、博弈和斗争。当然，合作有时也是一种需要。

社会需要科学技术不断发展。恩格斯指出,社会一旦有技术上的需要,则这种需要就会比十所大学更能把科学推向前进。

有的人贪得无厌,要钱、要权、要色……如需要得不到满足,就会对妨碍其达到目的的组织、个人下手。

有的人需要人家赔笑脸、阿谀奉迎,哪怕是装出来的也好,而有人却偏偏板起脸待人,这怎么没矛盾呢?

即使在一个家庭,老人需要安度晚年,需要家人尊重;家人中有的需要学习好,有的需要提拔快,有的需要赚钱多,有的需要玩得痛快,有的需要出风头,有的需要一个人说了算,甚至有的需要菜中多放些辣椒,有的需要清淡无辣味,有的需要吃快点儿,有的需要慢慢吃。即使一些家庭小事,也会因各人的需要不同,产生矛盾,就像一团麻,"剪不断,理还乱","清官难断家务事"嘛。

夫妻俩即使白头偕老,因需要不同,一串串小事,也能变成一串串矛盾。如夫妻俩同看一台电视,一个需要看电视剧,另一个需要看足球比赛;一个需要清静,另一个需要热闹;一个需要对方善解人意,另一个需要对方不要斤斤计较;一个需要对方记住自己的生日,另一个需要少生气,少生病……不同需要之间的碰撞,必然产生矛盾。

有的需要是很怪的,你去看望病人,如显得心情沉重,他可能会想,"好像来告别的";如高兴一些,他可能会想,"幸灾乐祸,希望我早死"。即使去参加遗体告别,有的家人也很注意来人的表现,需要他鞠 90 度躬、表情悲哀;有的需要别人看他眼色行事,否则就沉着"棺材脸"。这些莫名其妙的需要,是说不出口的心理在作怪,也是一种无声的矛盾。

总的看，需要是分层次的，首先是基本的生理需要；其次是生活需要，如安全等；再上一层是归属与爱的需要，学习好、进步快，精神生活丰富；更上层是威望和尊重；最高的需要是自我实现。层次越低的需要强度越大，需要的产生由低级向高级的发展是波浪式推进的，在低一级需要没有完全满足时，高一级的需要就产生了，并逐步增强。

需要常以一种“缺乏感”体验着，以意向、愿望的形式表现出来，最终导致为推动人进行活动的动机。从这个意义上讲，需要也是动力，社会在需要中前进。为了一致的需要，会形成共同的努力方向，产生凝聚力，形成集团。因需要产生的矛盾，大多可以在理解、妥协中解决。需要产生的动机，有合理合法的，也有悖理违法的。这就要通过教育，使人理解、醒悟；通过道德、纪律、法律，使人受到约束。

人类应该节制自己的需要，以与自然界和谐相处。单个人同样如此。满足个人需要务必遵守家庭美德、职业道德、社会公德，而且要考虑需要与可能。对他人的需要，合理合法的要理解，尽可能满足，避免碰撞；对他人不理解自己的需要，尽可能看在眼里，忘在脑后。一旦为了需要而付诸行动，则要考虑后果。无论如何，不要把自己的需要强加于人，靠损人来利己，否则会碰一鼻子灰。

当领导的要关注群众的需要，关注社会的需要。必须始终坚持以经济建设为中心，坚持改革开放，坚持科学发展，坚持以人为本，发展民主，健全法制，关注民生，改善民生，调节利益，改进工作，维护社会的公平与正义，维护社会的安定与团结，促进社会和谐，满足广大人民不断增长的需要。只有顺应民意、顺应历史规律、顺应时代潮流，才能减少和化解矛盾。在实现需要的过程中，也存在利益分配、利益平衡等问题，旧的矛盾解决了，新的矛盾又会产生，解决矛盾的过程，同时也是实现需要的过程。

当然，并非任何需要都应该满足、都能够满足。对有的需要不但不能满足，而且要坚决进行斗争。有时矛盾会很尖锐，甚至是激烈的对抗。比如，一个国家要发展和强大，而有的国家不希望你发展强大起来，就会千方百计加以遏制，甚至利用军事、政治、经济、外交、宗教、人权等手段进行挑衅，还有些国家跟着起哄，这就需要因时、因事采取斗争、妥协、合作和周旋等多种手段予以应对。

总之，合理的需要，应当创造条件尽可能满足。过高的需要，不切实际的需要，客观条件不允许的需要，甚至是贪婪的需要，别有用心的需要……绝不能姑息迁就。对不合理，不合法，甚至破坏性需要，必须坚决斗争，决不能妥协。

（2007年11月）

脾　气

最近我一口气读完了卢梭的《忏悔录》，为他深刻的自我剖析和坦率的自我披沥所震撼。他说："我在从事一项前无古人、后无来者的事业。我要把一个人的真实面目全部地展示在世人面前。"《忏悔录》是列夫·托尔斯泰最喜爱的作品之一，是受到车尔尼雪夫斯基高度评价的著作，是对歌德等著名诗人和作家产生重要影响的一部大作。卢梭以惊人的诚实、坦率的态度描写自己，毫不隐讳自己最下流可耻的行为。我佩服其勇气，但如果人们都像他这样赤裸裸地袒露，也没有必要。

卢梭生活的年代，处于1789年法国资产阶级大革命之前的启蒙运动时期。卢梭等一批启蒙者是资产阶级上升期的革命者。正如《马克思恩格斯文集》中所说："在法国为行将到来的革命启发过人们头脑的那些伟大人物，本身都是非常革命的。他们不承认任何外界的权威，不管这种权威是什么样的。宗教、自然观、社会、国家制度，一切都受到了最无情的批判；一切都必须在理性的法庭面前为自己的存在作辩护或者放弃存在的权利。思维者的悟性成了衡量一切的唯一尺度。"①但我们须注意到，他们在提倡个性自由时，显然是将它推崇到至高无上的地步，充满深厚的个人主义味道，某种程度上体现了那个时期资产

① 见《马克思恩格斯文集》第9卷，人民出版社2009年版，第19页。

阶级意识形态的本质。

读了卢梭等人的著作，我想起毛泽东对鲁迅的称赞："我喜欢他那样坦率。他说，解剖自己，往往严于解剖别人。在跌了几跤之后，我亦往往如此。"我也试着反思一下自己的脾气。人最大的弱点是难以约束自己，对情绪包括脾气也一样。大文豪苏轼说："天下有大勇者，卒然临之而不惊，无故加之而不怒。"我的修养离"大勇者"还很远，最大的毛病是脾气不好。客气的人说我"有些急躁"，直爽的人说我"脾气大"，老婆说我"脾气很坏"。我不知脾气是怎么来的，往往发过脾气后，意识到不妥，但又很难改。我也为此吃了不少苦头，伤及同志，很不应该！后悔是一种耗费精神的情绪，发脾气，常常使我后悔，但有时却又控制不住情绪。想起发过的几次脾气，常感自责。

在大学读书时，我是团支部书记，看到一个同学谈朋友，星期一到星期六是一个，星期天又是另一个，我火冒三丈地说："你不要这样换口味，不要用自己的青春去赌博。"他听了哭得很伤心，毕业后十多年都不理我。直到我诚心向他道歉，才得到谅解。其实这位同学在个人生活上是守道德、守本分的，显然是我伤害了他。

在葛店化工厂工作时，有个同志常迟到早退。一天，我把他找到办公室来，怒斥："我讲的你为什么不听？你的耳朵长到哪里去了？"他左手扯着自己的耳朵，右手指着我，睁大眼睛，大声说："我的耳朵在这里，你的眼睛长到哪里去了？"我顿时感到说得过分了，随即心平气和地说："你回去吧，今后要按时上下班。"他头也不回地走了。我过后想，自己是领导，下级这样顶撞我，定是难以忍受，是我讲得过火。第二天见面时，我说："你还生气啊？"他说："生什么气？当领导的少发火，好好说比发火好。”这是他对我的教育，至今难以忘怀。他后来很少迟到早退，工作还挺努力。

在江西工作时，有一次，听到一位领导处理某件事，我认为太过分了，就拿起电话，大喊大叫，很不冷静。当时那位同志就哭起来了，我感到不对头，立即赶过去，看他很伤心，连忙做检查，但无济于事。此后，他到处说我不好，还不断写告状信。有一个领导问我：“某某常攻击你，是怎么回事？”我笑了笑，心想，活该！后来，又有位领导对我说：“某某常告你。”我说：“我发过他的脾气，很不应该，悔青了肠子，他出出气也好。”有年过节，我见到他，主动向他问候，希望不笑也能泯恩怨。这次发脾气，我吞下了苦果，教训深刻，但屡悔屡犯，有时还是憋不住，真是“江山易改，禀性难移”。

有一年，我的二姐来我家，在餐桌上，她说：“生活实在困难，你帮我安排一个孩子的工作吧。”我极不冷静地说：“同你一样困难的人很多，我做不到。”她说：“你帮帮啰！”我发火：“我死了，你们不过日子？”一片沉寂，大家都不作声。停了一会儿，老伴批评我说：“你太过分了，不能好好说？”我也觉得自己太不应该，事不办可以，话应好好说，何必如此戗人呢？二姐连饭也吃不下，坐了不久，就带着儿子回去了。这件事，我想起来就内疚，总觉得对不起她。但人间是没有后悔药吃的。她家没有电话，无法道歉；她是文盲，写信也看不懂。这件事二十多年了，一直挥之不去。当时，江西很困难，我压力很大，烦心的事不少，在外面忍着，在家里出气，给亲人带来痛苦，给自己带来折磨。以后的日子里，我有时也问她孩子的情况，心里总想到自己的不是。在离开江西去山东上任时，到她坟前站了一会儿，心里默默地说：“对不起，姐姐！那时，如您顶了我，骂了我，我今天也不会这样难受。”说实话，当时风气不太好，我很痛恨一些领导干部关亲顾友，自己怎么可能用公权为亲戚谋利呢？可是，一位普通农家妇女又怎么可能想到这些呢？她能想到的也只能是遇到难处找有权的弟弟帮助，这其实很自然。不办可以，但心平气和地说说道理总应该吧？

还有一次，江西电厂的存煤只能维持一天半，丰城市欠省计划煤约七万吨，市里觉得吃亏，我急了，给市委书记打电话："我省电厂的煤只能烧一天半，如果在一个星期内，你们不把欠的煤全部上交，我要对你们采取三条措施：一是电网垮了，找你们负责；二是在《江西日报》公开报道你们不顾大局；三是请求省委处分你市的市长。"书记答应做好工作，按省里的要求落实。这天下午，市长来到我办公室门口，站在那里说："省长，煤会按你要求发到电厂。"我怒斥："你走，年纪轻轻的，滑头滑脑。"这位同志转过身低着头回去了，不到几天就完成了任务。我考虑市里确实吃了亏，要有关部门补一些计划木材给他们。过了几个月，我建议省委组织部考察提拔他，说："这同志很优秀，能干事，有胸怀。"后来，由于他的努力和同志们的支持，他干得很出色。多年来，总感到此事欠了这位市长的债。他工作那么好，我说这话没水平，太伤人了。至今想起来，仍不是滋味。他不记恨我，一直对我很好，更增加了我的自责。

写到这里，又想起了在高中时，脾气不好出了名。后来同张锦裳结合，几十年来，她都说我脾气太坏。还说："我学布袋和尚，你发气功，我就把气装进布袋，让它慢慢跑掉。好在是布袋，要是塑料袋早就爆了，就是钢瓶也要炸裂。"我听了，有时感到问题严重。回想起来，每每在外面遇到难受的事，多在家里发泄。有时让人莫名其妙，有时大发雷霆，有时阴沉着脸，一言不发,情绪全写在脸上。

偶尔也有家人发我的脾气,我感到委屈,老伴说:“你在家又不是领导,人家发发你的脾气,也是对你坏脾气的报应。你感到难受,我几十年就不难受?发脾气时,你去照照镜子,自己看看,舒不舒服?”我倒很冷静,想起狄克斯的话,“唯一真实地对我们说出刻薄、侮辱、伤感情的话的人,都是我们自家的人”,顿时阿Q精神来了,心平气静。人生是短暂的,方程式是永恒的。“受别人的气”虽让我有些难过,心中却很坦然,没有针尖对麦芒,没有对别人发脾气,就没有欠债感,一身轻松。这也使我对“容忍是最大的智慧”,“忍耐加和蔼就是力量”,“沉默是最好的蔑视”,有了些切身体会,可惜晚了点儿。因为“昨天是张过期的支票,只有今天才是现金”。

老伴前天表扬我说:“这段时间,你的脾气好多了。”她的肯定,使我想起俄国著名小说家屠格涅夫说的话:“如果什么地方有个女人关心我回家吃饭,我情愿放弃我所有的天才及我所有的书籍。”可我不是天才,也不会写书,但确信幸福的普通人比幽居的任何人都快乐。老伴应想到,我认真学习了一些马克思主义的原著,也看了些人性方面的书籍,会联系思想实际,改造世界观,约束自己。

情绪反映人与环境之间变化的关系。稳定的情感是在情绪的基础上形成的,情绪和情感相互依存,不可分离。“情绪是心理活动的‘晴雨表’”。有位心理学家认为,情绪调节的基本过程包括生理调节、情绪体验调节、表情动作调节、认知调节和人际关系调节等。通常人们较多地关注负情绪的调节,希望愤怒得到克制,避免因极度愤怒失去理智。

调节情绪须注意了解他人的各种感受,有敏锐的直觉,懂得换位思考，并快速作出判断，对他人的情绪、性格、动机、需求作出适度的反应。如果有权有势有钱的人、地位高的人，忽视他人的情绪和感受，对自己的情绪不注意控制或不去控制，就容易动不动发火，说话失去分寸。每逢大事有静气，大事来临时，要注意冷静。

发脾气时，当时自以为正确，对他人的感受欠考虑。这说得轻一点儿是修养问题，说重一点儿是世界观问题，说难听一点儿是霸道的问题。很少有保姆发主人脾气，也很少有下级发上级脾气。我脾气确实坏，发过领导的脾气。当武汉市市长时，为要求省里增加电力供应指标，当着省委书记的面同省经委领导大吵大争，几乎失去理智，说了一些尖刻难听的狠话。还有一次，我在一个分管工业的副省长办公室说："你不给我市增加供电指标，市里出了大问题，找你负责，我会向中央告你。"以后一想起来就内疚。要增加用电指标是对的，好好说嘛，怎么这么没风度、没水平？怎么不体谅一下领导的难处？以后在江西当省长，本性不改。有一次大发省委书记的脾气，说了一些不应该说的话，伤了这位领导的自尊心，常常自责。现在想来，那时真是不知天高地厚。爱比克泰德曾说："长远而论，每个人都会为自己的错误付出代价。能将此长埋于心的人，就能不对人发怒、愤懑、诽谤、责难、攻击或怨恨。"他的话，早就知道，但实际上有时做不到。

国外有一句名言，"不能生气的人是傻瓜，不会生气的人才是智者"。达尔文曾经说过，脾气暴躁是人类不好的天性之一。推敲起来并不准确，不能一概而论。我见到过傻瓜生气，还看到过伟人发怒。发脾气甚至发大脾气的人中不乏大智之人。当然，我算不上。有脾气且重任在身或公务缠身的人何时发脾气、对谁发脾气，以及发到什么程度，还是需要一些智慧的。

在平时的生活中，我们难免会产生不愉快的情绪，如愤怒、悲伤、失望、内疚等，要控制自己的情绪，需要主动学习，换位思考，通过一些行为来提高自控能力。宁静的心境，易驾驭、把握自己的情绪。有时一个人的情绪，往往关系到一个人的命运。如果是重要人物感情用事，则会对社会产生很大的负面影响。

反思几次发怒，使我认识到"伤害人的并非事件本身，而是对事件的看法"，而对事件的看法又有多角度、多侧面，很大程度上取决于自己当时的认识能力。虽然不是一下决心就能立即改变自己的情绪，但确实可以改变行动，改变行动就能改变感受。心理学家威廉·詹姆士曾有过这样的心得："行动似乎跟着感觉走，其实行动与感觉是并存的，大多都以意志控制行动，也就能间接控制感觉。"说得很精辟。

在古希腊德尔斐神庙前刻着一句铭文——认识你自己。尽管我有时控制不住自己的情绪，一分为二地说，也有不少优点。有时会自以为是，也有时自以为非，常生活在矛盾与困惑中。

退休了，没有了工作上的压力，小孩也不住在一起，只有老伴在身边，多想想宽容，"不会宽容别人的人，是不配受到别人宽容的"。如要发怒时，拿把小镜子照照，看看自己这个样子，想想别人的感受，去洗个脸，静静心。再想想学习的一些知识，联系实际，提醒自己能控制情绪是有理智的表现；能想到后果的人，是有责任感的人。当然，有时生点儿气也正常，毕竟自己不是傻瓜，也非生活在真空中。但我也记得德国共产党创始人卢森堡的话："不管遇到怎样的事情，都请安静地接受吧！这是人生。我们要接受人生，勇敢地、大胆地而且永远地微笑着。"我对永崎一则说的话也很赞同："改变别人不容易，若要得到别人的好感，必须先改变自己，因为这样才能心想事成。”弥勒佛总是微笑，总是大度，所以国人都喜欢他，当然也包括我。

马克思的女儿爱琳娜讲到父亲的时候说：“对那些研究人性的学者来说，如此一个既是战斗者，同时又是一个最善良和最温柔的人，好像并不奇怪。”这段话对我们的性格修养很有启发。生命在于运动，走走路，活动活动筋骨；节制和约束自己，以平淡之心处世，看庭中花开花落，望天上云卷云舒；休息、学习、思考，家里与朋友谈笑，书中与作者沟通，努力做到少生气，少生病，有个好心情。引冯友兰先生送金岳霖先生的对联作结：“何止于米，相期以茶；道超青牛，论高白马。”

（2009年10月）

康熙看长城

长城是中国古代劳动人民的创造，被列入世界七大奇迹，它的雄伟壮丽世人惊叹。对于保护长城、修缮长城，我是赞成的。

有人说长城是中华民族的脊梁，但我认为长城也反映了当时封建王朝偏于防御的战略思维，记录了统治阶级的软弱。

近日看到：1691 年 6 月，古北口总兵蔡元向朝廷上书，他所管辖的那一带长城“倾塌甚多，请行修筑”。康熙竟然完全不同意，他在这份奏折上批示：“秦筑长城以来，汉、唐、宋亦常修理，其时岂无边患？明末，我太祖统大兵长驱直入，诸路瓦解，皆莫能当。可见守国之道，惟在修德安民。民心悦则邦本得，而边境自固，所谓众志成城者是也。如古北、赤峰口一带，朕皆巡阅，概多损坏，今欲修之，兴工劳役，岂能无害百姓？且长城延袤数千里，养兵几何方能分守？”康熙真了不起，他要修筑的是一座无形的“修德安民”的长城啊。

毛泽东对此的认识确实深刻：“真正的铜墙铁壁是什么？是群众，是千百万真心实意地拥护革命的群众。这是真正的铜墙铁壁，什么力量也打不破的，完全打不破的。”可以说，与康熙帝的看法有异曲同工之妙。

康熙文韬武略，平定三藩、收复台湾、击败噶尔丹，为中华民族作出了历史性的贡献，堪称千古一帝。康熙一生勤奋好学，博览群书，视野开阔。他向汉族学习国学，对经史子集、声律、书法、诗画等几乎都有研究;向西方学习科技知识,数学、物理、天文、地理、历法、农学、医学等,几乎都有涉猎,还写了八九十篇自然科学的文章,十分难能可贵。他请外国人当老师,甚至任命一名外国人担任钦天监监副,实在了不起。假如康熙看过柏拉图的《理想国》、《法律篇》等著作,读过莎士比亚的“四大悲剧”(《哈姆雷特》、《奥赛罗》、《李尔王》、《麦克白》),对他会有何启发?对他治国会有何影响?当然,历史是没有“假如”的。我们在三百年之后搞改革开放,学习先进管理经验,请外国人当厂长,还曾引起不小的关注,大概是因为康熙聘请“外国专家”之事没有广为流传的缘故吧。

(2007年12月)

红颜并非祸水

马克思在致路·库格曼的信中写道："每个了解一点历史的人也都知道，没有妇女的酵素就不可能有伟大的社会变革。社会的进步可以用女性（丑的也包括在内）的社会地位来精确地衡量。"我国妇女长期处于受歧视的地位，男女平等无从谈起，甚至还把美丽的女性与灾祸连在一起。"红颜祸水"之说由来已久，议论较多的有妹喜、妲己、褒姒、西施、赵飞燕、赵合德、貂蝉、杨玉环等等。在男权主导的社会里，女性往往由男人掌控，把乱政灭国的罪名加在女人身上，有失公正。

有的女人，几千年来一直背着祸害国家的名声。妹喜嫁给夏桀后，两人纵情声色，恣意享乐；妲己入宫后，商纣王营造鹿台，搜罗珍宝，酒池肉林，以炮烙等峻刑取乐；褒姒爱听"裂帛"之声，周幽王就让人轮流撕绸缎给她听，为博褒姒一笑，甚至"烽火戏诸侯"。夏桀、商纣、周幽王与这些女人寻欢作乐，穷奢极欲，凶残暴戾，人民痛苦不堪，最终导致王朝覆灭。

赵飞燕、赵合德姐妹擅宠后宫，残害嫔妃皇子，"祸水"和"温柔乡"的典故就出自赵氏姐妹。她们"一笑倾人城，再笑倾人国"，虽有过错，但并不掌权，不能各打五十大板，说到底，根子还在汉成帝这些人身上。他纵欲无度，荒废朝政，自取灭亡。

还有些女人，被命运拨弄，为环境所迫，为形势所逼，做了一些出格的事，受人指责。夏姬一生中，先后七次下嫁，九个男人死于她的石榴裙下。她确是生性放纵，但荒淫无度的陈灵公、巫臣之流更坏，更应受到无情的鞭挞。鱼玄机姿色出众，才思敏捷，十六岁嫁李亿为妾，受其妻侮辱，又被李抛弃。她在痛苦中生活，越来越不检点，最终因失手鞭打婢女绿翘致死，被京兆尹温璋判杀。李亿抛弃了玄机，她又加害绿翘，说到底，她们都是受害者，这样的悲剧在专制社会屡见不鲜！

还有些女人，身不由己，被别人操纵，也遭人误解。传说西施在溪边浣纱，水中的鱼儿看到她的容貌，都自愧不如沉入水底。越国战败后，她被送到吴国，把夫差迷惑得众叛亲离。月亮见到美丽的貂蝉，都会不好意思地躲入云彩之中，她由王允授意施行连环计，使董卓、吕布反目成仇，最终借吕布之手除掉了恶贼董卓。美貌的杨玉环，传说让号称国色天香的牡丹害羞，唐玄宗把已是儿媳的她搞来做贵妃，后马嵬坡事变，令她自缢。从夫差、董卓的角度看，西施、貂蝉确实是处心积虑来实施“破坏”的，换个角度看，她们只是男人争斗的一枚棋子。人们往往忽视了她们身上强烈的悲剧色彩和牺牲精神。千百年来，指责杨玉环的不少，“姊妹兄弟皆列土”，这种荣耀是唐玄宗给的呀！而古代四大美人中的王昭君，大雁听到她悦耳的琴声，看到这个美丽女子，都会忘记扇动翅膀，跌落下来。她被汉元帝送往匈奴和亲，出塞之后，边疆的烽烟熄灭了五十年。人们对她多是同情，舆论也还公道。

更多的女人，只因生得漂亮，命途多舛，应了红颜薄命的谶语。息夫人又称桃花夫人，被姐夫蔡哀侯调戏，又被楚文王掳去做夫人，虽为楚王生了两个儿子，但她怀念故国，牵挂息侯，三年不语，最终自尽而死。这些好色之徒糟蹋了她，伤害了她。“风波恶，红颜何曾误国侯”！

红颜不是祸水,她们有的还为国家立了大功,为民除了大害,也算得上是英雄豪杰。

男女平等是一个国家进步的重要标志,尊重女性、保护妇女儿童的民族,才是有希望的民族。恩格斯说:“只有在社会主义制度下,才有男女平等。”新中国成立后,我国妇女的地位大大提高,但实现完全的男女平等还要走很长的路。社会应摈弃偏见,维护妇女的权利与尊严,推进教育平等、机会平等以及各方面的平等,充分发挥妇女在经济、政治、文化、社会等领域中不可替代的重要作用。当然,不管是男人还是女人,都应自尊、自重、自爱,自强不息,平等相待,通过自己的努力赢得社会的承认和尊重。

(2008年1月)

相似还是巧合

马克思在《论波兰问题》中说:“历史上常常有惊人的相似之处。”讲得很深刻。在看书的时候,我有时也联想起一些古今中外类似或巧合的事。

以色列和巴勒斯坦之间“以土地换和平”的方案提出了多年,一直没有落实。但早在中国历史上的三国时期就已经有了先例:曹操西征张鲁,进入汉中,刘备得到消息,考虑到当时不是和孙权翻脸的时候,便派人向孙权求和,“分荆州、江夏、长沙、桂阳东属,南郡、零陵、武陵西属,引军还江州”①。孙权也不想与刘备兵戎相见,双方达成协议,以湘水为界瓜分荆州。刘备失去了湘水以东的地区,但避免了遭受曹操、孙权的两面夹击。这是不是以“土地换和平”?

刘备被曹操追击,在仓皇南逃的路上,曾说:“夫济大事必以人为本,今人归吾,吾何忍弃去!”②按照历史学家朱维铮先生的说法,这可能就是“以人为本”一词最早的出处。唐太宗贞观年间,马周对当时的吏治提出了尖锐的批评。他说:“臣闻天下者以人为本。必也使百姓安乐,在刺史、县令耳。”③由此可见,马周的“以人为本”同刘备的“以人为本”是不同的,马周是“以

① 见《三国志·蜀书》卷三十二,《先主传》第二。

② 见《三国志·蜀书》卷三十二,《先主传》第二。

③ 见《新唐书》卷九十八,《列传》第二十三。

人为根本”,刘备是“以人为资本”。我们坚持以人为本,是以人为根本。

西汉初年,汉王朝实行的是“郡国制”,即郡县和封国并存的“一朝两制”。一方面设郡,实行郡县两级制,与秦代的单一郡县制相同;另一方面,建立诸侯国,国君在封国内权力很大,“有太傅辅王,内史治国民,中尉掌武职,丞相统众官”①,其政权与中央基本相同,除太傅和丞相由中央任命外,自御史大夫以下的各级官吏,都由诸侯王自己任命。诸侯王还有一定的军权、财权等,这不是一个朝廷两种制度吗?

据记载,曹操有个部将叫丁斐,爱占小便宜,利用职权将自家的瘦牛换去公家的肥牛,结果被罢了官。一次曹操见到他,故意问,文侯呀,你的官印到哪里去了?丁斐嬉皮笑脸地说,拿去换大饼吃了。曹操哈哈大笑,对身边的人说:“东曹毛掾数白此家,欲令我重治,我非不知此人不清,良有以也。我之有斐,譬如人家有盗狗而善捕鼠,盗虽有小损,而完我囊贮。”②这段话提到的“狗”,有人说应是“猫”,我宁信其真,不管是狗是猫,反正会抓老鼠就是好的。蒲松龄在《聊斋志异》中也有一段话:“异史氏曰:‘黄狸黑狸,得鼠者雄。’此非空言也。”③也就是说,不管黄猫黑猫,会抓老鼠就是好猫。

“以土地换和平”、“以人为本”、“一国两制”、“黑猫白猫”等创造性提法,是否受到古人智慧的启发?我不敢妄加猜测。

(2007年12月)

---

① 见《汉书》卷十九上,百官公卿表第七上。

② 见《三国志·魏书》,诸夏侯曹传第九。

③ 见《聊斋志异》卷四,《驱怪》。

春水煎茶

有 问 有 答

老苕这老头怪怪的。常说自己不愿上电视，怕观众为难；不愿照相，但有人要合影，他也乐意，认为这样反衬别人靓丽，算是物尽其用，做了点贡献。

老苕不愿出头露面，不愿讲长话，讨厌讲空话、大话、套话、假话。有人说他的话不好懂，他反问："我讲好话你们听不懂，骂人的话怎么就听得懂，你们耳朵是否装了滤波器？"当然他的话确实难懂，"洗澡"和"洗脚"就难分清楚。但话又说回来，哪有"洗澡"不"洗脚"的呢？看来分不清也错不到哪里去。

老苕极少接受采访，这次他打破常规，有问必答。

记者鲁干问（以下简称为"鲁"）：你什么时候最高兴？

老苕回答说（以下简称为"苕"）：五十年前考大学，看到入学通知书时最高兴。

鲁：你什么时候最痛苦？

苕：母亲去世的时候。

鲁：你最喜欢的颜色是什么？

苕：绿色和红色。

鲁：你最爱什么？

苕：共产党、祖国、人民、家人。

鲁：你讨厌什么人？

苕：忘恩负义的人。

鲁:你最大的优点是什么?

茗:能约束自己。

鲁:你的弱点是什么?

茗:脾气坏。

鲁:你认为世界上最可怕的是什么?

茗:是自己。

鲁:你为什么不说“吹牛”,而说“吹猪”呢?

茗:我水平低,力气小,嘴又笨,只能“吹猪”。

鲁:你认为最穷困的是什么?

茗:一是饥寒交迫,生存艰难,苦苦挣扎;二是滥用权力,贪财好色,挥霍放纵。

鲁:你对富有怎样理解?

茗:有吃有穿有住,孩子能受到良好教育,生病有钱治。

鲁:你对善良是怎样理解的?

茗:对人真诚、宽容、正直、诚信,关心他人,重视情感等内在品质。

鲁:你对时间如何理解?

茗:“光阴似箭”是说时间过得很快,“一寸光阴一寸金”是告诫我们要珍惜时间,当然是对的。我认为席勒在《孔夫子的箴言》中说得更全面。他说,时间的步伐有三种:姗姗来迟的是未来,急流飞逝的是现在,过去却永远静止不动。

鲁:你对吃喝怎么看?

茗:我赞成伊索的话,平平静静地吃粗茶淡饭,胜于提心吊胆地吃大肉、喝猛酒。

鲁:你对钱怎么看?

茗:钱是身外之物。没钱很难过,钱多用不好会坏事。有钱尽可能做些公益事业。

鲁:你留给后代的财富是什么?

茗:艰辛的经历、不怕困难的精神、爱心和诚实,还有一个较好的学习方法。

鲁:你还记得离职时讲的话吗?

茗:记得。安度晚年、保持晚节,不忘自己是一个有理想信念的共产党员。

鲁:你退下后心态如何?

茗:很好,蛮“结棍”①的。

鲁:你工作之余最喜欢干什么?

茗:看书。

鲁:听说你最近读了不少马克思、恩格斯等伟人的著作,有什么新体会?

茗:越学越深感对许多问题还是一知半解。马克思的许多论断仍然具有强大的生命力,马克思主义还在发展。

鲁:听说你喜欢看莎士比亚的作品,给你印象最深的是什么?

茗:看过一些。莎翁对金钱的看法很清醒,他说:金子,只要一点儿,就可以使黑变成白,丑变成美,错变成对,卑贱变成高贵,老朽变成少年,懦夫变成勇士!……

鲁:听说你在写东西,是吗?

茗:有时写点儿,打发时光,不过是三天打鱼、两天晒网。这样可能少生点儿病,因为“疾病是逸乐所应得的利息”。

鲁:你有什么期望?

---

① 南昌俚语,很不错、很棒的意思。

茗:期望党与时俱进、不断增强创造活力,国家科学发展、人民幸福安康,国防强大、民主进步、法制健全,中国特色社会主义道路越走越宽广。还有,期望我的后代不出不肖子孙。

鲁:你有过想不通的时候吗?

茗:也有。但看到忍饥挨饿的穷人、奄奄一息的病人、遗体告别时的亡人,还有什么想不通的呢?

鲁:你对死是怎么看的?

茗:不做梦的长眠罢了。人生是一个过程。刚生下来的孩子,他的哭声好像声称对这个世界有着太多的欲望,紧握的小手好像要去抓取权和钱;到死的时候,他嘴巴紧闭、双手摊开,好像在表明人生的旅程已经走完了,我什么也不需要了!你觉得是不是有点儿启发?

鲁:老茗这个名字怎么理解?

茗:湖北话"茗"有愚蠢的意思,老茗就是一个笨老头嘛。

鲁:你不愿接受记者采访,今天我可是采访你了。

茗:这算不上什么采访。既不"花边",也谈不上"娱乐",没有发表价值。不过是朋友之间聊聊,你问我答。

据了解,老茗这个人做了不少好事,帮过不少人。发火是他的"强项",训起人来很尖刻,越是亲近的人批得越凶。不过,他是个菩萨心,过后又照样关心这些人,丝毫不影响他们的进步。当然也有造成误解的,但对自己有意见的人,他很少发火。

他还有一些怪论,什么"窗帘为何两层","人走茶凉","猴子的屁股","好看的花不一定都香,不好看的花未必不香","人心肚里空,眉毛藏臭虫","三问一不知"……有意思的是,有人给他送礼,他说:"我只需要党好、国家好、人民好、你们好,其他都不需要,谢谢!"

老苕有时很严肃，发脾气时，脸涨得通红；有时也可爱，说笑话逗得人捧腹。他很重情，结发夫妻已共同生活了半个世纪；不爱钱，说有一点儿就可以，多了坏事；不恋权，说退下来好，这是一个进步。还说福不可享尽，权不可用尽，否则就走向反面。

老苕说自己对生与死都很坦然，物质不灭，不然违反了辩证法，见到马克思还要挨批评。

老谷的奇谈怪说

老谷话多,我是他多年的朋友,也是最忠实的听众。我把这几年他讲的一些好玩的话编了个"老谷语录",聊博大家茶余饭后一笑。

头　发

小时候,我留的是瓦片头,有人说是"锅盖头",也有人硬说是"马桶盖头",自己摸摸,觉得像个土豆。说扁不扁、说圆不圆,很不满意,干脆剃了个光头。成年后,留了个与时俱进的发型,绝大多数头发往左边分,有人说,你想当左派,还在头发上做记号。我听了,干脆理了个平头。又有人说,你学小平同志的发型。我只好把头发又留长,往后梳。还是有人说,你装老干部,人太瘦,不像。真令我无所适从,不知如何是好。如今年过半百,头发开始斑白,常染成黑色,人家又喊颜色要打假。现在不断掉头发,渐稀疏,很透光,心想没几根了,随它去吧,但决不戴假发、戴帽子,也不剃光头,总而言之,顺其自然吧。

钙　多

老伴常说我吃得多,不长肉。我说:"都长骨头了,骨头里含钙多，硬气。有的人吃得多，只长脂肪不长骨头，身体比较软。”她觉得我讲得有道理，说：“某某腹部很大，实现了中部崛起的战略目标；某某血脂高、血糖高、血压高……”

尺码不对

在江城工作时，一天，爱人把大儿子的一双37码的鞋放到我脚前，要我穿。我说：“我穿40码的，鞋太小，穿不得。”她说：“你总是用一个标准要求人，用一种方法教育人，你也晓得40码的脚穿37码的鞋会很痛苦？”

天高地厚

有一次，因为张局长没有处理好一个信访案件，我批评她不知天高地厚。她回答说：“谷书记，地球的直径约一万两千七百公里，只是天空多高无法测量。”我哭笑不得，说：“有人说你很会吹牛，看来不是一点儿道理没有。”她说：“我不会吹牛，没那么大力气，吹猪还马马虎虎。”我抢白道：“猪是比牛小，但猪皮也不薄啊，就你这个块头，能吹起来？”

也不多

我在县政府工作时，一天到市里去汇报，中午在市招待所吃饭，很快盘碗尽光。我抹了抹嘴说：“市招待所的同志非常爱护我们，一顿饭，给我们吃了99%的米、1%的沙，沙子也不多，是考虑到大家的消化能力欠缺，帮助我们锻炼消化能力呢。”

比老苏好

有人问我,你怕老婆吗?我说:“苏格拉底是我的榜样,但我条件比他好得多。他在家里待不住,只好每天到市场上听别人辩论,逐渐锻炼得思维缜密,巧舌如簧,非常善于‘反讽’。我在家里待着还能读书、看报、吃饭、睡觉,也就不可能有他那么高的智慧了。”

假话

有人问我,说过假话没有?我说:“爱说实话,也说过假话,但都是些善意的虚话,不是为骗人,也不是为谋利。比如,我喊过‘毛主席万岁’,也喊过‘林副主席永远健康’。一个很黑的女人问我,她漂不漂亮?我说,‘漂亮,比诸葛亮的夫人还漂亮’。”

吃苦头

说违心话,常能讨得听者的喜欢。比如,对贪官,说他廉洁;对丑女,说她漂亮;对庸才,说他能干;对悍妇,说她贤惠……效果都较好。但我做不到,常吃苦头。

解放

这几年过春节时,家里十多口人聚在一起吃年夜饭,菜有十多个,很丰盛。老伴总希望大家多吃一点儿,不断地给孩子们夹菜。二儿媳说:“这是妈夹的菜,吃多吃少是水平问题,吃不吃是态度问题。”小儿子说:“我理解也吃,不理解也吃,在吃中加深理解。”我说:“要实事求是,吃饱吃好就行了。”孙子、孙女们一个个站起来说:“爷爷解放了我们,放鞭炮去了!”

使用价值

我在位时,女婿对我比较尊重。每次对我微笑时,我就知道他又有什么事要我帮忙。退休后,他对我发过几次脾气。我十分不解,问与他最要好的人“到底什么原因”,这位同志说:“你没有权,也就没有使用价值。他发你的脾气,也是为了改造你的世界观。”我惊愕地张大了嘴。

一面派

一小青年委托朋友炒股,有时拿着电话哈哈大笑,有时沉着脸说“没关系”。我同他开玩笑说:“你的股涨了还是跌了,都写在你脸上,从你的表情就可以准确判断出来。”他说:“那有什么奇怪,我是一面派呗!”

创新

家里的炊事员常喜欢创新,粉蒸排骨里放许多啤酒,酸得吃不得,还问我“味道还好吧?”我说:“没有醋那么酸!”用新方法红烧鲤鱼,里面还是生的,他问我:“好吃吗?”我说:“里面还有血丝,正合广东人的口味。”……他也感到效果不理想,说:“看来没有谱的创新，最好不要搞。”

不违纪、不犯法

有一次开大会，台下有人打瞌睡，有的还打呼噜。主持会议的同志很生气，给予了严肃批评。散会后，我说：“莫批评他们，可能昨晚人家加班了，也可能对报告的内容不感兴趣，顶多把他们叫醒。因为开会时打瞌睡、打呼噜，既不违纪，也不犯法。”后来这话传到开会睡觉者的耳朵里，都说听起来比批评更难受。

当官不可先去卖红薯

一些流传很广的话，有的也需要再想一想，比如，戏剧《七品芝麻官》中的清苑知县唐成不畏权势，与大奸臣严嵩等权贵作斗争时，曾理直气壮地说，“当官不为民做主，不如回家卖红薯”。我很欣赏这句话，但更同意山东籍作家张宏森在《大法官》中说的，“当官要想为民做主，首先不能去卖红薯！你去卖红薯了，怎么可能再来为民做主？”当干部的要尽职尽责，坚守本分，维护正义，主持公道，不怕恶人。

人才和口才

一次，我到某县考察。在车上，县里主要领导滔滔不绝介绍了两个小时，没有停一秒钟，也未喝一口水。看到沿途的山地全部种上了果树，栽上了竹子，确实变化很大。停车后，我说：“你真行，既是人才，也有口才。你是入错了行，要是去说相声，可能和侯宝林也有一比。”大家都笑了。

谈　话

那年，我接到一封举报某县主要领导的信，请组织部门去了解了一下，这人确实把七大姑八大姨都安排了工作。我请求组织部门免去他的职务，并把他找来谈话，说：“现在，你家除了狗和猫没安排工作，其他都安排了。今后，可能除鸡和猪不提拔，所有的亲戚都会被提拔。为了党的事业，为了防止你再犯错误，只能将你免职，组织上已经决定了，你服从吧！”

“不做表面文章”

有一年，到一个郊县检查工作，招待所客房边有一个水塘，上面长了许多青苔，散发着难闻的气味。吃饭时，几只绿头苍蝇在桌上飞舞。我对县委书记说：“你这个县有不少优点，特别是‘不做表面文章’，不知市里的同志发现没有？你们看路那样脏，池塘水发臭，吃饭还有鲜活苍蝇乱飞。搞得大家很忙，一手拿筷子，一手赶苍蝇……”一阵沉默后，县委书记说：“我们工作没有做好。”我说：“认识了就好，相信你们会做好！”

人 云 亦 云

我知识浅薄，承认对许多问题还一知半解。过去见到不肯正视困难和危险的人，有时也人云亦云地说，这是“鸵鸟精神”。事实上，这完全是一种错误的认识，没有人真正看到过鸵鸟将头埋进沙里的情景，如果那样，沙子会把它闷死。它只是将头和脖子贴在地面，这是为了隐蔽自己、辨听远处的声音。这是我九年前到鸵鸟养殖场参观了解后才知道的。此后，再没有用“鸵鸟精神”或“鸵鸟心理”之类的词来胡乱比喻了，真不忍心将错误的理解强加在鸵鸟身上。

无胆有忠心

有个人做了胆囊切除手术后说：“我已无胆，不存在胆小如鼠、胆小怕死，也沾不上胆大包天的边。是否无胆有识呢?”我接着他的话说：“没有胆，哪来的有胆有识？没有胆，哪有壮壮胆的必要？没有胆，就不存在胆量？还有胆汁呢！没有胆，‘胆大妄为’如何说？无胆的人就一定不妄为？未必！没有胆，也就没有苦胆了，就一定甜吗？也未必。没有胆，哪来的赤胆？但忠心不能没有，总不能因胆株连心，说人家无胆无心吧!”

最大功劳

有人问我，如何评价《三国演义》中的关羽？我说：“关羽是忠义的化身，大概没有争论。要讲功劳，我认为，老关最大的功劳是放走了曹操。曹雄才大略，集奸雄、枭雄和英雄于一身，只有他和他的儿子曹丕有能力结束长期战乱给百姓带来的苦难，实现国家统一。这是不是谬论，不想争论。”

《周　易》

有人问我，读过《周易》吗？我说："读过，没太搞懂。觉得《周易》是在讲以柔克刚的哲理、吉凶祸福的转换、阴阳动静的变化、知变适变的智慧。它还是二进制数学的鼻祖。再考虑，似乎觉得周文王演《周易》目的是为推翻商纣王作理论准备。"

柔舌克刚牙

有人问我，什么叫以柔克刚？我说："道理讲起来太抽象，给你举一个例子。八九十岁的老人去世，他们的牙齿大都掉光了，而舌头都是好好的，这说明刚者易折，柔者易存，大概就是你说的以柔克刚吧。"

人 老 话 多

人老话多,古今中外也许差不多。

老人经历的事多,吃过苦,受过难,遇过险,挨过攻,也得过赢,出过头,扬过威,走过了大半人生旅途,见多识广,总想说说。

在家里话多。看到儿辈们,嘱他们遵纪守法、好学上进、注意安全、注意身体,要谦虚、勤奋、尊重人、团结人,要……对孙辈们,嘱他们德智体全面发展,注意学习方法,提高自学能力,不要跟同学吵架,更不能动手,要尊重老师,"一日为师,终身为父"。对儿媳们,嘱她们教育好小孩,注意身体,娘家有困难要帮助,家庭要和睦,善与人共事。经常穷三遍四,翻来覆去,家里人都烦他人老啰唆。有时老伴出来打圆场:"我听了半个世纪了,你们偶尔听听也不要紧,你们坐在那里闭目养神,他看到你们不想听,人都快睡着了,也就不唠叨了。"众人点头。

在外面话也多。要是老人们碰在一起,就热闹了。各人心态差不多,但见识不一样,尝过的酸、甜、苦、辣、涩、麻不一样,喜、怒、哀、乐和挫折、顺利、成功也不一样。人生的经历都很丰富,都想说说,有时甚至抢话说。老人同小孩的表现有时也差不多。

我有一个七十岁的朋友,话就特别多,连我这个话多的人也嫌他啰唆。他上过大学,喜欢自学,知识面宽,好像地上的事全知,天上的事知道一半。有一次,他大谈原子核的聚变和裂变,会释放很大的能量，写了一个公式 $E=mc^2$，说这揭示了质量与能量之间的本质联系；谈四维空间，相对论，光会弯曲，高速飞行的物体，长度会缩短，时间会延长；讲行星运行的开普勒三定律，万有引力，拓扑学里的简单凸多面体面（F）点（V）棱（E）的关系 $V+F-E=2$；说人由细胞组成，细胞中有细胞膜和细胞核，细胞核由外形像一张网的叫染色体的东西构成。人的细胞里有 23 对染色体，染色体由基因组成，基因本身载有各种遗传信息，还常能指出其中的哪些基因决定了什么具体特征，并说病毒是自由基；还讲热力学三定律，谈熵的概念，似乎还嫌不够，大谈统计学、毕达哥拉斯三角形，还出了一道题：把 10 分成两个数，其相乘积为 40，要我算一算，这是怎么样的两个数。

他顾不上口干舌燥，又谈对《红楼梦》、《水浒传》、《三国演义》、《西游记》的读后感，谈从盘古到"扁古"几千年的历史，谈他曾去过的几十个国家的情况。我听后，也觉得他懂得不少。他记忆力惊人，记得唐朝 618 年建立，满洲人 1644 年入北京，刘邦活了六十一岁，曹操活了六十五岁，还能背诵蔡文姬的《胡笳十八拍》。他看我听得入神，更来劲了，大谈佛教、基督教、伊斯兰教和曼昆的经济学原理。他看到我听懂了，很不甘心，大谈博弈论、模糊数学、控制论、信息论，又说有四大科学难题：宇宙演化、物质构成、生命起源、意识产生，还说什么夸克囚禁、真空涨落、对称破缺，等等。他的确话多，但精力好，一连讲了三个半小时，没喝一口水，也不管我喜不喜欢听，不停地向我灌。

我真怕他，有时来电话，约我坐一坐，我总说："今天有事，改日吧。"但时间长了，又想他，想听听他还能说些什么。真的有一天，又约我到他家，大谈《阅微草堂笔记》、《梦溪笔谈》、《容斋随笔》、《笑林广记》。有时我听得津津有味，有时心想，你这个老东西，怎么看了这么多书？哪来的时间？因为是在他家，他老伴又热情地送来小吃，有精神食粮也有物质食粮，所以听得比较耐心。他留我吃午饭，我想吃饭时总可以休息一下。不料，在餐桌上他还是边吃边说，谈汉赋、唐诗、宋词、元曲、明清小说，还讲《诗经》、《左传》、《论语》，好像他有说不完的话，好像他不说话就难受，好像他不说话别人就会把他当哑巴……这天，我实在太累了，决心今后再不接触这么啰唆的朋友。

但没过几天，又想他，并想报复他一下，也准备不断地讲，看他是什么表情。我刚说了几句，他就抢过话头，说个没完。我没办法，只好甘拜下风，又听他滔滔不绝谈下去。我插空问了他一句："你年轻时，话也这样多吗？"他说："年轻时既没有时间也没有资本，现在退休了，知识、经验、教训不退休，嘴巴自然不退休了。"闻之，似觉有理。

（2008年秋）

老王照镜子

今天上午，湖北一刚退出领导岗位的好友老王来到我家，谈了约两个半小时。几年未见，格外亲切，谈得很投机，特别是他关于照镜子的感悟给我留下了深刻的印象。

老王说："在当领导之前，不太爱照镜子。走上领导岗位后，特别注意公众形象，每天都照镜修面，一点儿不敢马虎。退休后，不愿照镜子。今天为了和你见面，又在招待所洗手间的镜子前站了约一刻钟，对镜中的形象，怎么都不满意。乌黑发亮的头发，半真半假，发是真的，色是假的。额头上有了数不清、长短不一、深浅各异的皱纹，看似无规则，其实也有规则。眉毛一声招呼都不打就长出几根又粗又硬又长的白眉，心里不舒服，拿剪刀剪掉。脸皮没有光泽，比较粗糙，已长了四个大小不一的黑斑，大的直径有 6 毫米，小的也看得分明，好在脸比较黑，不特别刺眼。我笑了一下，两眼旁多了许多褶子，从眼角往外扩散；嘴唇两边向上翘，很有些不习惯。我又装哭，眼皮上下收缩，嘴唇两边向下弯曲，实在难看。我又装发怒，脸部表情很吓人，自己都忍不住发笑。我想再看看自己沉默时的样子，脸无表情，呆滞木讷。"

老王停了一下，喝了口水，看我好像听得认真，接着往下说："也不知为什么，人都有两只耳朵，说是兼听则明，可时常偏听偏信，特别对谎言不够敏感。嘴巴主要功能同大家一样，但相当偏食，我口音很重，说话有时不太注意分寸，直率得幼稚可笑。门牙早已碰断，装了两颗烤瓷的，还能以假乱真。只有鼻子，喜怒哀乐都没有变化，它长在脸的中间，公正而有同情心，吐故纳新，无欲则刚，不要任何装饰，不要作假，两个鼻孔也不用插葱装‘象’。”

我说：“老兄，你讲照镜子的事，说了这么一大堆，我似懂非懂，你能否讲得再明白一些。”他想了一下，说：“我这张脸是真实的，装笑、装沉默即使有，也很少，发怒时真实得很。参加遗体告别时的哀伤表情从无做作。这大半辈子，做了点儿工作，但从未作秀，也有不少错误，难道说这张脸没有一点责任？”

他又喝了一口水，提高嗓门说：“眼睛至今 1.5，有时看错人，怀疑是不是需要像木匠吊线、战士瞄准那样，睁一只眼，闭一只眼，但要是这样，人还用长两只眼睛吗？木匠、战士也看不透人心啊！即使当时看清了，过后人心也是会变的。我不怪别人，只责备自己，因为有人利用了我的弱点。自己原来对欲望、需要、动机、行为、谎言、势利、谣言、屈伸刚柔和人的共同弱点等，感悟不深，在教训中增长了点儿见识，积累了些经验，可惜时过境迁。”

我说：“镜子照得出外表，也照得到心灵。你还相对年轻，现在生活好，医学发达，估计还能再活二十年吧！人生是个过程，有始有终，心态很重要。人类的智商还在提高，我相信人性的弱点也会在社会进步中逐渐消融，经历相当长时间后，可能会好些。品格增添人的光彩，皱纹和白发增添威严。”老王点了点头，在我家吃了便饭，喝了几杯酒，红光满面，一张既无谋求又不被求的脸，显得真实自然。

（2009 年 3 月 27 日）

芸芸众生

前些天，我去拜访一位姓蒋的老朋友。他正与女儿女婿议论芸芸众生。我认真听了，心想：你们既喜欢琢磨事，也爱议论人；虽然有些话未必尽然，但也可能是他的切身感受。回来后，默记了下来：

芸芸众生的“芸芸”出自《老子》：“夫物芸芸，各复归其根”；“众生”出自《礼记》：“众生必死，死必归土。”芸芸众生原指世间的一切生灵，现指大千世界上各种各样的人。

到目前为止，科学家知道人类有 26588 个基因（DNA）。人与人之间的 DNA 有 99.9%相同，在人类身上 30 亿个碱基对中，0.1%的差别代表 300 万个不同的碱基对，每个碱基的不同，都会造成人与人之间的差别。基因和环境对人格的影响平分秋色，各为 40%（我认为环境对人格的影响更大）。内在品质是相对稳定的，但行为表现则是千变万化的，所以“人上一百，形形色色”是有道理的。

有的人天资聪慧，勤奋刻苦，如果再有一个好的方法，又生逢其时，赶上好机遇，必能成就一番事业，成为经济、政治、文化、科技、军事等方面的领军人才。

有的人聪明、勤奋，也有好的方法，但生不逢时，怀才不遇，能否立业，就难说了。

有的人聪明，但懒惰，想入非非，虚无缥缈，难成大事。到头来，多为遗憾抱恨，这样的人不算少。

有的人自作聪明，自以为是，指手画脚，得志便猖狂，久而久之，终会栽跟头，这样的人也不鲜见。

有的人智商不算高，但勤奋踏实，遵纪守法，日子过得去，有的可能过得还好，这样的人比较多。

有的人智商平平，懒惰且又自命不凡，很可能会铤而走险。有的人智商不低，却无做人做事的底线，胆大妄为，监狱中有不少这样的人。

有的人外表看似忠厚，实则阴暗，脸皮很厚，疑神疑鬼，造谣生事，不择手段，这样的人多忘恩负义，翻脸不认人。奸雄、枭雄、狗熊之类不乏其人。

有的人一脸阴相，私心极重，趋炎附势，蒙骗有术。受其蛊惑上当的人，一旦了解真相，往往“苦不堪言”，后悔“自作自受”。

有的人品行不端，又喜欢整人，一旦得势，顺者昌，逆者亡，对人使坏，面无表情，手段阴狠，多遭报应。

有的人看似耿直，但心怀鬼胎，善于琢磨人，口是心非，沽名钓誉，有时会得好处。当被蒙蔽的人识破其真面目，要么不做声，要么“而已、而已”。

有的人半边聪明半边蠢，多为受争议的人物，因为有的看到他聪明的一面多些。有的看到他愚蠢的一面多些。这样的人有的受到重用，有的被“冷藏”在那里。两只眼睛总难在短时间内把人看透，两只耳朵很难做到兼听则明。

有的人愚蠢，在高明人的调教下，以愚蠢赢聪明。最典型的事例，大概是曹操选曹丕接班，曹丕选曹睿继位。愚蠢有时易打动人心，比聪明还管用。

有的人很会算计，与有权势的人交往，投其所好，不露声色，不提要求，很能使人感动。到时候，他的目的往往会轻而易举达到，但时间长了终会露出狐狸尾巴。

有的人喜欢当打手，当帮闲，受权势者支使，甚至为虎作伥，即使自己被打得鼻青脸肿，还笑嘻嘻地说：“我实在看不下去了，他怎么能对您这样无礼呢?”听者感动，以后他的获利回报可能会更丰厚，但假面迟早会被戳穿。

有的人没有是非，没有正义，路见不平，视而不见，充耳不闻，而遇到有人对己不公时，又怨天尤人，怪别人不帮忙。遇到有人帮他时，或可能自责，或心安理得，不予反思。

有的人浪荡行骗，弃子离妻，独自闯荡，不尽为父之责，不尽为子之孝，受人唾骂，仍我行我素，将来定不会善终。

有的人一朝权在手，便把令来行，胡作非为，贪污受贿，纵亲庇友，争权夺利，一旦受到法纪制裁，必定众叛亲离，树倒猢狲散。

有的人专门欺侮人，受欺的要么无法忍受，拿刀拼命，要么君子报仇十年不晚。

有的人毫无同情心，亲友遇困难不肯相帮。待日后反求于人时，人家想起彼时他之无情，很可能会有修养地说：“对不起，实在是无能为力啊。”

有的人表面堆笑，内心阴险，翻手为云，覆手为雨，知恩不报，毫无良心。帮过他的人都说自己“瞎了眼”。这样的人，善于利用别人，瞒天过海，蒙人骗人，没准还会有“进步”呢！

有的人不但喜欢说大话、空话、套话，而且喜欢说假话、谎话、鬼话，这样的人有的八面玲珑，有的私欲熏心，有的自欺欺人，有的像跳梁小丑。

我认为，世间芸芸众生，绝大多数是遵纪守法、循道崇德的好人。缺点错误人人难免，知错即改、弃恶从善，终是主流。

（2007年11月）

阴差阳错

小舍在医专读书时，住六人一间的集体宿舍，没有柜子也没有箱子。他生性节俭，从每月的助学金中省点儿钱，塞在床底下的破鞋内，上面用半张报纸盖着，一年下来也攒了十三元二角钱。有一天，舅舅来看小舍，他就陪着出去了，几位同学正好打扫卫生，室长把他的一双破鞋和盖在上面的报纸当垃圾扔了。

第二天早晨，小舍往床下一瞄，大惊，问："我的鞋哪里去了？"同学们说："都在这里啊！"他说："坏事了，我那双破鞋内藏有十来元钱，是准备暑假回家看望父母的路费。"大家面面相觑，说："赶快到垃圾箱去找找。"到那里一看，什么也没有了。他像泄了气的皮球，垂头丧气，几天都打不起精神来。

参加工作后，小舍经过四个月的努力攒了二十元，准备寄给父母。担心家人知道，就把钱夹在一本《十万个为什么》里。谁知儿子的同学借书，连书带钱一块儿拿去了。几天后，这位借书的小朋友对他儿子说："我们虽是好朋友，今后也不要送钱给我，你家生活挺困难的，为了给你面子，我留下两元买雪糕吃，其余还给你。"儿子高兴地对妈妈说："妈，给你十八元钱。"小舍老婆说："你爸不信任我，你不要做声，看他如何表演。"大约过了两个月，小舍想把那二十元钱寄回家，却怎么也找不到，急得满头大汗，但又说不出口。这时老婆笑着说："给你。"他一数，只有十八元，就问另外两元呢？老婆说了情况，小舍哭笑不得。

有一年,小舍岳母生病,他老婆说:“我妈生病,寄了三十元钱去。”小舍“嗯”了一声,未置可否。过了几个月,小舍的母亲生病,对老婆说:“我妈生病,你寄些钱去吧。”他老婆痛快地说:“好,寄五元钱去。”小舍非常生气,抓起儿子就打,一边打一边说:“老子打死你,不要你这个五块。”儿子号啕大哭,他老婆说:“你疯了,打儿子干什么?”小舍又抱起女儿亲,故意大声说:“我要你这个三十块。”又一巴掌打到儿子的屁股上,“不要你这五块”。老婆抱着儿子出去了。从此,儿子对他很有意见,不理他,时间长了,他很难受,要老婆去做工作,他老婆骂道:“你活该!”

“文革”结束前的那一年,社会上很乱,小偷不少。小舍家的门虽然上了锁,但破窗而入,还是很容易的。那年落实政策,补发了630多元钱,觉得手头阔绰,为了给老婆显身手,又请家里人吃汤包,又买缝纫机,还买了一对装门面的沙发。剩下的263元,放在哪里呢?他老婆说:“锁在抽屉里吧。”他照老婆说的做,就把其中的250元放进去了。拿了六元两角放在厨房,还写了一张条子:“小偷同志,我家穷,这六元两角钱,你最好莫拿走,如你手头紧,请留下三元好吗?”真巧,这天小偷光顾,看了这张条子后,立即在房中乱翻,把抽屉锁撬开,拿走了钱,还留了张字条:“二百五同志,按你的意见给你留下三元,谢谢啦!”他老婆回来后,像发了疯似地骂他:“你自作聪明,‘此地无银三百两’,连小偷都看不起你,说你是二百五!”他说:“你骂得好,打我也不还手,真是‘聪明反被聪明误’。”

改革开放后,小舍当上了副厂长,不但工资大涨,奖金也多了。有一次发了800元的年度奖,他给了老婆300元,她很高兴，挤起满脸的皱纹笑着表扬小舍，“你变老实了”，小舍傻笑。他第二天到市场上买了两只鸡，一只要老婆煨汤，把480元钱用塑料布裹起来塞进另一只鸡屁股里，冷冻起来，还对老婆说：“这只鸡留着过年吃，我来做叫花子鸡。”快过年了，小舍打开冰箱去拿那只鸡，不见了，大叫：“那只鸡到哪里去了？”老婆心平气和地说：“上个月你外甥来，家里没什么像样的东西，就把那只鸡和一瓶酒给了他。怎么啦？”小舍说：“坏事了，坏事了，那只鸡里还有480元钱。”老婆脸色大变，说：“难怪你外甥打电话来说，‘舅母真好’。你为什么要这样？”小舍心中翻江倒海，话几乎是喊出来的：“想给你个惊喜。”老婆怒斥：“你每次做蠢事都遭报应！自作聪明！”

“吃一堑，长一智。”小舍决心有事多同老婆商量。他看到有人高息揽储，动心了，回去给老婆报告，说琪片公司集资利息高达25%，一万元存一年能变成一万两千五，很合算。他老婆问：“是不是骗子？世界上哪有这样的好事？”小舍看老婆不同意，没有作声。一天，他把家里存的一万六千元“偷偷”取出来，去琪片公司存钱，由于他有些知名度，办事人员很高兴，要在门前挂他的照片，他很得意。心想，这下知名度会提高许多，当即同意了。两个多月后，公安局民警找到他，说这是骗钱的公司，你帮他们骗了许多人。小舍吓坏了，如实讲了情况，公安局的同志相信了他的交代。他老婆知道后，气得晕过去了，吵着要同他离婚，说：“这日子没法过，怎么就遇上你这个蠢货！”他自知理亏，只好找到市公安局长，请他出面做老婆的工作，并从查扣的钱中退还一部分。小舍一再向老婆检讨、求情、发誓：“今后工资、奖金全部上交，衣服口袋全部缝上，戒烟戒酒，以补过错。”老婆心想自己已年过半百，真离了也孤单，再想小舍这些年也多是好心办傻事，于是心一软，抹抹眼泪，不再闹了，只是从此以后对小舍有些颐指气使。小舍对老婆的话也当最高指示那样，认真落实。

厂里一位表现不好的职工被除名，对小舍很有意见，搞了一次恶作剧。一个星期天中午，殡仪馆的运尸车开到他家门口大叫："请把舍于的尸体抬出来。"小舍望着殡仪馆的同志，大声说："我没有死。"老婆不依，说："你们太缺德了。"殡仪馆的同志说："有人打电话，要我们中午12点前一定赶到你家运舍于的尸体，我们有什么错？不管情况如何，请你们交五十元钱，我们立即走人。"老婆死活不愿交，而殡仪馆的人拿不到钱坚决不走，双方僵持不下。邻居吴老伯替他交了钱说："你们回去吧，舍于可怜。"这时，小舍老婆大哭，抱住小舍说："这回不怪你，有人想看我们的笑话，没门！以后我要支持你大胆工作，也给你宽松政策，适当攒点儿私房钱。"说着，掏出五十块钱递给小舍："拿去还给吴老伯，我们不差钱！"

（2009年3月23日）

“麻将婆博士”

旭雯退休前在省农科所工作，现在过得很潇洒，喜欢打麻将，且很精，几乎没输过。但她只把麻将当成消遣、娱乐的工具，决不用来赌博。每赢一盘，她总是大笑，因为富态，高兴时一张脸颇似“红中”。牌友们给她取了个“麻将婆”的雅号——她也怡然自得。

旭雯是姜香的老同学，这次她千里访友，从洪城来到北京。姜香陪她来玉泉山看看。

她看到5号楼坐落在山的西麓，灰墙蓝瓦，两层楼不高不低，协调大气，非常好奇，便走上二楼瞭望西山。

姜香热情地对旭雯说：“你看，今天的天气多好啊！蔚蓝色的天空，万里无云。西山就像一条巨大的苍龙，头昂起，向着东方，好像正要起飞的样子。”旭雯抢话：“真像‘一条龙’！”

姜香说：“你看山下，那一排排白墙青瓦房，住的都是普通百姓，屋前房后，还种了许多果树。”旭雯高兴地说：“很美！那白色的墙像麻将中的‘白板’，这村里家家户户的存款大概都有‘八万’、‘九万’，真是‘发财’呀！”姜香说：“都说你是‘麻将婆’，真是名不虚传啊！”旭雯得意地笑了笑，那花白的头发在微风中飘起，给人的感觉是趾不高但气扬，那不是双眼皮的两只大眼睛也眯成了一条缝。而姜香又高又瘦，她们站在那里，会使人产生误解，以为是两个触景生情的相声演员。

旭雯反客为主，指着远处那一片片蓝色，说："那是湖水吧？多蓝多美啊！"姜香视力是1.5的，她按旭雯指的方向望去，笑着说："这是塑料大棚，不是湖。前些日子，我和杜鹃妹去那里走了走，钻到棚里去看过。哇，像珍珠一样的西红柿，一串串挂在枝上，看得过瘾；满棚紫色的长茄子，看得舒服；青椒像绿色的灯笼吊在枝上，看得高兴；美国油桃白里透红，比你年轻时还上看，看得不愿走，还有许多我叫不出名来的蔬菜……"接着，她好像权威似地介绍起来，其实是要旭雯同她一起欣赏："你看，那是虚心竹，经过寒冬腊月，还是那样翠绿，那样精神，那样虚心，那样有情。"旭雯又接话："你看那几根竹子，像不像'八条'？"

她们俩的眼帘好像录像机，由远而近。高大的杨树虽然叶子还未长出，但枝头的芽苞，像江西进贤产的毛笔头。树上的鸟窝里像是有喜鹊在下蛋，八九只喜鹊飞来飞去，不停地叫，好像在报喜。看到一只喜鹊向东飞去，旭雯又说："姜香，这是'幺鸡'！"她很有悟性，看到的东西，总要与麻将牌联系上，而且比喻得总是那样恰当。

眼前一排排雪松整齐地站立在绿色的草坪上，好像身着绿色大喇叭长裙的妙龄靓女，在绿色地毯上婆娑起舞。

她们走出楼，踏阶上到了玉峰塔前，向上张望。旭雯说："这座塔像是'七饼'，塔基像个大'一饼'。"她们向四周瞭望，兴趣盎然，赞不绝口。忽然，旭雯拉着姜香，用手指向北边一幢房子，那房两边是白色，中间是红色，说："真巧，这很像'红中'嘛！这山上一年四季，冬秋可能'北风'、'西风'多，春夏可能'东风'、'南风'多。"姜香不知是为了照顾她的情绪还是真的这样认为，随口说，"真像"。

她们下山时，沿着东北的石头路走，因路是用石块拼成的，这位“麻将婆”又大发议论:“这是‘六点’,这是‘七点’,咳,这是‘十二点’,我先出牌!”姜香笑得前俯后仰,捂着肚子说:“你真逗,我服了你!”旭雯说:“你说服了我,听了高兴,我打麻将没输过,什么‘清一色’、‘一条龙’、‘十三乱’、‘七星十三乱’、‘对对和’、‘碰碰和’……都会,其实,仔细看看想想,北京历史悠久,好像有许多天然的麻将大师,西山真像‘一条龙’;玉泉山树多,像‘清一色’;十三陵与‘十三乱’差不多,东西长安街两边相对,不有点像‘对对和’?有的居民的房子间隔很小,快碰到了,说‘碰碰和’也可以吧?你到商店去看看,常遇到像帕瓦罗蒂那样的大胡子,同‘大和子’的音差不多吧?”

姜香见她讲得头头是道,想难她一下,就说:“打了这么多年麻将,一直没有弄明白麻将的由来和上面图案的含义,今天正好向你请教一下。”旭雯笑着回答说:“这个问题我专门作过研究。麻将的起源,众说纷纭。我认为麻将可追溯至唐代,由马吊牌、骰子和宋代三十二张宣和牌不断整合、发展而成。牌面上所画的大都与钱有关:饼(筒)表示铜钱,条(索)表示串钱的绳子即钱串,万也是钱的单位,中就是中举,发即发财,白板表示清白,东西南北可能是说要发财必须四面顺风或到四面八方去经营。34 张不同花色的牌每样 4 张共 136 张。”她停了一下,又说:“有一种说法很好玩,但我不信。讲明朝有一个人叫万秉超,他非常喜欢《水浒》里的人物,就决心发明一种游戏来纪念一百单八将。他用自己的名字谐音‘万、饼、条’表示三种牌,从一至九,正好 108 张;由于上梁山的来自不同的阶层,有中产,有富豪,也有赤贫,就用‘中、发、白’三种牌来表示;由于梁山好汉来自东南西北,就加入了四张风,这就凑成了 136 张。至于规则、打法多着呢,我也有点儿发明。”

姜香听了,正儿八经地说:“你既有实践又有理论,应叫‘麻将婆博士’!”旭雯笑了:“那都是美丽的北京让我的麻将经念得这样好!”

裴 妹 外 传

沁河流入江月湖前，在牛背嘴分成两支。西支入湖口处，有一个远近闻名的瑞镇。镇的北面，那座秀、雄、险、奇的帽子山，虽然不高不大，由于周围是湖田，也显得格外诱人、夺目。南面是碧波荡漾的天然湖泊，形似提琴，这里的人都叫它提琴湖。镇里人不多，东西有一条一里多长的半边街。

镇的北边有一龚姓大户人家，人丁兴旺。龚旺先生有六个儿子、三个女儿。他重视对儿女的教育，也有点儿家产，凡是到了学龄的孩子都千方百计送去上学。他的二女儿，小时候胖乎乎的，很可爱，家里的人都叫她“胖胖”。到了七岁时，脸就像烟台的苹果，圆圆的，白里透红，一笑俩酒窝，十分讨人喜欢。她最爱吃甘蔗，家人有时买些给她吃，时间长了，前面的两颗门牙有点向外翘，好像随时准备咬甘蔗似的。

在胖胖的成长经历中，先后有五个男孩子与她有过瓜葛：钱蒲、湖风、江平、王谷和石口音。

解放前，此地有个风俗，七岁就可以订童婚。枫乡村一户有钱人家的独生子叫钱蒲，那年也是七岁，通过媒人介绍，父母做主，就和胖胖定下了娃娃亲。钱蒲过年过节还来上门，胖胖和钱蒲都似懂非懂，有时两个小孩在一起捉捉迷藏，打打闹闹，毕竟在龚家，总是钱蒲让着胖胖。1951 年土改时，钱家被划为地主，胖胖的家人坚持退婚，对方也只好同意。改革开放后，胖胖当上了厅级干部。那年冬天，钱蒲带着女儿来找她，一见面，钱蒲就说："你不认识我了吗？小时候父母做主，包办婚姻，真荒唐，现在已经过去了。我这个女儿今年二十多岁，你能否帮帮她，找个工作？"胖胖善良地笑着说："你还好吧？你女儿长得挺漂亮的，书读得怎么样？"钱蒲急不可待地答道："我还好，孩子高中毕业。"胖胖不知是念旧情还是同情，当即表示："你们先回去吧，我想想办法。这事急不得，还得讲个分寸。"钱蒲向胖胖鞠了个九十度的躬，连连说："谢谢，谢谢，当年都怪我没这份福气……"女儿听了，望着她爸爸笑了。

女大十八变，"豆蔻梢头二月初"，娉娉婷婷十五春。胖胖上了初中，变得身材苗条，一口雪白的牙齿；性格开朗，笑起来像学校的上课铃声；脸上两个小酒窝不大不小、不深不浅，恰到好处。她班里有个叫湖风的同学，学习比较好，写的狂草在学校小有名气，长得也像模像样，就是一口参差不齐的牙齿不敢恭维，不过只要不笑，还蛮帅气的。湖风追胖胖，她总是装糊涂，笑而不答，望望他走开了。初中毕业后，他常给胖胖写信，文采、激情、奉承，特别是那些一般男青年说不出口的话，往往使她心潮起伏。但她很慎重，不拒绝，也不应允，认为毕竟是终身大事，得多考虑考虑。

湖风中专毕业后，分到一个小纺织厂当技工，遇到"文化大革命"，他带头起来造反，当了个头头，贴大字报，斗干部，呼风唤雨，出尽风头。"没吃到狐狸，惹了一身臊。""文革"后，他被单位开除，下放劳动改造，生活十分困难。这时，他想到了胖胖，带着试探的口气，写了一封悲哀自责的信，并请求帮助。胖胖很念旧，对当市长的爱人说了，她爱人只是"啊"了一声。她没给他回信。不久，湖风跑到省城来找她，说自己虽然犯了错误，但不是“三种人”，生活太困难，请她念念同学情，想想他过去对她的一往情深，同市长说说，关照一下。胖胖一五一十告诉了她爱人，市长既念情面，更考虑到政策，便给那边的同志打电话说：“湖风有错误，但不属‘三种人’，他有才干，给他安排个适当的工作，给个出路吧。”她在旁边听到爱人打电话，眼眶都湿了，激动地说：“你真是个好人，有同情心，有政策水平，也很大度。”市长心想，不打这个电话，今天晚上你还能安睡？别的不说，你的菩萨心肠我还不晓得？胖胖感到自己又做了一件应该做的好事善事难事，笑得很开心，用手捂着嘴，好像怕老公说她笑不遮掩。

胖胖有个姐夫叫江林，在柏山村里教书，很有些学问。村里有一个叫江平的是他的学生，与胖胖在同一个高中读书。江平学习成绩好，长相也不错，只是右眼皮受过伤，留下一块不长的疤痕，不注意倒也看不出来。江林鼓动江平找胖胖做对象，也三番五次做胖胖的工作，把江平的优点说得天花乱坠。胖胖不怀疑他的话是否真实，而是怀疑自己耳朵是否有问题。那是“大跃进”年代，江平追胖胖，也是鼓足干劲，力争上“手”，积极性非常高，溢美之词特别多。但胖胖真沉得住气，以柔克刚，有表情无表态，江平像丈二和尚摸不着头脑。

高一时，胖胖已是个大姑娘了。她大哥对她特别好，寒假期间，把她带到大城市去矫正那两颗门牙。现在的她，不但有一张漂亮的脸蛋，一口洁白整齐的牙齿，两只水汪汪的大眼睛，还有斐波纳奇数列的曲线身材，穿一身浅花纹衣服，在当时就算引领新潮流的靓女了。不论是上街还是在学校，只要“招摇”过市，回头率都特别高。还有男学生站在楼上拉开窗帘欣赏她，真是“春风十里扬州路，卷上珠帘总不如”。

1958 年暑假，胖胖的娘对她说：“你大哥为了供你和弟妹读书,已经三十一岁了,至今没有成家。你也十九了,找个对象供你读书,高中毕业后结婚,也可以减少你大哥的负担。”胖胖没说反对也没说同意。第二天,县粮食局局长的大儿子、西林小学教员王谷来同她见面,一看就很满意,说:“我保证供你读高中,毕业后结婚。”胖胖没表态,一肚子说不出的委屈,晚上不吃饭,倒在床上哭。她大哥知道了说:“你不同意也不会逼你,等你高中毕业后,我再考虑自己的事也不迟,不要哭鼻子了。”这时她哭得更厉害了,觉得对不起哥哥。二十多年后,胖胖回镇探亲与王谷不期而遇,他们相互看了好久,点头笑了笑。第二天,王谷带了爱人和儿子来看她,说:“这孩子生病,还是你找医院帮的忙,大夫很认真,切除胆结石,手术很成功,谢谢你。”胖胖高兴地说:“人要有爱心嘛,我对人都是这样。”

胖胖的哲学学得特别好,懂得矛盾是普遍存在的,事物总是发展的,人是会变化的,常发高论,许多人听得津津有味。她学哲学注重理论联系实际,找对象虽无丰富经验,但看过《红楼梦》、《西厢记》等,还有钱蒲、湖风、江平、王谷等一串人对她示好的经历,心想:“我们的班长石口音学习特好,虽说家境贫寒,但聪明过人且勤奋好学,将来肯定是个可造之才。自古‘郎才女貌’,从发展上看,这人前途不可限量,我来个反潮流,人家看不上,我看得上。相信二十年后会见分晓的。”小石当然喜不自禁,心想:这不是“天仙配”吧?她不会蒸发了吧?一想到双方的差距,他多少有些不那么自信。以后他们真的结了婚,她为他也苦了好多年,辛勤工作、省吃俭用,补贴丈夫上学,操持小叔子读书娶妻,照顾公公婆婆,等等。她的付出也得到丰厚回报。爱人一直对她很好,也很尊重她。尽管石口音四十多岁就当了市长,但她在家“一把手”的地位从没动摇,她颇像个书记,作风民主,该集中时就集中,说话头头是道,且说一不二,连市长也说,家里没有她集中还不行呢。

无巧不成书,江平复旦大学毕业后,也被分配到省拖拉机厂当工程师,生了四个孩子。大孩子二十二岁还没有工作,江平只好自己退休,让大儿子顶替,一家人挤在两间平房中,生活不太好。胖胖知道这个情况后,托人向他转告问候,并说:“有困难,就提出来,看我能否帮帮忙?”江平听了,两眼发愣,酸甜苦辣,不知什么滋味,停了好一会儿才一个字一个字从牙缝中挤出来:“当年她是对的,有眼力,我为她高兴。她也不容易,我不找她的麻烦,有困难自己解决,只希望她好。”这话传到胖胖耳朵里,她眼泪像珠子一样往下掉,这时她想什么,只有她自己知道。

胖胖很热心,喜欢帮人,很有点儿凝聚力,她走到哪里,几乎都有人围上去。退休了,做得最多的是四件事:一是帮帮人,二是写写字,三是打打麻将,四是教教儿孙。这是她的爱好,也是她的特长。有人说她是古道热肠,有人说她是书法家,有人说她是“麻将婆”,有人说她教育有方,她听了感到舒心。

钱蒲六十六岁那年得胃癌去世了,胖胖得到消息,给他女儿打了个电话;湖风已年过七十了,现在怎么样?杳无音信;江平去年生病住院,她带了点儿营养品,前去医院看望。江平已是满头白发,又瘦又黄,可谓面目全非,看到她来看自己,对老婆说:“这是我高中同学,老市长是她爱人。”说着,莫名其妙地大哭起来,胖胖也鼻子发酸,眼泪夺眶而出。外人看,好像是生离死别,其实,只有他们俩知道缘由。胖胖的老公听后说:“你做得对,重情重义!”她两眼望着年逾古稀的老伴,腰板挺直,眼角一条鱼尾纹都没有,这样大度、理解人、同情人。她从内心赞叹自己的远见卓识,不禁会心地笑了。

去年立冬那天，天气还比较暖和，胖胖夫妇到亲戚家做客，说到她与爱人共著的《同情与善良》一书出版，所得的稿费捐给母校办学，作为对党、政府和人民对他们的培养教育的一点儿回报。亲戚家的男主人说："你们做得好，激情和同情，亲情和爱情，需要理解，需要善良，需要爱心。我们都是老党员，忆往昔峥嵘岁月，喜今后安度晚年。"这时亲戚家的女主人出来了，大声说："你们的谈话，我都听到了，胖胖真不简单，与五个男人的关系处理得那么好，对四个用同情，对一个用爱情。"老人们都笑得前俯后仰。

胖胖的大名叫裴妹，她其实并不胖，这篇小传叫《裴妹外传》更合适。

（2009年3月9日）

山 茶 花 开

2004年早春,余县县委在研究香樟乡的班子时,组织部提名水利局副局长李山茶任乡党委书记。并介绍说:“她今年29岁,在大学是学水利的,知识面宽,工作刻苦,开拓精神强,常深入基层,也很廉洁,在干部群众中小有名气。任副局长两年来,成绩突出。缺点是比较主观,但也有人认为她有主见、有魄力。香樟乡有那么好的条件,至今农民生活水平在全县却居中下,建议她任党委书记,相信那里的干部群众会欢迎她、支持她。”县委同意了组织部的意见。

3月8日,天气阴转晴,山茶走马上任。她婉拒了别人送接,自己骑着自行车,不打招呼,来到李家村。找到村里人称智伯的李皖,自我介绍说:“我是乡里的干部,请教智伯,我们这么好的条件,怎么使老百姓富裕起来呢?”智伯望了望这个年轻人,五官端正,脸有些黑,中等个儿,穿一身褪了色的蓝衣服,笑时牙齿整齐雪白,在农村,这就算个美人了。智伯看到她真诚渴望听自己的意见,就问:“你是想听真话,还是想听好话?你是想干一番事业,还是想向上面叫苦要钱?”山茶说:“我想听真话,想干些事。”智伯说:“这个地方解放前一片汪洋,血吸虫危害严重,民不聊生,好年景还能收些粮食,遇到大水年,只有外出逃荒。解放后政府很重视,在1952年加高了圩堤,但仍没有解决温饱问题。1958年,不知谁的主意,在圩堤上建起了排灌站,把湖水抽干，分到各村去种水稻。当时还行，电价也低，粮食大幅增产，吃饭没有问题。四十多年过去了，电价大幅上升，种田赚不到钱，粮食产量又下来了，村里的男女劳力外出打工的很多。这样下去，谁也没办法。谁要是使这方圆十几里的百姓过上好日子，谁就是这里的'邓小平'！"山茶听后说了声"谢谢"，心想，今后还会来向他请教。智伯起身送她，说："欢迎你来做客。"

山茶在路上歇了一会儿，吃了一个面包，喝了几口自带的凉开水，又往任家村走去。进村后找到村长，说自己是刚到乡里工作的干部，路过这里，想了解一些情况。村长人称愣头青，直肠子，说话从不拐弯抹角。他说："我们乡领导应解放思想，在全乡开展讨论，怎么富起来？主意肯定会有，就看领导如何下决心。你这样年轻，在乡里说话有人听吗？"山茶笑了笑，心里也没底。

再说乡干部已听说新来的书记今天到，早就聚在乡政府等候，但等了好久，日头下山了，还没见到人影。大家都很纳闷，李书记怎么还没到？大概晚上六点半，山茶才来到乡里。看到大家等她，说："顺便去李家村和任家村看了看，来晚了。"

乡干部为李书记接风洗尘，红烧肉、炖青鱼、蒸甲鱼、炸青蛙、炒牛肉，再加上几个素菜，摆满了一桌，还有全粮液酒。大家很高兴，可山茶心里不是滋味，她很想罢餐，但想到刚来，搞僵了不好，就淡淡地说："用这么丰盛的饭菜招待我，实在有愧，可惜我不会喝酒。"随即去盛了一碗米饭，三下五除二，不到五分钟就起身说："我吃饱了，去洗一洗，今天还有事没办完，明天见。"大家想挽留她再吃一些，她执意不肯。几个人面面相觑，加上多喝了几杯，就胡扯起来："她不吃荤，我们吃。""看来，今后恐怕搞不到一个锅里哦。”

第二天，山茶主持开党委会，发言踊跃。一些人说话上不着天，下不着地，开无轨电车，反正说空话大话不算数、不交税。有两位讲了些好意见，山茶记在了本子上。最后她讲了三条：一是坚持用科学发展观指导工作，注意听取干部群众的意见建议；二是坚持廉洁奉公，不得大吃大喝，不得虚报浮夸，不得以权谋私；三是这个月请乡长主持乡里的日常工作，自己多用些时间了解情况，准备开几个座谈会，关键是解放思想，结合实际，贯彻落实科学发展观，加快新农村建设，使这里的农民早日过上小康生活。顿时，人们交头接耳，窃窃私语起来了。有的说：“挺厉害的，说不准今后还有希望啊。”也有说风凉话的：“许多有本事的人都干得不怎么样，她一个黄毛丫头能有几板斧？”“不知天高地厚！”“就是来镀镀金，想回县里捞个副县长吧。”

山茶对乡村干部要求很严，干部下村，自己带饭，县里人到乡里来，也都是在食堂买饭吃，不请客，不陪餐。她还真不是“省油灯”，白天她找技术人员、老农民、老党员、中学教师谈，晚上查资料、看地图。她觉得几十年来特别是改革开放以来，这里已发生很大变化，青年劳力一半去外地打工，排灌电费高，农民不愿排水，觉得划不来，李家村和任家村，一共 123 户，空壳户就有 60 户，湖田里的水渠淤塞严重，生态环境恶化……

山茶的爱人小吴是县科技局的干部，在大学是学系统工程的，也在帮她四处找资料、想办法。他们俩经常讨论。一天，山茶对她爱人说：“经过这段时间的考察，听取了各方面的意见，我有个想法。香樟乡圩堤内约三十平方公里，如果把低处的九平方公里用推土机挖深两米，土往四周堆，就成了一个四米多深的湖泊，湖里可以搞养殖，四周高地栽速生杨树，其余二十平方公里种‘稻稻菜’三季，总产量比过去会高许多，排灌用的电费也会大幅下降。在新农村建设中，建议县里给点儿政策，征得群众同意后，拆掉空房，按规定每户补些钱，把土地腾出来，一则搞规划建设新农村，二则扩大种植面积。”小吴感到山茶真是一块好材料，说：“这是个大胆设想，符合科学发展观。人家说我们郎才女貌，我看你是德才貌三全啊！你别光想外边生产，也要注意家里的‘生产’。”山茶笑着说：“过两年给你生个科技接班人。”两人越谈越有劲，一直谈到鸡啼二遍。

一大早，山茶叫小吴帮她搞设计，自己骑车回乡去了。她请教搞水利的同志，了解丰水年份和干旱年份的雨情、水情、灾情。第二天，她又请来中学的几位老师征求意见。一位化学老师说：“过去的几届领导，刚来时都雄心勃勃，李书记想必也是‘雌心勃勃’吧？要想让乡亲们尽快过上好日子，必须考虑经济社会和生态环境协调发展，必须解放思想，从实际出发，有创造性思维，黑猫白猫，捉到老鼠才是好猫。”山茶听了，心里的底气足了些。

山茶向县委请求，借调她爱人去帮助工作半年，县委陈书记同意了。她召开乡党委会，决定成立香樟乡落实科学发展观规划小组，由她任组长，乡长任副组长，成员有搞水利、农业的技术人员，还有智伯和那个化学老师。经过大家精心筹划，广泛征求意见，方案经乡党委认真研究后，向县委作了详细汇报，因涉及资金问题，县里又向省里写了报告。省领导很重视，组织了七人小组进行评审，有关厅局领导又做了实地考察，写出建议报到省里批，并派了督导员，拨了资金。山茶喜出望外，在做好一切准备后，决定抓紧施工。工程公开招标，兴干公司中标。经过连续奋战，挖出了一个面积约九平方公里的湖泊。四周田埂上栽了约两米高的杨树，各村自愿组织劳动力，疏浚渠道，抬高田埂。湖泊承包给水产养殖户，杨树也承包到户。每到下大暴雨时，山茶提心吊胆，寝食不安，跑到办公室密切关注情况。毕竟通过了科学设计论证，工程经受了考验。这年虽然五六月下了几场大暴雨，但田未淹，电费下降90%，粮食产量增加67%，水产也丰收了。干部群众普遍赞扬，县委大会小会表扬。报纸电台也来采访，但山茶怎么也不同意，说："今年许多工作刚开始，决不能吹。"记者们听了都很受感动，说："山茶书记不但有本事，而且人实在，有个犟驴脾气，也好，否则干不成事。"

2006年，山茶经过调查，建议在田埂上种田塍豆、栽水杉。在她支持下，李家村、任家村搞起了试点，对空壳户补了些钱，在两村之间一处较高的地方，建了一片两层的楼房，还建了学校、医务所。把原来的两个村的房子拆除，变成两大片耕地。新村是一排排红瓦白墙的房子，家家房前屋后栽李种桃，村里的道路也进行了硬化，两旁杨柳成行，户户通了自来水，猪禽都圈养起来，还用上了沼气，村民个个笑逐颜开。春节那天，村里鞭炮响彻云霄，村民载歌载舞，热闹极了。山茶给乡亲们拜年，这家请她吃年糕，那家邀她去看看，她高兴得合不拢嘴，笑得像盛开的山茶花。

2008年，香樟乡被确定为学习实践科学发展观活动试点，全乡结合实际对农业生产结构进行了调整，湖里进行立体养殖，水田种上两季香稻一季橄榄型油菜，养的猪、鸭、鹅、鸡大多是优良品种，在乡政府所在地办起了服装厂、蛋品加工厂。农民的生活像芝麻开花节节高。全乡农民人均收入比2004年翻了一番多，生态环境得到恢复，人们安居乐业。山茶书记务实能干、廉洁爱民，成了街谈巷议、众人称赞的人物。

今年春节前，老谷回到久别的故乡，看到家乡的变化，十分高兴，称赞了山茶一番，问她以后打算怎么办？她不假思索地回答说："留下来，这里有我的事业、我的家。这些年的变化，是上级领导支持、大家同心协力的结果，自己的作用微不足道，今后日子还很长，任务更艰巨，我们会努力的。"老谷听了非常高兴，不禁想起了杨巨源的《城东早春》："若待上林花似锦，出门俱是看花人。"

县委组织部长日记

2005年3月8日

下午，县委尚书记找我谈话，说："李青同志，你来干县当副县长这一年大家评价是高的，认为你公道正派。组织决定你改任县委常委、组织部长。当然，还要履行程序。"还说，我是外地人，比较超脱，也曾有过一段组织工作经历，是合适的人选……我正在抓全县的生态环境建设，许多工作刚展开，一点儿思想准备都没有，实不想当这个像"二月天"的组织部长。考虑到上级已定了，只有服从，我说，"听组织的，尽力去做吧，请尚书记多支持"。

群众反映，近几年风气不太好，对组织人事工作意见不少。今后会遇到许多困难，但克服困难的过程是锻炼自己的过程，也是为党做工作的过程。

2005年3月20日

上午下班前，尚书记交代我，近期县委准备研究一些干部，具体人选由组织部提出，但要坚持原则，德才兼备，好中选优，工作需要，群众公认，严格按程序办。

约下午四时，田县长打电话给我，说这次研究干部，有三个人很优秀，要我考虑并在会上提出来。我心里没有底，就问部里的有关同志，三个同志都说，县长提的这几个人都不怎么样，要我坚持原则，把好关。

2005 年 4 月 3 日

上午，县委常委会研究干部。几天前，我已专门向田县长汇报过，说他提的三个人，经考察不合适。他还坚持要我在会上提出来，说我来的时间短，对干部不太了解，县委领导会把好关的。

会上，田县长严肃地问我，田丹、于红、李旦很优秀，很有干劲，为什么没有拿到会上来？我只好如实说："田丹喜欢跑官，于红吹吹拍拍，李旦形象不好，部务会上绝大多数同志不同意提拔他们。"田县长很生气，两只眼狠狠瞪着我。有几位常委对我微微点头，我感到尚书记对我们的意见也是同意的。但我还是有些担心，毕竟得罪了"二把手"啊。我别无选择，不得罪他，就要违背原则，就要得罪党、得罪人民，我决不干！

2005 年 4 月 10 日

今早刚到办公室，何副部长就对我说，有三位因公负伤的老党员，生活非常困难，因医疗费问题，不能继续治疗，他们所在单位的领导多次请求帮助，建议我向田县长汇报，请他批点儿钱。我硬着头皮向田县长汇报，请他支持，他眼皮也没抬一下，撂了一句话，"以后再说吧"。我只好又去找尚书记，在他的关心下，这个问题总算得到了较好的解决。此时，我心潮起伏，感到了自己身上的责任和工作上的困难。

大约晚上九时，田丹到我家，满脸堆笑地说："刚从福建出差回来，给您带了点儿新茶。"我坚持不收，他不肯走，还坐下来说："一点儿小意思，这点儿面子都不给?"我老公忙出来打圆场，接过来一掂，觉得有些不对头，随即打开茶叶盒，看到里面藏了一叠百元人民币，发了火，大声说："你也太小瞧我们了，拿回去!"我倒是很冷静，问田丹："你为什么这样做?"他说："你是组织部长，总得给你表示表示呀?"我说："我不缺钱，你为什么给我送？张村今年遭灾，有些农民很困难，你为什么不送给他们?"他支支吾吾，赖着不肯走。我说："明人不做暗事，你如果不拿走，我就把你送钱的事到部务会上去讲，凡是有类似情况的，都记录在案，举一反三。"他像泄了气的皮球，低着头、哭丧着脸，提着"茶叶盒"走了。

2006 年 2 月 26 日

今天上午，尚书记要我详细汇报组织部的工作。他耐心地听了两个多小时，然后说："组织部是干部之家，要加强对干部的教育，坚定理想信念，改进作风，爱民为民，富民安民；坚持干部'四化'原则，开阔视野，加大选拔德才兼备的优秀年轻干部的力度，防止带病提拔；加大干部交流力度，减少领导干部职数。这些意见，请组织部考虑。你们也要多听取意见，还要做些专题调查研究。"

尚书记特别提到："选拔干部一定要扩大民主。丘吉尔曾说，'民主虽然不是好的制度，但还没有发现比它更好的制度，所以我们不得不用它'。我们的民主集中制就是一个好制度，但需要在实践中不断完善。目前基层民主正在有序推进，我们县要按照中央的精神，敢于大胆探索，敢于走到前面。”他最后吩咐：“现在瑞镇党委书记空缺，选拔的事要抓紧。”我听后觉得尚书记很有改革创新意识。

2006 年 5 月 6 日

瑞镇党委书记的选拔改革上上下下都很关注，我压力也很大。今天召开镇全体党员和群众代表大会，我与组织部的三位同志一早赶到了现场。

主持选举的同志宣布，通过党员推荐，组织考察，请示上级，县委决定提名沙甲和张茂同志为瑞镇党委书记候选人。选票分两种：一种是红色的党员选票，占 70%；一种是粉红色的群众代表选票，占 30%。两位候选人分别发表了演说，介绍了自己对瑞镇发展的设想，经过全镇党员、各村五名群众代表投票，最终大专文化、思路清晰、作风踏实、自我要求严格、年仅 29 岁的张茂当选。试用期为一年，如合格再连任四年。沙甲原是瑞镇的副镇长，今年 42 岁，群众反映也不错，只是开拓创新精神差点儿。他落选后态度很好，表示支持张茂的工作，努力把副镇长当好。

瑞镇党委书记选拔比预想的顺利，党员群众都很支持，参与热情很高。这次干部选拔制度的改革和探索，引起全县轰动，许多党员说，这个办法好，我们党员有了更大选择权，能选出思想好、有本领、要求严、老百姓信得过的带头人。

2006 年 7 月 18 日

上午八时半，县委常委会研究提拔女干部问题。会上尚书记讲:“经过努力,目前干部情绪比较顺了,但是女干部太少,县级只有李青同志一人,县局委办和乡镇也只有两位女同志任正职。前段时间我请组织部在广泛听取意见的基础上,对群众公认、德才兼备的女干部,提出几位来,上会研究。现在请李青同志汇报。”我认认真真地介绍了三位女干部的情况,在进行讨论时,有的说,“这个人喜欢穿花衣服、涂口红,不像个领导干部”,尚书记说,“穿花衣服不违纪也不违法,任职谈话时提醒她穿衣要注意场合,参加遗体告别就别穿花衣服了;口红要涂得淡一些,不然作报告时间长了,弄得满嘴都是,有碍观瞻”,一阵哄堂大笑。有的说,“那个女同志长得脸太黑”,尚书记说,“诸葛亮的夫人更黑,脸的黑白不是用人标准”,大家你望着我,我看着你。还有的说,“兰花喜欢出风头”,尚书记又说,“她基层工作时间长,经验丰富,群众公认度高,在谈话时提醒她干工作多带好头,少出风头”。田县长说:“今天提的三个都是女的,难怪有人说现在是阴盛阳衰”。尚书记接着问:“同志们对这几名干部还有什么意见?”除田县长外,大家都笑着说:“同意,同意!”

2007 年 3 月 30 日

下午,新任的王书记听取我汇报后,既不肯定又不否定,只说了一句,“我明白了”。我考虑了一下,本着对王书记的支持和爱护,说:“王书记,你来的时间很短,外面有些议论,担心你有倾向性、不超脱,我不信。这些逆耳的话,向您汇报一下,让您心里有数。”他很不高兴地说,“你也跟着胡说”。我心想,看来王书记心胸不够开阔,今后的工作会难干,但干一天,就要为党和群众负责一天。尚书记已到市人大当副主任了,要是他还在多好啊!

2007 年 6 月 8 日

王书记来了三个多月了,没讨论提拔一个干部。我是急性子,上午到他办公室汇报:"王书记,有几个比较重要的岗位空缺好长一段时间了,你有什么交代?"他笑得灿烂,说:"把老县委连书记的儿子提一下。"我说:"他不错,但提副县要请示上级,还要进行民主推荐,估计没有几个人同意他,比他优秀的、任职时间长的还有十几个呢。"他说:"你去做工作呗。"我吃惊地感到,他真有倾向性,我才不干违背原则的事!

2007 年 6 月 23 日

上午开完会,王书记单独把我留下,问我向市委组织部汇报了老县委书记儿子的事没有?我说,"没有,不合原则"。他气得失态,"原则,原则,多少钱一公斤?"我忍不住顶了一句,"原则不能用钱来衡量"。王书记脸色铁青,把手一挥,问:"上次交代你解决县卫生局局长副县级待遇问题,你办得怎么样了?这可是老县长多次找了我的。"我心想,你也太偏心了,老县长和你妈同过事,真是"偏见比无知离真理更远"。我又笑得很不自然地说:"王书记,这不合规定。"他从沙发上噌地跳了起来,大声嚷道:"规定是人定的,宪法都能改,规定就不能改?"我心一横,说:"我是共产党的县委组织部长,不能这样干呐。"他气急败坏地说:"你雌心勃勃,我的话你不听,没有一点儿组织原则,那我只好找人来替你。"我心想,他既缺党性,又没水平,不像我们党的县委书记,不知是通过什么关系来的呢?我并不害怕,在原则问题上，只能按组织原则办。

2007年12月3日

王书记对我不信任，我只能外圆内方与他周旋。他有时笑，我真以为"笑是一把刀，它既修剪，又整枝"。现在明白了，这把剪刀只往一边剪，整枝也把树越整越歪。他有时还在下面说，"我就不信公的斗不过母的，雄的斗不过雌的"。真不像话，我只是坚持原则，并不是有意与他斗。

晚上十时才回到家，爱人看到我有心事，就说："外人说你是带刺的玫瑰，是不是扎了人家的手？"我微笑了一下，把他的话岔开，反问他："你在外是教师，在家是老师，前些年我以为你有好为人师的'职业病'，其实经常提醒我也有好处。我对组织部的干部要求很严，因为权力容易产生腐败，一定要防止灯下黑。"爱人听了高兴地说："你在外是合格的部长，在家是称职的老婆，我会一如既往地支持你的工作，小孩的接送和教育你放心好了。"我们相互对视，笑得很开心。

王书记昨天又凶了我，日子难过，日日过。好在有多数县委常委的理解支持，有爱人的关心和呵护，我不追求完美，因为困难、痛苦、愤怒、幸福、快乐都是人生的一部分。真要干不下去了，就同老公一起去教书。与王书记这样的领导一起工作，既是痛苦的磨炼，也是难忘的经历。

2008年2月6日

上午，召开全县领导干部大会，宣布阳县江书记调我县，任县委书记,王书记被调到市协作办任副主任。会后,市委组织部孟部长对我说:“省委巡视组给市委反馈了干县主要领导的情况,三个月前市委安排我同王书记谈了一次话,他说自己有些急,今后注意;但你这个组织部长一定要换,否则不好办。市委认为那次谈话对他没有什么触动,他对爱人插手一些工程没有一个正确态度,群众对他关亲顾友议论不少,甚至还有人给我们写信,说得很难听,说与他要好的,除了猫和狗外都想提拔。当然这话讲过了头,但也不都是无中生有,变动他的工作是必要的。你的优点很多,但也要刚柔相济,你看舌头与牙齿配合得多好,当然棱角不要磨掉。”我听了很感动,市委是公道的,表示在县委江书记的领导下,一定努力做好工作。

2008 年 10 月 10 日

今天江书记找我谈干部任用制度改革问题。他说:“这几年,干县在基层干部制度改革中,做了一些有益的探索,省委、市委都给予充分肯定。马克思说,民主是一切国家形式的最终归宿,讲得很深刻。中央强调人民民主是社会主义的生命,我们一定要在发展民主、扩大民主上多动脑筋,有所作为。”

他给我倒了一杯水,接着说:“我已请示市委同意,田县长明年到龄时,公开选拔新县长。凡是符合条件、申请参选的,先在县人大代表中进行评议,初选中的前三名,请市委组织部派人考察,报经市委研究确认后,在县人代会上公开竞选,由人大代表选举产生。这一届只配两名副县长,由县长提名,市委组织部考察,人大代表决定。”我觉得江书记思想解放,勇于探索。我也认为,要与时俱进,大胆改革,充分调动积极性,选出人民群众满意的领头人。这项改革需要做的事很多,尽管很忙,但我心情很舒畅。

2009年1月15日

今天,张春桃通过公开竞选,当选干县新一届县长。

上午九时,县人代会选举县长。大会主席团宣布,这次县长选举报名的有九人,其中七名共产党员,两名党外同志;男性六人,女性三人;副县级七人,正科级二人;年龄最大的51岁,最小的28岁。通过县人大代表评议,市委组织部考察,并经市委研究批准,决定提名张春桃、李健生和柯横福作为县长候选人,按姓氏笔画排序,请三人在人代会上发表自己的工作设想。

主持人说,在考察这三个同志时,接到一些实名告状信和电话,我们请市纪委和组织部派人进行了认真核查,这三位同志都是优秀的、廉洁的好同志。有的同志虽有些不足,但并不影响提名。

在第一轮投票中,张春桃和柯横福分别得38%和36%的票,李健生被淘汰。在第二轮投票前,两人各用一个小时回答代表的提问。

在讨论中,代表们多数看好张春桃,她31岁,当过副乡长和镇长,在每个岗位上都政绩突出,廉洁务实,公而忘私。她有主见,有魄力,对落实好科学发展观、促进经济发展、改善民生、保护环境、维护稳定、建设节约型社会有道道,她提出的四项措施,也正合民意。第二轮投票张春桃得了72%的票,当选为县长,全场起立鼓掌欢迎,她激动得淌下了热泪,深深地给代表鞠躬。下午,张春桃提名柯横福和无党派的县二中物理老师田文任副县长，市委组织部经考察，同意她的提名，经县人代会代表投票，两人高票当选。在竞选中，尽管柯横福说了对张春桃不利的话，但她不计较，还提名他为副县长人选，连我都没想到，柯横福很受感动。

这次县长选举改革，是干部选拔任用的一次有益尝试，作为改革试点县，引起了媒体的关注，大家认为这是党领导下的、与社会主义市场经济体制相适应的中国特色社会主义民主制度的又一有益探索。

2009年3月8日

上午，在县礼堂召开加强领导干部民主监督动员大会，张县长主持，江书记作动员报告，他说："经请示上级同意，今后，凡是通过竞选上来的领导干部，必须公布财产，作出廉政承诺，接受党组织、人民群众和媒体的监督。如人民群众认为不合适、不称职，经组织考察，同本人见面，听取申诉后，提请代表大会决定去留，做到能上能下。"张县长接着说："江书记的讲话非常好，我完全赞同，我是干县第一个竞选上来的县长，更要带头自觉接受监督。同志们对我的监督，就是对我的爱护和支持。"

2009年9月30日

今天，省委组织部来调研，让我谈谈当组织部长的体会。我说，这四年半，自己作为党的干部政策的执行者之一，尝过酸苦辣甜，有过悲怒闷乐，做了些工作。尚书记和江书记都是非常出色的领导干部。县委、县政府在中央和省委领导下，按照市委的要求,结合本地实际,创造性地开展工作。现在干部精神面貌更好了,各项工作抓得很扎实,经济社会又好又快发展,干部廉洁从政,社会稳定和谐,人民群众把干部当成自家人。这些成绩的取得,是县委、县政府和全县党员干部埋头苦干,扎实工作,人民群众大力支持的结果。我们一定会高举中国特色社会主义伟大旗帜,坚持以邓小平理论和“三个代表”重要思想为指导,认真落实科学发展观,坚持与时俱进、创新发展,始终保持党的先进性,保持与人民群众的血肉联系,不断增强党的凝聚力、战斗力和创造力。

我深深地感到,在基层当一名组织部长,要选人用人,又要平衡关系,责任很大,压力也很大。千里之行,始于足下,后来的日子还很长很长……

上面节选的几篇日记,记录了我在组织部长岗位上的一些工作片段,略去了星期几和天气情况,因为那不重要。

(2009 年 11 月 22 日于济南)

相框背面的秘密

省工学院化工系的女讲师金灵，长得细皮嫩肉，天生的美人坯。她走在路上，始终保持着极高的回头率，甚至连路旁树上的鸟儿见了她也叽叽喳喳地赞赏不停。她爱人是一家化工厂的车间主任，他们有个男孩叫小宝，一家三口和和美美。金灵 30 岁那年，化工厂发生氯气泄漏事故，她爱人在抢救人时不幸中毒身亡。虽遭到如此巨大的打击，但她强忍悲痛，表现得很刚强，全身心投入到教学之中，成天和学生打成一片，是个称职尽责的班主任。

班上有个学生叫袁诚，家境贫寒，是个孤儿，长得挺帅，常着旧衣。他学习努力，朴实无华，有礼貌，有爱心，同学们喜欢他，金老师也很关心他。袁诚听说金老师丈夫死了，小孩又小，非常同情，有时星期天到她家里去帮助买米、买气，打扫房间。她的儿子也渐渐喜欢上他，叫他叔叔。尽管他靠助学金上学，有时还省下几毛钱，给小宝买水果糖吃。

袁诚表现好，在学校入了党。大学毕业后，分配到一个滨海县工作，为政廉，办事公，作风实，进步很快，28 岁就当上了副县长。他对金老师和小宝非常挂念，几乎每月都写一封信，问长问短。每次到省城出差，都去看他们，有时还带些土特产，金老师再忙，也抽时间同他谈谈话，留他吃饭。

这年下半年，金老师写信给他说："你已经 28 岁，该考虑自己的终身大事了。”袁诚回信说:“谢谢老师的关心,我的事看情况再说吧。您还年轻,为人好,长相好,找您的人可能在排队,找个自己中意的人吧……”金老师看着这信,眼泪不停往下掉。过了几天,她给袁诚打了个电话,说:“你的来信收到,谢谢。我已经是40岁的人,不想再找了。”袁诚说:“那怎么能行呢?如您愿意,建议你带小宝来这里散散心。”她想了好久,心情久久不能平静。一个多月后,决定带小宝到那里走走。

他们见面时,袁诚西装革履,风度翩翩。金灵穿一身很合身的套装,还化了个淡妆,非常得体。两人握手,相互打量,都不好意思地笑了。小宝很淘气,已11岁了,对大人的事似懂非懂,突然问:“妈妈,我叫袁叔叔好,还是叫爸爸好?”金灵脸烧得通红,斜眼瞄了一下袁诚,立刻说:“当然叫叔叔。”

金灵到袁诚住的地方看了看,一间约20平方米的房间,收拾得干干净净,几件简单的家具,摆得整整齐齐,连窗户上的玻璃都擦得亮亮的,墙上还挂着一张他同自己及小宝的合影。金老师看了好久,把相框取下来,上看下看,左看右看,正看反看。突然,她大吃一惊,看到相框背面用钢笔工工整整写着:“金老师,我永远爱您!小宝,你永远是我们的小宝!”金老师感动得哭了,也乱了方寸。

袁诚看到自己的心思已被金灵看穿,便平静而诚恳地说:“这是我大学毕业那年写的心里话,没想到会被您看见。”金灵说:“我已是半老徐娘了,那样,不是坑你一辈子吗?老师怎么能这样自私呢?”袁诚干脆来一个竹筒倒豆子,说:“我真心爱您,如您不同意,也会尊重您,也一定会像过去一样对您和小宝好,今后找不找人,找什么人,是您的自由。总之,希望您幸福。我决心这样一个人过一辈子,我无依无靠,小宝长大了,做个朋友也好……”这话深深打动了人称“冷美人”的金灵，她上前拉住袁诚的手说：“你怎么这么傻？怎么这样没生活经验？我比你大12岁，女人老得快，今后你会后悔的！”袁诚毫不犹豫地把金灵搂在怀里，说：“如你不嫌弃，过几天去办手续好吗？”她喜极而泣地点了点头。这天，吃过晚饭，金老师带着儿子返回了省城。

他们结婚后，有时袁诚去省城出差，到她那里住一晚，有时金灵到袁诚这里来看他，小宝也开始叫“爸爸”了。金灵想给袁诚生个小孩，他死活不同意，说：“小宝也是我的儿子，还要孩子干什么？影响你的身体和工作。”他们相亲相爱，相敬如宾。袁诚思想好，觉悟高，政绩突出，不断升迁。14年后，42岁的袁诚已当上了市委书记，这时金灵已经54岁了，额头上开始有皱纹，眼角也有几条鱼尾纹，袁诚虽风华正茂，对她还是一往情深。

一晃六年又过去了。岁月不饶人，60岁的金灵嘴巴两边的两条沟向下弯，眼帘明显下垂，背有些驼，头发花白，腰椎错位，常痛得彻夜难眠。袁诚把她接到市里来住，每天精心耐心悉心照顾，给她端饭送水，倒屎倒尿，总是那样心甘情愿。金灵有时说：“你不听，这下吃苦头了吧！”袁诚笑着说：“我高兴，我愿意。小宝在国外很好，不用担心，想他就打个电话。”

金灵病得越来越重，后来半身瘫痪，只好送到省医院去治疗。袁诚在几百里外，日夜思念，但重任在身，不能常去看她，心里很不安。他工作做得好，还是省级后备干部，正市级已干了七年，但他想的不是提拔，而是这里的工作和生病的爱人。他向省委领导提出：“我不想提拔，只希望平调到省里工作，哪怕副职也行，我要为金老师尽责，在工作之余守着她、照顾她，否则对不住她，灵魂不得安宁。这里的工作很重要，相信组织会选派更优秀的干部来担当此任的。”

省委经过反复考虑，最后决定调袁诚任省直机关工委书记。在他离市赴省工作那天，尽管没有声张，消息还是传出去了，许多干部群众冒雨自发地站在道路两旁夹道欢送。有一个姓苏的老师，在路边桌上放了一只盛满清水的大碗，碗的旁边放了一面镜子，把他拦住，大声说：“袁书记，您是党的好干部，群众的贴心人，您人品高尚，为官清廉，政绩突出，这一碗水，这面镜子是称赞您清如水、明如镜。我们舍不得您离开，您为照顾生病的爱人回省工作的行为令人感动。袁书记，这里的孩子都是您的儿女……”刹那间哭声、留恋声、赞叹声响成一片。

袁诚感动不已，泪流满面，多么善良的人民群众啊！他无言以表，只是深深地鞠躬，向大家表示感谢，频频挥手与乡亲们告别！

袁诚回到省城，顾不上把行李送回家和报到，径直去了医院。在病床前对爱人说：“我调回来了，好照顾你。”金灵不相信自己的耳朵，但相信他的真诚。她难以控制自己的感情，紧紧抓住袁诚的手，哭得像个泪人，爱他，疼他，赞他，谢他……在场的人都啧啧称赞他们俩纯洁而高尚的爱情。

“钢人”袁虎

袁虎今年52岁，身高一米七三，常穿一身黑色西装，里边是花条纹衬衫，不打领带，脸色微黑，两只大眼睛炯炯有神，一看就是个坚毅顽强、聪明能干的人。他老家在东海之滨，高中毕业那年参了军，在部队服役五年，1980年复员。他在山西当过兵，对那里比较熟悉，又会开车，帮人拉煤，赚了点儿钱，加上复员费，作为本钱做起了煤炭运销生意，五年积攒了三十多万。回乡后，他用挣的钱办起了服装加工厂。由于重质量，讲信誉，服装旺销，又赚了一笔，工厂也有了百十号人。

28岁那年，他胃痛去医院看病，认识了大夫宇新梅。她早就听说袁虎很有本事，人也仗义，一看，果然英俊帅气。看完病后，她问袁虎：“你爱人在哪里工作？”袁虎说：“没有爱人，连对象都没有。”他仔细打量着宇大夫，见她戴一副眼镜，皮肤白嫩，一头黑发塞在白帽中，身上穿着洁白的大褂，漂亮大方。袁虎好像触电似的，微笑着问道：“宇大夫，你的对象在哪里？我能同他交个朋友吗？”宇新梅羞羞答答地说：“八字还没一撇呢，一个人过挺好的。”说完站了起来，脸上泛起微红，一口雪白整齐的牙齿，两只水汪汪的大眼睛，的确是个窈窕淑女。袁虎的心里一下乱了方寸，故作镇定地说：“宇大夫，我的病好了，药物固然重要，但精神的作用更重要啊。”停了停，他终于忍不住又说：“没病可以来找你吗？”宇新梅故意反问道：“我是医生，没病来找我干什么?”他说:“俗话说,没病找病嘛。”此刻,两人目光相视,会心一笑。

袁虎找对象像抓工作一样,“咬定青山不放松”。他花样也多,又是请宇新梅星期天到厂里参观,向她介绍工厂发展情况;又是请她同职工座谈,听职工说他的好话,还花了五千多元买了一条项链送给宇新梅。她坚决不收,袁虎说:“这是坏蛋送的,你扔了吧!”她只好把项链放进口袋里,心想,这个人真怪。

袁虎果然没病找病,经常跑医院请宇新梅看。有一次,他对她说:“我有时心脏不正常,不知怎么办好?”她吃了一惊,急不可待地问:“快给我说说。”袁虎说:“只怪一个人,看到她,我的心就怦怦跳,血液都要沸腾了。”宇新梅脸“刷”地一下红了,显得更灿烂、更冰清玉洁。她笑着说:“那好办,你今后不要见她了,免得影响你健康。”袁虎忙说:“不行啊,不见到她,脑子静不下来,整夜失眠,影响工作,活不下去。”她假装生气,起身说:“你回去吧,我还要给下一个病人检查。”袁虎穷追不舍,宇新梅却故意吊他的胃口,其实她早就爱上了他,只是想看看这个能人还有多少花招。

毕竟都到了男大当婚、女大当嫁的年龄。1986年,在组织和家人的催促下,两人喜结良缘,不久生了个“龙凤胎”。到1989年秋,袁虎已积累了一大笔钱,他同宇新梅商量:“咱们这里穷,县里也困难。咱俩都是党员,把我们积攒的四千多万元捐给政府,我只在厂里当厂长,拿工资,这样企业可能会发展得更快,你说呢?”宇新梅沉默了一会儿说:“你既然决定了,我没什么意见,要这么多钱干什么?反正你每年都做好事,不是帮贫困学生上学,就是帮孤儿寡母盖房子,帮乡里修路,大家都讲你好,我听了也高兴。不过我有个要求,你一定要注意身体。”袁虎站起来,给宇新梅敬礼,高兴地说:“你外表漂亮心里美,让我如何不喜欢!”

第二天,袁虎找到县长说:“我是复员军人,这些年企业有了些发展,攒了四千多万,我同爱人商量,全部捐给政府,希望领导支持,我还想继续为家乡干点儿事。”县长先是吃了一惊,平静了一会儿才慢慢地说:“还是你自己留着吧,支持企业发展,本来就是政府的责任。”袁虎说:“我们是经过深思熟虑的,请政府一定要接受。”县委、县政府最后决定尊重他的意愿。这件事一下子成为爆炸性新闻,远近几十里的乡亲都竖起大拇指,说:“这样的人没见过!赚那么多钱,还住两间平房,尽干好事,他爱人也了不起……”

袁虎决心大干一番。请人帮助引进先进纺织印染设备,还投资房地产,合资开采铁矿。接着,又办起了汽车维修厂,外资也进来参了股。到1995年,企业销售收入已达11亿,利税2.5亿,职工已有2700人。他打算进一步扩大企业的规模,希望县里按市场价划500亩滩涂给集团。县政府很支持,但县委书记陈今贝不表态。袁虎三番五次上门找陈,但陈书记总是东拉西扯,不正面回答。资金、设备都已落实,就等着开工,结果一拖就是十个月。这时,有人给袁虎出主意:“老弟,你别看陈书记看起来一本正经,他贪得很,送些钱去,说不定很快可以批下来。”袁虎没作声,心想:“要真是这样,他也太坏了,不怕党纪国法?自己是党员干部,不应干行贿送礼的勾当,但实在不能再拖下去了,否则企业可能会被拖垮。”

一天晚上,夜色漆黑,月亮也不知躲到哪里去了。袁虎提着25万人民币来到陈家,要同去的助理坐在楼梯口等着。陈今贝看到他提着箱子来,脸上有了一丝笑容,说:“你又来了,有什么事吧?”袁虎说:“还是那块地,你不开口,县政府不批。”看到陈书记似乎仍无动于衷,接着说:“陈书记,听说你手头紧,我带了些钱来,请给个面子。”陈今贝说:“拿钱来干什么?那块地给你就是了。”袁虎赶快起身说:“谢谢!”快出门时,陈又追上来说:“把箱子留下干什么?”袁虎听得出来,心想,两面三刀的家伙,不是你逼我来送的吗?走到楼梯口,助理问:“他真敢要?”袁虎气愤地说:“他总有一天会倒霉的!”

土地终于批下来了,袁虎他们日夜加班赶工程进度,八个月后建成投产,产品销路很好,工厂红红火火。到 1997 年年底,集团销售收入已达到 61 个亿,利润 6 亿,纳税 7.3 亿,职工已有 1 万人左右。

1998 年 6 月 29 日下午,雷电交加,大雨倾盆,袁虎来到医院时全身已湿透了。他用手撑着肚子对宇新梅说:“近来腹部常痛,今天确实受不了,你给我检查一下吧。”她赶快把他送 CT 室检查。片子出来一看,肝癌可能性很大。宇新梅脸色惨白,没说什么。回到家,她说:“你总是蛮干,一点儿也不注意身体,有病也不早说,明天到省城做进一步检查。”袁虎说:“不用了,许多工作还等着我呢。”宇新梅转过身去,偷偷抹了抹眼泪,说:“必须去。”医院院长报告了县长,领导也来做工作,并说已联系好了省城的医院。

第二天复查,确诊是肝癌,决定手术切除。袁虎知道了,问:“我还能活多久?十年?五年?我还有很多事要做呢!”宇新梅说:“你听医生的,再活三十年也没问题。”说完眼圈都红了,心想,几年来,他很少回家,我们也经常十天半月见不到面,他就是一个拼命三郎!我也太大意了。想着想着,一个人跑到走廊上呜呜地哭起来。手术前,医生问袁虎:“你有什么话要说?”袁虎说:“把坏蛋切掉很好,坚决拥护,请一定彻底切干净!”结果,手术很成功。住院期间,许多人要来看他,他说:“不要来,莫影响工作。”并告诉家人决不要收礼,决不能给组织添麻烦。一个月后,他还没有完全恢复,就又上班了。宇新梅耐心劝导,他态度很好,但仍像以前一样不要命地工作。1999年、2000年、2001年又先后三次做手术,切除新生的肿瘤,医生、护士都很受感动,说他是个“钢人”。

2003年冬天,袁虎又住进了省城医院。这天,省纪委两位同志来到病床前对他说:“袁虎同志,我们想同你核实一个情况,行吗?”他说:“行,你们问吧!”一个年纪较大的同志说:“市农工部部长陈今贝因严重违纪,已对他立案调查,初步核实了他的一些问题,他交代你给他送过钱,有无此事?”袁虎说:“早就料到他会有今天!给他送过25万元,企业做了账,我的助手也可以证明。”停了一下又说:“为什么送钱?叫这个坏蛋自己坦白交代,他把我们折腾了近一年。”说得上气不接下气。医生说:“莫激动,明天还要动手术。”省纪委同志说:“谢谢你的配合,好好治病吧,祝你早日康复!”医院做了充分准备,手术用了三个半小时。袁虎住了37天院,又去开会研究企业的经营管理和节能降耗等问题。其实,他在医院也闲不住,常用手机打电话遥控指挥。

袁虎出院后,找到省纪委同志说:“当时我实在没办法,干了蠢事,违反了纪律,触犯了法律,怎么处理都行,只要还让我为企业干事就行。”一些干部、群众听说要处理袁虎,三三两两自发找省纪委的同志反映情况:“他是最好的人,一心一意为大家,干了许多好事,带着企业不断做强做大。肝癌开了五次刀,死里逃生,相信组织上会实事求是的。”省市领导也主持公道,纪委同志认真了解核实情况，确实是陈今贝对公司敲诈勒索，袁虎在万般无奈的情况下，做了蠢事，给了他党内严重警告处分。在接到处理结果那天下午，袁虎冒雪驱车两百公里来到省纪委，对省纪委领导说："谢谢组织上实事求是，我有错误，一定改，今后决不会再犯。"说着，这个从未掉过眼泪的铁汉子，泰山压顶都不弯腰的"钢人"，第一次流下了难以言表的眼泪，是自责？是无奈？是愤恨？

2008年春，袁虎的肝脏又长满了大大小小的肿瘤，医院说要立即换肝，他说："等市人代会闭幕再去吧。"在人代会上，他以最高票当选市人大副主任，代表们为他鼓掌，掌声持续了两分多钟。会议结束当天晚上，他乘车去上海治疗，手术成功出院后又到301医院检查，情况良好。他至今仍在拼命工作。

这几年，袁虎抓住机遇，上了中外合资的节能汽车、光电子器件、铜带深加工等项目。去年，集团销售收入达到480亿元，利税60亿元，能耗比上年下降8.7%。去年上半年，他预感市场要发生变化，坚定地说："对企业来说，市场只有'皮厚'，没有疲软，要抓紧调整结构，应对没有良心的市场变化。"他注重严格管理、技术创新、人才培养和企业文化建设，企业发展很快。今年一季度，公司销售收入仍增长了12%，利润增长了9%，上交税收增长了7.1%，能耗比上年下降了4.9%。人们都称赞他科学发展观落实得好。

袁虎的病情仍不稳定，但他很开朗，经常说："小平同志不要我，命令我好好干，为国家、为人民多作些贡献。我答应了，会好好活下去，否则对不起组织，对不起家人，对不起乡亲。"

二百五十一

鄱阳湖滨有一个依山傍水的小镇，居民几千人，多为王姓。镇上有个叫王老爹的人，做小生意赚了些钱，盖了一幢四棚三间砖瓦平房。他有两个女儿，大的叫小芙，小的叫小途，都上过学。小芙初师毕业当了小学教员；小途护士学校毕业，在县医院当护士。两姐妹在镇上算有文化的人，大家都很羡慕。姐姐胖，个子高，脸圆得像糖葫芦；妹妹瘦，个子不高，脸长得成比例。看过侯宝林说相声的人，私下议论："要是她们说相声，是天生的一对。"

姐姐长大了，找了个大学生做对象；妹妹成年后，找了个麻花厂的干部做老公。

日子过得很快，在20世纪90年代，小途的爱人当了麻花厂的副厂长，工作负责，要求严格，非常节俭，从不乱花钱。但脾气很坏，又比较粗鲁，一发火就骂老婆。他们虽然常闹意见，但生了一儿一女，都有出息。小途的爱人六十岁退休了，常生病住院，有时还要到省城去动手术，每次除去医保报销外，其余费用都要儿女各拿一半，自己的工资一分都不给老婆，也不拿出来治病，家里人在背后叫他"钱痨"，"病成这样也舍不得把钱拿出来，要带到阴司里去"。

2002年4月29日，他病情恶化，知道自己不行了，要求回到家里去。4月正是江西的雨季，这天电光闪闪，雷声隆隆，大雨如注，好像在为这位老共产党员哭泣。5月1日上午，他睁开眼睛，断断续续地喊："小途，你来，我放在箱子里的破棉袄，你要把它拆开看看……"没说完眼睛就闭上了，家里哭声一片。

办完丧事，小途打开箱子，拿出发霉的破棉袄，拆开发现里边尽是钱：一百元、五十元、十元、一元……各种面额的纸币，还有几包硬币。她仔细数起来，共计200251元。她哭了，很后悔，想到误会他了，没觉察出来他对自己的深情，哭得越来越伤心。本来她就瘦，受了这么大的打击，更瘦了，周围的人都担心风把她吹倒。

小芙关心妹妹的身体，接她到自己家里住，散散心。秋天的傍晚，双眼皮的蚊子飞来飞去，嗡嗡地叫，专叮小芙的老公，可能他是A型血吧。第二天傍晚，小途的外甥女突然说："姨妈长胖了。"小途脱口而出："不再挨骂还不长胖？"马上感到说得似乎无情，立即改口说："他其实对我挺好的，我是一个搞医的，经常要他吃饭前洗手，他很烦，特别是生了病，脾气越来越坏，气得我哭过多次。他心是好的，一生节俭，给我留下了200251元钱，是我误解了他。"小芙的老公是刚退下的副县级领导，学工的，对数字很敏感，立刻以权威的口气说："你老公去世是2002年5月1日，你们看巧不巧？后面那三个数就是251，他是不是说你们尽看表面现象，比250好不了多少，是251！"这时小芙说话了："我妹妹就是老实，经常受气，算了，人走了，不要去说了。"小芙的老公属猪，她自己属虎，老公不知是大度还是怕老婆，打圆场说："我属猪，有三个优点：一是老实，从不讲假话；二是自己属瘦肉型，不用减肥；三是有奉献精神，人也好，老虎也好，谁吃我的肉，不管熟吃生吃，从不征求我的意见，我都不管。"这位老兄是在对他老婆旁敲侧击。小芙很聪明，一听就知道这是对着她的，脸涨得通红，气呼呼地走了。

小芙比老公小三岁，也快退休了。由于心宽体胖，心里很矛盾，想到唐朝杨贵妃胖胖的，唐玄宗对她垂涎三尺，得到了一些安慰。但看到电视上的减肥广告，又动了心，特别是她老公刚才说的话触动了她，下决心减肥。她家楼下住着她的一位同学，因没工作，总待在家里，也发福了，体重估计有 140 斤左右。一天，俩人一起去医院请大夫开了减肥药。小芙吃了减肥药，每夜做噩梦，几个凶神恶煞的造反派拿着棍子追她，她跑呀跑，总甩不掉，到天亮出了一身大汗，一周下来减了五斤。她的同学吃了减肥药，也每夜做梦，跑着追初恋的情人，总追不上，跑了一晚，到快天亮时，已汗流浃背，一周下来，也减了五斤。俩人都很高兴，相互交流做梦情况。小芙憋了一肚子的气，去找医生问个究竟，这个大夫幽默地说："你是公费，她是自费，效果一样，只是过程不同罢了。"小芙听了，不高兴地回到家，对老公大发脾气，她老公有点儿阿 Q 精神，说："你追求到了结果，那么在意过程干什么？当然啰，你发脾气，只要感到舒服了，我也算是作了贡献。"引得小芙扑哧笑了，也幽默地说了一句："你能理解我，我也知足了，这就叫和谐吧。"

骆老师的遗书

骆老师今年83岁,华中师范大学数学系毕业后,一直在市九中教数学,雌心勃勃,立志当一个好老师。她教授代数、几何,深入浅出,是全校师生公认的优秀教师,经常受表扬,1953年就加入了中国共产党。由于她一心教学,心地善良,实事求是,讲话得体,在历次政治运动中,挨批评是有的,无非是"只埋头拉车,不抬头看路"、"白专典型",但没有受过冲击。她非常聪明,挨批后总是答应以后注意。

她29岁才同化工研究所的黄工结婚。黄工是所里的技术骨干,北京大学毕业,雄心勃勃,总想在有机化学方面做一番事业。他比骆老师大四岁,结婚时已经33岁,看上去还精神,但相貌平平,脸有些黑,个也不算高。骆老师是大学教授的千金,身材苗条,面部清秀,水灵灵的。化工所的同志说,"这是郎才女貌";学校老师说,"这是鲜花插在牛粪上";可骆老师说,"他人好,有才华,有人情味";而黄工说,"是有些不般配,但我的长相如何不是我的过错,也不能怪父母,更不想用科学技术和化妆品来改造五官"。黄工的话引来一阵掌声和笑声,大家称赞他有风度,有幽默感……

黄工80岁那年,得心脏病倒在解放公园路边,被人抬到医院时已经断气了。骆老师十分悲伤,后悔那天因帮一个年轻数学老师改讲稿而未去陪丈夫,不然他也可能被抢救过来。

骆老师生了两个孩子，大女儿是上海某国防科研所的副总工程师，儿子在四川某工厂从事核材料开发研究，是学科领头人。有这么两个优秀的孩子，骆老师很欣慰。儿女们很忙，只是到武汉出差时，才能晚上抽时间去看望父母。毕竟76岁高龄的人了，受到丧夫的打击，她身体大不如从前了，经人介绍，请了四川嘉陵江下游一个小县城的王嫂来家帮忙。王嫂41岁，老公与她离婚后又找了一个年轻漂亮的大学生，法院将13岁的女孩判给了她。她两颗门牙向外暴，人家叫她“暴牙珍”，她也不与人争辩。本来法院判王嫂的前夫每月给360元，作为女儿的生活费和学费，但他常说话不算数，王嫂又没工作，生活很艰难。女儿想吃肉，她买了二两肉炒萝卜，好歹有点儿肉味。女儿也体谅妈妈，说：“这萝卜‘找’肉真好吃。”王嫂眼含泪水说：“妈不爱吃肉，你把肉找去吃。”女儿哭着说：“妈，你真苦，世上只有妈妈好……”王嫂安慰女儿说：“我会去找工作，你好好念书，总会有出息的。”她在县城繁华地段租了间房卖粽子，尽管绞尽脑汁，变换花样，一年下来，只够交房租，赚不到钱。她又去学人家做面包，因销售不好，亏了本。女儿要上学，她实在无法，想到武汉打工。这下好了，有人介绍她到骆老师家当保姆，她兴奋得彻夜未眠。

王嫂到了骆老师家，很尽心，手脚也麻利，两天就把骆老师家搞得干干净净、整整齐齐，把被子也全部洗了。三餐饭按骆老师口味来做，还“阿姨”长“阿姨”短地叫。吃饭时，她就站在骆老师旁边观察，注意她喜欢吃什么菜，咸甜辣味如何适度。骆老师吃后她才吃，好一点儿菜不动筷子。第二天，骆老师要她与自己一起吃饭，并说：“人都是平等的，我了解你的情况，也很同情，你想女儿时就打电话，没关系的。”

时间过得真快。转眼王嫂到这里做了七年了,女儿已上了江汉大学,王嫂也看到了希望。孩子很争气,在学校入了党,还当了学生干部,骆老师打心眼里替她高兴,要王嫂约女儿一月来一次。王嫂怕打扰骆老师,可骆老师说:“不要紧,可怜天下父母心,来见见么,我就是她的奶奶呗。”王嫂听了,眼泪直往下掉,心里又激动又温暖。

去年以来,骆老师经常头疼,王嫂陪她去医院检查,说是脑缺血,打了针,吃了药,有所好转。她的儿子和女儿这两年来看的次数也多起来,每个季度女儿和儿子轮流来,送上她喜欢吃的东西,说说话,就即刻返回,因为都忙。

今年元月三日,骆老师住了院,有时大小便失禁。王嫂总是不怕脏不怕累,清洗得干干净净;她根据医生的要求和骆老师的口味做菜,坐公共汽车送来。晚上一直陪着她,倒屎倒尿,擦洗身体,清早给她梳头洗脸,端水刷牙,送水喂饭。骆老师很感动,对王嫂的吃苦耐劳精神很钦敬,心想她真是好人,这几年全靠了她。骆老师见自己的病没有好转,有一天向王嫂要来了纸和笔,当王嫂回家做饭时,写了一份遗书:

萍儿、繁儿:

你们是爸妈的心头肉,在事业上都有成就,妈高兴。我知道你们生活比较好,小孩都在国外读书,一个学经济,一个学生命科学,很爱国,毕业后一定要回来报效祖国。

妈妈可能难熬过今年,一旦过世,丧事一切从简,不要向组织提任何要求。我的骨灰同你们爸爸的拌在一起,这是“生同衾,死同盒”,你爸在天也会高兴。

我和你爸还存了一些钱,估计有80多万,我决定分四等份,你们姐弟各得四分之一,还有四分之一交党费,剩下的四分之一给王嫂。如果我死后,王嫂愿意的话,你们两个商量,带回你们哪个家去。她快五十岁了,帮助家里做些活,供养她到老。至于我住的100平方米房子和一些书籍杂物,你们商量处理,如果能无偿借给学校住房困难的老师居住,妈会含笑九泉的。

我同意你们对小孩严格要求,德智体全面发展,爱国爱民,诚实守信,争取为祖国多作一些贡献。

爱你们的妈妈

2009年2月15日

骆老师写好遗书后,用信封封起来,在上面写了这样一些字:

黄萍、黄繁:

我死后,你们姐弟即开启此信封,好孩子,你们会听妈的话的。

妈妈

2009年2月15日

写完遗书后不久,大夫来查床了,王嫂也来了。骆老师好像心满意足,又好像欲说又止,合了一会儿眼,又睁开眼看了看天花板,同大夫、王嫂交换了眼色,慢慢地抬起未输液的右手,用微弱的声音说:“谢谢。”

儿女们赶来了，学校领导也来了，大夫们正在紧张地抢救。骆老师听到儿女喊“妈妈”、“妈妈”，把手里的遗书递到女儿手中。女儿大哭不止，儿子眼泪一串串往下掉。不久，又来了学校的许多同事，还有她引以为豪的学生。她安详地闭上了眼睛，走完了平凡而又了不起的一生。

今年的天气也反常，已立春九天了，仍朔风呼啸，雨夹着雪不停地下着，街上的行人身上飘落些许白雪，脸上水珠直往下淌，好像是在为骆老师悲哀，为骆老师送行。

女儿开启信封，当众宣读妈妈的遗书，表示一定按母亲的交代办。众人低头默哀，都称赞骆老师品德高尚，敬业奉献，桃李满天下。王嫂不相信自己的耳朵，哭得晕了过去。护士给她打了针，她才慢慢苏醒过来，又伏在用白布覆盖的骆老师遗体上痛哭，用沙哑的声音不停地喊：“您比我妈对我还好，您是世界上最好的妈妈，您没有死，不会死，您永远活在我的心中。”

笑得那样解放

高嵩年大约有一米八高，一口的东北腔，脸部棱角分明，已经67岁了，额头皱纹不多，加之染了发，看上去很年轻，不像六十多岁的人。退休前，他在一家石油加工企业当电气工程师，人们叫他高工，他总是回以微笑。四年前，爱人去世，他痛不欲生，不过总算挺了过来。他有一个女儿，在市图书馆工作，很忙，一个月来看他一两次。高工感到寂寞，几乎每天到景山公园，和老年人跳舞打发时光。

黄花姐满头黄褐色头发，像个混血种，面容清秀，眼角上浅浅的有几条鱼尾纹。身材不高不矮，体态不胖不瘦，几个比例都符合“1.618”，嘴唇抹了一层薄薄的口红，看起来不像70岁的人。她爱人活了79岁，曾被错划“右派”，去年也驾鹤西去。爱人在世的时候两人感情很好，互相关心体贴，日子过得和和美美，爱人一走，她感到非常孤独。好不容易在朋友的劝导下，走出了阴影，也几乎每天都到景山公园跳舞。在上百男女老人中，她是最靓丽的一位，许多男士都主动凑上去邀她跳舞，有的夸她漂亮，说她舞跳得最好；有的同她边跳边聊，献殷勤，摸情况，打主意。

高工看到黄花姐大方，也主动邀她跳舞。她看了他一眼，两人目光相碰，似乎有一种特殊的感觉。毕竟是过来人，一边跳一边聊，逐渐了解了对方的情况。日长月久，接触多了，两人话也越来越多。黄花姐说：“高工，你长得挺帅，女儿又没时间照顾你,找个老伴,回到家也不寂寞。”高工愣了一下,心想,她在试探我,我也给她来个火力侦察,便说:“难啰,我看得中的,人家未必看得上我。”停了一下,他又说:“你年龄虽比我大些,看起来却显得比我小,人又漂亮,没有牵挂,也找个合适的,夕阳红比你老家绍兴老酒还醇香。”她淡淡地说:“不找了,一个人吃饱,全家不饿。”高工听她这样说,不知怎么接话,突然羞着脸问:“我可不可以到你家坐坐。”她说:“欢迎啊!”

这天,秋高气爽,空气清新。高工硬着头皮去敲黄花姐家的门,毕竟心里没底,心跳得咚咚响,像十五个吊桶打水,七上八下。一进门,他惊呆了,好大的房子!大约有180平方米,家中摆设也比较讲究,便开口问:“你那位原来干什么工作的?”她面带悲伤地说:“我爱人是科学家,是胡耀邦当组织部长时给平反的,落实政策后,政府给了我们这么大的房子住,他心情舒畅,把两天工作当一天干,在微电子领域作出了较大贡献,常受领导表扬。胡耀邦去世后,他不时发呆,口中还不时念念有词,好像有很多话要说。我爱人大我几岁,突发心肌梗塞走的,我们没有孩子,要是我顶他去多好。”高工听了不知说什么好,呆呆地坐在沙发上望着黄花姐。她很精灵,也不再说什么,知道此时无声胜有声。高工觉得有些不自在,鼓起勇气从牙缝里挤出几个字:“我下次再来看你,可以吗?”黄花姐含羞点了点头。在高工起身告辞时,两人都用力握手,时间也超长,舍不得松开,都有点儿不好意思地笑了。

以后,高工不时到黄花姐家做客,跳完了舞,就跟着她回家,几乎成了她的“尾巴”。时间长了,两人心里都有数,但谁也不愿先开口。前天,黄花姐留高工在家吃中饭,他真是喜出望外,说:“老黄,如果有比你年纪小的人爱你,你会不会拒绝?”黄花姐机灵地对答:“不说具体人,我说什么好呢?”高工终于下定决心,说:“我怎么样?”黄花姐接上去说:“你老弟找大姐干什么?你找一个比你年轻的好,到时我去喝你的喜酒。”高工急不可耐抢着说:“你别找借口,看不上我,讨厌我,你直说。我常来你这里,都是过来人,心里一点儿数都没有?”黄花姐笑得灿烂,低声说:“你这个东北人,真直爽,我喜欢这样的性格。”高工脸上顿时阴转晴,抓住黄花姐的手问:“你同意了?”黄花姐笑着说:“等我们办了手续,你搬过来住吧!”高工语无伦次地说:“好,好,真好,太好了,谢谢你,黄花晚节香!”晚上,两个人又一起吃晚饭,还喝了几杯绍兴酒,高工红着脸说:“我们结合,真是最美不过夕阳红,互相照顾,我女儿也不用担心我,咱们愉快地一起走过今后美好的日子,明天就去办手续吧?否则‘黄花菜’凉了不好吃啊!”黄花姐甜甜地说:“你脸皮真厚,像个急猴子,听你的就是了。说心里话,我不缺钱,不缺德,只缺伴,只缺乐,这下好了。”

他们俩的结合很快在跳舞的人群中传开了。高工与黄花姐的舞,跳得越来越协调,越来越起劲。黄花姐几乎只和高工跳舞,一个担心吃醋,一个怕说心不专,也就成了对方的专职舞伴。

这对老人跳舞时,贴得很近。一个从话剧团退休的冯老伯开玩笑说:“干脆把你们俩用胶粘在一起吧!‘生同衾、死同盒’。”老人话多,你一言,我一语,说得高工和黄花姐不好意思,笑也不是,羞也不是,站也不是,坐也不是。那种不自在的样子,逗得大家捧腹大笑,笑得那样开心,笑得那样解放,笑得这对孤男寡女情不自禁,笑得居委会同志拍手叫好,笑得山西陈醋脱销……

同行三十里

沁河南岸不远的地方，有一个阳县，县中学有两位邻乡的学生，女生叫小珍，男生叫小于。他们所在的班分别在一幢两层灰色砖楼一楼的两间教室。小于家贫，又瘦又高，但学习很好。小珍父母是干部，长得较丰满，只是嘴唇略厚了一点儿，学习成绩中下。

1956 年，初中三年级的时候，小珍找到小于，说请他帮忙做几道题，小于很快做好交给她。大约又过了一星期，她又向小于借植物学书，第二天还书时，里面夹了一张她的照片。小于很兴奋，也琢磨不透是什么意思，但书桌没抽屉，宿舍没箱子，往哪里放呢？他把照片藏在两页书中间，用纸盖起来，还粘上浆糊，上面做了一道几何题，即使有人翻东西，也难发现。

小珍看到小于这样听话，心里暗暗高兴。一个星期六的中午，她约小于一同回家，他高兴地答应了。两人一起走了三十里路，讲的尽是数理化问题，有时也说说笑话。在王家渡分手时，她又约他第二天下午在这里会面，一同返校，还说“不见不走”。大概过了一个多月，她又约他一同回去。在路上，她忽然说：“你看我干什么？”小于说：“你不看我，怎么知道我在看你？”她忍不住笑了，说：“你书念得好，其他方面傻乎乎的。”好像她很有经验似的。离王家渡不远时，她说：“你学习怎么这样好？给我介绍些经验啰。”小于说：“家太穷，不学好没出路。”她没作声。

初中毕业时，小于由于学习好，又是班长，被保送到江北的蒙自县上高中。一天，小珍在路上遇到小于，说："我报考了上级指定的蒙自中学。明天回家看看，你回不回去？"小于说："回去。"不料，星期天上午，她走了六里路到小于家。小于在家看书，见她来了，手不知往哪里放，连忙说："我家穷，看不得，你来也不打个招呼？"她东望望西瞧瞧，在麻子长凳上吹了一下灰，不情愿地坐了下来，随即问道："这就是你家住的房子？"小于说："是，还是解放后政府分的，否则，连这破牛栏也住不上。"她似乎寒了心，坐了约五分钟，说："我还要回去，父亲在家等我。"小于送了她一程，她在路上说："你家穷得这样，真想不到你很会念书。你回去吧，不用再送了。"这时，天气晴转阴，闷得人喘气都困难。小于不是笨人，想到了今后，狐狸不会想野鸭肉吃。

到了高中，小于领了甲等助学金，学习成绩更好。在高中一年级上学期，大概快过中秋吧，小珍一边走，一边吃月饼，两人相遇了。她掰了半块月饼给小于，并说："你怎么这么聪明？给我介绍些经验如何？"小于说："没经验。"高中二年级下学期，在县城小珍姑妈家两人偶然碰面时，厅堂坐了几位同学，都以羡慕的眼光看着小于，说他 12 门功课全为 5 分，真了不起。她两眼盯着他，小于不知道是什么意思，也不去想了。

小于那年得了大病，住了一个月医院。他班上一个人称小胖子的女同学，在班主任的指使下，去看过他多次，很同情他，有时还顺便买上几个小糖包送他吃，感动得他眼泪夺眶而出。小于生的这场大病，可以说是死里逃生。小珍的信息不灵，没去看过他，出院后相遇，她看了很久才说："你怎么成了这个样子？"小于寒碜地反问道："这个样子可怕吗？"两人无言作别。

高中快毕业了，小于报考了北京大学和南京大学，小珍也听说了，在校传达室相遇时，她情绪低落地说："我争取考取医专，你什么大学都能考取，你家那么穷，考取了怎么读？"小于说："'车到山前必有路'，路是人走出来的。"这时，小于同小胖谈得火热。小于心想，小胖善良，不嫌自己穷，不嫌自己黑，不嫌自己瘦。小胖心想，小于学习好，意志坚强，将来肯定有出息。小于考上了北京大学，他设身处地替小胖着想，怕她担心自己变成陈世美，便主动提出结婚。两人在破屋旧床上同床不异梦。只有一位同学送了一对枕头，小胖的妹妹送了一床被单。两人都没有做一件新衣，没有请客，没有放鞭炮，也没有喝酒。与其说是结婚，不如说结合或者凑合更准确。

说来也怪。小于、小胖结婚的第五天，小珍冒着酷暑，手里撑着洋伞，汗流满面地赶到小于家，开口就问："你考取了北大？"小于说："考取了。"她又问："你同小胖结婚了？"小于回答："结婚了。"她满脸怒气，扭头就走。小于在后边赶上来送她。她眼含泪花，气愤地斥责小于："你这没良心的东西！我一直在等你，你是猪？看不出来？"小于委屈地辩解："我们从来没有谈过恋爱，三年来，我们没在一起说过五分钟话。我是半边聪明半边蠢，确实不知你的想法。"她大声嚷道："你这个傻瓜，我是怕影响你学习！"小于只好说："对不起，你家境好，长得也好，要找一个比我强的，闭着眼睛都找得到……"突然，她停下来，瞪着小于，愤怒地说："我不要你送，你滚！"小于站在那里，望着她远去的身影，不知道自己到底错在哪里！

在返回家的路上，小于想，她嫌我家穷是真的，犹豫也是真的，她是把我当成了鸡肋，食之无味，弃之可惜。我病得要死，她是不知道？还是不好意思？为什么不来看一眼？在大学三年级暑假，小于回家探亲。小珍医专毕业后，分到这里的医院当医师。两人在学校路旁不期而遇，她不理他。小于笑着说，“你发福了，穿得很漂亮，不认识我？”她一脸不高兴地说：“我已经忘记你了，也不认识你。我是长肉不长知识，衣服漂亮人不漂亮。”小于没想到时过境迁，她还这么耿耿于怀。

日子过得真快。三十多年后，小珍忽然给当了劳动厅长的老于的爱人写了封信，此时小珍已偏瘫，信是爱人代写的，说什么“年轻时如果知道谈恋爱，老于的夫人是我，不是你”。小胖看过后，笑了笑，随手给了老于。又过了些年，小珍给老于写信，希望帮助安排孩子的工作，他没回信，也没打电话，小孩的工作还是托人帮助安排了。此时，小珍躺在床上，心潮起伏，眼泪汪汪。只是老于还是一如既往的老于。

“你闭着眼睛干什么?”

张副部长前年退休后,让秘书小李回单位去了,外出常常带上服务处的任新。小任是五溪人,一米七四高,人虽瘦但很精神,聪明朴实,做事麻利。不仅会使用计算机,还会按摩,手法不轻不重,恰到好处。莫看他平时话不多,但心中还是蛮有数的。

一天下午,张副部长请小任来按摩,说腰有些痛,小任按了三十几分钟后,他觉得缓解多了。从床上坐起来问:“小任,你今年多大?”“25 岁。”小任回答。张副部长又问:“找了对象没有?”小任说:“没有。”

去年国庆节期间,张副部长带小任到平谷去,住在曾工作过的山庄,其实就是招待所。这天秋高气爽,张副部长出去散步,满山遍野的果树映入眼帘,赏心悦目,空气中也弥漫着一股清香,让人感到十分惬意。山庄的领导和照相的谷妹也来了。谷妹照相动作很快,任新也抢着照,但看得出技术比谷妹差多了。谷妹是胶东人,今年 23 岁,梳着长发,戴副眼镜,瓜子脸白里透红,苗条的身材,配着一身合身的暗条纹淡红色套装,看上去像个知识女性,文静而又机灵,在这些人中显得格外突出。任新主动上去同她谈话,谈些什么,大家也听不清,只见他们有说有笑。

这天晚上,谷妹给任新打电话,说把当天照的相片洗了送去,小任很高兴。有这一小堆照片做由头,他们在一起谈了许久。谷妹首先问:“小任,你结婚了吗?”小任说:“对象都没有,还谈什么结婚的事。”停了一会儿，小任反过来问谷妹：“你的对象在哪里？”谷妹说：“没有对象，谁知道在哪里？看缘分吧。”快十点钟了，谷妹说：“我回去了，明天见。”顺手偷偷把自己的一张照片插在了那堆照片中。回到宿舍后不久，谷妹又给小任打来电话：“那些照片都看了吗？”小任说：“看了，还有一张你的照片。”谷妹说：“照片上的人丑吧？”任新说：“谁说的，比我漂亮多了！”两颗心在电话里互动着。

第二天，张副部长要去水库边走走，他们俩也带着照相机跟了去。在大坝上，小任说：“张部长，请你同小谷留个影吧！”张副部长说：“你来呗。”这时谷妹拿起照相机，请张副部长同任新也合了个影。晚上，谷妹又到任新住处来，任新把一束花插在瓶中，对她说：“这是送给你的。”谷妹看了看说：“这些都是野花，你这是什么意思？”任新说：“牵牛花表示，我是牛你是花，感情可把牛和花牵着走；黄花菜开的花，既好看又实惠；南瓜花会被蜂传粉，这个意思你明白吧？”谷妹脸刷地一下红了，害羞地说：“想不到你还有这么高的品位！”不知不觉过了十点，谷妹起身告辞，任新伸出手去握她的手，握得紧紧的，好久不松开，两人秋波互送，直到“拜拜”。

张副部长在这里住了五个晚上，可忙坏了谷妹、任新，他们白天工作，晚上谈情，可谓两不误。两个人的关系发展很快。张副部长离开的前一天晚上，山庄安排了几个小节目，其中有一个是谷妹跳“请郎舞”。那天谷妹没戴眼镜，还化了妆，舞姿优美，小厅里不时传出阵阵掌声。任新情不自禁地站起来，大喊：“太好了！太美了！”还让张副部长的孙女给谷妹献了一束鲜花。演出结束后，小任到谷妹住的地方，说：“明天就要回去了，你还有什么要交代的？”谷妹说：“你要多给我写信，‘愛’字要繁写，不能没有心;我会经常到城里去看你,我对你的'親',也是繁写的,相见才亲么!"小任连说:"对,对,对!"

谷妹每月都来看小任,他把她安排在老乡家空出的两室一厅的房子里住,每次来只住一天,两个总是关在屋里谈情说爱,很少柳下花前,湖上泛舟。春节后,谷妹要带任新回家给她妈看,小任问:"'丈母娘'会同意我们的事吧?"谷妹说:"你见到我妈时,喊阿姨,结婚后喊妈妈。你的普通话也太差,是'丈母娘',不是'丈母狼'。"任新不好意思地笑了笑说:"知道了。"

正月初二,小任提上礼物去看谷妹的父母。她的家人对小任很满意,晚上请任新吃饭,桌上摆满了鱼、肉、虾、蟹、大葱、大白菜、大馒头,可谓倾其所有了。饭后,谷妹的妹妹端上一盘水果,盘里有枣、桔,要谷妹和任新吃。过了一刻又端出一盘水果,盘中放有红枣、花生、瓜子。小任不解地问谷妹:"这是什么意思?"谷妹在他耳边轻轻地说:"前一盘的意思是要我们'早结',后一盘的意思是要我们'早生子'。"尽管说得很轻,大家都听到了,一阵哄堂大笑。他们两个虽不好意思,但心里却甜蜜蜜的。

春节过后,俩人关系加速升温。正月下旬一天,小任突然问谷妹:"现在我们的关系算朋友、恋人,还是未婚夫妻?"谷妹说:"那还要问,当然我是你的未婚妻啦!"任新说:"既然是未婚妻,我理解除了不能同居外,其余都可以吧?"谷妹害羞地说:"你这个傻瓜。""好,我傻。"任新边说边双手把谷妹抱得紧紧的。她也把头往小任怀里靠,小任色从胆边生,用嘴靠上去,额头、耳朵、鼻子、脸颊、嘴唇,几乎亲遍了。谷妹闭着双眼,一脸幸福……小任问:"你闭着眼睛干什么?"谷妹笑着说:"你没看过电视剧?亲嘴时女的都闭着眼,一是闭目养神,二是加快血液流动,三是脸部肌肉同时运动能起到美容作用。""呵,你还真有研究咧。”

终于到了谈婚论嫁的时候了,他们商量今年“五一”节结婚,现在正在加紧准备。他们俩都藏了三张照片:一张是小任与张副部长的,一张是谷妹与张副部长的,还有一张是他们把与张副部长合影拼在一起的,毕竟谷妹技术高,看不出来,好像是俩人准备结婚的未婚照。他们为自己的阳谋会心地笑了。

(2009年3月6日)

这棵老树

苟家在上个世纪40年代，栽了一棵果树，因为家穷，搬家时，总把它一起移走。

这棵树被水淹过，被严寒冻过，被酷暑烤过，被人踹过，也得过一些病，活至今日，实属不易。这家的老主人很爱惜，浇过水，施过肥，喷过药。树干直且瘦，虽说枝不繁叶不茂，但却顽强地活着。

到60年代后期，这棵树逐渐长粗，枝叶也越来越茂盛，并开始结果。

主人家得到了回报，他家的破屋，夏天有树遮阴，冬天有树挡风，即使被雷劈火烧，树也不发出惨叫声。结的果实，主人家吃得很少，主要是拿去卖钱。

改革开放以来，按市场规律办事，水果的价格比过去翻了几番，又到了盛产期，一年能卖不少钱。主人家小孩上学、结婚、买房、过日子，它都是作了贡献的。

以后，家里又增人添口。由于党的富民政策好，主人家生活大有改善。一年收入几十万，盖了钢筋水泥的房子，里面装了空调，上面安了避雷针。老树的价值相对降低。这时家里有人说："这棵树，已老得空了心，上面枝条枯了一半，一年也结不了几个果，我看了就烦，砍了拉倒。"家里多数人反对，说："老树为咱家作了很大贡献，真要砍了，人家会说我们没良心。"那个聪明、喜欢集中的人，大声说：“良心几元钱一斤？我看到这树上的斑驳老皮就火。”他拿出“一把手”的魄力，斩钉截铁地说：“这棵树确实老了，树高招风，常听到叶子发出沙沙的响声，很讨厌；树干有点斜，有意朝一边倾，显得很偏心；看上去呆头呆脑，不通人性，难怪有人说老不死的。”

联产承包后第九年，这家主人为防止扯皮，由几个小孩分年包干。老树结的果有的年份多，有的年份少，有的年份叶落得快，有的年份叶落得慢，有的年份还生病、长虫，引得啄木鸟整天啄得树干“嘟嘟”地响。

大人们的不恭自然引导了小孩们的不敬。他们攀上爬下百般折磨这棵与这个家族几代共生，且作出过巨大贡献的老树，令它痛苦不堪。

近几年，园林局贯彻国家政策，注意保护老树，定期派技术人员检查，有时还用药水瓶吊在树上给它输液。去年春节，局长亲自视察，对园林局的工作人员说：“我们这里与它差不多树龄的树，登记造册的一共才 19 棵，你们不要看它老，长不了几个果……”这家的一些人，忽然感到这棵树还有用处。由于它的存在，不仅引来了局长，还让这些老树的权益人与局长合影，挂在家里装门面。

这家人有的讲实惠，有的有同情心，但也有的好奇，没事找事，剥剥树的皮，挖挖树的根，研究问题似的琢磨，看不出有什么特别，随手扔去，还骂“弄脏了我的手，扫兴！”有的大发飙，把水泥往树空心的地方塞，树被堵得喘气都困难。到了秋末，这棵老树稀稀拉拉挂着几颗果子，一个外来人看到家里人走光了，拿着竹篙拼命打，自己够不着，还怪果子长得高，把果子、叶子、树枝打得光光的，连一撮毛也没剩下。他拾起一个果子，发现生了虫,大骂。再拾起一个,擦了擦,放在嘴里,觉得没有过去好吃。其实是因为他吃多了好的,果子的味道并未变。

不久,园林局技术员来查看时,这棵树已经没法救治。主人家大多比较善良,也有良心,觉得对它太过分了,但都不愿说,因这个用竹篙的人"半边聪明半边蠢"。

技术人员把副局长请来,说这棵树已死了,副局长一个劲儿地摇头。那位用竹篙的人在一旁得意地傻笑。副局长说:"这棵树死了,要上报一下。"又问主人家如何处理。还是那个人说:"卖了吧,250 元卖了。"副局长说:"砍倒运回局里去,给你们 500 元,是你们要价的两倍。"那个人说:"给我女儿买巧克力吃。"其他的人让他三分,谁都不说什么,因为他是老主人惯的。

树运回了局里,大家都感到可惜,骂这家个别人不缺钱,只缺情。说也奇怪,副局长晚上做了一个梦,梦见老树向他提出:不要留下"遗体",还是烧了好,物质不灭嘛。他起床在房间里走来走去,自言自语地说:"多好的一棵树……平日不觉老树好,到它死后我苦恼……"人就是这样:得到不珍惜,失去显价值。

Z 年 Y 月 X 日

杀它干什么

老谷家里喜欢养鸡。鸡能下蛋,但因只有“鸡太监”,没有真正的公鸡,下的蛋孵不出小鸡,所以又千方百计搞来了一只公鸡。

这只公鸡同其他公鸡一样,雄赳赳、气昂昂,见到吃的“咯咯”叫,夜里按时啼鸣。老谷睡不着觉,怪它打扰,要把它送走。家里有的人坚持杀了吃,他不同意,说自己绝不会报复一只公鸡,况且它可爱,守信誉,不自私,很勇敢,也威武,不要杀,建议送到公安厅张副厅长家去养。因他很厉害,可能到他那里就不敢叫了。谁知送过去后,公鸡依然啼叫。

一天,鸡叫声又把张副厅长从梦中惊醒了。他从床上坐起来,对老婆说:“怎么做了个与鸡对话的怪梦?在梦中,我对公鸡说:‘你晚上不要叫好吗?这样影响不好。’公鸡说:‘打鸣与生俱来,不叫岂不成了太监?’我自知无理,便说:‘言之有理!言之有理!我洗耳恭听了。’公鸡说:‘厅长大人果真通情达理,我也会适可而止,不会过分骚扰。’”老婆听了,忍不住笑了。

春天来了,老谷家里又想要鸡生蛋孵小鸡,决定把公鸡要回来配种。公鸡晚上又大叫起来,老谷心中很不安,觉得扰民,影响不好。家里有人偷偷把它杀了,他很是不爽。心想,它按时啼叫是守信的表现,其实并不是缺点,就是有点儿影响睡觉,杀它干什么?世界上的好事多是人做的,坏事也多是人干的。有的人不如猪那样诚实，猪不会说假话；有的不如狗那样忠诚，狗不会嫌贫爱富；有的不如候鸟那样自律守信；有的不如牛那样肯干，牛吃草产奶，吃草卖力；有的不如……

老谷胡思乱想，慢慢地睡着了。醒来后，闻到鸡肉的香味，口水直流，拿起筷子夹了块放进嘴里，味道不错，吃了小半碗。一会儿他又感到不是滋味，觉得自己光有理论而不联系实际，心里很矛盾。老谷想，动物为人类服务，往往得不到表扬，被认为理所应当；而有时并不是由于自身的“差错”，得罪了人类，就要受到责备，甚至引来“杀身之祸”。在人与人的关系上，是不是也有同样的情况呢？

（2008 年 2 月 26 日于南昌）

阿　璐　嫂

璐珊是个好女人。

她今年 41 岁,身材匀称,眉清目秀,乌黑的短发往后用橡皮筋扎了个短辫子;眼角上的皱纹记录了她经历的风霜,也刻下了挥之不去的忧伤,偶尔笑起来也很灿烂。她勤勤恳恳,干事麻利,是非分明,心地善良,人们称她阿璐嫂。

阿璐嫂 17 岁那年,家中生活困难,加上父母生病,高中只上了一年,就背着父母休了学,忍痛去南方打工。开始在一家小餐馆做杂活儿。一天,她看到老板把运来的死猪肉卤了卖,心里很不安,就对老板说:“这不好吧,要是吃出问题来,还了得。”老板瞪了她一眼,呵斥道:“你闭嘴!”她没敢再作声。不久,附近一些人得了怪病,她感到很难过。

一天上午,她在门前打扫卫生,看到墙壁上贴了张广告:“本店从江西买来优质生猪,用祖传秘方制成卤肉,味道鲜美,欢迎选购。”许多人看了广告,信以为真,陆陆续续排起了长队,老板脸上堆起了笑容,她却站在那里发呆。这时,一个四十来岁的壮汉走了过来,低声对老板说:“你真行,昨天那头死猪是人家扔的,你能卖得这样火,我捡来也不容易,你得再给我 20 元钱。”老板一把将他拉进去,说到里面商量。璐珊觉得老板心太黑了,轻轻地与排队的一位年长的妇女耳语了几句。人群很快爆炸了似的,人们一边骂一边离开,说:“卖死猪肉,丧尽天良,要去告发!”老板怀疑是璐珊泄露的秘密,炒了她的鱿鱼,还扣了她两个月的工资。

璐珊只好另找工作。她看到一则招出租车司机的广告,决心去试一试,结果顺利通过了面试。在第一年试用期间,每月只给300元生活费。她十分努力,车开得很好。到第二年,公司每月给600元工资,她十分高兴,除了自己吃用外每月寄300元给父母。

她20岁那年夏天,天气闷热,气温高达39度。出租车空调坏了,车里热得像个蒸笼。快到植物园门口时,听到有人大喊:“把那辆车拦下来,救人要紧。”她急忙停下车,看到两个女青年扶着一位女子,三人都在二十岁左右,浓妆艳抹,头发染成枣红色,迷你裙短得不能再短,上面穿的也很暴露。被搀扶的女子耷拉着脑袋,披肩长发遮住了半边脸,看上去病得不轻。璐珊虽看不惯,但救死扶伤容不得她多想,便把车门打开,问:“到哪里去?”一个女青年说:“到附近医院。”璐珊加大油门,十几分钟就把病人送到医院门口。下车时,其中一个女青年说:“不给钱了,回去找你们朴经理要。”

璐珊回去向经理报告了情况。经理朴克问:“这个女人漂不漂亮?”璐珊说:“漂亮,只是脸色苍白。”朴经理又问:“她腿上是不是有个小疤?”璐珊说:“没注意。”朴经理说:“你先回去吧。”过了两天,这三个女青年来到出租车公司,向朴克表示感谢。那个被救的女青年说:“你还算够意思,不是你派司机送我,说不定再也见不到面了。”朴克脸皮比墙角转弯处还厚,嬉皮笑脸说:“没什么,应该的。”另一个女人说:“你别光当口头派,拿出实际行动来。”朴克说:“好,应该!”随手从口袋里抓了一叠钞票塞给她,两只眼睛紧紧盯着这女人的肚脐眼。朴克担心璐珊已经清楚自己与她们的关系,怕璐珊惹出是非来,找来璐珊,严肃地对她说:“你今天就离开公司。”璐珊不解地问:“朴总,我没犯错啊!”朴克说:“你用公司的车随便送人,随意‘免费’,破坏了公司的规矩。不仅要开除你,还要扣你这个月130元工资。”璐珊明白了,她什么也没说,匆匆收拾东西回了江西老家。

她25岁时,在牛背嘴加油站找了个临时工作,一个月500元。后来经人介绍,认识了同乡小毕。小毕追女人有点儿本事,说奉承话,献殷勤,缠着她不放。璐珊隐约感到这人有些靠不住,但并没有和他中断交往。一天晚上,天黑得像刷了墨汁一样,他们俩在帽子山脚一棵枫树下约会,大约过了半个小时,小毕说:“我去方便一下。”刚走了不到两分钟,树丛里突然蹿出两个人,一个动手动脚,一个用刀子在她眼前晃,说:“你敢嚷嚷,马上破了你的相。”璐珊吓得不知所措,又被捂住了嘴,在那里死死挣扎。这时小毕突然冲了上来,夺下那把刀,将一人打倒在地,两个坏蛋落荒而逃。小毕说:“对不起,没有保护好你,让你受惊了。”璐珊很感动,抱住小毕说:“你真勇敢,嫁给你我放心。”不久,两人结了婚,第二年生了个男孩。

结婚两周年纪念日时,璐珊问小毕:“我们已有了孩子,你要攒点儿钱顾家啊。”他说:“那当然。”拿出一本早就准备好的存折给她说:“这笔钱是定期,孩子五岁以后,确有困难时再用,一定要保管好。”璐珊激动得眼泪直流。小毕有时一两月给个200元、300元的,生活过得紧巴巴的。孩子四岁那年,小毕失踪了。后来从公安局那里得知,他不务正业,当年在帽子山下与同伙演的那一幕是专门给璐珊看的。璐珊眼前一黑,差点儿晕过去,在梦中常惊叫:“上当了! 上当了!”她从箱底拿出那本保存了几年的存折，去县工商银行取钱，银行工作人员告诉她："这里面原存有 890 元，现在只剩下 1 元。"她气得将存折扔进垃圾桶，说："大骗子，大坏蛋，我瞎了眼。"

有一天，孩子发高烧，她让同事小姜替她请两小时假，送孩子去医院。这个加油站的老板却揪住这事不放，说："你没请假，未经批准擅离岗位，加油站着了火找谁去？"小姜说："璐珊确实要我向你请假，是我没来得及向你报告。"老板火气更大了："让你当好人，明天你们俩都不要来了，我小姨子的亲戚还在那里等着工作呢！"璐珊很内疚，怪自己连累了小姜，但也没办法，一直在家里默默流泪。

璐珊在家里待了几个月，生活没着落。后经人介绍，到厚来公司去当司机，每天把鸽子粪送到珍珠养殖场去。那天秋高气爽，心情不错，送完了鸽子粪，在珍珠场的棚子里坐着看养珍珠。这时老板过来了，她站起来小心翼翼地说："八年前，我来过这里，当时水清得一眼看到底，现在水浑得很，上面漂着绿苔，真有些可惜。"老板立即板起脸："这是你管的事吗？"璐珊说："我只是随便说说，哪敢管你的事呢？"第二天，厚来公司老板告诉她，你明天不要来上班了，珍珠场老板说你好管闲事，不辞掉你，他就另找运输公司。璐珊垂头丧气回了家，全家人抱头痛哭。

以后几年，璐珊仍没有正式工作，有时帮人卖蛋糕，带孩子，扫街道，挑水浇菜。周围的人都说阿璐嫂是个多面手。她十分坚强，对未来仍充满信心，决心好好活下去，只要儿子好好读书，总有出头的日子。

现在璐珊的孩子已 14 岁，正上初中，住在她弟弟家。璐珊到省城张部长家帮忙，正式称呼是公务员，大家都叫她"璐公"。这家人都很尊重她，她也很开心，不时发出"咯咯"的笑声，经常同儿子和弟弟通电话。弟弟觉得姐姐心情舒畅，要她珍惜，说好人会有好报。她儿子也说："妈妈，你放心，我在舅舅家很快乐。世上只有妈妈好，有妈的孩子懂事早。"璐珊忍不住热泪直淌。善良的张部长说："阿璐嫂，想儿子吧？要不要回去看看？"她又笑着说："不用，他很好，已经懂事了，还嘱咐我要好好工作呢。"

（2009年3月24日）

破　　赛

人类学家山岛，已年近花甲，跑遍了几个大洲，寻找、研究特殊人。近十年来，对破赛进行了跟踪研究。

破赛是千多角的绰号，他的父母为什么给他起这么一个怪名字，外人都不知道。他很像他的父亲，从小就好斗。在初中二年级上数学课时，他把同桌打得鼻青脸肿，老师非常生气，严厉地批评了他，并在黑板上写了一个希腊字母“ψ”，大家愕然。过了一会儿，一个同学走到老师跟前，轻轻地说：“老师，我明白了，他常拿一把钢叉，很像‘破赛’这个字母。”老师听后说，“下去”。以后，“破赛”这个绰号就在同学中传开了，千多角也觉得这个名字不错。

破赛很少有笑容，周围的人背后议论他是冷血动物。山岛用遥测技术测量破赛的体温变化，吃惊地发现，一般状态下是摄氏34.5度，在渴望达到目的时，体温迅速上升到摄氏37.6度，目的达到后，又缓慢回落到一般状态。山岛还测量了破赛的脑电波变化情况，发现无论别人怎么对他好，即使是对他有求必应的人，帮了忙后只过几个小时，就会被遗忘。

破赛的智商变化也很大，他的智商介于人和猿之间。聪明时，可以说透顶；愚蠢时，还不如猿，但有时具有“突变性”。测量结果表明，他发怒时血压立刻上升到185/95，心率达到105次/分，而平常是低血压、低心率。

三年前，山岛跟踪破赛到了 R 国。在一个马戏表演场，技艺高超的驯虎员与老虎配合默契，完成了一系列高难度动作，观众席上不时爆发出一阵阵掌声和喝彩声。这时破赛突然身着盛装走了出来，用 R 国语说：“我也会驯虎。”台下掌声雷动。他先摸老虎屁股，老虎缩了一下，观众大吃一惊；接着又拍打老虎的头，老虎的头左摇右摆，好像被打痛了，观众愕然；他又去拔老虎的胡须，一连拔了三根，老虎痛得难受，张开血盆大口。观众发现老虎没有门牙，纷纷站立起来，疑惑地盯着破赛，然后一个个走开了。

山岛在现场用 C 国发明的最新遥测胆囊变化的仪器，对破赛进行测量，结果同样令人吃惊。他站着说话时，胆囊放大一倍；摸老虎屁股时，又长了一倍多；拍打老虎头时，达到正常时的 4 倍；拔老虎胡须时，已接近正常时的 5.7 倍。山岛的朋友问：“仪器测量得准确吗？”山岛说：“绝对没问题。”从此山岛开始怀疑破赛是不是外星人。

去年 2 月 17 日上午，山岛找到破赛说：“你非常独特，真了不起。最近研究什么？”破赛淡淡地说：“正在研究猫和老鼠。我认为除了白猫、黑猫，还有花猫。花猫抓住老鼠，并不着急吃，而是将爪子踏在它身上，两眼观察它的表情，看到老鼠吓得浑身哆嗦，用无助的眼神向它求情时，很是得意；然后一口一口细嚼慢吞，直到老鼠痛得晕过去，这样既能得到物质享受，还能得到精神满足，这种花猫才算最好的猫。”山岛听了，感到毛骨悚然。

山岛千里迢迢来到破赛的家乡，搜集有关资料。他爱人性格像绵羊，有爱心、有善意，但胆小怕事。他父亲体弱多病，生性好斗，母亲身体健壮，有点儿神经质。这样的基因和环境，对破赛的自私、狭隘、狂暴和无情有着深刻的影响。

去年 10 月，山岛专程到北京找历史学家请教，问历史上有无破赛这种人，教授沉思了好久，说："没有。"顿了顿又说："破赛不是畜牲，也不是东西，用'他'、'她'作为称谓，肯定是不对的，用'它'、'牠'也似乎不准确。我认为需要发明一个字——'扡'，右边的'也'是需要有的，左边的'扌'是表示破赛这类人走到哪里都带着棍子，向上这一提，既可伤皮肉，又可伤人心，你看怎样？"山岛说："太精彩了，很有创意。"

不久，山岛又去向生命科学家蒂恩艾博士请教，并主动介绍了破赛的一些特点。蒂博士征得破赛同意，抽取了他手指上的一滴血，进行化验，对基因图谱认真解读，希望从 DNA 中找出原因。他惊奇地发现破赛的 DNA 与人类略有差别，又把破赛和人猿的基因图谱放在一起比较，发现在碱基对的顺序上，有 1.228%的差别，也就是说他的基因图谱介于人猿与人类之间，更接近人。从基因的复制和自私以及环境的影响来解释，他的人格有点儿接近西方人格五大维度中的"神经质"："焦虑，愤怒，敌意，抑郁，自我意识，行动，脆弱，敏感。"与中国人的人格特性"情绪性"略有差别。蒂博士认为破赛的天性是由基因遗传的，习性是由环境来的，对他需要进一步研究，这对生命科学的探索和研究很有意义。山岛虽受到了一些启发，但疑问还是一个接着一个。

山岛准备写一篇论文，还想申报吉尼斯纪录。正在起草报告时，突发心脏病，苏醒过来后，有时想起在梦中看到破赛在对自己傻笑，吓得浑身冒冷汗。出院后，他把十年来收集的宝贵资料锁进保险柜，常坐在家中的"榻榻椅"上发呆，对破赛是不是外星人，自己也糊涂了。

（2010 年 6 月 10 日）

狠

这个女人的外号叫“狠”。她家在黄土高坡，16 岁随姐姐来到津城，开始做小生意，卖些衣服。她虽身材矮小，但看上去还算个精品，不少男青年打她的主意。十年前，几个男青年相约去看她。晋省的人一看，不同意，说：“太矮了，这女人不可貌相，但一定很狠，不谈了。”同去的一个冀省青年说：“你不要，我要！”

冀省这个青年叫知了，对她很热情，不嫌她矮，也不怕她狠。他心想，她看起来还平和，肯定能为我生个儿子。两年后，他们商量结婚，但没有房子。知了在单位给领导开车，提出结婚没房子，这个领导就想办法给他借了一间房。后来，狠提出要把自己的户口从农村迁到城市来，这个领导又设法办了。狠更进一步，要到某公司工作，那里待遇高。领导很为难，请助手谭到咸市办事处去联系，给她安排工作，还给两间住房。她不干，非要到某公司去。没有办法，这个领导不知是好心还是无原则，要谭东求人西求人，南说情北说情，狠终于如愿以偿。接着狠又要分房子，这个领导无奈，只好依她，又要谭去联系，单位给了一套 108 平方米的房子。应该可以了吧？不，狠要买！而且价格要低！后来，房也买了，还生了个女儿。

狠得寸进尺，“武则天”、“那拉氏”的脾气越来越大，一发飙就出走，她老公无可奈何，没有请假就四处去找她。这位领导用车找不到司机，很着急，过了许久才联系上，知了在电话里说："两口子闹矛盾，找爱人去了。"领导很生气，决定换司机。狠看到领导心软，还有油水可捞，两个人商量，又是检查、又是保证，把领导蒙过去了。

他们之间的吵闹成了家常便饭。一天，知了的同事结婚，领导下午有外事活动，知了走不开，要老婆去，狠不听，知了只好自己去，心里很不舒服，喝得醉醺醺的，领导下午找不到人。到晚上八点多，知了来了，酒还未醒，不但胡说，还吵闹不休。领导忍无可忍，下决心换他。他们又来软的一手，做检查、写保证，这个领导也糊涂，又让他做下去。

狠越来越狠，把女儿当筹码，常威胁老公。这一手很管用，把知了制服得像个"礼拜五"。

他俩不知什么原因，突然混不下去了，去年八月协议离婚。知了很善良，房子、女儿都归狠，但她仍用女儿去跟知了斗，与他赌狠，搞得他心神不安。

前几天，狠把女儿放在汽车副驾驶座位上，开着车子去冲击知了领导住的院子，被值班人员制止，未遂。她又发了疯似的去冲市委大院。保卫人员立即追赶制止，她的汽车横冲直撞，撞倒了值班小屋，车子报废了，女儿受伤了，她也挂了彩。负责保卫的同志和医生既气又恨，但还得先抢救人。知了被通知过来，已吓坏了。组织上只好决定把这个司机换了。

这个领导念旧情，总感到知了还有许多优点，找到像狠这样的女人也可怜，但换司机有必要。知了离开了领导，狠就没有敲诈的对象了。

狠在医院不说话，知道祸闯大了，不好收场，但又一想，老娘一不做、二不休，不算英雄，不算狗熊，也算个蚁雄吧，反正没吃亏。那个自以为聪明的领导，也不过是个“249”，你的司机也不过是我的一个小木偶。老娘还年轻，又有房子，又有工作，工资又高，女儿不要了，再找个男人。有的人名不正、言不顺搞那么多，我再找一个有什么不好？有房子也可以搞合同制婚姻！她越想越得意，慢慢地进入了梦乡，但噩梦一个接着一个，醒来痛苦不堪。

狠伤害了自己，也教育了自己。看到可怜的女儿，就想起善良的知了。经过一段时间激烈的思想斗争，特别是看了电视剧《金婚》之后，又想与知了破镜重圆。最近他们怎么样，不清楚。

峨　　直

峨直家在一个小镇上。据邻居说,他 8 岁开始抽烟,10 岁学会了喝酒,15 岁常逃学,与一些不爱学习的小女孩打打闹闹,什么话都敢讲。看到别人谈情说爱,峨直觉得好玩,到 17 岁已先后谈了六个,甩掉了六个。18 岁那年,到天津做工,与远隔千里、不胖不瘦、不高不矮、在药铺打工的珊珊,相互爱了起来。

峨直腰很长,有经验的人一看便知是懒样。他在柯老伯家帮忙,夏天蚊子多,有时叮他,他也不愿动手去赶、去拍,觉得举手是辛苦活儿。他从食堂打来饭菜,苍蝇绕着菜碗飞,就像他自己养的宠物,泰然处之,决无挥手驱赶之意。不久,他得了疟疾,发高烧,手脚冰凉,上吐下泻,但也不愿上医院,觉得麻烦,盖了几床厚被,在床上哆嗦。柯老伯要他去看医生,他说:“懒得去,睡觉。”后来柯老伯还是把他送到医院去治疗。

峨直的被子已有半年未洗,他也不愿洗澡,常常衣服不脱,就往床上一倒,有时连鞋也不脱。柯老伯说:“你床上被褥太脏了,也该洗一洗,睡觉总要把鞋和衣服脱了吧。”他说:“被子五个月前已洗过,睡觉脱衣服、脱鞋干吗,早上起来还要穿,麻烦!”柯老伯听了直摇头。

柯老伯从小吃了很多苦,尽管当过党委书记,工资也不低,但很节省。峨直想,这个老头,真傻!苹果吃了烂的留好的,留着好的吃烂的。我把你好的水果多吃一些,是对你的关心。峨直吃水果既不洗也不削皮,觉得这样省事。

后来,峨直与一个在这里做工的年轻人住在一起,两个人既不整理床,也不扫地,烟头、酒瓶、纸屑、剩菜丢得到处都是。柯老伯要他们把房间打扫一下,峨直说:“不用了,今天扫了,过几天又会这样!”快到元旦了,两人抓阄,谁抓到谁扫。峨直有些小聪明,两个阄都是“扫”,当然,不聪明的那个上了当。他倒好,往床上一躺,说:“我有深刻体会,站比坐辛苦,坐比躺辛苦。”

柯老伯看到他太懒了,一天做不到五个小时,而且多为磨洋工,气得说不出话来,想换人,但一想都差不多,换谁呢?

前几天,峨直的女朋友珊珊来了。两人谈得很投机,珊珊问他:“你最需要什么?最大的愿望是什么?”他不假思索地说:“最需要女人和钱,最大的愿望是天上掉人民币下来,我躺在床上,你去捡。”她听了大吃一惊,说:“你太懒了,太异想天开了。”他说:“懒人有福,桌上有饭卡,你到食堂去打饭来,我们一起吃。”珊珊没作声,离他而去。大概过了两个小时,他给珊珊打电话:“你怎么还没把饭菜买来?我饿了。”她说:“你自己去买吧,我已上了回家的火车。你最好到殡仪馆去躺着,可以一直躺下去。”峨直听了心想,你不同我结婚也没什么,一个人吃饱了,全家不饿,又省心,又省事……

他进入了梦乡,天上果然掉下来一张张100元的人民币……他笑着一直不肯醒来。这一睡,就到了第二天上午八点,已连续睡了13个小时。他醒后躺在床上,伸了伸懒腰,心想,要是上面掉馅饼,我只需要张口就能吃多好呀!他憋得难受,去洗手间拉了一泡尿,足足放了一公升,自言自语说:“今后尽可能少喝或不喝水,拉尿真累。”

他起床后，柯老伯家的人早已吃过早饭上学或上班去了。峨直对同宿舍的人说："我真不理解，那么勤俭干什么？人生苦短，还不是为了吃，为了舒服！你看，柯老伯家的人真苦，都忙忙碌碌，哪有我们舒服啊。"他吃过鸡蛋面包后，看到年过七旬的老头在搞清洁，白发老太太忙前忙后，突然有所触动，竟然拿了一块脏透了的小抹布去擦桌子，结果是越擦越脏。柯老伯说："你还是去休息吧，莫在这里帮倒忙了！"他居然丢布而去，毫无愧色。

这样的情况，持续了近三年，柯老伯决定换了他。他先是大吃一惊，然后卷了铺盖，默然回到了小镇上，镇里的人给他取了个外号——"懒虫"。

由于峨直懒得出名，重新找工作非常困难。去年，他又交了个女朋友，性格、模样都不错，就是因为嫌他懒，一直与他若即若离。慢慢地，峨直认识到懒人是不受欢迎的，不改没有出路。一天，他鼓起勇气，来到一家皮鞋厂，对老板说，给我三个月试用期，到时你不满意，我自己走人。老板见他说得诚恳，将信将疑地把他留了下来。峨直非常珍惜这次机会，从此像换了一个人似的，做事一丝不苟，经常加班加点。现在，他已经是包装车间的小组长了。

懒人，历史上可能不少。请看《笑林广记》中的《懒活》：有人极懒者，卧而懒起，家人唤之吃饭，复懒应。良久，度其必饥，乃哀恳之。徐曰："懒吃得。"家人曰："不吃便死，如何使得？"复摇首漫应曰："我亦懒活矣。"峨直与《懒活》中的懒人比，可谓小巫见大巫，毕竟他还愿意活着，而且最终变成了一个勤快人。

荒诞的梦

今天上午，绰号“一撇”的大学同学来看老谷，说他做了个比《天方夜谭》还离奇的怪梦：

孔丘邀请嬴政、刘彻、曹操、朱元璋开会，交流治国经验。这些人你望着我，我看着你，绷着脸，一副杀气腾腾的样子。

孔丘对曹操说：“你文韬武略，请先谈。”曹操说：“我以脸厚心黑、翻云覆雨，纵横驰骋于乱世，成功之道是总结借鉴了历史上一切奸雄枭雄的做法，其实也没什么特别的招数。”朱元璋沉不住气，抢过话头说：“我能当皇帝，一是不择手段，二是滥杀功臣，三是搞冤假错案。”嬴政接着说：“老弟们，都干得不错，我善于用人，也很残忍，统一六国要杀，你孔老先生胡说八道的学生要坑，乱政的书要烧，度量衡、文字等都要统一，没有这等气魄，天下怎能为之一统？但我想长生不老，着实无知，竟重用赵高，真是悔青了肠子。”刘彻笑了笑说：“我喜欢打仗，开疆辟土，功劳很大。有人说我的老祖宗刘邦是无赖，可我不是。我穷奢极欲，心狠手辣，繁刑重敛，也算高手。”

大家谈得兴起，你一言我一语，把孔丘晾在一边。嬴政对曹操的奸诈自愧不如。曹操想到朱元璋三次杀了四万五千人，说：“你老弟真能干。”刘彻笑嬴政后代无能，不是刘邦项羽的对手。曹操说：“嬴政、刘彻干得还是不错的。”刘彻此时谦虚起来了，也恭维曹操说：“后世有人说你是个英雄，听说小郭还要为你翻案呢。”曹操乐不可支,笑着对朱元璋说:“有人很重视研究明史,你那些杀人的经验,可能吸收不少,但没有你狠,你还要剥人的皮。”朱元璋听了不知是表扬还是讽刺,便嗔怪曹操说:“你最假,最虚伪,当有实权无帝名的皇帝。你儿子比你实在,实打实地当了皇帝。但你的后代不怎么样,没过多长时间就被司马家族灭了。我大明王朝延续了二百七十六年,你能行吗?”

孔丘闭目倾听,心想,这些家伙都是魔鬼,但又怕得罪他们,况且自己也想当官,到处奔走,推销自己的主张,尽管四处碰壁,惨淡经营,但“圣人”的风范还是不能失的,于是逐一评点起来:“嬴政弟焚书坑儒不好,我也就不计较了,有的杀人比你还多;刘彻是好样的,开拓疆土功劳大,最高兴的是你‘罢黜百家,独尊儒术’;曹操你法儒两术兼用,得心应手,是个非常之人,超世之杰;朱元璋老弟毕竟胸无点墨,不学无术,只知杀人,而且你的子孙,也没有几个好东西。”这四人听了,只有刘彻高兴,曹操也有几分得意,嬴政自知理穷不便发作,唯有朱元璋暴跳如雷,大吼:“孔老二,我杀了你!”这时,突然化了装的赵三闯了进来,大喝一声:“住手,你还杀得不够吗? 还要再加上一个孔老二?”朱元璋吓傻了眼,呆呆地看着他手中的左轮手枪,后面小甲甲也正端着冲锋枪对着他……“霸权和谋略也玩不过高科技啊!”他忍不住也喝了个彩,猛然醒来。

老谷很疑惑,他这个穿越时空又颠倒时空的荒诞的梦,大概是虚构的。反正做梦是他的自由,既不违纪,也不违法。

(2008 年 11 月 18 日记于北京)

一撇的闲

一撇今年63岁，曾当过阳县的副县长，现同儿子住在一起。

一撇退休后，几乎每天闲在家里。家人尊敬他，他认为应该。家人不理解，他觉得不可思议。闲得难受，看到地板上的纸屑，弯下腰去捡，老婆想到他腰痛，斥他“生得贱”。看到凉台上吹来的枯草，拿扫帚去扫，老婆想到他感冒未好，说他“闲得无聊”。

他上过大专，数学比较好，有时想给孙女显一手，谦卑地问：“苗苗，要不要与爷爷交流一下呀?”孩子很干脆地回答：“谢谢爷爷，不用了。”他找儿媳说：“要不要教教苗苗算术啊?”儿媳说：“请了王老师教，苗苗很满意。”他点了一下头，回卧室去了。

一撇想到水往下流的道理。吃饭时，常把自己认为可口的菜，往九岁的苗苗碗里夹。小孙女吃什么、吃多少，喜欢自己做主、自己动手。苗苗有时说，“我自己来”；有时说，“不用了”；有时烦了，撅起小嘴说：“吃菜都没有自由！”更令一撇吃惊的是，前天苗苗的舅舅来了，一撇不停地给客人夹菜，孙女沉不住气说，“爷爷太霸道，舅舅吃菜你还要强迫”。儿子抢着说：“爸，你莫放心里去。我们家民主，都说心里话，也是受你的影响啊。”一撇苦笑了一下，绅士似的说：“放在心里干什么?”他认为给人夹菜是关爱。

一撇同他的老婆万草花是同学，她的绰号叫“三草”。夫妻俩40年风风雨雨、坎坎坷坷、磕磕碰碰，相伴走来，也不容易。他们育有一儿一女。他见到女儿时，总想告诫几句，女儿有时顶一句，“明白了”；有时答一句，“你放心”；有时装着没听见，走开了。有一次令他愕然，她说：“我都38岁了，你还要管，要管到什么时候？爷爷是这样管你的吗？说实话，你真啰唆，听了就烦。”一撇想，女儿直率得过分，即使她是个正处，比我职务高，下级劝诫上级几句，也无不妥吧。于是平和地说：“不是管，是希望你好。”三草早就说过，“小孩长大了，少管好，路靠自己走”；还说：“少用老一套空洞说教，年轻人喜欢自由平等”。她要老伴享受生活，少管闲事。可一撇好像有好管闲事的“职业病”。

儿媳算“外来户口”，对他比较客气。她的能干是出了名的，既聪明又精明。她要办的事，告诉一撇，是要他拥护支持，不是征求意见。可这个老头有时傻乎乎的，讲一些陈词滥调，要么被呛得要死，要么被气得翻白眼，要么恨自己“胡说无道”。自责只知其一，不知其二；只知“雄心勃勃”，不知“雌心勃勃”；只知“雄心壮志”，不知“雌心壮志”。他吃一堑，长一智，琢磨出一句半通不通的话：自己是“半边聪明半边蠢”。

三草是个细心的女人，对“男人征服世界，女人征服男人”这句话，好像生来就懂。她同一撇开玩笑说，他是自己征服的战果。她儿媳既虚心又高明，青出于蓝而胜于蓝，在家更有威信，把爱人调教得“刚柔相济，八卦相荡”，刚起来用牙齿，柔起来用舌头，对她却像个“棉花糖”。

两年前，三草认真地对一撇说：“你把打仗的经历写写，好教育后代。”一撇不情愿，但对老婆的指示，理解的执行，不理解的也执行，并在执行中加深理解。他用了三个多月，把草稿写出来了。三草看了,认为感人,还表扬了几句。她要女婿看看,他随手翻了几页,瞄了几眼,不到几分钟,就把稿子放回茶几上。过了几天,她又要女儿瞧瞧,女儿说,“老皇历,我不看”。三草不高兴地说,“你要记住,苦难是财富,不缺权不缺钱的人,最怕的是寡情缺德”。一撇看在眼里,记在心里,感到老婆的认真,感到代沟的真实,也感到此一时彼一时,甚至怀疑自己已成为秋天的扇子。

一撇闲得无聊,突然想起了“闲”字,觉得自己是躺在门里木床上睡觉、看报、生病、仰卧的老人,腰酸背痛,胡思瞎想。有一次睡着了,梦见绰号素特的同学对他说:“老人寂寞、孤独、无奈……什么‘最美不过夕阳红’,可能是从阿Q那里学来的傻话,也可能是回光返照的悲哀。”他醒来,坐在床上,不去想它。反正自己老了,觉得比孔丘好,不是“夹缝中的人”;比老谷好,不是难做的“二月天”。是什么呢?是一个闲度晚年的老男人。

这小区的老女人们几乎都是家里的“一把手”,每周用三个半天,相约在大明湖畔唱歌跳舞,其乐融融。一撇认为男女平等是社会的巨大进步,服从和支持三草领导,也是思想进步的表现。他不会唱歌,不会跳舞,不会抽烟,不会饮酒,也不会吹牛皮、打扑克、搓麻将,生活单调——“读书看报,吃饭睡觉”。他想单调不等于简单,头脑虽简单,四肢没萎缩,但再下去就更简单了吧。

一撇听人说:“人到七十,有权没权差不多;人到八十,钱多钱少差不多;人到九十,俊俏丑陋差不多;人到一百,活人死人差不多……”他认为这些话概括得并不妥,也不同意,但人老了,越来越闲,恐怕差不了多少。

(2010年5月12日)

给三草的信

三草：

我们结合快半个世纪了，一路走来，共同克服过许多困难，帮助过不少人，养儿育女，感慨良多。近日反复思考，悟出些道理，困难也许是幸福的开始，贫苦也许成为日后的财富，付出当是一种快乐，教育好后代则至关重要。

伟人和成功者通常都能够克艰破难，从不怨天尤人，不愤懑境遇不顺，总是迎着困难前行。正如爱因斯坦说的，通向人类真正的伟大境界的通道只一条苦难之路。

我考虑，要教育后代认清自己的不同之处，然后看是接受它，还是改进它。人的一生不会一帆风顺，要自强不息，厚德载物。我曾多次对你说过，拿破仑是一个矮子，罗斯福是小儿麻痹症患者，贝多芬后来因病成了聋子。这些举世闻名的人物，都克服了常人难以想象的困难。

对忘恩负义之人，不必伤心恼火，如果那样多半是自寻烦恼。前不久，看到罗马帝王马库斯·奥列留在日记中写道："我今天会碰到多言的人、自私的人、以我为中心的人、忘恩负义的人，我也不必惊讶或困扰，因为我还想不出一个没有这些人存在的世界。"这段话讲得多深刻啊！

不知感恩可能是某些人的天性。比如，塞缪尔·莱博维茨在当法官前曾是一位有名的刑事律师，使 78 个罪犯免上电椅，可是没有一个人登门道谢，连圣诞卡也没有收到一张。据说，耶稣基督在一个下午治愈了10个麻风病人，只有一个感谢他，何况我们这些平凡的人呢？亚里士多德曾说，有理想的人会享受助人的快乐。我们也有无数次的体会。莎剧主人翁李尔王喊道："不知感恩的子女比毒蛇的利齿更痛噬人心。"您不必认真，他的话也不一定全对。如果有人不知感恩，也许该怪我们自己。不管如何，自己要先成为感恩的人，永远记住人家对我们的恩情。遇到忘恩负义的人，我曾百思不得其解，有时也愤愤然。现在似乎明白了，抱怨别人不知恩图报，到底怪谁？是不是人性的弱点？

这世界上真正能得到爱的唯一方式，就是不索求，相反，还要不求回报地付出。在这方面有些人做得较好，让我看到了他们未来的希望。

不要追求完美，要教育家人遵纪守法，不可逾越道德底线。一个人能干多大事业，谁也难以预料，但要好学上进，做一个有益于社会的人。

要教育后代处理好家庭关系。家庭是社会的细胞，夫妻恩爱，育子成才，是一个特别重大的问题。家庭成员包括夫妻之间，有时难免发生争吵，这本是生活的一部分，关键是相互理解、相互妥协。要求任何时候都和和睦睦，相敬如宾，既难做到又不现实。要注意经营好家庭，比如女人对生日和纪念日很重视，这是不是她们的天性？许多人不注意细小的事，其实婚姻就是一连串琐事。无礼是侵蚀爱情的祸水，两个人的结合就是互相关心。婚姻需要用理智的心来设计，用关爱的情来滋润，互相体谅，互相配合，相互信任，互解人意。要教育后代慎找伴侣，真诚相待，白头偕老。当然，这只是我们长辈的良好愿望，路靠自己选择，自己去走。

最后，送一句爱因斯坦的名言给您和孩子们：

A=X+Y+Z！A 代表成功，X 代表艰苦的努力，Y 代表好的方法，Z 代表少说空话！

就说这些，供您参考。

一　撇

2009 年 2 月 4 日

少长闲集

为《少长闲集》解释几句

自去年11月初至今年3月底，我住在济南东山小区宿舍里。几位熟悉的同志，周末常来我处闲聊，一起出行时也喜欢讨论问题。为了督促他们学习思考，交流心得，我先后出了12个题目，大家分头做点准备，每次专议一题，七嘴八舌，各抒己见，讨论、争论、辩论，甚为热烈。我们把议论的情况记录下来，并进行了整理。初稿形成后，又作了修改，觉得有点意思，遂决定收入《闲来笔潭》，作为第五部分，取了《少长闲集》的题目。我们中有三十多岁的小何、小刘、小陈，四十几岁的小琥、小高，五十出头的老茅和年过七十的我，说“少长”也可以吧？他们节假日休息，我又是闲人，大家聚在一起敞开思想，议论切磋，用“闲集”也说得通吧？

（2010年3月26日）

名　　声

来泉城住历山之阳已近一周。静心读点东西，与几位常接触的年轻人聊聊，时光过得惬意。我看他们思维活跃，激情洋溢，满怀对改革开放、科学发展、民族复兴的热忱，相互启发，坦诚交流，就说："既然你们打算周末过来，又有兴趣讨论问题，那就每次集中谈一个话题，好不好？"大家点头赞同。我说："今天就谈'名声'。"

老茅先开了口："有人说，追'名'逐'利'是人的本性。名和利都不能算是坏东西，追求它们，也没有什么可耻的。所谓'淡泊名利'，恐怕只是那些为名利所累者的一种托词吧。一个既无名也无利的人，淡泊名利又从何谈起呢？好像现在人们说'名'的少了，谈'利'的多了。觉得名声那玩意儿，值几个钱？能当饭吃？财富、权力等等，才是实实在在的。"

我说："名声应当属于精神范畴的东西吧？虽不能当饭吃，却也很有价值。人都是社会的人，都有名声，只不过有大小之分、好坏之分。名声对一个人、一个家庭、一个单位，乃至一个国家，都至关重要。"

老茅说："确实是这样，汉武帝曾告诫儿子广陵王刘胥，要'以立声誉，为四方所归也'①。骆宾王说：'欲图侥幸于权重之

① 见《史记·三王世家》。

交,养声誉于众多之口,所以杨朱徘徊于岐路,阮籍怵惕于穷途。'[①]苏格拉底把好名声看作是最珍贵的宝石,认为声誉就像火焰,一旦点燃就可以保有,一旦熄灭再点燃就难了。雅典有个著名的'陶片放逐法',在公民大会上,每个公民都可以在陶片上写上那些不受欢迎的人的名字,通过投票表决予以放逐。虽然这个法律有其难以克服的弊病,但说明一个名声不好的人很难在雅典生存。无耻小人往往心怀嫉妒,造谣生事,丑化别人,坏人家的名声,但清者自清,浊者自浊,小人终会被钉上耻辱柱。封建时代奸臣当道,诬陷忠良,虽可得逞一时,终会遗臭万年。'莫道浮云终蔽日,严冬过尽绽春蕾',随着中国在国际舞台上日益展现出一个负责任大国的形象,那些妖魔化中国、丑化中国的不实之词,终将烟消云散。"

小陈问:"人的名声是怎么来的呢?"我答:"人的名声归根结底来自其所作所为。一个人终其一生,所做的事何止千万,其中必有善事,也可能有恶事;有大事,也有小事;有漂亮的事,也可能有糟糕的事。人们评价一个人是好还是坏,聪明还是愚蠢,老实还是狡猾,自律束己还是贪婪无度,有所贡献还是碌碌无为,有益于人民还是虚度年华……这就是名声。评价一个人是很复杂的事情。一时声名鹊起的人,也可能转瞬即逝;一时不被理解的人,也可能流芳后世;一时被批倒批臭的人,也可能名垂青史。'雁过留声,人过留名','政声人去后,民意闲谈时'。好人善人虽未必青史留名,却可博得邻里乡亲的交口称赞;恶人坏人即使能蒙骗一时,却终将露出狐狸尾巴。"

老茅说:"名声也有时代性。封建时代,有的男人三妻四

① 见骆宾王《答员半千书》。

妾，寻花问柳，却对女子讲‘饿死事小，失节事大’，那是骗人的假道学。名声也有过去时、现在时、将来时。人会变，名声也会变，有的会变好，有的会变坏。有的人能够矢志不移，善始善终，赢得一致好评；有的人大半生无过，却晚节不保；有的人一朝醒悟，浪子回头。《晋书·周处传》记载，周处年少时，是家乡的一大祸害，恶名昭彰，后来改过自新，做官刚正不阿，最终捐躯沙场。一个人赢得一时的好名声不难，赢得一世却非常不易。那些一生谨慎、一世英名的人，尤其值得人们倍加尊敬。所以人立于世，必须以积极的态度处世、为人、做事，不仅为自己赢得好名声，也为自己的后代留下好声望。”

我说：“真正的名声，不是沽名钓誉，更不能为名声而名声，而应像马克思那样憎恨由妄自尊大的无能和庸俗带来的虚假名声，‘担当生前事，何计身后评’。”

小陈问：“怎样才能赢得好名声呢？”我答：“坚守人生道德、法纪底线，是赢得好名声的前提。明是非、知荣辱、晓善恶、辨美丑，是做人的根本。比如说，近代中国，内忧外患，军阀混战，各种政治、军事人物纷乱登场，后人对他们的评价褒贬不一，其中一个起码标准就是看卖国、叛国与否。这就是基本的是非观，就是大节。严守人生的底线，是为人处世的道德基石。”

老茅说：“讲诚立信，是赢得好名声的基础。诚信待人，是中华民族的优秀传统之一。孔子云，‘诚者，天之道也；诚之者，人之道也’，‘人而无信，不知其可也’；韩非子曰，‘巧诈不如拙诚’；陶行知先生也曾说过，‘不作假秀才，宁为真白丁’；商鞅变法立木求信，君子一言驷马难追；曾子杀猪；赵氏孤儿……类似的故事和典故不胜枚举。一个人、一个企业、一个单位，如果不守信义，就失去了发展的基础。喊‘狼来了’的小男孩，说到底是被他自己的谎言、不讲诚信的品质吃掉的。‘无诚则有失，无信则招祸’。那些践踏诚信的人也许能得利于一时，但终将自食其果；那些制假售假者，或专营欺蒙诈骗者，往往得手一两次后，便陷入绝境，最终人财两空，甚至锒铛入狱。”

小陈说：“我们年轻人应当通过勤于学习、修身省己，努力赢得好名声。人立于世间，长难过百年，必须只争朝夕，不断学习，提升境界，培养情操，努力工作，严于律己，热诚待人，争取赢得好口碑。我觉得，当干部想提拔，做生意想赚钱，这没什么不正常。关键是通过什么途径得到提拔，采取什么方式赚取利润。如果通过提高素质、增长才干做出成绩，赢得群众的认可，得到组织的重用，周围的人当然信服；如果欺世盗名、沽名钓誉、不择手段，终究会身败名裂。如果坚持科学发展、精于管理、守法经营、勇于创新，扩大市场份额，取得好的效益，当然是合理的回报；如果坑蒙拐骗、假冒伪劣，终究会受到惩罚，付出代价。”

老茅补充说：“真正的好名声是靠实干得来的，图虚名其实是自毁形象。有的人热衷于搞形式主义，甚至弄虚作假、欺上瞒下，最终会害人害己。我们应当摒弃那些只图虚名的杂念，远离那些华而不实的东西。”

我说：“要增强全社会的名声意识，提高文明程度，对干部既要重视培养教育，又要注意监督管理。如果我们的干部都严格要求自己，真正做到为民、务实、清廉；如果全社会的人都看重名声，珍惜名声，努力赢得好名声，社会一定会更加进步，更加和谐，更加生机勃勃。”

（2009年11月7日）

聪　　明

时值周末，老茅等几位同志如约而至。我说："今天谈'聪明'这个话题。人人都想当个聪明人，而郑板桥却感叹聪明难，糊涂难，由聪明而转入糊涂更难。你们说说到底什么是聪明？"大家七嘴八舌，围绕"聪明"这个话题谈论起来。

学统计的小高先开了口："聪明的生理基础是智商。有的人智商高，天生聪明；有的人智商低，生来就比较愚笨。曹冲称象、司马光砸缸、爱迪生的追根问底，都是讲少年聪慧的故事。人们将那些具有卓越想象力、创造力和突出聪明才智的人称为天才。天才式人物的出现，创造性人才的产生，有时确实可遇不可求。当然，旷世奇才是极少数，大多数人的智商相差不大。"

学政治的小陈说："聪明有小聪明、大聪明，真正聪明的人是有大智慧的人。有的人虽然偶尔犯点小糊涂，但大节不亏，关键时候站得住，也属于聪明人。宋太宗说吕端'小事糊涂，大事不糊涂'，他死后，皇后和一些人想废掉太子，吕端毫不迁就退让，驳斥了皇后等人的无理要求。新君举行登基大典，吕端请求卷起帘子，看清御座上确实是太子，才率领群臣下拜。他为官四十年，几乎没有受到什么冲击，这种经历在封建王朝中实不多见。'吕端大事不糊涂'是对大智若愚者的最高评价。"

爱好红学的小琥接茬说："中国历史上斗智斗勇的故事汗牛充栋，且不说三十六计，光一部《三国演义》就有说不尽的聪明智慧。《红楼梦》里面的许多情节，从赛诗猜谜到说爱谈情，也表现了众多人物的聪明。”老茅说：“《孙子兵法》也好，《三国演义》也好，虽然描写了大量的聪明机巧，却是以讲‘术’为主的，充满各种阴险狡诈的计谋。像什么‘借刀杀人’、‘暗度陈仓’、‘偷梁换柱’、‘瞒天过海’等等，说的都是计谋。《红楼梦》里面描绘的妻妾丫环钩心斗角的‘术’也不少。”

学文的小李说：“聪明的反面是愚蠢，聪明反被聪明误的例子也不少。比如邯郸学步，有人听说邯郸人走路姿态优雅，专门跑去学习，结果连自己怎么走路都忘了，只好爬着回去。《三国演义》里的蒋干，自作聪明偷了周瑜的‘信’，中了人家的反间计，没办成事，反而坏了曹操的大事。”

学历史的小何说：“东施效颦的寓言故事，也是讽刺愚蠢的。东施本来容貌就丑，又皱起眉头；体形佝偻，又捂着胸，更显得难看。表现聪明也要看场合和对象，不能卖弄。三国时的杨修有才学，善领悟，但吃了卖弄聪明的亏，结果招来了杀身之祸。《红楼梦》里的王熙凤也很典型，她‘机关算尽太聪明，反误了卿卿性命’。”

小陈说：“安徒生童话《皇帝的新装》中，一个一眼就可看穿的骗局，竟然畅行无阻，最终演出一场荒唐的闹剧。只有那个天真烂漫的孩子说出了真相，太有讽刺意义了！这个童话又让我想起苏格拉底，他被雅典德尔菲神庙的神谕认为是世上最有智慧的人，理由是只有他承认自己无知，而其他人却总是炫耀自己聪明，可见有自知之明的人才是聪明人。”

学法律的小刘快人快语：“出于公心，有所贡献，也算是聪明。我在庐山秀峰的聪明泉旁看到黄庭坚题写的‘聪明’二字与众不同。‘聪’字右边由公、心两字组成，‘明’字由目、月两字组成,大概除耳聪目明外,还得公心为人。精于算计一己之私利的人,会把自己也算进去;出于公心作出贡献的人,其聪明才智自会有公论。钱学森、李四光、华罗庚等献身国家的科学事业,彪炳史册。有大聪明、大智慧的人,必有坚定的理想信念和坚忍的意志品质。”

小高拿着一份报纸说:“英国一位研究人种智商的学者得出结论,说中国、日本、朝鲜等东亚人的平均智商最高,平均值达到105。既然东亚人智商更高、更聪明,那为什么近代以来西方人的发明创造胜过东方人呢?”

小何说:“这个结论不知道是不是科学可信,东方人和西方人的智商应该不会有太大的差别。但东西方文化有差别,思维方式有差别,就整体创造力而言,也有东方智慧与西方智慧之别。其实,老子、孔子、孟子、墨子、荀子、庄子等先秦诸子的思想都充满智慧,只是罢黜百家、独尊儒术之后,百家争鸣的局面沉寂下来,思想趋于一统,创新能力受到抑制。特别是墨子的思想没有得到传承光大,非常可惜。孙中山、毛泽东对墨子的评价很高。《墨经》中包含了丰富的力学、光学、几何学、工程技术知识和现代物理、数学的基本要素。墨子的兼爱思想,对我们的和谐社会建设也有现实意义。日本著名学者渡边卓说,‘墨子不畏动乱的时势,通过自身的活动,不惜粉身碎骨,倡导博爱、平等与和平’,认为他不仅是大思想家,而且是大科学家,在科学史上的贡献可与古代希腊的一些大思想家、科学家相比。李约瑟认为,墨子关于光学的研究比希腊为早,印度亦不能比拟,在几何、力学和时空观方面的学识,堪比欧几里得、阿基米德和亚里士多德。蔡元培先生曾经痛心疾首地说,墨学中断使中国科学不得发达。这是很有些道理的。”

小刘说："另外，维系两千多年的封建社会基本上是靠人治，荀子的思想未能传承发扬，法家的严刑峻法缺乏民意基础，只是用来管治老百姓的。若是没有公众舆论支持，法律是丝毫没有力量的。改革开放以来，我们在民主法治建设上有了很大的进步，还要进一步发展民主，健全法制，维护和促进社会的公平正义。"

小陈说："我们中华民族有值得骄傲与自豪的历史，曾经是世界上最发达的国家。然而，西方从文艺复兴运动以后，接连发生了政治革命、工业革命和社会革命，激活了社会肌体的活力，开发了人们的创造潜能，使社会发展的步伐骤然加速，在二三百年的时间里，实现了工业化和现代化。在世界范围的大变革面前，自明朝武宗（1506 年继位）以下的封建统治者，未能审时度势，顺世界潮流而动，而是闭关锁国，禁锢思想，鄙视科技，安于现状，其结果也就不言而喻了。"

我插话说："对'高贵者最愚蠢，卑贱者最聪明'这句话，你们怎么理解？"小陈说："两千多年前的曹刿就有'肉食者鄙，未能远谋'的话，说明高贵者有时候并不比普通人聪明。毛泽东以此立论，是要说明人民群众创造历史这个历史唯物主义观点。现在有少数领导干部群众观念淡薄，自以为高贵，自以为聪明。其实，高贵与低贱、聪明与愚蠢是会转换的。为什么许多人生的悲剧多是'高贵的人'、'聪明的人'犯下的呢？聪明过了头就会走向反面。志得意满不能冲昏头脑，一帆风顺不能忘乎所以；举步维艰更需坚定信心，潮头浪尖应知急流勇退。我看不少人有时聪明，有时糊涂，聪明的人大事不糊涂，关键时刻不糊涂。有些领导干部本来表现不错，有的甚至勤勤恳恳工作了几十年，但由于一时未能把握住自己，结果锒铛入狱。正印证了拿破仑一句话，‘从伟人到滑稽小丑也只有一步之遥’。”

小高又说：“我最近看到英国心理学家的研究报告，在平均智力水平方面，男女并无明显差别。我国历史上女人地位低，但聪明的女人很多。比如，孟母三迁、岳母刺字、陶母责子等等，不胜枚举。武则天当政期间，表现了卓越的才干，在纳谏和用人方面，连许多持封建正统思想的人，也为之赞叹不已，但她也曾任用酷吏，滥杀无辜，奢侈浪费。她料想后人对自己毁誉不一，立了个无字碑，功过是非任人评说，是个有创意的聪明之举。”

吃饭时间已到，我说：“你们讲的都有道理。聪明的一个重要属性是知识属性。恩格斯认为马克思写的《路易·波拿巴的雾月十八日》一书是‘一部天才的著作’，赞扬马克思对刚刚发生的事变的卓越理解和透彻洞察。他紧接着强调，要做到这一点，就需要像马克思那样深知法国历史，不仅要研究法国过去的历史，还要考察法国当前历史的一切细节。马克思学说的形成是依靠了人类在资本主义制度下所获得的全部知识的坚固基础。当然，知识必须与实际相结合，革命领袖的理论才能，除了他们的天才条件之外，主要是他们亲自参加了社会实践。没有这后一个条件，任何天才也是不能成功的。你们谈了这么多聪明的话题，要联系自己的实际，严于律己，勤于学习，善于思考，厚积薄发，争取做个聪明人。”

（2009年11月14日）

灯　　笼

近十天，我先后到了德州、聊城、菏泽和济宁。所到之处，看到不少地方挂着大红灯笼，格外赏心悦目。特别是晚上观夜景，看到有的在门庭上悬硕大的红灯笼，有的在廊道一侧挂一串灯笼，有的在大门两侧各吊一个灯笼。灯笼上面有的写着"吉祥"、"和谐"、"太平盛世"、"科学发展"等字样，有的画着龙、虎、松鹤、花鸟、如意童子、招财进宝等传统图案，体现了挂灯者的愉悦心情，寄托了对生活的美好憧憬。我说："出去这些天，一路看到许多灯笼，今天就说说'灯笼'这个话题，你们谁知道灯笼的来历？"

小陈跟上说："灯笼大概起源于1800多年前的汉朝，每年正月十五元宵节前后，人们挂起红灯笼喻义团圆，营造欢快氛围。后来，灯笼就成了中国人喜庆的象征。现在日子过好了，面貌一新了，心情舒畅了，天天像过节，所以走到哪里都会看到红灯笼。我听到过一个关于灯笼的民间故事，相传当年诸葛孔明被司马懿围困于平阳，无法派人出城求救，他观察好风向，算准距离，制成随风飘动的纸灯笼，系上求救讯息，后果然救兵接信赶来，得以脱险，后人就称这种灯笼为孔明灯。灯笼是不是诸葛亮的发明，我没考究过，但用来传递信息，却是可能的。"

老茅想了想说："过去灯笼还可作为身份的标识。记得《儒林外史》'娄公子捐金赎朋友，刘守备冒姓打船家'一回中有刘守备的家丁冒打娄相府和通政司大堂灯笼的情节。说是娄四公子在月色中的小船上看见上流一只大船，明晃晃点着两对大高灯，一对灯上写的是‘相府’，一对是‘通政司大堂’。船上站着几个如狼似虎的人，手拿鞭子，打那个挤河路的船，还骂得难以入耳。其实，他们是冒娄家的名，被戳破后，奴才相丑态百出，被娄三公子斥责：借个官衔灯笼无妨，但在河道里行凶打人，却使不得。《桃花扇》第四回‘端阳节社友闹榭，灯船会阮奸避踪’中有一段写南京端阳节的风俗。这一天绅士商贾俱驾船游玩，吹拉弹唱。陈定生说，我们今日雅集，恐有俗人闯入，便叫小孩拿来一个灯笼，提笔写上‘复社会文，闲人免进’，挂在水榭之前，然后才坐下饮酒。”

小陈沉思了一下说：“我对《红楼梦》中一处有关灯笼的情节印象很深。有一次贾宝玉看望林黛玉后刚要返回，黛玉听说他用的是明瓦的灯笼，回手从书架上把玻璃绣球灯拿下来，要丫环点了一支小蜡烛，给宝玉照路。”

老茅感叹：“有关灯笼的歇后语也有不少。‘白天打灯笼——白搭’和‘瞎子打灯笼——看不到前程’，这两个歇后语就有点儿意思。”

我说：“这两个歇后语，意思很直白，但也另有解释。古希腊有位哲学家叫第欧根尼①，是个苦行主义的身体力行者，立志要揭穿世间一切伪善，义无反顾地追求真正的德行，追求从物欲之下解放出来的心灵自由。他愤世嫉俗，白天打着灯笼在街上寻找诚实的人。法国大文豪巴尔扎克《论体面的女人》一文中说，‘如果在国内寻找体面的女人，就必须像第欧根尼那样，打

① 第欧根尼（公元前413—前327年），希腊哲学家，鄙视社会财富及社会习俗，栖身于木桶之中，曾于白昼提灯，穿行雅典闹市，有问之者，答曰：“吾欲觅诚实之人。”

着灯笼，在她们中间仔细寻觅’。第欧根尼的哲学思想为古希腊崇尚简朴的生活理想奠定了基础，但也似太偏激！而巴尔扎克这样寻找‘体面的女人’，虽具讽刺意味，也不尽妥，古今中外，恐怕体面的女人还是大多数。”

小陈说：“大家记得刘伯坚烈士吧。他对那些无恶不作、仗势欺人的团总恨之入骨，为了表达愤怒，大白天打着灯笼上街，喻示世道黑暗，白天如同黑夜，只有打着灯笼才能见到点光亮！‘九一八’事变后，爱国将领冯玉祥多次向蒋介石进言停止内战、一致抗日，没有回应。有一天，他大白天打着灯笼进了蒋的住宅。蒋说：‘哎哟，你大白天来我这儿，怎么还打灯笼？’冯将军说：‘我看周围黑暗呀，太黑暗！不打灯笼找不着道。’这白天打灯笼，是讽刺鞭挞旧社会的黑暗，不是白搭！至于瞎子打灯笼，确实照不了自己的前程，但却可以帮别人照路，这样既能帮人又可护己，怎么是‘看不到前程’呢？”

我说：“当然，现在灯笼已很少用来照明，更多的是用来烘托节日的气氛。‘十万人家火烛光，门门开处见红妆’①，改革开放以来，经济发展，社会进步，群众安居乐业，处处高悬的大红灯笼就是国家兴旺、人民幸福的最好明证。灯笼还启示我们，做人要诚实，做事要光明磊落，心里要亮堂！”

（2009年12月19日）

---

① 见唐代张萧远《观灯》，全诗为：十万人家火烛光，门门开处见红妆。歌钟喧夜更漏暗，罗绮满街尘土香。星宿别从天畔出，莲花不向水中芳。宝钗骤马多遗落，依旧明朝在路傍。

面　具

新年相聚,格外高兴,客厅里暖意融融,气氛格外活跃。我说:“老茅告诉我最近读了大仲马的《铁假面具》、契诃夫的《变色龙》、爱伦·坡的《红死病的假面具》和人类学家克洛德·列维-斯特劳斯的《面具之道》①,还看了一些心理学方面的东西,有些感触。今天咱们聊聊‘面具’这个话题怎么样?”

小何抢先说:“目前所知的最古老的苏美尔面具已经有五千多年的历史。最早使用应该是在原始舞蹈、祀神等宗教活动中,戏剧的形成与此类活动有关,因而面具也就进入了戏剧。据说古希腊戏剧中使用面具是由忒斯庇斯首创的,后来埃斯库罗斯又作了改进。这些面具一般用亚麻或轻质木料做成,再饰以彩绘,形象生动。威尼斯的面具文化在欧洲文明中独具一格,据说18世纪之前,威尼斯居民外出,不论男女,都要戴上面具,披上斗篷,一年中的大部分时间戴着面具工作和生活。至于10余天的嘉年华狂欢节和40天的四旬斋更是面具不离身。”

老茅说:“西方文学中有关面具的描写很多。英国诗人拜伦的诗里就有这样的描述,‘忘不了威尼斯曾有的风采,欢愉最

① 克洛德·列维-斯特劳斯是法国著名的社会人类学家,人类学创始人。其著作《面具之道》研究了北美印第安人部落流传的各种有关面具的互不相同而又彼此相通的神话,并通过对面具形制的研究,对这些神话间的关联进行了比较,从而对印第安人传统和社会作出了自己的解释。

盛的乐土,人们最畅的酣饮,意大利至尊的化装舞会’。大仲马的《铁假面具》,写了戴‘铁假面具’的囚犯——国王路易十四的孪生弟弟,被两个剑客换成了路易十四本人。在硬汉剑客达太安的帮助下,终于揭开了冒牌国王的真面目,故事情节曲折离奇。契诃夫的《变色龙》塑造的小警官奥楚蔑洛夫,是一个阿谀权贵、看风使舵的奴才。作者通过让他几次变脸,活脱脱勾勒出一个沙皇鹰犬的丑恶嘴脸。果戈理则坦然自白‘对魔鬼就直呼其为魔鬼,决不仿效拜伦给之穿上华丽的衣着’。美国诗人惠特曼有这样的诗句,‘一个面具,一个她自己的永久而自然的伪装者;掩蔽着她的面孔,掩蔽着她的形态;每时每刻都在变化,更改;即使她睡着了,也不让她自在’。”

小高说:“其实,我们中国的面具文化也很悠久、很丰富,据史书记载,古代打仗有时戴面具上阵,既能抵挡刀枪,又可增加威严,吓唬敌人。我喜欢京剧,京剧脸谱可能也来自面具吧?把戏曲里的人物按不同的行当化妆,使其各具特定的谱式和色彩,以突出人物的性格特征。红色表示忠勇,如关羽、姜维;黑色表示刚烈、正直甚至鲁莽,如包拯、张飞;黄色表示彪悍、阴险、凶狠残暴,如庞涓、宇文成都;蓝色或绿色表示刚强骁勇、粗犷、桀骜不驯,如程咬金、公孙胜等;白色一般象征阴险狡诈,如曹操、秦桧等。观众目视外表,就能窥其内心,真是我们的国粹。”

小刘说:“我喜欢看川剧,演员根据剧情的需要,在极短的时间内,一抬手一拂袖一甩头,变换出不同的脸谱,表现人物的情绪、神态、心态的突然变化,如惊恐、绝望、愤怒、阴险等等。那真叫一个绝!《三国演义》中的一些人物,如刘备、曹操、孙权等,都很会表演,善于‘戴面具’。诸葛亮哭周瑜假戏演得很逼真。”

我说："你们都比较注意学习，也肯动脑筋。我想，面具既有有形的，也有无形的；有给自己戴的，也有给别人戴的，有既给自己戴也给别人戴的。面具作为一种文化现象比较复杂。"

老茅说："有形的面具比如电焊工和击剑者的面罩，起保护作用，必不可少；出庭作证的证人、特殊任务执行者，还有中了大奖的人，有时也戴上面罩，以免被人认出来。关于无形面具，瑞士心理学家荣格提出的人格面具概念，比较有代表性。他认为人格是由'面具'构成的，一个面具就是人格的一个侧面；人在不同的场合使用不同的面具，而且无时无刻不戴着面具；生活就是一场化装晚会，每个人角色不同，面具也不同。一些人为了在社会上生存，戴上人格面具是必需的。如果完全摘掉面具，可能为周围所不容。看来，荣格的理论有些道理，人是这个世界上最聪明的，却并非人人都真诚。"

小高说："也有一些人是被迫使用面具，或者为了达到不可告人的目的而频繁变换面具。记得笛卡儿说过，'正如喜剧演员刻意遮盖脸上的赧色，便以角色的服装为遮盖，同样，当我登上至今我一直以观众的身份出现的世界舞台的时候，我戴上面具行走'。我理解这是因为笛卡儿在宗教权威的背景下追求革命的理性精神，要信仰上帝，又要探求真理，信仰与理性发生冲突，只好强迫自己戴上面具。用假面掩盖不可告人目的者不少，那些敌对势力头目就很典型。这些人虽善于表演，但终究会被戳穿，让世人看清他们的本来面目。马克思在《路易·波拿巴的雾月十八日》中写道，波拿巴的所作所为，'戴上了路易—菲力浦时期报刊的责任发行人戴的谦虚的性格面具，即代理人戴的面具。现在他把面具丢掉了，因为这个面具已不是一块使他能够隐藏自己面容的薄纱，而是已变成一个妨碍他显示出自己的本来面目的铁制面具了’。这是对资产阶级政客的深刻揭露和批判。荣格把这种现象称为人格面具的过度膨胀。现在社会上有一种‘双面人’，满口仁义道德，一肚子男盗女娼，坑蒙拐骗，不以为耻，反以为荣。”

我说：“看来人格面具是人的生存必需，同时又受社会的影响。不同民族集体人格面具也不同。中国封建时代的统治者，推行愚民政策，竭力把劳动人民驯化成统治者所希望的那种逆来顺受的人格。长期封建社会的压抑，损害了中国人的健全人格，也损害了民族创造力。积淀在一个民族全体成员心理最深层、代代相传的无数同类型经验，被心理学家称为集体无意识。近代以来，无数中国人为了民族解放奋斗牺牲的英雄事迹，改革开放以后，中国人以崭新的精神面貌投身民族复兴的伟大壮举，都在改变着集体无意识。”

（2010 年 1 月 2 日初稿
2010 年 3 月 11 日修改）

选择

今天是新年假期过后的第一个周末，大家落座后，我问："上周说过要讨论'选择'这个话题，大家考虑得怎么样了？这次换换方式，请一位同志主讲，我们边听边议。"

小何掏出笔记本，认真地讲起来："先从自然选择说起吧。自然选择是生物进化的关键，达尔文学说的核心内容，就是'物竞天择、适者生存'。物种通过一代一代生存环境的选择和变异，其性状逐渐区别于原来的祖先，产生了新的物种，形成了生物界的多样性。现代生物进化理论，进一步丰富和发展了达尔文的学说。研究发现，生物进化的实质是种群基因频率的改变，种群通过突变和基因重组、自然选择及隔离这三个基本环节的综合作用产生分化，最终产生新的物种。选择无时无处不在，大到自然界、人类社会，小到生命个体，都面临选择。个体的一生需要不断作出选择，人生最困难的事大概也就是选择。正因为人生的选择各有不同，才使社会变得丰富多彩。从某种意义上说，人与人之间最重要的差别也许是对人生道路选择的差别。伟人之所以伟大，首先是因为他们选择了伟大的事业，顺应了时代发展的潮流。一些人有所作为，也与他们的独特选择密切相关。鲁迅选择弃医从文，成为文学巨匠；盖茨选择从哈佛退学，开辟了个人电脑的新时代。"

我插话说："选择很普遍、很重要，有主动有被动，有大事有小事,有长远有当前,有不变有可变,等等。小事选错了容易弥补和挽回,但人生大事选错了,就很被动,甚至悔恨终生。如果一个单位,一个地区,乃至一个国家,作出了错误的选择,制定了错误的决策,就会带来重大损失,造成历史性的错误,甚至使国家陷入灾难。”

小刘接着说:“许多名人对选择有深刻阐述。孟子讲过舍生取义的道理。美国哲学家丁格说,‘命运不是机遇,而是选择’。美国历史学家保罗·肯尼迪说,统治就是选择,这是17、18世纪法国外交官留下的具有讽刺意味的名言。[①] 诺贝尔说过,有什么样的选择,就有什么样的人生。中国有句俗话,男怕选错行,女怕嫁错郎。站在人生岔路口的时候,想作出明智的选择,不是件容易的事。选择需要智慧,关键的选择,一旦选错,很难有机会重新选择。”

老茅说:“你说得不全面,多数的选择不是一锤定音,也是能够矫正的。吃一堑长一智,允许犯错误也允许改正错误嘛!科学研究中的探索,可能成功,也可能不成功,即使是失败的探索,也并不是完全没有价值的。”小刘说:“我讲的是关键的选择。我认为,选择积极、努力、向上,就会越来越好;选择消极、被动、颓废,就会越来越糟。”老茅感叹说:“说起来容易做起来难,有时候人会陷入两难,面临痛苦和无奈。快速、果断作选择,担心操之过急、判断失误;慎重、沉稳作选择,又怕错失良机、追悔莫及。因为事情千变万化,往往令人左右为难。有些选择还需考虑机会成本,比如股市涨落难以判断,往往令炒股者无所

---

① 见耶鲁大学历史学教授保罗·肯尼迪发表在英国《金融时报》上的文章《给奥巴马上一堂历史课》。

适从。”

小何接着讲：“刚才，我们说了人生的选择，现在谈社会选择。中国选择马克思主义，选择社会主义制度，是历史的选择。近代以来，无数仁人志士面对民族危亡苦苦思索，寻求救国救民的真理。从19世纪末到20世纪初，出现了各种各样的救国主张和社会思潮，马克思主义为中国先进知识分子所接受，并与中国革命的实际相结合，产生了中国共产党。中国人民在党的领导下，实现了民族独立、人民解放。新中国成立之初，我国是一个十分贫穷落后的农业国，生产力水平很低。在这样的经济基础上建设社会主义，实现工业化和现代化，其艰难程度超乎想象。从农业社会向工业社会转变，曾经有两条路可供选择，一条是市场经济的路，这是世界上已经实现工业化的国家所走过的路；另一条是计划经济的路，这是以苏联为代表的十几个国家所走的路。中国的工业化、现代化道路是曲折的，经历了不少艰辛、动荡、摇摆、折腾与反复，既有山重水复的困惑，也有柳暗花明的转机。”

小刘说：“我觉得新中国成立初期学苏联，搞计划经济，是国际国内的环境条件所决定的，也是历史的选择。当时，高度集中的计划经济，对国民经济的迅速恢复和发展，还是起了重要作用的。虽然计划经济后来暴露出越来越严重的弊端，必须进行改革，但完全没有行政干预也是不行的。这次国际金融危机说明完全放任的自由经济也会出大问题，必要的政府干预也很必要。邓小平的伟大正在于此。他总结国内外的经验教训，探索了什么是社会主义、怎样建设社会主义这个重大课题。”

小高说：“战略选择非常重要，我在经济部门工作，深知企业的战略选择必须以市场为导向，以科技为先导，靠大量消耗资源和廉价劳动力来支撑发展是难以为继的。经济体制和经济增长方式的转变,更带有根本性。只有坚持科学发展,提高经济增长的质量,提高核心竞争能力,才有出路。重要的是科学地选择新兴战略性产业,选对了就有利于又好又快发展。比如,可再生能源技术、节能减排技术、清洁煤技术及核能技术等。应当加快构建以低碳排放为特征的工业、建筑、交通体系,加快微电子和光电子、新型功能、高性能结构等新材料领域的科技攻关,运用生命科学推动农业和医药产业发展,加强海岸带可持续发展研究,促进海洋资源合理开发和海洋产业发展。"

老茅补充说:"不仅经济建设需要战略选择,政治、文化、社会建设,同样需要战略选择。社会发展越来越呈现出多样化的发展趋势,执政党的战略选择面临新的形势。由于经济成分、所有制结构、分配方式、就业形式的多样化,人们思想活动的独立性、选择性、多变性、差异性增强,民主、平等、竞争、效率、创新、法治等意识日益浓厚。如何处理好市场经济与宏观调控的关系,发展民主与维护稳定的关系,意识形态领域的多元存在与一元主导的关系,创造一种更加宽松和充满活力的环境,为人民群众提供更多选择的权利和机会,是构建和谐社会的一个重大而紧迫的课题。"

我说:"我们的理想信念是矢志不渝的选择,那就是建设富强、民主、文明、和谐的现代化国家,实现中华民族的伟大复兴。事物是变化的,社会是发展的,我们要根据新的形势,不断分析新情况,解决新问题。'我们选择一种能够对人类作最大贡献的职业,那么,我们就不会感到负担太重,因为这是为一切人而牺牲。'①"

① 见马克思《论青年选择职业》。

小何接着讲:“选择是有道德和是非标准的,价值判断非常重要。我欣赏德国诗人克洛普斯托克的话:我决不选择任何其他国家作为我的祖国,即使我有这种选择的极大的自由。历史上轻生死、重大义的选择不少。苏格拉底在雅典被以蛊惑青年罪判处死刑,本来可以选择逃走,但他坚守为法律献身的精神,选择了从容赴死。西汉霍去病屡立战功,汉武帝下令为他建造府第,他谢绝了,豪壮地说,‘匈奴未灭,何以家为’,选择继续为国尽忠。”

小陈说:“是啊,选择也有高尚与卑下之分,仁人志士、英雄模范,为了理想信念,为了国家和人民的利益,作出牺牲自己的选择。从建党到新中国成立28年的历程中,牺牲的有名可查的党员烈士就有370余万人,比新中国成立时的党员总数还要多。彭湃烈士变卖家产投身革命,白求恩不远万里来到中国,都是义无反顾地选择了献身人民解放事业。在发展社会主义市场经济的条件下,更需要增强全社会的法律意识、奉献意识,加强社会公德、职业道德、家庭美德教育,引导公民作出正确的价值判断和选择。如果价值观混乱,诚信缺失,经济社会就不可能健康发展。”

小何说:“作出正确的选择,要考虑理想与现实、需要与可能、内因与外因、有利条件与不利因素,透过表象,抓住本质,作出实事求是的选择。面对人生的选择,要抓住机遇,果敢决断,只要选择了,就应该无怨无悔。”

小陈插话:“我认为,‘中庸之道’有点儿价值,不能走极端,审慎、冷静才能作出好的选择。在选择时,应当避免先入为主的思维定式,避免感情用事,避免主观倾向影响对客观事实的判断。人的判断力、选择力的高低与经验丰富与否、学识渊博与否有关。西方有一则寓言,说的是一个年轻人向一个年长的智者请教智慧的秘诀。年轻人问:智慧从哪里来?智者说:正确的选择。年轻人又问:正确的选择从哪里来?智者说:经验。年轻人进一步追问:经验从哪里来?智者说:错误的选择。当拿不定主意如何选择时,应注意征求别人的意见,特别是征求有经验的人的意见。”

小刘说:“信心对于选择也很重要。有的人喜欢吃‘后悔药’,事先不通盘考虑,事后追悔莫及;有的人本来自己作出的是客观、正确的选择,听到别人议论就摇摆不定;还有的人患得患失的心思过重,一味犹豫彷徨,结果失去主动作出选择的时机。”

老茅说:“选择就是审时度势,扬长避短,有时候勇于放弃也能表现一个人的智慧和勇气。古人云:塞翁失马,焉知非福!春秋时期的范蠡,帮助勾践复国复仇,功成身退;明朝的王鏊,官至文渊阁大学士,急流勇退。泰戈尔说过:当鸟翼系上黄金时,就飞不远了。学会放弃才能卸下人生的种种包袱,轻装前行,作出新的选择。”

我看时间差不多了,就说:“今天讨论得很热烈,也比较深入,都动了脑子。希望你们把握好今后的人生道路,尽可能作出好的选择,恒久地坚持,实现人生的价值。”

(2010年1月9日)

泰 山 精 神

我多次到过泰山，今日又住泰山脚下，隔窗眺望泰岱之巅，有些感慨，对随行的几位说："泰山的海拔高度在五岳中次于华山、恒山，为什么成为声名赫赫的'五岳独尊'呢？我觉得泰山之尊，在其文化，在其精神，在其风骨。今天我们议议'泰山精神'。"

小琥兴奋地说："我在泰安工作的这几年，也注意积累了一些有关泰山的知识。刚到泰安时，李洪峰市长就对我讲：'泰山不仅自然风光雄奇壮美，更有深厚的文化内涵和独特的精神气质。泰山的地理特征和自然风貌与中国人的意志、追求、性格相契合，在我们的心目中折射、感悟、积淀为精神元素。'我想，这大概就是恩格斯所说的'自然力的人格化'。泰山崛起于华北平原东部，东临波澜壮阔的大海，西靠源远流长的黄河，与周围平原、丘陵的地势有1300米的相对高差，形成了强烈的对比，因而在视觉上显得格外高大，有'东天一柱'和'一览众山小'的高旷气势。泰山盘卧426平方公里，基础宽大产生安稳感，形体庞大而集中产生厚重感，大有'镇坤维而不摇'的威仪。所谓'稳如泰山'、'重如泰山'，正是它的自然特征在人们心理上的反映。因此，从古至今人们总把泰山作为一个高尚、坚毅、稳重、壮美的形象加以热情歌颂。泰山现存古遗址近百处，古建筑群二十多处，岱庙的天贶殿被称为'中国三大宫殿'之一。泰山石刻碑碣两千多处，是中国所有名山中最多、保存最完好的。从《诗经》的‘泰山岩岩，鲁邦所瞻’、孔子的‘登泰山而小天下’开始，历代名人不断注入登临泰山、歌咏泰山、寄情言志、抒发情怀的文化因素。这些因素逐渐丰富、演变成为中华民族的文化心理和精神气质。”

小何说：“我是河南人，对中岳嵩山了解得多一些，对泰山也很仰慕。司马迁在《报任安书》中写道，‘人固有一死，或重于泰山，或轻于鸿毛’。东方朔认为，泰山吞西华，压南衡，驾中嵩，轶北恒，为群山之最。《新唐书·韩愈传赞》中誉韩愈‘自愈之没，其言大行，学者仰之如泰山北斗云’。自此便把有大声望的人喻为‘泰山北斗’。不过，在泰山人格化的过程中，也曾有浓重的神化、迷信色彩。六朝任昉《述异记》载，秦汉时，民间传说盘古氏死后，头为东岳，腹为中岳，左臂为南岳，右臂为北岳，足为西岳。盘古头向东方，化为东岳，泰山自然就成为五岳之首了。这显然是根据‘五行’、‘五德’学说创作的神话故事。因为旭日东升，古人即认为东方是万物交替、初春发生的地方。东方按‘五行’为木，‘五常’为仁，‘四时’为春，在《周易》八卦中属震，在‘二十八星宿’中为苍龙。泰山由此被誉为吉祥之山、神灵之宅、紫气之源、万物之所。帝王更把泰山看成是国家统一和君权神授的象征。不少帝王为答谢天恩，到泰山封神祭祀。商周时期，商王相土在泰山脚下建东都，周天子以泰山为界建齐鲁。传说秦汉以前，就有 72 个君王到泰山封禅，此后秦始皇、秦二世、汉武帝、汉光武帝、汉章帝、汉安帝、隋文帝、唐高宗、唐玄宗、宋真宗、清帝康熙和乾隆等都曾到泰山封禅致祭，刻石纪功。历代帝王欲借泰山的神威巩固自己的统治，使泰山的神圣地位被抬高到了无以复加的程度。”

老茅说："民间同样对泰山有许多神化和迷信。我的家乡聊城一带至今流传着'吃了泰山灵芝草，返老还童人不老'的谚语。许多人千里迢迢来泰山烧香拜神，拴绳压枝，求生贵子，甚至有愚信农妇从泰山挖一小块石头碾成粉末，做中药引子吞服治病。"

我听了几位的议论后说："我们谈泰山文化、议泰山精神，要用科学的世界观和方法论温故知新，汲取精华，继往开来，弘扬泰山文化的优秀传统。你们可再作点分析。"

小琥说："有人总结过，说泰山精神是'正气苍茫，浩然屹立'的崇高品格，是'万物包容'的博大胸怀，是'一览众山小'的豪迈气概，是'负重致远、脚踏实地'的挑夫精神，是'栉风沐雨、本色不改'的青松品质，是'登高望远、山外有山'的创新意识。"

老茅说："我更倾向于认为，泰山文化最重要的内涵是'国泰民安'的民本精神。'泰山安则四海皆安'。泰安因泰山而得名，泰山以'国泰民安'的喻义而凝重。国泰民安不是靠泰山保佑，更不是靠敬天祈福。爱民、为民、富民、安民，国家才能安定，社会才能和谐。历代帝王来泰山封禅的不少，而唐太宗李世民就听从魏徵的建议没做这件事。贞观之初，朝中一些大臣为讨好唐太宗，表奏封禅。这一建议遭到魏徵的极力反对，他认为皇帝封禅，会加重人民的负担。太宗听从了魏徵的建议，打消了封禅泰山的念头。贞观六年，文武百官又以初平突厥、连年丰收为由，重提封禅泰山之事，唐太宗说，我只想天下太平，老百姓能家给人足。如果老百姓衣食不足，国家不富，边疆不宁，即使到泰山封禅，与残暴的夏桀、商纣又有什么不同呢？秦始皇及秦二世自认为天下一统，功高盖世，登封泰山，劳民伤财，也没保住江山。汉文帝躬行节俭，轻刑文治，不事礼泰山，而成为一代有德之君。《礼记》中说：扫地而祭，只是表达一种至诚至信的心情，何必非要登上高山告天，在那三尺土坛上祭地呢？唐太宗从善如流，力排众议，没有到泰山封禅，不愧是一代明君。"

小何说："泰山又名岱宗，《水浒传》中的神行太保戴宗的发音与之相同。梁山好汉被招安后，戴宗没有接受朝廷封的兖州府都统制，而是纳还了官诰，到泰安州岳庙，陪堂求闲，终了一生。大概他看透了皇帝昏庸、奸臣当道，才拒官不受，归隐泰山。"我思考了一下戏说："料定奸臣害忠良，纳还官诰闲陪堂。征战未死着官服，招安乞荣焉不亡？"大家微笑着点点头。

小陈说："我多次爬过泰山。有一次，一位江苏老乡特意要我陪他去看冯玉祥泰山纪念馆，我们看了以后印象很深。后来，我又了解到不少冯玉祥在泰山的故事。他于 1932 年到 1935 年间先后两次隐居泰山。期间，在普照寺设了个研究室，请进步教授讲授马列主义，以及天文、地理、宪法等课程。除了积极投身抗日救国运动以外，还为当地老百姓做了不少事。他给附近的一些贫寒家庭送面、送肉、送菜，为黄河决口灾民捐助面粉和棉衣，买来大量苹果、茶、核桃等树苗分给百姓种植，还专门请来专家指导。他陆续办了 15 所学校，实行免费教育，宣传抗日爱国，教育学生要自立、自爱、精忠报国。他的陵园选在泰山脚下，是中央根据他生前的意愿而确定的。"

老茅想了想又说："我觉得，泰山文化的包容精神，尤其有价值。秦李斯在《谏逐客书》中称'泰山不让土壤，故能成其大'。正如古语所云'万物并育而不相害，道并行而不相悖'。泰山精神中包含着深刻的生态和社会发展哲理。它的自然生态多姿多彩，有峰峦崖岭、深渊幽谷、绿树杂花、溪泉畅鸣、飞鸟云集……它的人文景观也异彩纷呈，胸襟博大、兼容并包、儒释道相融、思想不择流派……”

小陈接着说：“我曾有幸看到泰山日出。最欣赏那种蓬勃之气。岱顶观日，太阳喷薄而出，光芒四射，令人浑身充满活力。‘曙色俄开万里长’，生动体现出泰山文化追求光明的勃勃生机。徐志摩在其《泰山日出》一文中，形容泰山像一位巨人‘仰面向着东方’，‘盼望’、‘迎接’、‘催促’着光明的到来。”

小琥说：“‘泰山石敢当’是人们心目中正义的化身，扶正压邪的敢当正气，也是泰山精神的重要方面。传说泰山脚下有一人，姓石名敢当，武功高强，非常勇敢，爱打抱不平，在泰山周围名气很大。后来，老百姓纷纷在石头或方砖上刻‘泰山石敢当’，立在街口村头或嵌在屋墙上，以镇妖避邪。”

小何说：“毛主席在《为人民服务》中指出，‘为人民利益而死，就比泰山还重；替法西斯卖力，替剥削人民和压迫人民的人去死，就比鸿毛还轻’，更赋予‘重于泰山’以新的内涵。我们常说‘责任重于泰山’，强调的就是对人民负责的精神。我觉得，视人民利益重如泰山的价值取向，也是泰山精神的重要内容之一。”

小琥说：“我工作之余有时登山，尤其对泰山松情有独钟。历经沧桑的泰山松，是一道独特的风景。比如，普照寺的六朝古松，距今已逾1500年；玉泉寺的‘一亩松’，树龄已过800年；云步桥上的五大夫松，树龄超过500年。后石坞的古松漫山遍野，简直是苍松的海洋。泰山松历经寒霜洗礼，依然苍劲挺拔。《论语》中有这样一句话，‘岁寒，然后知松柏之后凋也’。京剧《沙家浜》中的一句台词‘要学那泰山顶上一青松，顶天立地傲苍穹’，把革命者坚忍不屈的精神与泰山松联系了起来。”

老茅说：“泰山精神丰富博大，我们也说不全，有些精神元素很难作出恰当的概括。比如形容见识浅陋、不辨真才为‘有眼不识泰山’。据传，鲁班有一名弟子叫泰山，天资聪颖，心灵手巧，做活总是别出心裁，不遵师训，被逐出‘班门’。后来有一次，鲁大师在集市上见有精巧别致的竹器出售，非常惊愕，一打听，原来这竹器精品正是泰山所编，惭愧地感叹：‘我真有眼不识泰山！’又比如，形容不屈不挠的精神为‘泰山压顶不弯腰’；形容团结一致、齐心协力为‘人心齐，泰山移’；形容目光短浅为‘一叶蔽目，不见泰山’。泰山有‘呼吸宇宙、吐纳风云’的胸怀。文化是一条流动的河，时代会给它注入新的源头活水。我们应当弘扬泰山文化兼收并蓄、与时俱进的精神，不断开拓创新，不断丰富内容，达到更高境界。”

时近午夜，我说：“你们对泰山精神有领悟，有认识，从不同角度作了概括，但我觉得‘会当凌绝顶’的攀登意志，应是泰山精神的精髓之一。泰山拔地通天，激发人们攀登向上，正是在不断攀登的过程中，才能更深切地感受到泰山的壮美，领悟到自强不息、努力进取的精神。世上无难事，只要肯登攀。在我们国家现代化和民族复兴的征途中，只要不畏艰难，勇于登攀，我们就会达到‘天门一长啸，万里清风来’的境界。相信大家能够用泰山精神激励自己。”

（2010年1月12日）

村 庄 文 化

一周前作出行打算时，我嘱老茅等几位就“庄”与“村庄文化”的话题作些准备。这几天参观了台儿庄大战纪念馆和运河古镇重建工程等。晚饭后聚起来，我说：“我们看了台儿庄，沿途也路过不少村庄，老茅准备得充分些，先说说你的想法吧。”

老茅掏出笔记本看着说：“我对‘庄’还真作了点儿考证。庄，过去一般是名门望族聚居的地方，人口相对较多，通常由德高望重的长者当‘庄主’。有的大庄设有围墙和防卫工事，训练庄丁，保卫庄人平安。庄的地理位置一般有优势，多在要道旁或水路边。庄里人除从事农业还常伴有手工业，因需要与外人交往，还常设有客舍，并有商业行为。所以古代的庄一般是集镇的雏形。《水浒传》里的‘三打祝家庄’写得精彩，我们从中也可以看出‘庄’的一些特点。梁山附近独龙岗上的祝家庄，占据有利地形，到处都是盘陀路，又与西边的李家庄和东边的扈家庄结盟，共霸独龙岗这块地盘，并不把梁山放在眼里。石秀、杨雄带时迁投梁山途经此地，偷了祝家庄酒店的报晓公鸡，态度又蛮横，才惹出了乱子，双方动了手。宋江一伙为拿下祝家庄动员了各方面的力量，使出了看家本领，打了三次，付出了沉重代价。”

小陈跟上说：“我这一次在莱芜专门对‘庄’作了些考察。莱芜 20 个乡镇，名字带庄的有 7 个，1083 个行政村名字带庄的有 204 个。这些庄名的来历多种多样、原因各异。比如，亓家官庄、韩家官庄因官府设立而得名；王家庄、马家庄以姓氏命名；高庄因居汶河北岸、地势较高而得名；东庄、南于家庄以坐落方位取名；大辛庄、小辛庄有先后之分；姚家庄村民是从河北的姚家庄迁居而来，沿用了原地的名字；沙王庄因历史上曾在此地杀掉一名王爷，取名‘杀王庄’，后因‘杀’字不吉利而改用同音字‘沙’；冶庄因历史上冶铁业发达而得名。”

小何说：“我平时也对地名比较感兴趣。村庄的命名，五花八门，反映了当地的历史、文化、地形、民俗、风情等状况。虽然庄、村、寨、屯……表述各异，但指的都是村落，有时也不容易分辨，有些村庄名字的来历很难考证①。就地名来说，还是叫‘村’的比较普遍，因此基层是县、乡、村三级管理体制，自然村、行政村、村民委员会是规范说法。以村为名比较容易理解些。像杏花村、豆腐村，一看就知道什么意思。我们家乡那一带叫屯的少，似乎东北比较多，像三咀屯②之类。寨一般占据险要之地，如破刀寨③，解放前不少是土匪占山为王的地方。军队驻地的村落，多数叫‘营’，清朝的军队分旗兵和营兵，北京就有西三旗、玉泉营等地名。军事类建筑演变成地名的，还有堡、关、边、界、卫等，像赵家堡、九龙关、王家边、老洼界、威海卫④等就属于此类。苏南有不少农村地名叫陵、甲、巷，显然叫陵的曾有陵寝，

---

① 据词典解释：庄一般傍路而成，指有一定驿、旅、商、防功能的村落；村指自然形成的村落；寨指周围有山、水等屏障的村落；屯指驻军或屯垦形成的村落。

② 辽宁省大连市庄河市吴炉镇有三咀屯。

③ 湖南省洞口县杨林乡有破刀寨。

④ 福建省漳浦县湖西乡有赵家堡，湖南省桂阳县光明乡有九龙关，湖北省洪湖市龙口镇有王家边，陕西省安塞县坪桥镇有老洼界。明朝洪武三十一年，为防倭寇袭扰设威海卫。

叫甲的可能与历史上的保甲制度有关，叫巷的一般为小村庄。南方水多，地名中常出现湾、洲、滩、塘、坝等，像蒋家湾、杨家洲、黑龙滩、清水塘、何家坝①等。当然，时过境迁，许多地名与实际不符了。清水塘可能没有塘了，蒋家湾也可能姓蒋的不多了。在一些多山的地方，村落的名称也具有山的特色，常见有山、岭、峰、冲、凹、口、坡、坪②。有些地方以店、铺命名，如长辛店、扁担铺；有以桥命名的，如龙子桥；有以寺庙命名的，如三义庙、龙福寺；还有以井命名的，如石井、老井等。"

小陈说："我们国家的历史悠久，不少村名、庄名有变迁和发展。有的村变成了城，如淄博的周村。有的庄，更是随着工业的兴起和交通的便利，发展成了一定规模的城市。比如，枣庄这个地方，因枣树多而得名。发现和开采煤矿之后，经过百余年的发展，逐步成为中等规模的城市。运河开通特别是铁路修建以后，更呈一时之盛。1878 年枣庄当地的士绅金铭等人创办了中兴矿局，在中国煤炭史上拥有'五个第一'③的盛誉。再比如石家庄，20 世纪初还是个只有 200 户人家、600 口人的小村庄。1903 年京汉铁路在石家庄村的东头设站，正太铁路建成通车后，石家庄站成了两条铁路的交会点，从此逐步发展为城市。1925 年以后，石家庄村先后改为石家市、石门市，1947 年年底，

① 江苏省南京市六合区有蒋家湾，江西省南昌市西湖区有杨家洲，四川省仁寿县有黑龙滩，湖南省长沙市开福区有清水塘，四川省江安县迎安镇有何家坝。

② 山常为小山，岭为大山，峰是高山，冲是三面环山，凹是四面高山，口是两山之间，坡地势不平，坪则是山上或者山下的小平地。

③ "五个第一"指第一家机械化采煤企业，第一家民族股份制企业，第一大民族资本家，第一家由两任民国总统（徐世昌、黎元洪）任董事长、民国总理（周自齐、朱桂辛）任财务总监的企业，发行了中国第一张股票。

人民解放军解放石门后，石门市更名为石家庄市。有人说，现在就面积和人口而言，石家庄当属‘天下第一庄’。”

老茅接着说：“我看了台儿庄的区志，上面对台儿庄这个名字的来历，有两种说法：一种是因台姓立村，故称台庄、台儿庄；另一种是因地势较低，为防水淹，村民盖房子，先把地基垫成高台，故称台儿庄。历史上台儿庄的兴盛，源于明万历三十二年京杭大运河的改道。运河台儿庄段自西向东横贯全境四十余公里。由于这段河道落差大、船闸多，过往船只停留时间长，成为维系明清王朝的‘咽喉’水路。一直到清朝前中期，台儿庄都堪称繁荣兴盛的区域贸易中心、运河上的一座明珠古镇①。整个台儿庄镇车水马龙，热闹非凡，商会牙行竞相争市，戏楼酒肆灯红酒绿，呈现‘商贾迤逦。入夜，一河渔火，歌声十里，夜不罢市’的繁荣景象。当时古运河沿岸的建筑，既有北方的雄浑沉稳，又有南方的精巧灵秀。台儿庄还因抗战期间的一次战役而名扬中外。1938 年 2 月，日军三万余人以台儿庄为会师目标，企图合攻徐州，一举围歼中国第五战区的军队。在李宗仁将军的指挥下，中国军队浴血奋战，顽强抗击，日军被一阻于明光，再挫于临沂，三止于滕县，最后决战台儿庄，板垣、矶谷两师团主力一万余人被歼灭。台儿庄和此前的平型关等战役鼓舞了中国军民的抗日士气，抗战前途露出一线新的曙光。”

小陈说：“几年前，我游览过苏州市的周庄，对那里的人文历史遗迹印象很深。周庄有大富豪的沈厅，有王族后裔蛰居的

---

① 在繁盛时期，每年通过台儿庄漕运的粮食达 400 多万石，过往商船 7700 余艘。江浙、湖广一带的竹木、瓷器、丝绸、茶叶、蔗糖、稻米、纸张、工艺品、棉布、亚热带水果等，纷纷运抵台儿庄码头，北方的山果、木材、药材、皮张、杂粮、油、麻、烟草、煤炭等也由台儿庄中转南下。

张厅，有柳亚子说的‘楼不迷人人自迷，夭桃红换靡芜绿’的迷楼，就连后人建的三毛茶楼也颇有些乡愁漫卷、情思无限的味道。难怪著名画家吴冠中说‘黄山集中国山川之美、周庄集中国水乡之美’，海外报刊则称周庄为‘中国第一水乡’，的确实至名归。周庄的魅力在其文化蕴涵，典型的江南风貌，古色古香的明清建筑，深厚悠长的人文气息，令人流连忘返。但也看到，有的城市扩建，不注意保护有特色的民居、村落。现代化伴随工业化、城市化，这是大势所趋，同时也应当重视保护一些富有特色的村庄及村庄文化。村庄文化的价值始终是存在的，也许过了大规模城市化这个阶段，人们的‘村庄情结’反而会更加浓厚。”

小何回应说：“我们国家对传统文化、特色文化的保护力度不断加大。三峡工程修建的过程中，把 1467 项文物项目纳入规划，花费了 19.4 亿元予以妥善保护。张飞庙的整体搬迁严格按原物、原状、原材料和原工艺复建。涪陵白鹤梁的水文题刻，经过反复论证，最后采用‘无压容器’方案实施了原址保护。为确保石宝寨这一‘江上明珠’的安全，施工部门环山寨修筑了一圈护坡，又在护坡上修建了一米高的仰墙。为整体搬迁历经 1700 年风雨沧桑的大昌古镇，古建筑专家们把拆卸的每块砖、每片瓦、每根梁栋都标上记号，原样运到五公里以外的新址复建。在汶川震区灾后重建规划中，将羌族文化中口弦、羌绣、羌笛，羌族多声部民歌、民俗歌舞、羊皮鼓舞、碉楼营造技术等，纳入国家级非物质文化遗产保护项目，采取了一系列政策措施进行保护和传承。一些文物、历史、民俗、民间文艺、非物质文化遗产方面的专家学者也纷纷建言献策，甚至亲临灾区参与保护工作。南水北调山东段涉及的 151 处古运河文物点，也全部纳入了保护规划。然而，令人遗憾的是，也确有一些地方对民俗文化、特色村庄文化重视不够,认为那些老家园、老街、老屋、老树枯枝没什么价值,不如推倒重来,使旧貌变新颜。一些有特色的村庄文化在推土机的轰鸣中荡然无存。有时看到这方面的报道,我深为惋惜。”

小陈说:“我觉得,对一些有特色的地域文化确实应当尽可能保护,但更应该看到城市化发展的必然趋势。统筹城乡发展,开辟农村劳动力转移的途径,改变城乡分割的二元结构,把农民从土地的束缚中解放出来,是巨大的历史进步。关键是在推进城市化中,应当科学决策,民主决策,尊重农民群众的意愿,尽可能照顾各方面的愿望和要求。”

看他们议论得热烈,我插话说:“村庄千差万别,它蕴涵的文化都是劳动人民的辛勤创造和智慧结晶,打上了民族的印记,并从不同侧面展现出民族特征和民族精神气质。村庄作为我国传统文化的一部分,是光辉灿烂和丰富多彩的。从继承人类文化遗产、开发旅游资源的角度出发,应慎重规划,适当保护。在城市化进程中,怎样认识村庄文化的存在价值,做到统筹城乡发展,大家要开动脑筋,作点儿客观的分析。”

老茅说:“我总有一种村庄情结。乡村是我们的童年,是我们的记忆,这些东西会随着时间的推移越来越珍贵。我觉得,在推进工业化、城市化进程中应当为我们的文化多样性发展考虑,为村庄文化留出一定空间。如何丰富人们的精神生活,是城市和乡村共同面临的问题。城市拥挤、嘈杂的生活空间,已经开始令我们感到厌倦。一些经历了工业化、城市化的欧美发达国家,出现了反城市化潮流,更多的人开始选择到郊区或乡村居住。一些风情独特的小镇往往更令人向往。更何况,村庄文化是我们的文明之根,保护她就是保护我们的文明。一些农业社会长期积淀升华的和谐文化、天人合一观念,还有民间文艺、民间工艺等,仍然有其时代价值。物质世界中任何物种基因都有珍贵价值。物种基因越丰富,世界就越多彩、越安全。科学家袁隆平培育出杂交水稻,正是因为在海南岛发现了野生稻雄性不育株。文化发展也是这样,越具有多样性,就越有创造力。许多文化元素,也许现在表面上看不具有多高的价值,却可能在与其他文化元素的融合中,催生出新的文化果实。近年来原生态歌曲大受追捧,并给许多音乐工作者以创作灵感,就是例证。过去一百年美国几乎所有的流行音乐样式,都来源于美国的乡村音乐。"

小何说:"我与老茅有同感。建一些陈列馆、博物馆、纪念馆,运用录音、拍照、摄像、文献收集等手段保存传统文化当然很重要,而保护文化生态,意义更重要。那些古街巷、古建筑、古树名木,有着珍贵的历史和文化价值。周庄、同里、乌镇、西塘等名庄古镇,文化氛围独特,日益繁荣的旅游产业带动了一方经济的起飞。浙江横店农民利用山川风物,打造出了中国影视拍摄基地。山西榆次后沟村因有保存完好的古村落,一跃成为吸引海内外游客的黄金景点。我国乡村的历史变迁、民间艺术、民居建筑、民俗风情、村寨文化、古镇风貌、祠堂庙宇、风味餐饮、生活智慧等等,保存着我们的文化因子。在推进城市化进程中,应当切实加以保护,不能只图一时的经济收益,进行破坏性、毁灭性的开发。"

老茅言犹未尽地说:"我还想补充一点。发展文化产业和旅游业是保护开发乡村文化的一条路子,但应当有一定的文化品位,避免粗制滥造、牵强附会或过度包装。要让人们在游览和体验的过程中,得到精神的享受和性情的陶冶。英国学者卡·波兰尼说,一种社会变迁,'首先是一种文化现象而不是经济现象'，有些变化'是不能通过收入数据和人口统计来衡量的……'导致退化和沦落的原因往往是'文化环境的解体'。比较深刻地说明了工业化社会是需要乡村文化慰藉的。我到过皖南的西递宏村、绩溪、屯溪等地，那里保存着乡村文明的记录。作为'世界文化遗产'，客观上成为城市与乡村、历史与现实沟通的'活的文本'、'活的交流'，给我很深的启迪。莱州市金城镇的万家村古代民居一条街、周村的商铺街区等，都得到了较好的保护。在走向现代化的过程中，如果农村人在城市里没有疏离感，城里人在乡村能找到家园感，社会心理会更加健康和谐。"

小陈说："我觉得，也不能单纯地谈保护，不能把一些落后的村庄现状等同于原生态文化，把所谓的原汁原味当作文化底蕴，应当把保护继承与开发创新结合起来，按照现代人的审美观念，运用现代视听手段，根据文化市场的变化，发展村庄文化产业，创造社会和经济效益。有些文化创意可以通过人脑加电脑来完成，不需要进行大规模的征地拆迁，这样可以节约投资，减少和避免对居民生活环境和自然环境的破坏。城市建设也应当注意保持和体现特色，不能千城一面，更应避免出现'城市病'；村庄建设既应尊重民俗传统，更应提升文明程度，在统筹城乡发展中，加强村庄的水、电、路、通讯、文化等基础设施建设，改善农村居民的物质文化生活条件。参观了台儿庄古镇的重建工程，我很受启发。在古镇风貌的恢复中，注意尽可能保存古迹原貌，从老照片、老资料、老人的回忆中寻找、发掘和抢救古镇的文化基因，修旧如旧。同时，又运用现代建筑工艺进行仿古建设，尽可能适宜现代人的居住和经营需要。"

又至深夜，我说："大家从'庄'谈到村庄文化，又谈到文化的保护、开发和创新。其实，不论是城市文化还是村庄文化，核心问题都是以人为本。我们要面向现代化、面向世界、面向未来,坚持先进文化的前进方向,贯彻科学发展观,继承优秀传统,吸取文明成果,促进城乡文化的健康繁荣发展。”

(2010年1月16日记录整理于枣庄

1月20日修改于莱芜)

A = X+Y+Z

时令虽是寒冬腊月，而讨论的热度却丝毫未减。我说："上周说这一次要谈爱因斯坦的成功公式——'A = X+Y+Z'，你们也做了些准备，就请小高先讲吧。"

小高点点头说："有人问爱因斯坦成功秘诀时，他讲了 A = X+Y+Z 这个公式。A 表示成功，X 表示艰苦的努力，Y 表示好的方法，Z 表示少说空话。对于成功，中国古代有立德、立功、立言之说。现在通常认为，成功就是实现有意义的既定目标。一个人要想成功，先要有个目标，有个努力方向，经过不懈奋斗，最终走向成功。正如美国哲学家爱默生说的，'一心向着自己目标前进的人，整个世界都给他让路！'要注意把日常工作和既定的目标联系起来，脚踏实地朝着目标艰苦努力，才会取得成功。"

老茅说："也不是所有的成功都是预先设定好目标的，有些成功往往开始于偶然的甚至微不足道的起点；有些科学研究的突破，往往是灵光一闪，突然开窍；有些成大事者甚至陷于绝境而后生，因偶然转机而取胜。"

我说："成功需要有个目标，灵感当然重要，但灵感也往往是长期积累、偶然得之的结果。个人奋斗目标的确立，必须与国家和人民的需要联系起来。周恩来少年时代就树立了'为中华崛起而读书'的雄心壮志，他为中国革命和建设事业殚精竭虑，活到老、学到老，鞠躬尽瘁，死而后已，深受人们的敬仰和爱戴。”

小刘说：“我来谈谈X吧。书山有路勤为径，学海无涯苦作舟。艰苦努力的道理不难理解，关键是身体力行，落到实践中。许多有成就的人都把自己的成功归结于勤奋。霍金说，‘上帝既造就天才，也造就傻瓜，这不取决于天赋，完全是个人努力程度不同的结果’。人们往往只羡慕成功者的辉煌，殊不知成功凝结着辛勤、努力和汗水。创造性的劳动就更需要艰苦的努力。人的智商有高低，潜能有大小，但能否成功却很大程度卜取决于勤奋和努力的程度。高智商的人未必都能做出高水准的成果，相反，许多智商一般的人因为肯钻研、能吃苦反而取得了不起的成就。鲁迅讲得好，伟大的事业同辛勤的劳动是成正比例的，有一分劳动就有一分收获，日积月累，从少到多，奇迹就会出现。达·芬奇说，勤劳一日，可得一夜安眠；勤劳一生，可得幸福长眠。王国维借用宋词对治学三境界有个形象的表述：昨夜西风凋碧树，独上高楼，望尽天涯路；衣带渐宽终不悔，为伊消得人憔悴；众里寻他千百度，蓦然回首，那人却在灯火阑珊处。① 可见艰苦的努力也是登上学术高峰的必经之路。”

小何问：“小高，艰苦的努力不是一件轻松的事，动力从哪里来？”小高说：“我认为，人的动力之源可能不同，诸如好奇心、探索欲、自我实现的追求等等，但百折不挠的执著精神最为可贵。这方面，居里夫人堪称榜样，她从小学习成绩优异，历经周折进入巴黎大学后，学习更加勤奋，后来经过12年的实验，遭受

---

① 这三段词分别见晏殊的《蝶恋花》、柳永的《蝶恋花》、辛弃疾的《青玉案·元夕》。

了无数次的挫折与失败，才从几十吨的矿物中提取出了镭，并在镭应用于化学和医学方面取得突破，两次获得诺贝尔奖。通向成功的路没有捷径。不经过艰苦的努力，是难以成功的。现在是信息时代，社会越来越开放，科技进步一日千里，知识更新日新月异，不加强学习，连本职工作都难以胜任，更谈不上事业上的成功。人的终身学习主要靠自学，选择科学有效、适合自己的方法，养成手不释卷、刻苦自学的习惯，尤其重要。华罗庚走的就是自学成才的道路，他教育青年人自学要知难而进，锲而不舍。李政道的体会是，一个人想干点儿事业非得走自己的路不可，最关键的是会不会自己提出问题，能正确地提出问题就是迈开了创新的第一步。”

我说：“是的，读书学习决定一个人的境界、素质和能力。你们都是党员干部，最根本的是要加强理论学习。还要注重学习经济、科技、法律、管理等方面的知识，熟悉有关的政策法规，提高履行职责的能力。只要有条件，就要尽可能博览群书，重视对知识多方位、多学科的融会贯通，不断扩大知识容量，厚积薄发。要从实践中学，从书本上学，从自己和别人的经验教训中学，坚持理论联系实际，不断开阔视野，努力跟上时代步伐。”

小陈说：“我谈谈Y。成功只靠艰苦努力还是不够的，必须有好的方法。方法对头事半功倍，方法不对事倍功半。善于思考就是一种好方法，古人说学而不思则罔，思而不学则殆，讲的就是学习与思考的辩证关系。华罗庚把读书的过程归纳为‘由薄到厚’与‘由厚到薄’两个阶段，先要细研深读，通过加添注解、补充材料使其变厚，然后通过透彻理解内容、抓住要点、掌握实质使其变薄。这种方法，对我很有启迪。”

小高说：“良好的思维习惯是取得成功的有效途径。德国数学家高斯九岁时就用巧妙的方法算出了自然数从 1 到 100 的求和。他用的方法是:1+100,2+99,3+98……得到 50 个 101,结果就是 5050。”小陈说:“善于观察也是一种好的方法。经济学家阿克洛夫通过对邮寄小箱子的拖延行为的研究,发现了人的经济行为中的非理性问题;物理学家朱棣文通过观察醉鬼走路,想到了不同激光束作用下的原子,依照惯性应往低的地方运动。”小刘说:“创新型思维是取得成功的重要途径,既不能迷信权威,也不能以权威自居,要敢于质疑既有的结论,包括质疑自己的结论。美国著名化学家理查兹,二十岁时获哈佛大学博士学位,他大胆对以前的原子量提出质疑,通过改进测试方法,重新精确核定了 60 多种元素的原子量,并对铅的同位素进行了研究。”

小陈问我:“您能不能给我们传授点儿经验和方法?”我说:“谈不上经验和方法。给你们讲个故事:两个和尚分别住在相隔不远的两座庙里,每天下山到小溪挑水时都见面。后来,甲和尚见乙和尚一个月没来挑水,便去看个究竟。见他正在打拳,好奇地问,这么长时间不见你去挑水,是怎么回事啊?乙指着院里的一口井说,我这五年每天都抽空挖这口井,一个月前终于挖出了水,就不用再挑水了。你们应该从这个故事中受到点儿启发,不能光靠挑水,还要学会打井的本领。学习也是这样,要努力挖掘知识和智慧的源泉,不断激活思想,使才思永不枯竭。小何,你谈谈 Z 吧。”

小何说:“好。我理解,少说空话实际上是说要珍惜时间。古人说,一寸光阴一寸金,寸金难买寸光阴。浪费时间就是浪费生命。对待时间的方式,决定一个人的命运。实际上,许多人一生碌碌无为,就是因为把大量的时间浪费在了不切实际的夸夸其谈上。德国著名的文学家歌德非常珍惜时间,把时间看作是自己的最大财产。他的作品极为丰富,有剧本、诗歌、小说、游记,共 140 多部。他在一首诗中这样写道,我的产业多么美,多么广,多么宽!我的财产是时间,我的田地是时间。”我接着说:“1945 年毛泽东为七大纪念册的题词就是‘实事求是,力戒空谈’。邓小平曾指出,要‘多做实事,少说空话’。他批评开长会、空话连篇的现象:‘会议多,文章太长,讲话也太长,而且内容重复,新的语言并不很多。重复的话要讲,但要精简。形式主义也是官僚主义。要腾出时间来多办实事,多做少说。’中央倡导全党重视学习,我们都要挤时间读书,密切关注国际国内信息和发展动态,培养研究问题的兴趣;要减少应酬,挤出时间,结合实际,有计划、有目标地自学,争取学有所得,学有所成。”

小高说:“我还想补充几句。对爱因斯坦的成功公式,要辩证地理解。他天分高又遇到并抓住了机遇。天分和机遇往往可遇不可求,但艰苦的努力、找到好的方法和珍惜光阴,却是通过主观努力能够做到的。公式中的 A,是 X、Y、Z 三个要素之和,虽然公式中并没有标明它们各自的比重,但 X 排第一,说明勤奋努力很重要。”

老茅说:“小高讲得有道理,关于成功的公式还有不少,诸如:成功=天资+勤奋+机遇,成功=遗传素质×个人努力×环境×机会,成功=99%的汗水+1%的天才,等等。天赋、机遇、环境等等,对一个人的成功也是重要的。三国时期的周瑜就曾慨叹:万事俱备,只欠东风。杨振宁认为爱因斯坦之所以成为物理学里程碑式的人物,是因为当时物理学处在酝酿突破的前夜,而他的创造力也正处于巅峰,他抓住了牛顿时代以来独一无二的机遇。当然,机遇总是青睐那些有准备的人。我看过一份调查,决定一个人成功的最关键要素,80%属于内因方面的要素,如积极、努力、信心、决心、意志力等。先天禀赋与客观环境固然非常重要,但天道酬勤,事在人为,能否成功的关键,主要取决于勤奋努力和好的方法。”

小高说:“以上我们主要谈了成功,但现实中失败的例子也不少。失败是成功之母。很难做到只有成功,没有失败,关键是如何看待失败。有时候也不能完全以成败论英雄,屡战屡败与屡败屡战,是对待失败的不同态度。如果面对挫折和失败,悲观失望,自暴自弃,那就会一败再败。如果把失败看成一种收获,从失败中吸取教训,就会逐渐走向成功。越王勾践卧薪尝胆,‘十年生聚,十年教训’,最终灭了吴国。爱迪生耗时十年,经历五万多次失败,才制造出世界上第一盏有实用价值的电灯。英国物理学家汤姆逊说过,我坚持奋斗五十五年,致力于科学的发展,用一个词可以道出我最艰辛的工作特点,这个词就是‘失败’。体育竞赛也一样。比赛有输有赢,但优秀运动员总是把每一次的输看成通往赢的阶梯。”

时间在不知不觉中流逝,四个小时过去了,大家仍言犹未尽。我说:“不被挫折打倒的人,是真有理想的人;能够经受挫折的人,才能成为真正的成功者。我们的前进道路上,还会遇到种种艰难险阻,只要我们坚定理想信念,坚持不懈地努力奋斗,充分调动人民群众的积极性,凝聚全民族的智慧和力量,我们就一定会到达成功的彼岸。影响成功的因素非常复杂,走向成功的途径千差万别。你们在领会这个公式时,要注意结合自己的实际,努力干好本职工作,做一个有益于人民的人。”

(2010年1月23日)

约　束

又到周末，大家再聚我处闲叙。我招呼大家落座后说："上次我们讨论了爱因斯坦的成功公式。其实，一个人取得成功，要能够约束自己的行为，而人共同的弱点是难以约束自己。这一次我们就谈谈这个话题。小陈，你先说说吧。"

小陈翻开本子说："确实是这样。人共同的弱点是难以约束自己。因为人有欲望、有需要，就会有动机，就可能有行为。自我约束就是有意识地控制自己，约束自己的不良行为。马克思在《德意志意识形态》中指出，'人的需要即人的本性'，是人从事一切活动的最终动因。社会发展就是人的需要不断产生和满足的过程。人的欲望和需要，如果受理性约束，形成社会群体的共同行为，那就是社会发展的动力；如果受非理性驱使，导致对道德的践踏和对法律的蔑视，那就对社会文明造成损毁。一个人如果对自己不加节制和约束，放纵欲望膨胀，就会走上歧途。比如，食欲膨胀，无节制地暴饮暴食，会损害健康，消磨意志，甚至危及生命；色欲膨胀，违背道德，会使家庭破裂、名誉扫地，危害社会；权欲膨胀，官迷心窍，就会不择手段，甚至买官卖官，违法乱纪；物欲膨胀，利欲熏心，就会腐化堕落，贪污受贿，走上犯罪道路。赌徒的贪欲更暴露无遗，输得眼红，却仍如飞蛾扑火，不惜倾家荡产。《礼记》上说，'欲不可纵，纵欲则伤身。乐不可极，乐极则生悲'。说的就是要节制欲望。春秋五霸之一的楚庄王拒绝令尹子佩邀他去京台赴宴,也是为了克制自己享乐的欲望。孟子所说的‘富贵不能淫,贫贱不能移,威武不能屈’正是自我约束的崇高标准。苏格拉底时代的德尔菲神庙上镌刻的两句名言,一句是‘认识你自己’,另一句是‘凡事勿过度’,也有人把后一句译为‘约束你自己’。据传说,佛祖释迦牟尼圆寂前,弟子们恭敬地问他,您离开人间之后,我们要以谁为师,佛祖答道,以戒为师。约束行为,就像约束河流一样,河水在河道里流动,能行船、能灌溉、能发电,如果冲出河岸就会泛滥成灾。”

小刘颇有感触地说:“我在工作和生活中感到,有时候约束自己不太容易。往往一时能做到,一生就难了,怎样才能做得更好一些呢?”

老茅说:“我也有同感,惰性就需要约束,需要时时注意激励自己勤奋努力。我刚过五十,有时候惰性就开始滋长,进取心趋弱。与那些生命不息、奋斗不止的人相比,深感自我约束力相差甚远。马克思 40 年笔耕不辍写出《资本论》,达尔文 20 年艰辛探索写出《物种起源》,都是激励我们克服惰性、持之以恒的楷模。”小高回应道:“约束需要自制力。如果什么事都顺着自己的意愿,离成功就会越来越远。约束自己的过程,也是战胜自我、超越自我的过程。从事任何职业都一样,自我约束、专心致志,是通向成功的必经之路。”

小陈说:“有远大的志向,才会用高标准约束自己,才有决心和毅力约束自己。方志敏一生清贫,丝毫不为利禄所动,是因为他有坚定的信念。革命战争时期,一些地下工作者,常常独立作战,时刻面临生命危险,也是靠坚定信念和高度自觉与敌人周旋和斗争。”小虢说:“约束自己要养成好的习惯。像物体运动一样，人的行为习惯往往也有惯性，应当注意培养好习惯，长期坚持，成为自觉行动。唐太宗讲，以铜为鉴，可以正衣冠；以史为鉴，可以知兴替；以人为鉴，可以明得失。这句话是有道理的，但他自己也没有完全做到。严格约束自己，要经常自我检查，找出差距，改进不足，同时认真从别人犯的错误中吸取教训，防微杜渐，警醒自己。18 世纪美国革命家、科学家富兰克林曾为自己订过 13 条‘道德准则’，其中就有‘节制欲望、自我控制’等内容。他每天都对照检查，如有违反，就记下来警告自己。”

小何沉思了一下说：“道德修养本身就是一种自我约束力。人的本质不是由人的自然属性决定的，而是由人的社会属性决定的。孔子认为性相近习相远，这个观点从现代生命科学看，也是很有生命力的。孟子认为性本善，荀子认为性趋恶，墨子认为人性是自私自爱，告子认为人无善无不善①，法家认为人性逐利，老子认为见素抱朴，尽管认识的角度有差异，但说得都很精辟。性善也好，性恶也罢，关键在于后天的环境熏陶、教育引导和法纪约束。古人关于修身律己的思想很丰富。《大学》中就有‘君子慎独’的观点，倡导人在独处时也要谨慎不苟。据传历史上有一个‘曹鼐不可’②的慎独故事，说的是明代任泰和典吏的曹鼐，一次抓获了一名漂亮女犯，由于离县衙路途遥远，夜宿在一座庙中，月光下的女子令其心动。曹鼐为提醒自己抵住诱

---

① 有心理学家认为，婴儿出生时道德上一片空白，道德标准是由父母和社会环境灌输的，这与告子的观点比较接近。耶鲁大学心理学家做了两项实验，一项是让小至 6 个月的婴儿看卡通片，片中有乐于助人和专搞破坏的角色，八成婴儿喜爱好人角色；在另一项测试中，玩具狗尝试打开箱子，一只友善的熊帮它打开，另一只熊却坐上箱子，大多数婴儿喜欢友善的熊。这表明不足一岁的婴儿已能分辨善恶，善恶观念与生俱来。

② 见明·焦竑《玉堂丛语》。

惑，写了‘曹鼐不可’四个字，用以警示自己。他写了烧、烧了写，反复几十次，一直煎熬到天亮，最终还是克制住了自己。”

小琥说：“发自内心的道德信仰，是自我约束的一种精神力量。慎独虽然只是一种理想追求，但依靠内在的道德信念和自我约束，追求高尚，却应当是我们崇尚的境界。刘少奇在《论共产党员的修养》中指出，对于认真进行道德修养的共产党员来说，即使在他个人独立工作、无人监督的情况下，也要能够慎独，不做任何坏事。‘千里之堤，溃于蚁穴’，经常审视和检点自己的行为很必要。一些违纪违法的人，抱着侥幸心理，放松了自我约束，等受到纪律处分和法律制裁时才悔恨不已。”

老茅深有体会地说：“党员干部特别是领导干部应当比一般人自我约束更严。有的干部犯错误，就是因为不严于律己，经不住诱惑。我在工作中切身感到，必须时刻绷紧廉洁自律这根弦，稍有不慎，就可能栽跟头。严格的自我约束来源于责任，产生放纵自我念头的时候，要想想对家人、对社会、对组织培养的责任，认真分析自己的行为后果，保持清醒和警觉。责任感强了，约束自己就会更加自觉。强化自我约束、自我监督，对形成正确的世界观、人生观、价值观至为重要。正确思想观念的确立，不是一朝一夕的事情。作为年轻干部，应当努力学习，加强锻炼。过去革命前辈在战争环境中，经过血与火、生与死的考验。现在处在市场经济环境中，要经受住各种利益的诱惑，必须更严格地约束自己。”我插话说：“一个干部或党员的蜕化变质，往往是从放松自己的世界观、人生观、价值观改造开始的。党员干部特别是领导干部必须加强学习，持之以恒地改造世界观，经常进行自我教育，自重、自省、自警、自励。”

小陈接着说：“自律和内在约束固然重要，但远远不够，他律和外在约束同样很重要。社会舆论是道德评价的重要力量，也是一个人道德选择的外在压力。道德约束是内在力量，法律约束是底线，是外在的硬约束。因此，要增强全社会的法治意识。对党员干部的约束，要重视民主监督，扩大人民群众的知情权、参与权、选择权、监督权。纪律也是十分重要的约束，一些党员干部之所以胆大妄为，就是因为纪律观念淡薄。”

小何说：“通过讨论，我认识了约束的重要性，明白了能够自我约束才能取得成功。但人都有个性，有个性才能演绎出不同的人生，自我约束和发挥个性是辩证统一的。对不同的群体和个体，对从事不同职业和事业的人，既有共性约束，也有个性约束；既有共同遵守的社会公德、职业道德和家庭美德，也有不同层次、不同程度的要求。但法律面前人人平等，法律约束是任何人都不能逾越的底线。约束非分欲望和不良行为，正是为了集中精力，充分发挥创造性，专心致志地追寻个人的理想，成就个人的事业。”

小刘说：“康德谈到人的行为时，主张一个人在做任何事情时，都要使他的行为准则可以‘普遍化’，认为做一个好公民的首要条件就是‘自我管理’、‘自我约束’。这就是说，一个人要实现自身的需要必须与社会的需要相符合，不能通过损害社会和他人利益满足自己的欲望。美国心理学家马斯洛，把人的需求从低到高分为生理、安全、社交、尊重、自我实现五个层次。他认为，每一层次的需要与满足，决定个体人格发展的境界。如果一个人不能适当遏制本能欲望，不能约束自己的不良行为，必然影响他向更高层次、更高境界的追求，甚至会变得贪得无厌，自毁前程；只有充分发挥自己的潜在能力，不断激励自己的竞争欲、创造欲、奉献欲，才会达到自我价值的实现。”

我说："借用保尔·柯察金的话与大家共勉吧，'人的一生应当这样度过，当他回首往事的时候，他不会因为虚度年华而悔恨，也不会因为碌碌无为而羞愧；在临死的时候，他能够说，我的整个生命和全部精力'，都献给了中国特色社会主义伟大事业——为祖国的富强和人民的幸福而奋斗。关于'人共同的弱点是难以约束自己'这个话题，不是一次讨论就能完全说透的。你们敞开思想，谈了自己的体会。相信不会停留在口头上，会把约束自己的要求付诸行动。"

（2010 年 1 月 30 日）

差　　距

今天是春节长假最后一天，几位同志兴致更高。我说："现在正值岁末年初，你们总结工作时都会谈到不足与差距。俗话说，'人外有人，天外有天'，差距是客观存在的。不同的人、不同的单位、不同的地区、不同的国家之间，普遍存在着方方面面的差距。上周我出了'差距'这个题目，让大家准备，就是从这一点考虑的，这次请小何先讲吧。"

小何开门见山："孔子说，'三人行，必有我师焉。择其善者而从之，其不善者而改之'；'见贤思齐焉，见不贤而内自省也'，强调要注意随时查找与别人的差距，发现别人的优点就要向人家学习，这也是后世儒家修身养性的座右铭。我很喜欢一句广告词，'没有最好，只有更好'。不断用高标准要求自己，朝着更高的目标努力，提高自己、改进工作的空间始终是存在的。我们谈差距，就是要向先进看齐，主动找差距，激励自己不断进步。"

老茅说："说到差距，我深有感触。我们上学时，同学们看上去差距不明显，而十几年、几十年之后，学识水平和工作业绩差距非常大。这让我想到一个寓言故事：一座山上有两块默默无闻的石头，三年后发生了非常大的变化，石头甲整天受到人们的敬仰和膜拜，石头乙极不平衡，发牢骚说，老兄呀，我们原来并无什么不同，今天产生这么大的差距，我心里很痛苦。石头甲答道，你还记得吗，三年前来了一个雕刻家，你怕痛，告诉他简单刻几下就可以了，而我能忍受割在身上一刀刀的伤痛，所以有了今天的不同。可见，许多大的差距都是由起初小的差距发展而成的，这种情况现实生活中多得很。这让人想到蝴蝶效应：一只南美洲热带雨林中的蝴蝶，偶尔扇动几下翅膀，可能两周后在美国得克萨斯引起一场龙卷风。事物发展的结果对初始条件极为敏感，微小的差别经过连锁反应，会变得越来越大。也许一件看似很小的事情会改变人的一生，一项小发明有可能使企业在众多的竞争者中脱颖而出。中国古代就有'君子慎始，差若毫厘，谬以千里'①的哲学思想，对与别人微小的差距也不能掉以轻心啊！"

小高说："不仅人与人之间存在差距，单位、团体、地区之间都有差距。我们国家还存在地区差距、城乡差距、贫富差距等问题。改革开放以来，我国经济取得了巨大的发展，居民生活水平普遍提高，但地区之间的发展差距、居民之间的收入差距也拉开了。这既有自然条件、资源禀赋和区位差异方面的原因，也有经济结构、市场化水平与人力资本差异等方面的原因。要缩小这个差距，需要有针对性地采取措施。我们现在讲统筹区域发展是非常正确的，邓小平讲的'一部分地区发展快一点儿，带动大部分地区，这是加速发展、达到共同富裕的捷径'，也是非常正确的。马克思在《资本论》中指出，平衡是以不平衡为前提的，不平衡是经常的，平衡是消除不平衡的结果。恩格斯在研究自然辩证法时说，'相对静止即平衡，一切平衡都是相对的和暂时的'。马克思、恩格斯的这些思想对我们理解邓小平的'先富带动后富'战略很有帮助。"

---

① 见《礼记·经解》。

老茅说:“听了小高谈的平衡与不平衡发展问题,我受到启发。记得有一种非均衡发展理论,认为经济增长过程实质上是不平衡的。一个区域要实现经济的持续增长,必须采取一系列非均衡发展措施,支持一些有增长潜力和发展优势的部门率先发展,这些发展和增长会通过‘连锁效应’传递到其他部门,最终使整个经济发展速度得到加快。”

小何说:“我看到一项研究表明,一国的收入不平衡与人均收入水平有关,人均收入水平极低和极高的国家,收入分布比较均衡;收入水平介于两者之间的国家,贫富差距较大。随着我国经济社会的发展,党和政府更加重视社会公平,提出初次分配和再分配都要处理好效率和公平的关系,再分配更加注重公平,是为了减缓贫富差距扩大的趋势。对政府来说,要保证社会成员享有平等受教育和就业的权利,完善按劳分配和按要素分配制度,调节收入差距,特别是通过财政转移支付使分配向贫困地区倾斜,帮助贫困地区发展经济,实现城乡、区域之间协调发展。我想,这是‘差别原则’的实质平等。”

小刘说:“国家之间的差距也是人们关注的话题。我国与世界主要发达国家的差距在缩小。30 年来,中国 GDP 居世界的位次由第 10 位上升到第 2 位。中国人均国民收入由 1978 年的 190 美元上升至 2009 年的 3700 美元,按世界银行标准,我国已经跃升至世界中等偏下收入国家行列。但也要清醒地认识到,我们的社会主义市场经济体制还在完善,科技创新能力还不强,经济结构还不合理,资源消耗、单位能耗、温室气体和污染物排放还比较高,农业基础仍比较薄弱,城乡贫困人口和低收入人口还有相当数量,等等。”

老茅说:“我觉得,要缩小差距,首先应当有差距意识,谦虚谨慎、头脑清醒，正确认识自己，既不妄自菲薄，失去信心，也不盲目自信，沾沾自喜。要经常有意识地查找自己与先进之间的差距，敏锐地发现别人的长处，找到与别人的差距，明确努力的方向。”

小何说：“找到了差距，就要不甘落后，奋起直追，力争后来居上。据说，一次美国通用电气首席执行官杰克·韦尔奇应邀来我国讲课。一些企业管理人员听完课后，感到有些失望，便问：‘您讲的那些内容，我们也差不多知道，可为什么我们之间的差距会那么大呢？’杰克·韦尔奇回答说：‘那是因为你们只是知道，而我却做到了。这就是我们的差别。’差距就是潜力，不仅要善于发现差距，还要能够从差距中感受到压力，将压力变为动力，努力做到‘百尺竿头，更进一步’。古雅典卓越的演讲家德摩斯梯尼，初学演讲时曾被听众轰下台，他很快找到了自己与成熟演说家的差距——有些口吃，说话气短，而且爱耸肩。他毫不气馁，有针对性地练习，为了练发音，嘴含石子练朗诵；为了克服气短，一面攀登陡坡，一面吟诗；甚至悬起两把剑来改正自己爱耸肩的毛病。经过长期不懈的努力，终于成为著名的演讲家。”

老茅说：“有时候找到差距，并不一定能短时间缩小差距，这就要认真思考，发挥优势，化不利为有利。官渡之战是中国历史上著名的以弱胜强的战役之一，当时曹操认识到袁绍兵精粮足，自己的实力与其相比差距很大，便扼守要隘，重点设防，以逸待劳。后来，奇袭袁军在乌巢的粮仓，继而击溃袁军主力，奠定了曹操统一中国北方的基础。战国时田忌赛马，按正常顺序，田忌的马与齐王的马存在不小的差距，但孙膑足智多谋，打乱正常的搭配顺序，化差距为优势，取得了比赛的胜利。”

小何说:“差距也要辩证地看,尺有所短,寸有所长,一个人有长处也有短处,有优点也有缺点,应当扬长避短。如果五音不全的人选择声乐,身材修长的人选择举重,这就不仅是差距问题,而是方向问题了。方向不对,基础条件不具备,即使付出努力,也很难弥补差距。对于一个领先者,在某方面领先别人的时候,同样需要保持清醒头脑,正确对待自己与后进的差距。如果忘乎所以,故步自封,就可能很快被人超越。‘逆水行舟,不进则退’。在18世纪,西方工业革命如火如荼,而大清帝国依旧沉浸在天朝上国的迷梦之中,无视时势的转折,妄自尊大,不仅原有的辉煌不复存在,而且被众多列强超越。现在,我们中华民族的复兴进入了关键时期,机遇与挑战并存。这些年我们保持了好的发展势头,还要提高自主创新能力,‘保持创造的欲望,就会永远充满进取精神’①。”

我说:“大家谈了对差距的认识和体会,看来都作了认真思考。我给同志们讲个神话故事:普罗米修斯创造了人类,在每个人脖子上挂了两只口袋,分别装着别人和自己的缺点,别人的缺点挂在胸前,自己的缺点挂在背后。② 因此,别人的缺点容易发现,自己的短处认识较难,只有聪明人才善于发现别人的优点,改正自己的缺点。希望你们在工作中正确认识自己,注意找准差距,虚心学习他人的长处,那样可能会进步得快一些。”

(2010年2月19日)

---

① 这是英国人塔尔博特的话。

② 见《伊索寓言》。

眼　光

元宵节就要到了，处处张灯结彩，增添了喜庆的气氛，也亮丽了人们的目光。我说："今天谈'眼光'这个话题，你们做了些准备吧，我想请小陈先说说。"

小陈看着大家说："好，我抛砖引玉。眼睛是心灵的窗户，孟子讲，'存乎人者，莫良于眸子。眸子不能掩其恶。胸中正，则眸子瞭焉；胸中不正，则眸子眊焉。听其言也，观其眸子，人焉廋哉？'①看人的眼睛是观察一个人的好方法，从中可以获得不少信息。'仁目之精，悫然以端；勇胆之精，晔然以强'②道出了仁爱者、勇敢者也是'情发于目'③。我们见过的眼睛，有的纯真无邪、明亮清澈、热情真挚、睿智平和、刚强豁达，也有的冷涩刺骨、沧桑忧郁、混沌迟缓……那一双双眼睛，流露着不同的品质、性格、情绪……"

小刘接上说："用有关眼睛的词语形容人的异同俯拾皆是。比如，高瞻远瞩、目光短浅、见贤思齐、见异思迁、'红眼病'、'势利眼'等等。法国作家莫泊桑在《我的叔叔于勒》一文中生动描写了势利眼——菲利普夫妇对待亲兄弟于勒前后截然不同的态度，揭示了资本主义社会'人和人之间除了赤裸裸的利害关系，

---

① 见《孟子·离娄上》。

② 见三国·刘劭《人物志》。

③ 见三国·刘劭《人物志》。

除了冷酷无情的现金交易，就再也没有任何别的联系了’①，把势利眼的嘴脸刻画得淋漓尽致。生活中除了有‘势利眼’，还有‘变色眼’呢。契诃夫笔下的变色龙——警官奥楚蔑洛夫很典型，在很短的时间内竟来回变了多次。他趋炎附势、狡诈多变、自欺欺人的拙劣‘变色’表演，像个小丑，让人发笑，却又耐人寻味。”

小高说：“人的眼睛大体上有同样的生理结构和功能，但要使用好、看得准，不受蒙蔽，不存偏见，却因人而异。据说牛顿看到苹果落地，引起了他的思考，发现了万有引力，这是通过个别、细微的迹象，发现事物规律的范例。伯乐为楚王相得一匹千里马，楚王见该马骨瘦如柴、四肢无力，将信将疑。后经喂养，这匹马变成精壮神骏，助楚王驰骋沙场，立下不少功劳。这说明伯乐未被表象迷惑，而是透过马的昂头瞪眼、大声嘶鸣判断出是一匹千里马。俗话说，‘耳听为虚，眼见为实’。实际上，有时候眼睛看到的也并非一定就那么实。要看清真相，还需要经过头脑的分析，去粗取精，去伪存真，由此及彼，由表及里，透过表象看到本质。一次，孔子看到颜回用手抓锅里的饭吃。饭熟了，颜回请孔子吃饭。孔子假装没看到刚才的事，起身说，方才梦见先人，他说只有清洁的食物才可送给人吃。颜回回答说，刚才柴灰落进锅里，弄脏了米饭，丢掉可惜，就把脏饭抓起来吃了。孔子感叹：‘所信者目也，而目犹不可信。’②可见，仅凭看到的还不能作判断，还需要问个究竟，不然有可能搞错。”我说：“毛泽东在《实践论》中说，‘感觉到了的东西，我们不能立刻理解它，只有理解了的东西才更深刻地感觉它’。用眼睛看只是感性认识的一个途

① 见《共产党宣言》。

② 见《吕氏春秋·审分览·任数》。

径,感性认识是认识的起点,是认识的低级阶段,只是对事物表面现象的反映,理性认识才是认识的高级阶段,才是对事物本质的把握。实现感性认识能动地发展到理性认识,既要掌握丰富可靠的感性材料,又要运用科学的思维方法。”

老茅说:“要把事物看准、看透、看远,确实有个眼光问题,但还有眼界、眼力问题。这三个词粗看似乎区别不大,但各有侧重。眼光,一般指视线所及的高度和长度,如常说的战略眼光、长远眼光等等;眼界,一般指视域的宽度,如常说的眼界开阔、‘坐井观天’、‘管中窥豹’等等;眼力,一般指观察事物所达到的深度和准确程度,如常说的‘龙眼识珠’、‘凤眼识宝’、‘牛眼识草’等等。一个人眼光的高低、远近,眼界的宽窄、阔狭,眼力的强弱、深浅,与是否会看有很大关系。有的人‘不识庐山真面目,只缘身在此山中’,有的人却‘不畏浮云遮望眼,只缘身在最高层’①,这也许就是眼光、眼界、眼力不同吧?眼光高,所谓‘欲穷千里目,更上一层楼’;眼光远,所谓‘风物长宜放眼量’;眼光近,所谓‘鼠目寸光’。眼界宽,所谓放眼全球;眼界窄,所谓‘坐井观天’;眼界还有义,所谓‘精于义者,眼界大、心地平;徇于利者,眼界小、心地险’②。眼力好,所谓‘见微知著’;眼力差,所谓‘熟视无睹’。”

小高说:“看一个人,不妨先看其眼界。日本哲学家池田大作问英国历史学家汤因比:‘如果可以选择出生时间和地点,您将如何选择?’汤因比说:‘如果时光可以倒流,我愿意在公元元年出生在欧亚大陆的交汇点。那时,古埃及文明、欧洲文明与亚

① 见北宋·王安石《登飞来峰》。

② 见清·胡达源《弟子箴言》。

洲文明在这一区域汇聚并扩散到全球。亲历其间，可以准确地观察到各种文明形态对世界的影响。'汤因比的眼界穿越古今，凝聚于文明的交汇之处。成功后的李嘉诚曾多次被问，他的企业为什么能长盛不衰，他轻描淡写地回答：'其实是很简单的，我每天90%以上的时间不是用来想今天的事情，而是想明年、五年、十年后的事情。'这或许就是他经营成功的眼界吧。"

小何说："眼界开阔与否，眼光长远与否，甚至会影响人类社会的历史进程。马克思的眼界大到整个世界和人类历史，看到了社会发展的规律。1930年，在党内一部分同志不相信革命高潮有迅速到来可能的时候，毛泽东却洞察到，'我所说的中国革命高潮快要到来，决不是如有些人所谓"有到来之可能"那样完全没有行动意义的、可望而不可即的一种空的东西。它是站在海岸遥望海中已经看得见桅杆尖头了的一只航船，它是立于高山之巅远看东方已见光芒四射喷薄欲出的一轮朝日，它是躁动于母腹中的快要成熟了的一个婴儿'。他的眼界何等高远。"

小陈说："我们年轻人特别需要开阔眼界。诺贝尔奖获得者、瑞士巴塞尔大学教授沃纳·阿尔伯在大连接受记者采访时说，他是微生物学者，但在物理、化学、电子等多个领域都有研究，年轻人不要只盯着一个领域，要进入多学科、跨学科研究，这些基础科学相当重要。开阔眼界必须不断接纳新知识，开阔科学文化视野，及时了解世界经济、政治、科技、文化的发展变化。"我说："我们要学会用马克思主义的宽广眼界观察世界，'所谓宽广的眼界，一是要有历史的深远眼光，一是要有世界的全局眼光'①。

① 见《江泽民文选》第三卷《在新世纪把建设有中国特色社会主义事业继续推向前进》。

这样来发现问题、解决问题，我们就能更深刻、更全面地认识当代中国和当今世界，更加清醒、主动地掌握我们自己发展的命运。”

小高说：“从我的工作领域看，需要有可持续发展眼光。经济社会的发展必须考虑资源和环境的承载能力，不能透支未来，影响子孙后代的发展。保护生态环境，留住青山绿水，尤为迫切。发展工业应当学会逆向思维，提高加工深度、拉长产业链。”老茅说：“我感到，具备群众眼光同样重要。在工作中紧紧依靠集体、依靠群众，善于调动群众的积极性、主动性、创造性，是做好工作的根本。”我说：“提升眼光，拓宽眼界，增强眼力，最根本的是善于运用马克思主义的望远镜和显微镜，观察和认识事物。”

大家议论热烈，谈兴不减，不觉已到深夜十一点多，只好要他们回去休息。

（2010年2月27日）

权　威

几位同志讨论问题的兴致越来越高，今天提前半个小时就到齐了。我说："上次和大家商量，今天聊聊'权威'这个话题，不知准备得怎么样了？"

小刘翻开笔记本说："按《新华字典》的解释，权威指最有威望、最有支配作用的力量。如果某个人物、思想体系或组织因其活动内容的价值、功绩或品德被社会公认，就有了权威的意义。恩格斯在《论权威》中指出，'这里所说的权威，是指把别人的意志强加于我们；另一方面，权威又是以服从为前提的'。我理解，这是说一方把意志强加于另一方，而另一方又必须接受，前者就构成了权威。二者是服从与被服从的关系。无产阶级政党要有统一的意志和权威，这是马克思主义创始人的基本思想。恩格斯的这篇文章旨在批判巴枯宁及其追随者的无政府主义和反权威主义，从理论上武装工人阶级政党。恩格斯针对巴枯宁的论调，详细地分析了权威的实质，论证了权威在社会生活中的作用，阐明了确立无产阶级政治权威的必要性等问题。"

小刘接着说："马克斯·韦伯①认为，权威来自传统惯例或世袭、别人的崇拜与追随的感召、理性——法律规定的权力三个

---

① 马克斯·韦伯，德国政治经济学家和社会学家，现代社会学和公共行政学的创始人之一。

方面,这个概括虽不尽全面,但还是有一定科学性的。现实生活中,我们会感到权威的存在。比如学生认为老师讲的都是正确的,即使还有别的解答,还是相信老师,这说明老师在孩子的心目中有某种权威性。”

小何说:“小刘提到的老师对学生的权威大概就是马克斯·韦伯讲的第二种权威。孩子们听信老师的话,是出于对他们的崇敬。政府的权威也是如此,凡是政府提倡的,群众大都会认真执行,因为群众相信政府是公平公正的。邓小平十分强调党的领袖的权威和作用。他说的领袖指一个‘比较稳定的集团’,多次指出,‘党中央的权威必须加强’,‘有了这个权威,困难时也能做大事’,等等。列宁也说过,领袖是‘最有威信、最有影响、最有经验’的人们,革命领袖的威信、影响和经验是党和人民的宝贵的财富。恩格斯曾称马克思是‘第一小提琴手’,这里所说的‘第一小提琴手’和邓小平所说的党的领导集体‘核心’的含义很相似。”

老茅说:“提到权威,人们往往和权力联系起来,这个问题应当辩证地看。权力与权威既有联系又有区别。权力是指职责范围内的领导和支配力量。权威是人们对权力的认可,与权力有直接关系,但并不是说有权力就一定有权威。在一个国家,上至政府,下至一个部门、单位,如果只有权力而没有相应的权威,那么权力就有了‘专制’的色彩;如果任凭权力膨胀,而不加监督,权力就会发展成为特权、专权。大家也常把权威与权势联系在一起。无论是权威还是权势,实际上都反映的是权力的影响力,但二者还是有区别的。权势的影响力主要来源于权力的‘居高临下’,而权威的影响力则主要来自逐渐形成的威望与威信。恩格斯说,权威以服从为标志。马克斯·韦伯对‘服从’有一个说法，服从者为了执行命令，把命令的内容变成了他举止的准则，而且仅仅是形式上的服从关系，不考虑命令本身的内容。在这一点上，权威与权力是相同的。”

小刘说：“我看到一条消息，中国工程院致信2009年新当选院士，对他们提出八点要求，其中就有谦虚谨慎、客观公正、平等待人的内容。要求他们不以‘权威’自居，保持优良的学风，带头营造科学民主的学术环境和氛围。我们在工作中有时会遇到以权威自居的人，他们或许在某个方面有成绩，在某个阶段获得大家的认可。但如果过于自信，目空一切，到处指手画脚，听不进不同的意见，就会变成自负。”

小何说：“爱因斯坦说过，在真理的认识方面，任何以权威者自居的人，必将在上帝的戏笑中垮台！上世纪60年代，钱老在组织一次有关火箭的技术问题讨论时，有一位年轻的专家提出一个方案，在场的专家们都觉得这个方案不可行。但钱学森耐心地听完后，认为这个年轻人的想法有科学根据，要求按他的意见办，结果问题解决了。高尔基写《阿尔达莫诺夫家的事业》这部小说时，已年近花甲，但并不以权威自居，而是主动虚心征求别人的意见。他给青年作家费定①写信，请他读后毫不客气地提意见。费定赞扬了小说的成功之处，同时也指出作品在结构上的缺点。高尔基认真地采纳了费定的意见。”

小高说：“虽然许多真正的权威是不以权威自居的，但人们普遍很崇敬权威。2006年，纽约一家公关机构就‘权威’问题做过一次调查。结果显示，有三分之一的人对待权威的态度是崇

① 费定，俄罗斯作家，1920年在彼得格勒同高尔基相识，写有长篇回忆录《高尔基在我们中间》，记述了两人长期亲密的友谊。

拜、偶像化；三分之一的人态度是中性的——即承认权威的地位，但不是过分崇拜。人们自古对权威青睐有加。以前信赖权威的原因是因为信息的缺乏和不对称性，使得古人不得不相信甚至迷信权威。如今资讯空前发达和便捷，人们可以方便轻松地获取丰富的信息。但面对浩如烟海的信息，还需要从中筛选真伪，不少人认为相信权威来得方便。正如斯蒂芬·金①所说的，面对 10 本书时，你会认真、有效地去阅读，但当你所面对的是整个图书馆时，欲望中剩下的只是崩溃。”

小陈说：“权威之所以受到人们的崇拜，就是因为他们在一定时间段内，用事实证明了自己在某个方面的精通，掌握了相对真理。对权威可以崇敬，但不能迷信，因为权威也有犯大错的时候。比如，爱德华·威尔逊②在他的著作《社会生物学：新的综合》中提出‘人类的行为可以用进化生物学的理论来解释’的观点后，受到学术界的猛烈攻击，甚至在做报告时，被激进分子往头上浇了凉水。在批判者中有两位著名的科学家代表，一位是路翁亭③，一位是古尔德④，都是本领域的权威。今天，威尔逊的理论已经被学术界所接受。这个例子说明，对事业的执著和坚持是科学家的使命，不盲从权威，也是应有的素质和态度。”

老茅说：“爱因斯坦说过，因为我对权威的轻蔑，所以命运惩罚我，使我自己竟也成了权威。正是由于他不迷信权威，敢

---

① 斯蒂芬·金，美国畅销书作家，2003 年获得美国文学杰出贡献奖章。

② 爱德华·威尔逊，美国生物学家、博物学家，“社会生物学”奠基人。

③ 路翁亭，著名进化生物学家、群体遗传学家。

④ 古尔德，美国著名进化论科学家、古生物学家。

于挑战权威，才推翻了牛顿力学假说和以太论，推动了科学的突破性发展。像这样不迷信权威、不因循守旧、不断探索而取得伟大成就的事例还有很多。我国著名的杂交水稻专家袁隆平，不迷信权威和书本，从‘鹤立鸡群’稻株的观察中悟出天然杂交水稻的道理，改写了‘水稻是自花授粉作物，没有杂种优势’这一世界权威著作中的结论。托里拆利①延续了老师伽利略敢于否定权威和追求真理的精神，在将亚里士多德学说奉若神明的年代里，运用实验的方法，大胆否定了真空没有重量等结论，带来了科学的曙光。”

小刘说：“社会要进步、人类要发展，确实需要这种挑战权威、超越权威的精神。以色列人习惯于独立思考，个体之间的观点经常激烈碰撞。阿摩司·奥兹②经历过两件事：一是在乘坐出租车时，认出他的司机说，我读过你的书，但是我不同意你的观点。还有一件是奥尔默特总理读了他的文章，邀请他一起喝咖啡，交流意见。聊了一个半小时，结果谁也没有说服谁。可见以色列争论辩论的风气非常浓厚，这也是它科技创新能力很强的一个原因。”

小高说：“质疑权威需要勇气。甚至有人为坚持真理而付出了生命的代价。从最初的开普勒，到后来的布鲁诺和伽利略，许多科学家都因为传播‘日心说’思想，遭到了罗马教皇的残酷迫害。盖伦③血液学说受到了教会的支持，统治欧洲达1000多

---

① 托里拆利，意大利物理学家、数学家。

② 阿摩司·奥兹，以色列人，具有国际影响力的希伯来语作家。

③ 盖伦，古罗马医师、自然科学家和哲学家，继希波克拉底之后的古代医学理论家。

年。在推翻盖伦学说的过程中，塞尔维特[①]由于发现人体血液的肺循环原理而被教会烧死在火刑柱上。哈维[②]没有被吓倒，继续投入挑战权威的战斗之中。如果他不是英国国王查理一世的御医，也可能会像塞尔维特那样付出生命的代价。恩格斯曾经评价说，哈维由于发现了血液循环而把生理学（人体生理学和动物生理学）确立为科学。”

小陈说：“我觉得，权威也受主客观条件的制约，也有阶段性和局限性。这并不是贬低或否定权威，而是为了准确地找到和把握此后研究的新起点。我们应当尊重权威，但也不必迷信权威，更不能神化权威。真理是相对的，随着时间的推移和形势的变化，又会有新的认识和突破。”

大家见我一直未说话，停了下来。我说：“你们刚才的讨论，我认真听了，你们对权威有了新的认识。凡是有创造活力的人，都是不迷信权威的人。希望你们在今后的工作中，积极探索创新，力争有所作为。”

（2010年3月13日）

① 塞尔维特，西班牙医生，文艺复兴时代的自然科学家，肺循环的发现者。

② 哈维，英国医生、生理学家、胚胎学家。

主要参考书目

1.恩格斯:《自然辩证法》,人民出版社 1984 年版

2.中共中央编译局编:《回忆马克思》,人民出版社 2005 年版

3.[古罗马]爱比克泰德:《沉思录》,陈思宁译,中央编译出版社 2008 年版

4.[法]卢梭:《忏悔录》,陈筱卿译,译林出版社 2011 年版

5.[美]阿尔伯特·爱因斯坦:《相对论》,易洪波、李智谋编译,重庆出版社 2006 年版

6.[英]伯特兰·罗素:《西方的智慧》,亚北译,中央编译出版社 2007 年版

7.[英]莎士比亚:《威尼斯商人·李尔王》,朱生豪译,北京科学技术出版社 2009 年版

8.[奥]弗洛伊德:《梦的解析——揭开人类心灵的奥秘》,赖其万、符传孝译,志文出版社 1972 年版

9.[美]戴尔·卡耐基:《人性的弱点全集》,史建国编译,当代世界出版社 2006 年版

10.[美]保罗·埃克曼:《说谎——揭穿商业、政治与婚姻中的骗局》,邓伯宸译,生活·读书·新知三联书店 2008 年版

11.[英]威廉·梅克庇斯·萨克雷:《势利者脸谱》,刘荣跃译,中国社会科学出版社 2009 年版

12.[法]让-诺埃尔·卡普费雷:《谣言》,邓若麟译,上海人

民出版社 2008 年版

13.杨鑫辉主编:《西方心理学名著提要》,江西人民出版社 1998 年版

14.牧之、张震编著:《智者的洞察——心理学经典名言的智慧》,新世纪出版社 2008 年版

15.孔定铎、王登峰:《基因与人性》,北京大学出版社 2011 年版

16.王美绪编著:《图解心理学》,南海出版公司 2007 年版

17.[清]吴乘权等辑:《纲鉴易知录》,中华书局 2009 年版

18.徐天新、梁志明主编:《世界通史·现代卷》,人民出版社 1997 年版

19.柯尊文:《你应该知道的欧洲史》,九州出版社 2005 年版

20.宋晓敏编著:《列国志·希腊》,社会科学文献出版社 2008 年版

21.亚伯拉:《犹太人为什么聪明》,中央编译出版社 2007 年版

22.吴晓静主编:《聚集中外重大历史事件》,中国戏剧出版社 2004 年版

23.[德]K.F.齐默尔曼主编:《经济学前沿问题》,申其辉等译,中国发展出版社 2004 年版

24.[美]曼昆:《经济学原理》,梁小民译,北京大学出版社 2009 年版

25.[美]乔治·伽莫夫、[英]罗素·斯坦纳德:《物理世界奇遇记》,吴伯泽译,科学出版社 2008 年版

26.[美]乔治·伽莫夫:《从一到无穷大——科学中的事实和臆测》,暴永宁译,科学出版社 2008 年版

27.[美]詹姆斯·沃生、安德鲁·贝瑞:《DNA 生命的秘密》,陈雅人译,上海世纪出版集团 2011 年版

28.[英]安东·范普鲁:《最新天文观测手册》,刘勇译,黑龙江科学技术出版社 2011 年版

29.杨福家:《原子物理学》,高等教育出版社 2005 年版

30.李宗伟、肖兴华编:《天体物理学》,高等教育出版社 2000 年版

31.李喜先主编:《21 世纪 100 个交叉科学难题》,科学出版社 2005 年版

32.王则柯、李杰编著:《博弈论教程》,中国人民大学出版社 2004 年版

出 版 后 记

吴官正同志出身贫苦，其年少求学之路异常艰辛且带传奇色彩。在党和政府的培养扶助下，他从平寒子弟走上领导岗位，直至成为党和国家领导人。这其中，自强不息、勤奋刻苦、严苛自律，是贯穿他成长过程的鲜明特征。从领导岗位退下后，吴官正同志依然保持本色，勤于学习，勤于思考，阅读了大量书籍。在夫人张锦裳同志的提议下，他将"闲时走走、看看、想想、议议"的诸多所得记录在笔记本上，数量达四十余册。以他自己的话说，"用来打发时光，咀嚼其中滋味，找些人生感悟"。本书所有篇目即选自这些笔记，并经作者最后审定。全书从一个重要维度反映和体现了他离开领导岗位后的所见所闻、所忆所思、所感所悟。

本书《静思杂记》部分还配了五十余幅画作，这些作品也均出自吴官正同志之手。2013 年春节前后，吴官正同志在济南小住期间，又接受夫人建议，开始研习铅笔画。他没请方家指导，没找专著钻研，不讲技法，不分门类，不拘题材，率性而为。鸟兽鱼虫、花木瓜果、山水人物皆入其作，自谓"闲来涂鸦"、"闲来习画"。夫人自费请山东美术出版社将画作编辑成册，印了少许留作资料。书内插画即从中选取。

在本书编辑过程中，解放军文艺出版社副总编辑董保存、人物杂志社原主编柏裕江、中国人民大学哲学院教授韩东晖、王伯鲁等帮助审阅书稿;中央美术学院杨珺博士,山东美术出版社刘传喜、李晋、刘晓雯帮助选编画稿;江西省原副省长熊盛文、武汉市原政协主席叶金生,在吴官正同志身边工作过的鲍红志、郭建磊、田野、余蚕烛以及中央纪委的邵景均、何树宏、肖自立等同志帮助校核书稿。在此一并致谢。

人民出版社

二〇一三年春

责任编辑：张振明　忽晓萌　郑　治
责任校对：吴海平　周　昕
装帧设计：马仕睿　曹　春
责任印制：贲　菲　周文雁

图书在版编目(CIP)数据

闲来笔潭/吴官正 著. -北京:人民出版社,2013.5(2023.6 第 3 版)
ISBN 978-7-01-012008-9

Ⅰ.①闲…　Ⅱ.①吴…　Ⅲ.①社会科学-文集　Ⅳ.①C53

中国版本图书馆 CIP 数据核字(2013)第 082976 号

闲 来 笔 潭

XIAN LAI BI TAN

吴官正　著

人民出版社 出版发行
(100706　北京市东城区隆福寺街 99 号)

北京新华印刷有限公司印刷　新华书店经销

2013 年 5 月第 1 版　2023 年 6 月第 3 版　2023 年 6 月北京第 1 次印刷
开本:710 毫米×1000 毫米 1/16　印张:36.5
字数:360 千字

ISBN 978-7-01-012008-9　定价:85.00 元

邮购地址 100706　北京市东城区隆福寺街 99 号
人民东方图书销售中心　电话 (010)65250042　65289539